DALMATIEN

Matthias Koeffler

Mit Adriaküste, Zadar, Šibenik,
Split und Dubrovnik

TRESCHER VERLAG

4., aktualisierte und erweiterte Auflage 2015

Trescher Verlag
Reinhardtstr. 9
10117 Berlin
www.trescher-verlag.de

ISBN 978-3-89794-308-7

Herausgegeben von Bernd Schwenkros und
Detlev von Oppeln

Reihenentwurf und Gesamtgestaltung:
Bernd Chill
Lektorat: Corinna Grulich
Stadtpläne und Karten: Johann Maria Just,
Martin Kapp, Bernd Chill
Kapitel ›Kroatische Literatur‹ und ›Glagolica‹
von Matthias Jacob
Druck: Druckhaus Köthen

Das Werk einschließlich seiner Teile ist urheberrechtlich geschützt. Jede Verwertung ist ohne Zustimmung des Verlages unzulässig. Dies gilt insbesondere für den Aushang, Vervielfältigungen, Übersetzungen, Nachahmungen, Mikroverfilmung und die Einspeicherung und Verarbeitung in elektronischen Systemen.

Gedruckt auf chlorfrei gebleichtem Papier

Printed in Germany

Alle Angaben in diesem Reiseführer wurden sorgfältig recherchiert und überprüft. Dennoch können aktuelle Entwicklungen vor Ort dazu führen, dass einzelne Informationen unvollständig oder nicht mehr korrekt sind. Gerne nehmen wir dazu Ihre Hinweise und Anregungen entgegen. Bitte schreiben Sie an: **post@trescher-verlag.de**.

LAND UND LEUTE

DIE REGION ZADAR

ŠIBENIK UND UMGEBUNG

SPLIT UND TROGIR

DUBROVNIK UND UMGEBUNG

REISETIPPS VON A BIS Z

SPRACHFÜHRER

ANHANG

4 Inhalt

Vorwort	11
Herausragende Sehenswürdigkeiten	12
Das Wichtigste in Kürze	14
Dalmatien mit Kindern	16

LAND UND LEUTE 18

Die Region Dalmatien 20
Geographie und Geologie 20
Klima 21
Flora und Fauna 22
Umweltschutz
und Nationalparks 25

Geschichte Dalmatiens 27
Slawen und Awaren 27
Die Steinzeit und die Illyrer 28
Griechen und Römer 29
Gründung des kroatischen
Staates 31
Die Herrschaft Venedigs 32
Die Osmanen 34
Dalmatien unter
Österreich-Ungarn 36
Der Erste Weltkrieg 38
Der Zweite Weltkrieg 39
Der Befreiungskampf 40
Das sozialistische Jugoslawien 42
Die Unabhängigkeit Kroatiens 44
Die Aufarbeitung 46
Die politische Lage 47

Politik, Gesellschaft
und Wirtschaft 49
Gesellschaft und Religion 49
Wirtschaft 54
Tourismus 54
Medien 56

Kultur 59
Architektur 59
Maler und Bildhauer 61
Brauchtum und Tradition 63
Film 64
Literatur 65

Sprache	67
Musik	70
Die dalmatinische Küche	71

DIE REGION ZADAR 76

Zadar 78
Stadtrundgang 79
Von Zadar nach Nin 92

Nin 93
Stadtrundgang 94
Insel Vir 100

Insel Pag 102
Pag-Stadt 106
Stari Grad 109
Kolan und Mandre 109
Sveti Vid 110
Novalja und Cissa 111
Halbinsel Lun 114

Die Inseln Ugljan und Pašman 115
Ugljan 116
Pašman 122

Der Inselarchipel vor Zadar 126
Silba 126
Olib 130
Premuda 133
Ist 134
Sestrunj 135
Molat 136
Dugi Otok 139
Iž 148

Das Hinterland von Zadar 151
Novigradsko More 151
Novigrad 151
Karinsko More 153
Obrovac Paklenica 154
Krupa-Kloster 154
Benkovac 155
Kula Atlagića 156
Festung Asseria 156

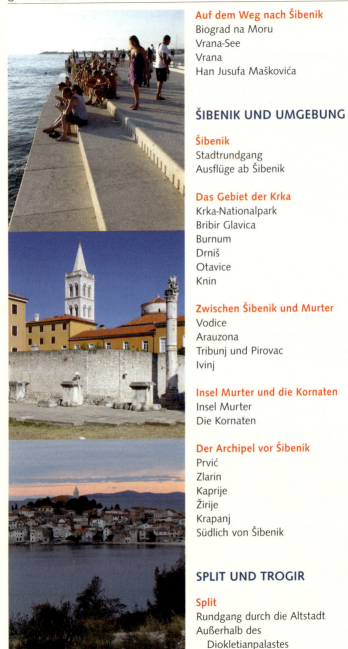

Auf dem Weg nach Šibenik	158
Biograd na Moru	158
Vrana-See	160
Vrana	161
Han Jusufa Maškovića	161

ŠIBENIK UND UMGEBUNG 162

Šibenik 164
Stadtrundgang 166
Ausflüge ab Šibenik 172

Das Gebiet der Krka 175
Krka-Nationalpark 176
Bribir Glavica 180
Burnum 181
Drniš 182
Otavice 183
Knin 185

Zwischen Šibenik und Murter 187
Vodice 187
Arauzona 189
Tribunj und Pirovac 189
Ivinj 190

Insel Murter und die Kornaten 191
Insel Murter 191
Die Kornaten 195

Der Archipel vor Šibenik 200
Prvić 200
Zlarin 200
Kaprije 202
Žirije 202
Krapanj 202
Südlich von Šibenik 203

SPLIT UND TROGIR 208

Split 210
Rundgang durch die Altstadt 212
Außerhalb des
   Diokletianpalastes 216

Solin	221
Salona	222
Das Hinterland von Split	223
Klis	223
Sinj	225
Kaštela	228
Kaštel Sućurac	229
Kaštel Gomilica	229
Kaštel Kambelovac	229
Kaštel Lukšić	229
Kaštel Stari	230
Kaštel Novi	231
Kaštel Štafilić	231
Wanderungen in die Berge	232
Trogir	233
Stadtrundgang	235
Insel Čiovo	243
Insel Šolta	245
Grohote	245
Nečujam	246
Stomorska	247
Insel Vis	248
Vis-Stadt	250
Rundfahrt über die Insel	252
Komiža	253
Insel Biševo	255
Insel Brač	255
Supetar	258
Ložišća	263
Bobovišća	264
Postira	260
Pučišća	261
Sutivan	263
Ložišća	263
Bobovišća	264
Milna	264
Von Milna nach Bol	265
Bol	266
Kloster Blaca	270
Murvica	271

Selca	271
Novo Selo	272
Povlja	272
Sumartin	273
Insel Hvar	**274**
Hvar-Stadt	276
Stari Grad	282
Vrboska	284
Jelsa	285
Ausflüge ab Jelsa	286
Sućuraj	287
Von Split nach Ploče	**288**
Jesenice	288
Omiš	289
Gata	292
Brela und Baška Voda	292
Makarska	292
Biokovo-Gebirge	295
Abstecher nach Imotski	295
Drvenik	298
Zaostrog	298
Brist	299
Ploče	299

DUBROVNIK UND UMGEBUNG 300

Dubrovnik	**302**
Die Stadtbefestigung	306
Der Stradun	309
Insel Lokrum	317
Die Elaphitischen Inseln	317
Cavtat	319
Neretva-Delta	**324**
Opuzen	325
Metković	326
Vid	328
Neum	329
Halbinsel Pelješac	**330**
Trpanj	332
Die Südküste	333

Orebić	334
Nakovanj, Kučište, Viganj	336
Nakovana	337
Kuna	338
Potomje	339
Ston	341
Insel Korčula	**345**
Korčula-Stadt	349
Insel Badija	355
Insel Vrnik	355
Lumbarda	355
Smokvica	356
Blato	357
Vela Luka	359
Insel Lastovo	360
Insel Mljet	**363**
Babino Polje	366
Polače	367
Nationalpark Mljet	367
Prožura	369
Saplunara	369
Reisetipps von A bis Z	**370**
Sprachführer	**382**
Glossar	392
Literaturhinweise	393
Dalmatien im Internet	394
Über den Autor/Danksagung	395
Register	396
Zeichenlegende	406
Bildnachweis	407
Kartenlegende und -register	408

EXTRAS

Wichtige Persönlichkeiten	57
Glagolica	69
Rezepte	74
Paški Sir und Paška Čipka	105
Republik Krajina	157
Die Festungen von Šibenik	171
Ivan Meštrović	184
Piraten und Seeräuber	291
Vlaho Bukovac	323
Marco Polo	354

Gasse in Korčula-Stadt

Vorwort

Sonne, Strand und Steine: Mit diesen drei Begriffen lässt sich die raue Schönheit der kroatischen Küste wohl auf den Punkt bringen. Steile Berge steigen aus dem Meer auf, gleißende Sonne scheint auf Strände unter Pinien, und über 1000 Inseln und Inselchen ragen aus dem weiten und flachen Meer.

Dalmatien war bereits zu jugoslawischer Zeit ein Urlaubsparadies. Viele kennen noch den Tourismus à la ›Camping und Čevapčići‹. Die Kommunisten wollten einen unbeschwerten Tourismus, der sich um historische Details nicht kümmern sollte, denn mit dem Tito-Regime sollte ein neues Kapitel in der Geschichte aufgeschlagen werden. Die Traditionen wurden zur folkloristischen Kulisse, die damit verbundene und gelebte Identität sollte ausgelöscht werden.

Heute lässt sich eine dramatische Geschichte Europas an der Nahtstelle zwischen Ost und West besichtigen. Über 400 Jahre lang begann hinter der nordöstlichen Grenze Dalmatiens das Osmanische, das türkische Reich. Gleichzeitig versuchte über 800 Jahre lang auch der Westen, diese Region zu kolonisieren: zuerst die Ungarn, dann die Venezianer, die Österreicher und schließlich die deutschen und italienischen Faschisten. Über die Köpfe der Dalmatiner hinweg tobten die Schlachten zwischen Orient und Okzident, zwischen Europa und Asien, zwischen Christen und Moslems. Auch der letzte Krieg zwischen 1991 und 1995 war Folge dieser Geschichte.

So lässt sich Dalmatien nach dem Ende Jugoslawiens neu entdecken: Mit Burgen, großen Handelsstädten und kleinen Piratennestern, großen Palazzi und einfachen Fischerhäusern, Kirchen und Klöstern erwartet eine eigene Kulturregion die Besucher. Auch die nach dem Krieg entstandene moderne und wachsende Kunst- und Kulturszene verdient Beachtung. Die Dalmatiner sind ein fröhliches und herzliches Volk, das sich seinen Sinn für Gastfreundschaft erhalten hat. So ist es auch nicht schwer, das Land zu bereisen. Vor allem in den kleineren Dörfern sind die Menschen ehrlich um die Gäste bemüht. Statt in großen Hotels findet man leichter in Privatunterkünften Quartier, die man am besten vor Ort sucht.

Ausgedient hat auch das einheitliche sozialistische Essen; heute kommen naturnahe, mediterrane Gerichte auf den Tisch, insbesondere Fisch und Fleisch vom Grill. Beides lässt sich lecker mit Salzkartoffeln und Blitva (Mangold) oder Mais kombinieren. Dazu sind die zahlreichen herben und erdigen Weinsorten Dalmatiens zu empfehlen.

Viel Spaß auf Ihrer Entdeckungsreise wünscht

Matthias Koeffler.

Herausragende Sehenswürdigkeiten

UNESCO-Weltkulturerbe

Kathedrale in Šibenik ▶

Der Innenraum mit seiner imposanten Stilmischung aus Gotik und Renaissance hat eine erhebende Wirkung, die einzigartige Kuppel, das Renaissance-Baptisterium und nicht zuletzt die Gesichter an der Außenfassade: Die Kathedrale ist das Lebenswerk der beiden größten Renaissancebaumeister in Dalmatien. → S. 169.

Diokletianspalast Split

Die gesamte Innenstadt ist in die Mauern des alten römischen Palastes von Kaiser Diokletian aus dem Jahr 305 gebaut: aus riesigen Steinquadern gemauerte Häuser, eine Kathedrale, die ursprünglich römisches Mausoleum war und ein vollständig erhaltener Tempel, der als Taufkapelle dient. → S. 212.

Altstadt von Trogir

Es gibt kaum ein Stadtbild, das so einheitlich und reich im Stil der Renaissance gebaut wurde wie in Trogir. Enge Gassen und verwinkelte Hinterhöfe; die Kathedrale Sv. Lovro mit ihrem Eingangsportal und dem Renaissance-Mausoleum ist höchste Steinmetzkunst. → S. 233.

Altstadt Dubrovnik ▼

Dubrovnik ist die ›Perle der Adria‹: Umschlossen von einer vollständig erhaltenen Stadtmauer, eine der stärksten Europas, bietet sich ein romantisches Stadtbild mit imposanten Klosteranlagen und verwinkelten Gassen. → S. 302.

Natur

Wasserfälle der Krka ▼

Mitten im trockenen Karst sammelt sich das Wasser zur einmaligen Flusslandschaft der Krka. Bei Skradinski Buk überwindet es 45 Meter Höhe auf einer Länge von 800 Metern. → S. 176.

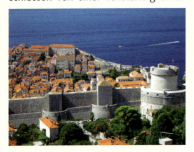

Naturschutzgebiet Kornaten

Die einmalige Inselwelt ist ein Naturschauspiel von Land und Wasser, das im-

Herausragende Sehenswürdigkeiten

mer schon Versteck für Schutzsuchende, aber auch Piraten und Partisanen war. Heute ist es ein Erholungsraum für die Unterwasserwelt. → S. 195.

Blaue Grotte von Biševo (Vis)
Im Sommer vormittags um 11 Uhr fällt das Licht der Sonne in einem Winkel in die Grotte auf der kleinen Insel von Biševo so ein, dass die ganze Höhle in strahlend blaues Licht gehüllt ist. → S. 255.

Das Goldene Horn von Brač
Das Zlatni Rt auf der Insel Brač ist das Urbild für den Badetourismus in Kroatien. Das weit ins Meer ragende Stück Kieselstrand ist ein Naturphänomen, das sich je nach Strömung verändert. → S. 266.

Nationalpark auf der Insel Mljet
In einem von Meerwasser gespeisten See liegt ein Kloster auf einer Insel. Romantischer geht es kaum. → S. 367.

Kultur
Kirche Sv. Donat in Zadar
Sv. Donat ist die einzige Rundkirche Kroatiens in dieser Größe, erbaut in einer einmaligen Mischform aus byzantinischem und karolingischem Stil. Sie steht auf Resten römischer Steinmetzkunst. → S. 81.

Käse und Stickereien von der Insel Pag ◄
Der Käse auf Pag, der Paški Sir, mit seiner pamesanähnlichen Konsistenz, hat eine besondere Würze. Paški Cipka ist eine einzigartige Art genähter, nicht gehäkelter Spitzen. → S. 105.

Insel Hvar
Die Insel gilt als die sonnenreichste in der östlichen Adria. Charakteristisch ist das Stadtbild von Hvar-Stadt mit dem Arsenal, dem ersten Theater Europas und unzähligen vorgelagerten Inseln. → S. 274.

Verteidigungsmauer Ston auf Pelješac ▲
Die vier Kilometer lange Mauer von Ston ist die wohl längste erhaltene unseres Kontinents. Sie gilt als die ›chinesische Mauer Europas‹. → S. 341.

Altstadt und Schwertertanz in Korčula
Auf einer Halbinsel liegt eine der romantischsten Innenstädte an der Adria. Die Kathedrale Sv. Marko an deren Spitze ist ein Kleinod der Renaissance. Dort wird ein traditioneller Schwertertanz aufgeführt, der auch heute noch nicht ganz ungefährlich für die Tänzer ist. → S. 347, 349.

Das Wichtigste in Kürze

Das Kapitel **Land und Leute** widmet sich der Geographie, dem Klima und der Flora und Fauna Dalmatiens. Geschichte, Kultur, Bräuche und die Küche des Landes werden ausführlich vorgestellt.
Im **Reiseteil**, aufgeteilt in geographisch sinnvolle Abschnitte, werden Städte und Regionen dargestellt. Wichtige Informationen zu Unterkünften, Gastronomie und Freizeitgestaltung stehen in den blauen Infokästen am Ende des jeweiligen Kapitels. Die Preisangaben der Hotels beziehen sich auf ein Doppelzimmer mit Frühstück in der Hauptsaison und dienen nur als Anhaltspunkte für das Preisniveau (Abkürzungen: DZ=Doppelzimmer, HP=Halbpension). Die Preise sind in Euro angegeben, vor Ort wird aber in der Regel in Kuna bezahlt.
In den **Reisetipps von A bis Z** sind alle Informationen aufgeführt, die für einen Aufenthalt in Dalmatien wichtig oder interessant sind. Im Anhang gibt ein **Sprachführer** einen kleinen Einblick in die kroatische Sprache und vermittelt einige Wörter für den touristischen Alltag.

Wichtige Telefonnummern
Internationale Vorwahl: +385 (00385).
Allgemeiner Notruf: 112.
Polizei: 192.
Feuerwehr: 193.
Krankenwagen: 194.
Pannenhilfe: 1987, mit dem ausländischen Handy +385/1/1987.
Such- und Seenotrettungsdienst: 195.
ADAC-Notruf für Kroatien in Zagreb: Tel. 01/3440666.
Zentrale Nummern zum Sperren von EC-Karten etc.: +49/116116, +49/30/40504050 (nur Sparkassenverband).

Einreise
Deutsche, Österreicher und Schweizer: Reisepass oder Personalausweis. Jedes Kind benötigt ein eigenes Ausweisdokument mit Lichtbild.

Fähre der Jadrolinija

Im Telašćica-Nationalpark auf Dugi Otok

Anreise
Auto: Führerschein, Fahrzeugschein. Grüne Versicherungskarte für die Durchfahrt durch Bosnien nach Dubrovnik.
Bus: Knapp 50 Zielorte in Kroatien, www.deutsche-touring.com, www.eurolines.at, www.eurolines-schweiz.ch.
Bahn: Eurocity München–Split, Fahrzeit 21 Stunden.
Flughäfen: Rijeka (RJK), Zadar (ZAD), Split (SPU), Brač (BWK), Dubrovnik (DBV).
Billigflieger: Tui, www.tui.com; Germanwings, www.germanwings.com, Ryanair, www.ryanair.com. Die einheimische Fluglinie ist Croatia Airlines, www.croatiaairlines.hr.

Reisen im Land
Auto: Gurtpflicht, Kinder unter 12 Jahren müssen im Kindersitz hinten sitzen. Sicherheitsweste, Licht außerhalb der Sommerzeit auch bei Tage.
Bus: Expressbusse zwischen allen großen Städten und Touristenorten.
Bahn: Keine direkte Verbindung zwischen den Küstenstädten.
Schiff: Autofähren (Trajekt), Brzbrodske (Schnellboote) und Personenfähren. Dominierendes Unternehmen ist die Reederei Jadrolinija, www.jadrolinija.hr.

Geld
Wechselkurs: 1 Euro=7,55 Kuna (Stand Juni 2015).
Abhebungen: an Bankautomaten mit der EC-Maestro-Card oder der Kreditkarte möglich.
Kartenzahlung: in vielen Geschäften und an allen Tankstellen.

Unterkunft
Hotels: Die meisten Hotels bieten mittleren Standard, DZ 70–90 Euro. Häufig Pauschal- oder All-inclusice-Angebote.
Privatunterkunft: an blauen Schildern ›Sobe‹ oder ›Apartman‹ zu erkennen. Mittlerer Standard 30–50 Euro, Apartments bis zu 100 Euro.
Campingplätze: fast an der ganzen Küste zu finden.

Ausführliche Informationen in den Reisetipps von A bis Z ab Seite 370.

Dalmatien mit Kindern

Generell ist Dalmatien für Familientourismus gut geeignet, zum einen wegen der sauberen Strände und auch deshalb, weil Kroaten überwiegend sehr kinderfreundlich sind. Hier einige Tipps:

Unterwegs mit Kindern
Im Auto müssen Kinder unter 12 Jahren im Kindersitz hinten sitzen. Bei Radtouren ist ein Helm für Kinder bis 14 Jahre Pflicht.

Ferien auf dem Bauernhof
Eselhof, Kuna auf Pelješac (→ S. 339).
Bauernhoftourismus, Lozovac bei Šibenik (→ S. 173).
Agroturism Kaštelanac, Gornje Selo auf der Insel Šolta (→ S. 248).

Spaß im und am Wasser
Einige Strände können wegen ihrer geringen Wassertiefe und ihres flachen Einstiegs besonders für Kinder empfohlen werden: **Niner Bucht** (→ S. 98), Strand bei **Kolan** auf Pag (→ S. 109), **Sotorisce** auf der Insel Silba (→ S. 130), Bucht **Slatinica** auf der Ostseite der Insel Olib (→ S. 133), **Pridraga** bei Novigrad (→ S. 153), **Hangar** bei Vodice (→ S. 188), Strand nördlich von **Primošten** (→ S. 205), Strände bei **Zaostrog** (→ S. 298), Bucht **Pržina** auf Korčula (→ S. 356).
Für Kinder und Familien empfiehlt die Tochter des Autors, Rebekka Koeffler, ihre Lieblingsstrände. Zu finden sind sie unter **Rebekkas Tipp** in den blauen Infokästen zu den jeweiligen Orten.
Kindertauchkurse sind für Kinder ab 8 Jahren möglich, empfohlen werden sie ab 10 Jahren. Es gibt zertifizierte Kursformen, z. B. CMAS der ›Dolphin divers‹, SSI der ›Scuba rangers‹ oder PADI der ›Bubble makers‹. Nachfragen bei Tauchschule lohnt. Angebote für Kinder insbesondere auf Ugljan (→ S.121) und in Božava auf Dugi Otok, → S.142).
Schnorcheln für Kinder bei Scuba Adriatic, Nin (→ S. 100).
Lađa-Fahrten. Mit kleinen Booten durch die Kanäle des Neretva-Deltas (→ S. 324).

Erlebnisparks
Park Avantura, bei Zadar. Kletterparcours und Geschicklichkeitsspiele (→ S. 92).
Wasservergnügungspark, Supetar auf Brač (→ S. 260).

Museen
Erlebnismuseum, Šibenik. Interaktives Museum zur Stadtgeschichte in unterirdischen Gewölben (→ S. 172).
Museumsdorf, bei den Krka-Wasserfällen (→ S. 176).
Schwamm-Museum in Krapanj (→ S. 203).
Marco-Polo-Ausstellung, Korčula-Stadt (→ S. 353).
Weltgrößte Muschelsammlung in Makarska (→ S. 294).

Erlebnisse mit Tieren
Eselgehege, auf Dugi Otok (→ S. 148).
Falknerei, bei Dubrava (→ S. 172, 174).
Kleiner Zoo, Grabovac, auf einem Bauernhof (→ S. 292).

Feste
Kinderkarneval, Ende Juli in Pag-Stadt (→ S. 109).
Ždreške lazi. Musik- und Tanzfest auf Pašman (→ S. 125).
Internationales Kinderfestival, im Juni/Juli in Šibenik (→ S. 174).
Reiterspiel Sinjska Alka, Sinj (→ S. 225).
In den Sommermonaten gibt es zahlreiche Konzerte, Feste und Veranstaltungen, Informationen dazu erhält man in der Touristeninformation des jeweiligen Ortes (Turistička zajednica, TZ).

Es muss nicht immer das große Programm sein: Schaukelspaß auf Dugi Otok

Hier weht die Luft der weiten Welt herein. So stark ist die Vergangenheit hier hängen geblieben, daß man immer noch überall den Hauch der Geschichte spürt; und griechische und byzantinische und venezianische Herrlichkeit spricht mit königlichen Stimmen aus allen Steinen.

Hermann Bahr, Dalmatinische Reise, 1909

Der Hafen von Hvar-Stadt

LAND UND LEUTE

Die Region Dalmatien

Dalmatien bezeichnet weder eine geographisch fest umrissene Region noch wird damit eine politische oder verwaltungstechnische Einheit beschrieben. Dalmatien ist eher der Begriff für eine kulturelle Zusammengehörigkeit. Die Grenzen der Adriaregion lagen nie fest. Und doch ist die Region eine feste Größe, deren heimliches Zentrum Split ist.

Heute orientiert sich die Eingrenzung Dalmatiens an einer Phase größerer Stabilität im Mittelalter. Seit dem Jahr 1067 mit der Teilung Pags beginnt die nördliche Grenze südlich von Novalja und erstreckt sich im Südosten bis an die Bucht von Kotor. Nach Osten bildet das Dinarische Gebirge einen Riegel zum Landesinneren, an dem entlang die Grenze zu Bosnien und Herzogowina verläuft. Daran scheidet sich auch das mediterrane Klima Dalmatiens vom kontinentalen Bosniens.

Geographie und Geologie

Vor 33 Millionen Jahren, im Tertiär, geriet die afrikanisch-arabische Platte in Bewegung und schob sich unter die eurasische. Dabei faltete sie mit den Alpen auch das Dinarische Gebirge auf, das heute das Rückgrat der dalmatinischen Küste bildet. Seitdem gaben sich Gletscher und gibt sich heute der Regen mit seiner zunehmenden Säure alle Mühe, das aufgeworfene Kalksteingebirge wieder abzutragen.

Bis zur letzten Eiszeit vor etwa 12 000 Jahren lag auch das Adriabecken noch über dem Meeresspiegel, doch mit Einbruch der Kälteperiode senkte es sich vermutlich um knapp 100 Meter ab, so dass die vor der Küste liegenden Inseln als untergegangene Berge betrachtet werden können.

Wüstenähnliche Landschaft auf der Insel Pag

Vor vergleichsweise kurzer Zeit, vor 1400 Jahren, nach dem Ende des Römischen Reiches, senkte sich die ostadriatische Küste im Zuge eines Erdbebens erneut. Zahlreiche Täler wurden geflutet, und viele antike Hafenanlagen liegen seitdem unter Wasser. Leichte Erdstöße kommen jährlich ein- bis zweimal vor.

Zwischen Küste und Dinarischem Gebirge durchziehen zahlreiche parallele Gebirgszüge das Land: vom mächtigen, 140 Kilometer langen Velebit im Nordwesten über die Zagora, das Biokovo mit seinen Wintersportmöglichkeiten und den Humin bis hin zum Orjen und zu den großen montenegrinischen Gebirgen. Der 1762 Meter hohe Sv. Jure im Biokovo-Gebirge ist die höchste Erhebung Kroatiens.

Entstanden ist eine Karstlandschaft mit typischen Erscheinungen wie Karstkarren, Karstfeldern, Dolinen (trichterförmige Vertiefungen), Poljen (große Talbecken, die durch Einstürze entstanden) und vielen Höhlen. Das karstige Erscheinungsbild wird unterstützt durch Erosion infolge von starker Abholzung; Ausnahmen bilden einzelne Inseln, auf denen bereits früh eine Kultur der Aufforstung entwickelt wurde.

Von der 1780 Kilometer langen Küstenregion Kroatiens entfallen etwa 900 Kilometer auf Dalmatien. Die genaue Zahl der Inseln und Riffe kennt keiner, sie beläuft sich wohl auf knapp 1200. Die Küstenlänge Dalmatiens mit Inseln wird mit 3000 Kilometern angegeben.

Klima

Das Klima zwischen Adria und Dinarischem Gebirge ist typisch mediterran, weist aber zu den Bergen hin durchaus Unterschiede auf: Gibt es an der Küste heiße Sommer und regnerische und kühle Winter, sinkt die Durchschnittstemperatur in den Bergen signifikant. So kann es innerhalb kurzer Entfernungen von der Küste in das Landesinnere unterschiedliche Klimaregionen geben. Während es am Wasser feucht und warm ist, nimmt der Pflanzenbewuchs mit zunehmender Höhe stark ab, so dass zum Beispiel in den oberen Bergregionen der Makarska Riviera nur noch der nackte Fels zu sehen ist.

Bei der Lufttemperatur gibt es ein Nord-Süd-Gefälle. Im Juli betragen die sommerlichen Durchschnittstemperaturen im nördlichen Teil um die 34 Grad Celsius, während sie im südlichen Teil auf bis zu 38 Grad steigen. Im Winter können die Temperaturen allerdings im Gegensatz zu den übrigen Adriaregionen abhängig von den Winden durchaus Spitzenwerte um bis zu minus 16 Grad erreichen.

Winde

Häufigste Winde an der östlichen Adria sind Bora (Nordost), Jugo (Süd) und Maestral (Nordwest). Die Bora ist ein trockener, kalter Fallwind, der stoßweise aus Nord-Nordost oder Ost-Nordost bläst. Mit ihrem plötzlichen, orkanartigen Auftreten ist sie der Schrecken aller Seefahrer. Sie bringt dafür meist sonniges Wetter. Der Jugo dagegen, auch Široko (Schirokko) oder Šilok genannt, ist ein eher warmer Wind, der von Ost-Südost oder Süd-Südost weht und überwiegend Regen mitführt. Auch der mäßige Maestral kommt vom Meer und bringt häufig sonniges Wetter.

Küstenvegetation

Flora und Fauna

Wie stark die Natur das Leben der Menschen geprägt hat, zeigt sich bereits beim Geldumtausch, wenn der Reisende die ersten ›Kuna‹ in der Hand hält. Kuna heißt Marder. In früheren Zeiten wurde die Kaufkraft in der Einheit von Marderpelzen gerechnet.

Etwa 4000 Tier- und Pflanzenarten gibt es in Kroatien, davon stehen 380 Tier- und 44 Pflanzenarten unter Naturschutz. Sie leben in unterschiedlichen Klimaregionen an der Küste und im Hinterland. Zu den auch in Mitteleuropa lebenden Tieren kommen viele endemische, also nur an der östlichen Adria vorkommende Tierarten, aber auch viele durch die Seefahrt und den Kontakt nach Asien eingeführte Pflanzen und Tiere.

Pflanzen

Landschaftlich gesehen hat fast jede Jahreszeit in Kroatien ihren Reiz. Im Frühjahr, wenn noch kein Badeurlaub möglich ist, verwandelt sich die überwiegend macchiabestandene Landschaft in ein zartes Farbenmeer von blühenden Knollenpflanzen, kleinen Wiesenblumen und blühenden Sträuchern. Im Mai blüht der aus Asien importierte Oleander, und viele ziehen aus, um wilden Spargel zu ernten. Im Juni folgen der Ginster und die Palmen.

Zum Herbst werden immer mehr Früchte reif: Feigen, Melonen, Trauben, Tomaten, Gurken und Paprika füllen die Marktstände. Ab Oktober bis in den Februar leuchten die Zitrusfrüchte in unbekannter Artenvielfalt von den Bäumen (insbesondere im Neretva-Delta und in Cavtat). Das Grün der Landschaft bestreiten überwiegend Aleppokiefer, Pinie, verschiedene niedrigwachsende Eichenarten und die Seestrandföhre. Bodennah sind viele Kräuter zu finden, die auch die Küche bereichern, wie Thymian, Salbei und Bohnenkraut.

Lavendel kam erst in den 1930er Jahren aus dem westlichen Mittelmeerraum nach Dalmatien, insbesondere nach Hvar. Rosmarin wächst vor fast jedem Haus und erinnert an die Heirat. Denn bei einer dalmatinischen Hochzeit darf ein Sträußchen bläulich blühender Rosmarin in den Händen der Braut nicht fehlen.

Heute wird die nach dem letzten Krieg fast zum Erliegen gekommene Tradition, Kräuter schonend zu trocknen, wieder entdeckt. So werden wieder Bärlauch, aber auch Kornblumen, Malven, Veilchenblüten, Sonnenblumen und Ringelblumen geerntet und exportiert.

Tiere

Wer an Tiere in Dalmatien denkt, dem mag der Dalmatiner in den Sinn kommen. Der englische Bio-Historiker Thomas Bewick nannte vor etwa 200 Jahren Dalmatien als Heimat dieses charakteristisch weißen Hundes mit seinen braunen oder schwarzen Tupfen. Tatsächlich war aber eher in England populär, wo er zur Abschreckung von Zeitgenossen mit bösen Absichten die Kutschen Adliger begleitete. Deshalb wird ihm eine angeborene Liebe zu Pferden nachgesagt. Dalmatinische Kirchenbücher erwähnen ihn tatsächlich erstmals im 14. Jahrhundert. Es ist umstritten, ob Bewick Recht hatte. Angeblich ist der Dalmatiner bereits auf Gräbern von Pharaonen in Ägypten dargestellt und könnte somit lediglich über Dalmatien nach Europa gekommen sein. Die einzige Darstellung eines Dalmatiners befindet sich auf einem Gemälde aus dem frühen 18. Jahr-

Typischer Vertreter der dalmatinischen Fauna

Junge Waldeidechse

hundert, das im Refektorium des Franziskanerklosters Zaostrog hängt. Die Einwohner scheinen sich mit dem Hund jedenfalls kaum zu identifizieren, denn er ist auf der Straße selten zu sehen.

Das eigentlich Tier Dalmatiens ist der Esel. Hier gab und gibt es eigene Rassen und Züchtungen. Er ist nur 1 Meter hoch, wiegt um die 95 Kilo und kann bis zu 100 Kilo auf dem Rücken tragen. Noch in den 50er Jahren des 20. Jahrhundert gehörte er in jedes Haus und war das Lasttier für den Alltag, ein Autoersatz sozusagen. In Sali auf der Insel Dugi Otok findet zur Erinnerung daran immer noch Anfang August ein Eselrennen statt.

Zu den Tieren, vor denen man sich in freier Wildbahn eher in acht nehmen sollte, gehören der Braunbär, der Skorpion und verschiedene Schlangenarten. Wirklich gefährlich sind allerdings nur die Schlangen. Der Braunbär lebt meist sehr zurückgezogen. Die schwarzen Skorpione, die sich lieber in die dunklen Stellen der Häuser flüchten als anzugreifen, sehen gefährlicher aus, als sie sind. Ihr Stich ist kaum schlimmer als der einer Bremse und auf jeden Fall nicht tödlich.

Ähnlich scheu sind die vorkommenden Schlangenarten. Nur einige von ihnen sind giftig wie die Katzennatter, die Eidechsennatter, die Kreuzotter und die Wiesenotter. Berüchtigt ist der Poskok, eine Sandviper, die – wie sich auch der kroatische Name übersetzen lässt – springen kann. Doch die meisten flüchten bereits, wenn sie die Vibrationen der Schritte im Boden spüren. Jedenfalls ist es ratsam, beim Wandern feste und hochschließende Schuhe und lange Beinkleider zu tragen.

Im 19. Jahrhundert hat der österreichische Baron Schilling auf die Inseln Mljet und Korčula den schlangenfressenden Mungo aus Indien importiert. Der hat ganze Arbeit geleistet, auf den Inseln gibt es heute nicht nur keine Schlange, sondern auch sonst kaum Kleingetier mehr. Denn der Mungo hat keine Feinde.

Vorsicht geboten ist bei den Seeigeln, die zwischen Steinen im Wasser ihre Stacheln ausstrecken. Ein Tritt in einen Seeigel kann sehr schmerzhaft sein. Unterwassersportler sollten wissen, dass auch hin und wieder Haie an die Küste schwimmen. Zuletzt kam es im Oktober 2008 nahe der Insel Vis zu einem der seltenen Angriffe eines Hais auf einen Taucher.

Umweltschutz und Nationalparks

Seit 2013 beschäftigt ein Schreckgespenst die kroatischen Umweltschützer an der Adria. Nach Angaben von Geologen könnten dort verwertbare Mengen von Öl und Gas lagern. Das hat die klamme kroatische Wirtschaft in einen ethischen Konflikt geführt: Soll man für das Geld aus dem Ölgeschäft den Tod des komplizierten Ökosystems Adria und Mindereinnahmen aus dem Tourismus in Kauf nehmen?

Bereits das genaue Ausloten der Vorkommen hat 2013 zahlreiche Proteste hervorgerufen. Denn der Meeresgrund wurde mit Explosionen im Zehn-Sekunden-Takt vermessen. Das hat erheblichen Stress bei der Meeresfauna ausgelöst, insbesondere bei den Delphinen. Nach Angaben der Gesellschaft zur Rettung der Delphine (GRD) wurden 29 Sektoren gebildet, um Probebohrungen vorzunehmen. Sie umfassen eine Fläche von 37 000 Quadratmeter Adria, das sind 80 bis 90 Prozent. Als Mindestabstand wurden zehn Kilometer zur Küste beziehungsweise sechs Kilometer bis zur nächsten Insel ausgewiesen. Zum Vergleich: Die im Golf von Mexiko 2010 explodierte und untergegangene Bohrplattform Deepwater Horizon bohrte in etwa 84 Kilometern Entfernung südöstlich von Venice (Louisiana) und verseuchte trotzdem das Festland bei der Katastrophe.

In Kroatien haben besorgte Bürger die Allianz Clean Adriatic Sea gebildet und bei der Regierung und der EU-Kommission gegen die Bohrungen protestiert. Inzwischen wurden Lizenzen für zehn Probebohrungen vergeben. Fünf Energiekonzerne werden sie durchführen: die OMV aus Österreich, Marathon Oil aus den USA, die italienischen Konzerne ENI und Medoilgas sowie der kroatische Energiekonzern INA.

Im Nationalpark Krka

Bislang bekommt das Meerwasser noch regelmäßig Bestnoten vom ADAC. Das liegt aber vor allem daran, dass der Adriastrom das saubere Wasser vom offenen Mittelmeer zur kroatischen Küste bringt und verschmutzes Wasser in Richtung italienische Adria wegtreibt. Trotz der guten Noten für die Wasserqualität geben die Gemeinden an der Küste und auf den Inseln zu, dass Abwässer oft ungefiltert ins Meer geleitet werden. Viele haben Pläne für eine moderne Abwasserentsorgung in der Schublade oder sogar begonnen, sie umzusetzen. Immer noch ist es aber ratsam, nicht in der Nähe von Ortschaften zu baden.

Um die Adria sauber zu halten, muss auch die kroatische Abfallwirtschaft dringend reformiert werden. Im Sommer 2006 wurde ein Mülltrennungssystem nach deutschem Vorbild eingeführt. Doch das Sammeln und Verarbeiten des getrennten Mülls stellt die Gemeinden bis heute vor erhebliche Probleme. Nur 7,5 Prozent des getrennten Mülls wurden 2013 tatsächlich der Wiederverwendung zugeführt. Zwar gibt es Unterstützung aus der Europäischen Union. Aber vielfach ist die richtige Antragsstellung unbekannt, und viele Kommunen bringen ihren Eigenanteil kaum auf. Von 300 Mülldeponien waren bis Mitte 2013 nur 112 saniert. Etwa 60 Millionen Euro EU-Gelder sind bisher in die Sanierung geflossen.

Für den Schutz der Natur konnte aber auch einiges erreicht werden: In Dalmatien liegen vier der acht kroatischen Nationalparks. Alle zusammen machen etwa zehn Prozent der gesamten Fläche Kroatiens aus. In diesen Parks ist das Betreten nur auf bestimmten Wegen gestattet, Jagen, Fischen und Tauchen sind stark eingeschränkt. Kritik gibt es allerdings an der Praxis, wie die Vorschriften für Nationalparks umgesetzt werden. So bemängeln Umweltschutzorganisationen, dass es zu viele Ausnahmen gibt, wie zu häufig ausgestellte Jagdgenehmigungen (im Neretva-Delta) und Sonderrechte für Privatgrundstücke (Kornaten).

Immerhin hat Kroatien in Bezug auf den Schutz von Delfinen eine Vorreiterrolle angenommen. Im Juli 2009 hat das kroatische Kulturministerium den Import von Delfinen für kommerzielle Zwecke, speziell für Delfinarien, verboten. Damit ist Kroatien weiter als der EU-Raum, der noch 60 der umstrittenen Delfinarien betreibt. Allerdings sind die Delphine in der Adria bedroht. Nachdem in der Tito-Zeit noch Abschussprämien gezahlt wurden, gibt es derzeit nur noch 220 der Adriadelphine, Tümmler, die auf kroatisch ›Dobri Dupin‹ (Guter Delphin) heißen.

Ansonsten bekommt auch Kroatien den Klimawandel zu spüren. In den letzten 20 Jahren ist die Durchschnittstemperatur je nach Messstation zwischen 0,02 und 0,07 Grad gestiegen. Von den zehn wärmsten Jahren seit Beginn des 20. Jahrhunderts wurden sechs in Gospić und sieben in Zagreb aufgezeichnet. Auch die Niederschlagsmengen sind rückläufig. Forscher benennen die Folgen: Während es an der Küste trockener würde, könnte das Hinterland von Hochwasserkatastrophen betroffen sein.

Überschwemmungen, Hagelstürme oder Dürreperioden führten zwischen 2000 und 2007 bereits zu durchschnittlichen Ernteverlusten in Höhe von 176 Millionen Euro pro Jahr, heißt es in einem Bericht von Meteorologen. An der Adria könnte ein Temperaturanstieg bei gleichzeitiger zunehmender Verschmutzung das Algenwachstum beschleunigen.

Geschichte Dalmatiens

In Dalmatien trafen im Laufe seiner Geschichte westliche und östliche Kulturen wie tektonische Platten aufeinander. Zunächst stieß in der östlichen Adria Rom auf Griechenland, später verlief dort die Grenze zwischen dem West- und dem Oströmischen Reich, dann traf dort Venedig auf Byzanz, und später kämpften die Osmanen mit den Venezianern und den Österreichern um die Adriaküste. Dabei wurde über die Köpfe der Dalmatiner hinweg nicht nur ein globaler Machtkampf der Kulturen ausgetragen. Zusätzlich haben Piraten und lokale Herrscher ihre Macht über die Bewohner der Region ausgeübt und ihren oft blutigen Tribut gefordert.

Für die Menschen in ihren heute so beschaulichen anmutenden Häusern am Meer bedeutete dies ein Leben unter ständiger Bedrohung. Dalmatien konnte sich als militärisches Aufmarsch- und Kolonialgebiet nur schwer eigenständig entwickeln. Künstlerschulen konnten kaum kontinuierlich wachsen. Nur eine Stadt nutzte diese Lage für sich: Dubrovnik. Der Versuch, den zerrissenen Südbalkan mit seinen Konflikten zwischen westlich orientierten katholischen und östlich-orthodoxen Christen, zwischen Christen und Moslems, nach Jahrhunderten zu einem Staatsgebilde unter kommunistischer Diktatur zu schmieden, endete im Balkankrieg von 1991 bis 1995.

Slawen und Awaren

Es war mehr als ein staatspolitischer Akt, als am 5. August 1995 die kroatischen Soldaten auf der Burg Knin die Šahovnica, die blau-weiß-rot-gestreifte Fahne mit dem Schachbrettmuster und den fünf Wappen als Mittelsymbol, hissten, und sie der damalige kroatische Präsident Franjo Tuđman öffentlich küsste. Die Ortswahl war ein historisches Symbol. Tuđman knüpfte den neuen Staat an eine kurze Zeit im Mittelalter an, als Kroatien das erste und einzige Mal selbstständig auf der weltpolitischen Bühne agierte. Und dieses erste Mal endete bereits 1091.

Von dieser Burg aus haben Fürsten und später Könige mit klangvollen Namen wie Trpimir, Muncimir, Svetislav, Držislav, Zvonimir und Petar im Mittelalter den ersten kroatischen Staat regiert. Sie waren erst im 7. Jahrhundert als Hrvati von außen in das Land gekommen – zu einer Zeit, als die antike Welt vor ihrer Auflösung stand – und exakt in die Rissstelle eingedrungen, die zwischen den geschwächten Reichen von West- und Ost-Rom entstanden war. Sie bildeten eine neue Herrscherschicht über eine bereits dort sesshafte Bevölkerung mit langer Tradition.

Das Niner Taufbecken des Königs Vizeslav ist ein Symbol für die Katholisierung der Slawen

Vielleicht gehört es bis heute zum Problem der kroatischen Identität, dass eigentlich niemand so genau weiß, woher die Kroaten kamen. Sicher ist: Erobert wurde Dalmatien um 600 zunächst von den Awaren. Das Reitervolk, das in der Steppe des Kaukasus aufgebrochen war, erreichte zwischen 612 und 619 brandschatzend und plündernd die Adriaküste. An der Adria nahmen sie Salona (heute Solin bei Split) ein und machten die größte römische Stadt an der östlichen Adria dem Erdboden gleich. Danach zerstörten die Awaren Zadar und Nin. In ihrem Gefolge befanden sich Slawen, die sich an der Adria niederließen und sich selbst ›Hrvat‹ nannten.

Die gewagteste Theorie ist, dass die Kroaten aus dem heutigen Iran über den Kaukasus in ihr heutiges Siedlungsgebiet eingewandert sein könnten. Denn auf dem Gebiet des heutigen Iran findet sich das Wort ›Haurvata‹, das ›Viehhüter‹ heißt. Diese Theorie beschert heute dem Land ein gutes Verhältnis zum Iran, über den für den letzten Krieg auch Waffen geliefert worden sein sollen.

Nach anderen Theorien bezeichnet jedoch ein ›Hrvat‹-ähnlicher Begriff eine bestimmte gesellschaftliche Schicht oder eine bestimmte Kriegerschicht innerhalb der Awarenherrschaft. Als Karl der Große die Awaren 796 endgültig besiegte, löste sich damit der Zusammenhalt der awarischen Herrschaft auf. Damit übernahm eine Bevölkerungsgruppe, die sich ›Hrvat‹ nannte, die Macht im heutigen Gebiet Kroatiens. Dass der Begriff aus einer iranischen Worttradition kommt, ist dabei nicht auszuschließen. ›Hrvati‹ wäre demnach eher der Oberbegriff für eine neue Herrscherschicht. Diese regierte im neuen Königreich aber über ein Völkergemisch, das dort bereits lebte.

Die Steinzeit und die Illyrer

Über den Balkan sollen die ersten Menschen aus Afrika nach Europa gekommen sein. Noch im Neolithikum, der Jungsteinzeit, war die östliche Adria ein Brückenland für den Westen. Über diese Brücke des Balkan kam die neolithische Kultur nach Westeuropa. Nach Ansichten von Forschern erreichte auf diesem Weg ein jungsteinzeitlicher Innovationsschub mit Errungenschaften wie Ackerbau, Viehzucht und die Bearbeitung von Kupfer und Ton Westeuropa.

Illyrisches Symbol eines Halbmonds in einer Kirchenmauer

Die Steinzeitmenschen lebten in Stammesverbänden wie zum Beispiel in der Gudnja-Höhle, oberhalb von Ston auf der Halbinsel Pelješac. Dort wurden Reste einer Keramik ausgegraben, die auf die Zeit zwischen 6000 und 5000 vor Christus datiert wird und die sich sonst nirgendwo nachweisen lässt. Daher spricht man auch von der Gudnja-Kultur.

Die ersten, die ein überregionales Machtzentrum auf dem südlichen Balkan errichten konnten, waren im 2. Jahrtausend vor Christus die Thraker, sie wurden zwischen 1250 und 1150 vor Christus von den Illyrern abgelöst.

Als ›Illyrer‹ gelten die Stämme der Liburner und Dalmater. Eine Besonderheit dieser Stämme war, dass sie ihre Städte und Festungen auf möglichst höchsten Bergen bauten, nie in den Tälern und nie nahe am Meer.

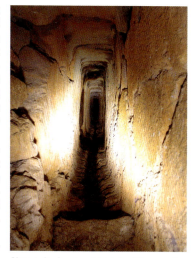

Unterirdisches Aquädukt der Römer auf der Insel Pag

Charakteristisch für die Liburner war ein von ihnen entwickelter Schiffstyp, der schneller und wendiger und allen anderen der Adria überlegen war. Und weil die schönen Handelsgüter quasi vor der Haustür der Illyrer zwischen Griechenland und Rom hin- und herfuhren, verlegten sie sich auf die Seeräuberei und entwickelten darin eine große Fertigkeit. Nach vielen und langen Feldzügen unterjochten die Römer sie schließlich und gliederten dieses Gebiet als Provinz Illyricum in ihren Staat ein.

Noch im 19. Jahrhundert glaubte die Forschung, die Illyrer seien das Urvolk der Kroaten. Die Theorie war die Grundlage für den Illyrismus, eine Nationalbewegung, mit der junge Adelige die nationale Eigenständigkeit der Kroaten gegenüber Österreich-Ungarn betonten. Denn in der Donaumonarchie galt Kroatisch nicht einmal als offizielle Sprache.

Der Illyrismus bildete die Basis für panslawistische Ideen und die Identität der jungen kroatischen Nationalbewegung, die bis in die Ustaša-Zeit, dem Naziregime in den 30er Jahren, reichte. Bereits zuvor hatte Napoleon nach seiner Besetzung Dalmatiens diesen Landstrich in Anlehnung an die römische Zeit ›Illyrische Provinzen‹ genannt. Doch kamen die Kroaten erst mit den Awaren, etwa 600 Jahre nach dem Ende der Eigenständigkeit der Illyrer, in das Land.

Griechen und Römer

Vor der Küste Dalmatiens blüht derzeit die Untewasserarchäologie. Immer neue untergegangene Hafenanlagen und Schiffe aus dem alten Hellas und aus Rom geben neue Informationen preis über das Leben an der Adria zu dieser Zeit.

Römische Reliefkunst auf einem Sarkophag im archäologischen Museum in Split

Zwar galten die Illyrer als ein starkes Kriegsvolk, doch sie konnten auf Dauer mit zwei Kulturen, von denen sich jeweils eine im Osten und eine im Westen herausbildete, nicht mithalten. Im Osten wurden zunächst die Griechen immer mächtiger und kolonisierten zunehmend auc.h vom Meer her die Inseln und die Küste. Im 6. Jahrhundert vor Christus gründeten Griechen auf der heutigen Insel Korčula in Lumbarda die erste Kolonie und nannten sie Korkyra Melaina.

Zwei Jahrhunderte später errichtete der Tyrann von Syrakus, Dionysios, unabhängig davon auf der Insel Vis eine griechische Kolonie und befestigte sie. Von dort aus ließ er sich in der Nähe des heutigen Split, in Pharos, dem heutigen Stari Grad auf Hvar, nieder, und schließlich gründeten die Griechen das heutige Trogir, das sie Tragurion nannten. Später bedrängten die Römer von Westen her die Illyrer.

Mit Seeräuberei waren die Illyrer über Jahrhunderte eine mächtige Plage für den Adriahandel. Als im 3. Jahrhundert vor Christus die illyrische Königin Teuta die Griechen vertreiben wollte und Korkyra Melaina (das heutige Korčula) eroberte und Issa (heute Vis) belagerte, griffen die Römer ein. Sie besiegten die Herrscherin und machten Illyrien von Rom abhängig. Trotzdem beendete das die Seeräuberei zunächst nicht. Bis heute gilt Teuta als sagenumwobene Herrscherin, die in manchen Mythen auch als große Piratin in Erscheinung tritt.

Im Jahr 35 vor Christus unterwarf Octavian die östliche Adria. Die Städte machte er dem Erdboden gleich, die Jungen ließ er töten, die Alten schickte er in die Sklaverei. Schließlich stieg Rom zu dem Riesenreich auf, das den ganzen Adriaraum beherrschte, aber im Laufe der folgenden Jahrhunderte immer unregierbarer wurde.

Einer der letzten großen römischen Herrscher, der das Reich zusammenhielt, war der Dalmatiner Diokletian, der es im 4. Jahrhundert nach Christus schaffte, über 20 Jahre eine stabile Regierung aufzubauen. Der Erbauer des Diokletianpalastes in Split ging aber vor allem als unbarmherziger Christenverfolger in die Geschichte ein. Sein ebenfalls aus Dalmatien stammender Nachfolger Konstantin ließ das Christentum gewähren. Dabei wurde die damals größte dalmatinische Stadt, Salona, heute ein Ruinenfeld oberhalb von Split, zur wichtigsten Missionsstadt im Römischen Reich, in der Domnius zum heute noch verehrten christlichen Märtyrer wurde.

Theodosius machte den Christusglauben 391 zur Staatsreligion und Byzanz zur Hauptstadt der Christen als Gegenstück zu Rom. Die Grenze zwischen Ost- und Westrom verlief exakt an der heutigen Grenze zwischen Dalmatien und Montenegro. Dalmatien wurde somit zur Grenzregion in den Konflikten des auseinanderbrechenden Römischen Reiches.

Gründung des kroatischen Staates

Im Hochmittelalter wurden die Slawen zwischen dem Reich Karl des Großen von Norden und Byzanz von Osten eingekeilt. Beide Seiten versuchten, die dalmatinische Küste zu christianisieren. Zwar hatte Karl der Große auf Dalmatien offiziell verzichtet und im Gegenzug die Erlaubnis von Byzanz eingekauft, sich in Rom zum Kaiser des Heiligen Römischen Reiches deutscher Nationen krönen lassen zu dürfen. Dennoch übte er starken Einfluss auf die östliche Adriaküste aus. Während Nin zum katholischen Zentrum wurde, geriet das Gebiet südlich von Split ab 878 unter byzantinische Oberhoheit.

Ab 845 begann das kroatische Geschlecht der Trpimirovići mit fränkischem Segen seine Machtstellung zu festigen, indem Fürst Trpimir zunächst einige Städte entlang der nördlichen Küste der Kvarner Bucht gründete. Fürst Branimir wurde als erster Dux Croatorum genannt und gründete in 879 Nin mit Erlaubnis Roms einen Bischofssitz.

Tomislav I. konnte schließlich eine übergeordnete Machtstellung erreichen und ließ sich 925 in Nin mit dem Segen Roms zum kroatischen König krönen. Die Krönungskirche und kleinste Kathedrale der Welt ist heute noch erhalten. Damit wurde das nördliche Dalmatien zum Kernland des kroatischen Staates. Unter Petar Krešimir IV. (1058–1074) erlebte Kroatien seinen Höhepunkt, doch bereits 1091 starb die Dynastie aus, und das Land fiel an Ungarn.

Angebliche Darstellung des Königs Tomislav im ehemaligen Julius-Tempel in Split

Diese 200 Jahre währende relativ selbständige kroatische Herrschaft wurde bis 1995 nicht mehr erreicht und bildet bis heute die Grundlage des Mythos vom einigen kroatischen Reich. Prägend wurde außerdem, dass sich der junge Adel von Anfang an nach Rom orientierte und fränkische Missionare von Aquileia aus in das Land ließ.

Sie sicherten das Land gegen den Einfluss von Byzanz für das Weströmische Reich, das sich bis heute als römisch-katholisch von seinen östlichen Nachbarn abgrenzt. Mit ihrem Erstarken versuchten die Ungarn von Norden, Druck auf das Reich an der Adria auszuüben. Als 1091 König Zvonimir ermordet wurde, fiel die Erbfolge an Ungarn. Später unter Venedig

Denkmal für Petar Krešimir IV. in Šibenik

sehnte man sich immer unter den Schutz Ungarns zurück, im Kaiserreich Österreich-Ungarn wurden Kroatien und Ungarn zur Einheit und von Budapest aus verwaltet.

Um die erste Jahrtausendwende zeichnete sich Venedig bereits als neue Macht im Mittelmeerraum ab. Doch im späten Mittelalter konnte weder eine innere noch eine äußere Macht stabil die Herrschaft über Dalmatien halten. Das Land wurde bis 1420 hin- und hergeworfen zwischen Ungarn, Venedig und weiteren italienischen Interessen. Je nach Stärke der jeweiligen Herrscher konnten der lokale Adel oder äußere Mächte mehr oder wenig Einfluss ausüben.

So erstarkte im 10. Jahrhundert die Adelsfamilie der Šubić. Sie machte Bribir nordwestlich des Krka-Flusses zu ihrem Zentrum und konnte sich im Mittelalter zeitweise ein gutes Stück an der Küste von Šibenik bis Omiš sichern. Heute sind von dieser letzten Hoffnung auf das Wiedererstarken eines kroatischen Reiches nur noch Ruinen übrig. Piraten regierten ab Omiš bis zur Neretva und machten die Handelswege unsicher, von Norden her setzten die räuberischen Uskoken die Küste unter Druck. Gleichzeitig übten Stadtstaaten wie Zadar, Split und Dubrovnik mal mehr, mal weniger Macht aus.

Die Herrschaft Venedigs

Mit der Entdeckung der Salzgewinnung aus dem Meerwasser wurde die Küste der Ostadria als wertvoller Rohstofflieferant zu einem wichtigen wirtschaftlichen Faktor. In Pag, Nin, Trogir, Šibenik, Ston auf der Halbinsel Pelješac und anderen Orten wurde das weiße Gold gewonnen. Auf diese Vorkommen wollte vor allem das aufstrebende Venedig Einfluss nehmen. Außerdem machte der Handel mit landwirtschaftlichen Gütern wie Olivenöl und Wein aus dem Hinterland die Küste zunehmend interessant.

Die Stadt am Lido konkurrierte mit den Städten an der Ostadria im Seehandel und errang im 12. Jahrhundert mehr und mehr eine vorherrschende Stellung. Im Kampf gegen die Piraten wurde Venedig zu einer Ordnungsmacht in der Adria und löste damit Byzanz ab. Gleichzeitig griff sie immer stärker auf die Küstenabschnitte zu und begann sie zu kolonisieren.

Dabei konkurrierte die Serenissima mit Zadar und dem aufstrebenden Dubrovnik. Doch Venedig scheute keine noch so zweifelhaften Mittel, die Oberherrschaft zu erlangen. So veranlasste sie, dass 1202 eine Flotte mit Kreuzrittern die Stadt Zadar angriff. Die Serenissima erließ denen, die sich an der Eroberung der nordadriatischen Stadt beteiligten, die Abgaben. Über 30 000 deutsche und französische Söldner plünderten die Stadt. 1204 wurde Konstantinopel auf die gleiche Art zerstört. Die Kaufmannsrepublik hatte jedoch kein Interesse an Machtausübung und Staatsgründung. Ihr ging es um die Sicherung der Küste für den Handel.

Während vor der endgültigen Machtübernahme Venedigs noch Ladislaus von Neapel zu Beginn des 15. Jahrhunderts über Dalmatien herrschte, setzten von der Landseite her weitere Mächte die Küstenbewohner unter Druck. 1170 hatte sich im Osten der Großžupan Stefan Nemanja an die Macht geputscht und den ersten serbischen Staat gegründet. Seinen Höhepunkt erreichte das serbische Reich unter Stefan Dušan (1331–1355) mit den Eroberungen der byzantinischen Provinzen (bis zum Golf von Korinth), Restmazedoniens und Albaniens. Als er Anspruch auf die Halbinsel Pelješac erheben wollte, kaufte Dubrovnik ihm und dem bosnischen Ban Stjepan II. Kotromanić die Halbinsel ab.

Nachbau eines venezianischen Handelsschiffes in Trogir

Am Altstadthafen von Dubrovnik

Zugleich begann der Aufstieg Bosniens. Stjepan II. Kotromanić hatte sich 1322 von den Adeligen Šubić lösen können, gestützt durch einen aufblühenden Bergbau in der bosnischen Bergregion. Anfang des 15. Jahrhunderts verbündete sich das bosnische Königtum mit Ladislaus von Neapel gegen den ungarischen König Sigismund.

Doch Sigismund konnte die bosnischen Magnaten zur Anerkennung seiner Herrschaft zwingen, so dass Ladislaus seine Macht an der Küste schwinden sah. Das führte zu einem historischen Schritt: 1409 verkaufte Ladislaus von Neapel Dalmatien für legendäre 100 000 Dukaten an Venedig. Ab 1420 herrschte die Serenissima 470 Jahre lang über ganz Dalmatien. Mit einer Ausnahme: der Stadt Dubrovnik.

Dubrovnik konnte sich ab dem 12. Jahrhundert schnell zu einem Stadtstaat entwickeln und später mit dem Reichtum der Salinen von Ston im Rücken und viel Chuzpe die Herrscher des Hinterlands und die erstarkende Stadt Venedig gegeneinander ausspielen. Dieses Prinzip nutzten die Diplomaten aus Dubrovnik besonders, als eine neue Macht im Hinterland auftauchte: die Osmanen. Im Streben, die Machtbalance an der Adria zu halten, begaben sie sich unter deren Schutz und zahlten dafür hohe Tribute. Dubrovnik war die einzige Stadt, die das Leben an der Grenze zwischen Orient und Okzident zu ihrem Nutzen gestalten konnte, bis Napoleons Truppen auch die starken Festungen dieser Stadt überwanden.

Die Osmanen

Für die Küste begann mit der Macht Venedigs im 15. Jahrhundert eine zwiespältige Zeit. Einerseits drückten hohe Abgaben, andererseits begann die Küste zunächst einmal zu prosperieren. Venedig garantierte zwar eine relativ lange Zeit des Friedens und bot erstmals seit 400 Jahren die Möglichkeit für eine kontinuierliche Entwicklung, man wünschte sich dennoch bis ins 18. Jahrhundert, wenn schon keine Eigenständigkeit zu erreichen war, die Herrschaft der Ungarn zurück.

Tatsächlich wurde die östliche Adria zu einer Art Kolonialgebiet. An der ganzen Küste entlang wurden Häuser und Paläste, Kirchen und Herrscherhäuser gebaut. Kunst und Kultur der Renaissance konnten sich entwickeln. Große Bauten wie die Kathedrale von Šibenik, die Kirchen Zadars oder die Kunst in der Kathedrale von Trogir konnten entstehen. Doch die Blüte erstickte langsam, als im Hinterland die Türken zu einer wachsenden Bedrohung wurden. Dalmatien geriet zwischen die Fronten der Republik Venedig und dem Osmanischen Reich. Die Küste wurde zunehmend zu einem militärischen Aufmarschgebiet, wodurch sie vom Handel mit den Produkten aus dem Hinterland abgeschnitten wurde.

Die Darstellung der Steinigung des Stephanus durch die Türken in der Kirche von Opuzen

Das lähmte das wirtschaftliche, gesellschaftliche und künstlerische Leben.

Die Türken hatten sich bereits früh angekündigt, aber die Westeuropäer waren zu sehr untereinander zerstritten, als dass sie die Gefahr erkannt hätten. Als die Osmanen 1389 die Serben auf dem Amselfeld schlugen, schien es kein Aufhalten mehr auf dem Weg an die Adriaküste zu geben. Die Türken eroberten Nin, griffen auf Zadar über und nahmen 1537 die Burg Klis oberhalb von Split ein. Šibenik konnte sich, geführt von einem deutschen General in venezianischen Diensten, nur mit einer ausgeklügelten Strategie gegen die Übermacht der Osmanen halten, Trogir verteidigte sich mühsam mit einer starken Befestigung. Nur Dubrovnik wurde zur Drehscheibe für die Waren aus dem bosnischen Hinterland und dem Handelsgut, das die Türken aus dem Orient heranführten.

Die Osmanen steckten viele Menschen in die Sklaverei und erzogen Waisenkinder zu Janitscharen. Menschen flüchteten aus dem Hinterland in die Städte und Dörfer der Küste oder auf die Inseln und nahmen in Kauf, Piraten ausgesetzt zu sein. Immer wieder unternahmen die Türken Raubzüge von Bosnien aus an die Küste und blieben bis Ende des 18. Jahrhunderts eine ständige Bedrohung.

Nach ihrem Sieg über die osmanische Bedrohung 1683 vor Wien stieg die Habsburger Monarchie zur neuen Macht auf, die auch auf Dalmatien ihren Einfluss zunehmend ausübte. Sie sicherte das Land, indem sie entlang der Westgrenze des Osmanischen Reiches eine Militärgrenze einrichtete. Entlang eines bis zu 100 Kilometer breiten Korridors wurden Siedler aus orthodoxen Ländern angesiedelt und mit Sonderrechten ausgestattet.

Dieses Gebiet bildete die spätere Krajina. Wirtschaftlich ging es in Dalmatien erst im 18. Jahrhundert langsam bergauf. Orte wie Šibenik, Zadar, Orebić, aber auch Inselchen wie Olib blühten in dieser Zeit durch den immer stärker werdenden internationalen Seehandel auf.

Dalmatien unter Österreich-Ungarn

Ende des 18. Jahrhunderts verlor auch Venedig an Stärke, lähmte die starre Ständeordnung das zunehmend wirtschaftlich aktive Bürgertum. Immer häufiger kam es zu Aufständen gegen das System des Adels. 1797 nahm die österreichische Monarchie dem Stadtstaat die Ostküste der Adria ab; allerdings nur, um sie 1805 im Frieden von Pressburg wieder an Italien, das im Bund mit Napoleon stand, zu verlieren.

Napoleon blieb eine Episode. Aber unter seiner Herrschaft erlebte Dalmatien eine Reihe von administrativen Reformen, die dem Bürgertum halfen, zur erneuernden Kraft zu werden. Die verbesserte Infrastruktur sieht man bis heute zum Beispiel am Straßenbau entlang der Adriaküste. Die Verwaltung wurde reformiert, das Land neu eingeteilt und aufgeforstet, die orthodoxe Kirche der katholischen gleichgestellt und erstmals eine Eparchie in Šibenik eingerichtet. Dennoch blieb die Bevölkerung an der Adria aufgrund des Atheismus' der Herrscher von der Seine auf Distanz. Die steigenden Steuerforderungen und die ständigen Rekrutierungen wurden zur Belastung.

Auch wenn die Österreicher 1813 mit dem Ende der napoleonischen Herrschaft vieles wieder rückgängig machten, hatte Dalmatien durch diese den Anschluss an Westeuropa gefunden. Dass die Kroaten unter ungarische Herrschaft

Die Doppelmonarchie Österreich-Ungarn 1910

Alte Olivengärten auf der Insel Pag

gestellt wurden, entwickelte sich zunehmend zum Ärgernis. Denn als Teil Ungarns mussten die Dalmatiner den Dienstweg über Budapest gehen, wenn sie etwas in Wien erreichen wollten. Und die Ungarn sorgten dafür, dass sie nur wenig erreichten.

Auch das Bestreben Kaiser Franz Josephs I., die Länder der Krone gleichberechtigt anzuerkennen und nicht wie eine Kolonie zu führen, blieb eher graue Theorie. Mit einigen wenigen Betrieben in den großen Städten wie Split und Šibenik erreichte die Industrialisierung Dalmatien nur in geringem Maße. Das Land blieb überwiegend von der Landwirtschaft geprägt. Vor allem Wein- und Olivenbau florierten, der Westen wurde ein dankbarer Abnehmer. Dennoch ging es wirtschaftlich unter der Monarchie zunächst bergauf. Der Kaiser besuchte seine neugewonnene Küste häufig. Zunächst wuchs das Reedereigeschäft weiter, allerdings nur, bis die österreichische ›Lloyd‹ ihren Betrieb aufnahm und Dampfschiffe über die adriatischen Gewässer stampfen ließ.

Da konnten die dalmatinischen Reeder nicht mithalten. Unter Österreich-Ungarn wurde das Eisenbahnnetz ausgebaut, wenn auch aus militärischen Gründen. Aber in der zweiten Hälfte des 19. Jahrhunderts begann damit ein zaghafter Tourismus.

Gleichzeitig entwickelten sich einige eigenständige geistige, zum Teil widersprüchliche Strömungen. Einerseits entstand 1835 der Illyrismus, der in den Illyrern irrigerweise die Vorfahren der Kroaten sah und sich als eine nationale Bewegung der Wiedergeburt verstand. Andererseits übernahm eine Reihe von Intellektuellen panslawische Ideen, die wahlweise den Zusammenschluss der slawischen Völker in der Habsburg-Monarchie verfolgten oder eine Einigung aller slawischen Völker unter russischer Führung anstrebten. Gleichzeitig orientierte sich das Land insofern nach Westen, als dass sich Lateinisch als Schriftsprache mit Hilfe der Medien immer mehr durchsetzte.

1848 sprang der revolutionäre Funke Westeuropas auch nach Dalmatien über. Während der Westen um Demokratie rang, protestierten die Kroaten gegen die österreichische Oberherrschaft und Magyarisierung. Erst 1867/68 konnte eine gewisse Autonomie erreicht werden.

Der Erste Weltkrieg

Als der Kronprinz Erzherzog Franz Ferdinand über das dalmatinische Metković durch das Neretva-Tal per Eisenbahn nach Sarajevo reiste, ahnte noch niemand, dass er nicht lebend aus der bosnischen Stadt zurückkommen würde. Mit dem Attentat auf den Thronfolger durch den Serben Gavrilo Princip am 28. Juni 1914 begann der Erste Weltkrieg. An dessen Ende mussten die Osmanen ihre Herrschaft auf dem Balkan aufgeben. Sie hinterließen eine starke moslemische Bevölkerungsgruppe in Bosnien.

Der Rapallo-Vertrag von 1920 zerriss die dalmatinische Karte: Zusammen mit Istrien, Cres und Lošinj kam Zadar zu Italien, das übrige Dalmatien musste sich dem neugeschaffenen, von Belgrad regierten Königreich der Serben, Kroaten und Slowenen (SHS) unterordnen. Damit befand sich der größte Teil Dalmatiens in einem Staatsverband, in dem drei Kulturen zusammenleben sollten, die in den letzten 1000 Jahren eher gegeneinander als miteinander agiert hatten. Was vorher ein äußerer Konflikt zwischen Völkern und Kulturen gewesen war, wurde nun durch die Grenzziehung um die Slawen auf dem Südbalkan zu einem ›inneren‹ Konflikt. Obwohl sie weitgehend eine gemeinsame Sprache hatten, wurde das Zusammenleben von Moslems, Ostchristen und Westchristen zur Keimzelle für den Krieg auf dem Balkan zwischen 1991 und 1995.

In der Zeit zwischen den Weltkriegen wurde der Balkan auch politisch zwischen Kommunismus und monarchistischer Demokratie zerrissen. Die kommunistische Partei hatte 1920 bereits 65 000 Mitglieder und war bei den ersten Wahlen drittstärkste Fraktion. 1921 wurde sie verboten. Doch zunächst eskalierte nicht der Klassenkampf, sondern der Konflikt zwischen Kroaten und Serben.

Der Streit verhinderte notwendige Reformen. Die Dörfer, vor allem in Dalmatien, waren bereits überbevölkert. Kurz nach dem Ersten Weltkrieg erreichte die Reblaus aus Amerika, die bereits seit Ende der 1870er Jahre in Westeuropa wütete, Dalmatien und vernichtete einen Großteil der Weinernte. Es kam zu einer ersten Auswanderungswelle, vorzugsweise nach Übersee: USA, Argentinien und Australien. Viele dalmatinische Seeleute kannten die Länder bereits von ihrer Arbeit auf See.

Das Attentat auf Franz Ferdinand, zeitgenössische Zeichnung

Die zögerlich einsetzende Industrialisierung des Königreiches kam nur dem Norden zugute und konnte die weggefallenen Arbeitsplätze in der Landwirtschaft nicht auffangen. In diese schwierige Situation brach 1929 die Weltwirtschaftskrise ein, die durch den Börsenkrach ausgelöst wurde. Eine weitere massive Auswanderungswelle setzte ein.

Der Zweite Weltkrieg

Wie auch in Deutschland drifteten Ende der 20er Jahre die politischen Kräfte im Königreich Jugoslawien immer weiter auseinander. 1928 gründete Ante Pavelić eine Geheimorganisation, die faschistische Ustaša, mit der er von Italien aus die Abtrennung von Kroatien aus dem Königreich betrieb. Es gelang ihm schließlich 1934, den serbischen König Aleksandar I. in Marseille von einem mazedonischen Attentäter, gedeckt von Bulgaren und Italienern, ermorden zu lassen.

Da Aleksandars Sohn noch zu jung war, musste dessen Onkel Prinz Pavle die Amtsgeschäfte übernehmen. Bis die Deutschen Anfang April 1941 Belgrad eroberten und dann das Königreich SHS zusammenbrach, hatten die Kroaten bereits die Bildung einer autonomen Banschaft Kroatien durchgesetzt.

Weil Hitler vor seinem Angriff auf Russland die südöstliche Flanke absichern wollte, befahl er unter einem Vorwand zusammen mit den Italienern den Angriff auf das Königreich und nahm es in zwei Tagen ein. Prinz Pavle flüchtete über Athen und Kairo und baute in London eine Exilregierung auf. Die Achsenmächte teilten sich den südöstlichen Balkan auf, wobei die Deutschen das Hinterland mit Zagreb und Sarajevo und die Italiener die Küste besetzten.

In Zagreb errichtete Ante Pavelić die Nezavisna država Hrvatska (NDH), den Unabhängigen Staat Kroatien. Doch bereits diese Bezeichnung war eine Farce, denn Kroatien hing am langen Arm von Berlin und Rom. Kroatien war in mehrere Zonen aufgeteilt, so dass die kroatischen Faschisten nicht einmal über das ganze Land regierten. Die Ustaša-Führung gerierte sich als Herrscherclique von deutschen Gnaden. Welchen Rückhalt sie in der Bevölkerung genoss, ist zweifelhaft. Wahrscheinlich war er anfangs hoch und schwand dann. Mit dem ›Gesetz zum Schutz von Volk und Staat‹ wurde mit dem Tode bestraft, wer gegen die ›Ehre und Lebensinteressen des kroatischen Volkes‹ verstieß. Mit diesem Paragraphen, der jede Auslegung offenließ, wurde eine Willkürherrschaft juristisch bemäntelt.

Die Ustaša bastelte sich eine Arierideologie zurecht und leitete ihre Abstammung von den Goten her. Analog zu den Deutschen ging damit eine antisemitische Grundhaltung einher, die dazu führte, dass von 34 000 Juden, die 1941 auf dem Gebiet des ›Unabhängigen Staates Kroatien‹ lebten, 19 000 in Lagern umkamen und 7000 nach Deutschland deportiert wurden.

Es bildeten sich Terrorbanden, die auch Serben brutal verfolgten oder zur Konversion zwangen, bis sogar die deutschen Besatzer dies 1942 unterbanden. Die Ustaša richteten Konzentrationslager ein, in denen jüngsten Schätzungen zufolge zwar nicht 700 000 Menschen, wie nach dem Krieg behauptet, aber immerhin etwa 85 000 Juden, Serben, Sinti und Roma und politische Gegner umgekommen sein sollen. Damit waren die Kroaten das einzige Volk außerhalb Deutschlands, das eigenständig Konzentrationslager eingerichtet hat.

Einer der Wachtürme des Konzentrationslagers auf Molat

Einige entstanden auch in Dalmatien, wie zum Beispiel auf der Insel Molat, wo heute noch die Grundmauern zu sehen sind, und im Hafen von Dubrovnik und auch an anderen Orten. Das zentrale Lager entstand im slawonischen Jasenovac, wo zehntausende Menschen von Hand getötet wurden.

Der Befreiungskampf

Als Gegenbewegung zur Ustaša organisierten sich gleich zu Beginn der deutsch-italienischen Besatzung die Četnici, eine serbische Widerstandsbewegung unter General Dragoljub Draža Mihajlović. Gestützt von der Exilregierung, war sie eine nationalistisch-serbische Organisation. Deshalb richtete sie ihren Gegenterror zunächst vor allem gegen führende Kroaten und Moslems unter den Nazis.

Erfolgreicher war dagegen der Partisanenkampf der Kommunisten. Nicht nur, weil sie bereits seit 1921 im Untergrund wirkten und damit Erfahrung hatten. Ihr Anführer war flexibler: Er stellte den Gedanken des Klassenkampfes und der Nationalitäten hintan und konnte so den Widerstandwillen aller nationalen Gruppen des jugoslawischen Reiches vereinen. Er verzichtete darauf, gegen lokale Führer vorzugehen, die sich den Besatzern andienten und konzentrierte sich auf die Besatzer selbst.

Es war dieses integrative Element, mit dem Josip Broz Tito die Völker auch über den Zweiten Weltkrieg hinaus einen konnte. Tito, der bereits seit 1937 an der Spitze der Kommunisten stand, sammelte alle um sich, die gegen die Ustaša waren. Die erste spektakuläre Aktion war die Einnahme des Städtchens Srb in der Lika. Mit wechselndem Erfolg eroberten die Partisanen weitere Gebiete und konnten dort eine funktionierende Verwaltung und eine Wirtschaft aufbauen.

Zunächst organisierte Tito den Widerstand aus den Höhlen im bosnischen Jajce heraus. Doch nachdem ihn im Mai 1944 deutsche Fallschirmspringer bei Drvar fast gefangengenommen hatten, verlegte er die Zentrale des Widerstandes auf die dalmatinische Insel Vis, die von den Briten besetzt war.

Auch dort bezog das Kommando eine Höhle. Der Partisanenkampf war zäh und wurde mit großer Brutalität geführt. Die einfachen Menschen wurden von den Ustaša ebenso unter Druck gesetzt wie von den Partisanen. Wer den Partisanen nicht zu Diensten war, musste um sein Leben fürchten. Ebenso, wenn die Ustaša herausbekommen sollten, dass man gezwungenermaßen den Partisanen geholfen hatte.

Auf Grund der zunehmenden Erfolge zwang Churchill die serbisch dominierte Exilregierung, Hilfe für Tito zu organisieren und Mihajlović zu entlassen. Unterstützt mit Waffen und begünstigt durch die Erfolge der Alliierten, konnten die Partisanen am 20. Oktober 1944 zusammen mit der Roten Armee Belgrad erobern. Als sie sieben Tage später Split als erste kroatische Stadt befreiten, wurde dort die erste kommunistische Partei der Kroaten gegründet.

Zum Kriegsende versuchten Minister im Kabinett von Pavelić, einen Seitenwechsel zu organisieren, doch Pavelić ließ sie vermutlich kurz vor Kriegsende noch umbringen. Pavelić floh am 7. Mai 1945 nach Argentinien. Wie neuerdings bekannt wurde, floh er über Österreich und Genua zunächst nach Rom, wo er Hilfe im Vatikan bekam. Doch auch die englischen Geheimdienstler wussten genau, wo er war und was er tat, doch sie ließen ihn in Genua entweichen und griffen auch in Rom nicht zu. Wahrscheinlich nahm man Rücksicht auf viele ehemalige Nazis, die in den Geheimdiensten der Alliierten wertvolle Informanten waren. Nach einem missglückten Attentat durch den jugoslawischen Geheimdienst Udba siedelte Pavelić nach Madrid über, wo er 1959 starb.

Als die Partisanen auf Zagreb zumarschierten, löste dies einen Flüchtlingstreck aus. 100 000 Menschen flohen nach Kärnten, um dort in britische Gefangenschaft zu gehen. Doch der englische Feldmarschall Harold Alexander übergab sie alle an die Partisanenarmee. Diese führte die Flüchtlinge auf einem Marsch unter brutalen Umständen in Internierungslager zurück. Unterwegs starben wahrscheinlich zwischen 45 000 und 55 000 Menschen. Dieser Marsch wurde später als ›Kreuzweg‹ bezeichnet und zu einem Symbol der antisozialistischen Opposition.

Wie hoch die Verluste im Zweiten Weltkrieg insgesamt auf jugoslawischer Seite waren, ist umstritten. Tito selbst hatte 1,7 Millionen angegeben, diese Zahl wurde aber noch unter seiner Führung in Zweifel gezogen.

Partisanen auf Korčula

Das sozialistische Jugoslawien

Der gemeinsame faschistische Feind hatte die Kulturen auf dem Balkan, die sich in hunderten von Jahren unterschiedlich entwickelt hatten, geeint. Aber die kulturellen Unterschiede blieben. Zunächst gelang es am 29. November 1945 mühelos, in Belgrad die Federativna Narodna Republika Jugoslavije (FNRJ), die Föderative Volksrepublik Jugoslawien zu gründen.

Um den Zusammenhalt zu fördern, wurde die Partisanenzeit zum Mythos stilisiert. Beflügelt durch die große Selbständigkeit der jugoslawischen Partisanen und ihre Erfolge, forderte Tito nach dem Krieg mehr Selbständigkeit innerhalb der kommunistischen Staaten. Dabei eskalierte ein Streit mit Stalin, so dass Moskau Jugoslawien aus der Kominform ausschloss. Es folgte eine Wirtschaftsblockade, die Tito dazu zwang, westliche Hilfe anzunehmen und Güter aus dem Marshall-Plan zu beziehen.

Tito reagierte prompt auf die Ausgliederung und begann eine ›Säuberung‹, indem er alle Anhänger Stalins aus der kommunistischen Partei ausschloss und sie auf die Gefängnisinsel Goli Otok verbannte. Dort mussten zeitweise 30 000 Menschen in Steinbrüchen Zwangsarbeit leisten. Als Stalin 1953 starb, verbesserte sich zwar das Verhältnis zur Sowjetunion, doch Jugoslawien stieg zur Führungsnation der Blockfreien Länder auf.

In der Wirtschaft ging Tito ebenfalls einen eigenen Weg und hob die Kollektivierung bereits ab 1950 auf. Stattdessen führte er die Arbeiterselbstverwaltung ein. Landbesitz wurde nur auf eine Größe von 10 bis 20 Hektar beschränkt. Ende

Jugoslawien nach 1945

der 60er Jahre wurde der freie Reiseverkehr genehmigt. Mit der Ankunft vieler Gastarbeiter im deutschsprachigen Raum wurde nicht nur der jugoslawische Arbeitsmarkt entlastet, sondern konnten auch Oppositionelle ins Exil gehen. Allerdings wurden Oppositionelle in den Gastländern vom jugoslawischen Geheimdienst bespitzelt und zum Teil auch getötet. Erst kürzlich gab es diesbezüglich wieder einen Prozess in München.

Während in Westeuropa die 68er-Bewegung revoltierte, entstand 1967 auch in Zagreb eine Protestbewegung, die sich der ›Kroatische Frühling‹ nannte. Er war ein Ausdruck der ungeklärten Frage nach den nationalen Identitäten innerhalb der FNRJ. Sie ließ sich über die Person Titos und den Partisanenmythos nicht mehr allein lösen. Unter anderem wurde kritisiert, dass Kroatien beim Rückfluss der Deviseneinnahmen aus dem Tourismus benachteiligt würde.

Denkmal aus kommunistischen Zeiten in Preko auf Ugljan

So gingen alle Devisen an die Nationalbank in Belgrad und wurde den Unternehmen im Gegenwert als Dinare gutgeschrieben. Trotz Zugeständnissen eskalierte der Konflikt bis hin zur Forderung einer weitgehenden Loslösung von Kroatien mit eigener Vertretung in den Vereinten Nationen.

Tito, der der Bewegung erst unentschlossen gegenüberstand, sprach am 29. November 1971 ein Machtwort. Er ›säuberte‹ die Partei und unterdrückte die Bewegung mit Gewalt. Viele Oppositionelle flohen ins Ausland, wurden dort aber weiter überwacht. Dennoch wurde in der Folge 1974 noch einmal die Verfassung verändert, und sie erhielt mehr föderale Elemente. Touristikunternehmen konnten danach 45 Prozent aus den Deviseneinnahmen und Exportfirmen 20 Prozent behalten.

Der Tod von Josip Broz Tito am 4. Mai 1980 bedeutete auch einen Generationenwechsel; die Kriegsgeneration trat ab. Titos Posten als Staatspräsident wurde nie mehr vergeben. Er wurde durch ein achtköpfiges Staatspräsidium ersetzt, dessen Vorsitz rotierte.

Das System brach auseinander, als Slobodan Milošević zunehmend eine Zentralisierung anstrebte, die Befürchtungen über eine serbische Dominanz auslöste. 1981 kam es zu einem Aufstand der Albaner im Kosovo, der brutal niedergeschlagen wurde. Als sich weiterer Widerstand aus Slowenien ankündigte, forderte Milošević auf einem Parteitag am 22. Januar 1990 Maßnahmen zur Zentralisierung. Aus Protest gegen seine Politik verließen erst die Slowenen, dann die Kroaten unter Ivan Račan den Parteitag und besiegelten damit das Auseinanderbrechen der Partei.

Die Unabhängigkeit Kroatiens

Im April 1990 fanden die ersten freien Wahlen in Kroatien statt, aus der die Partei Kroatische Demokratische Gemeinschaft (HDZ) unter Franjo Tuđman als Sieger hervorging. Dieser gab der formal noch sozialistischen Republik sogleich eine neue Verfassung, deren Präambel er selbst schrieb und die er auf sich zuschnitt. Im Mai 1991 organisierte er organisierte ein Referendum, bei dem 92 Prozent der Kroaten für eine Unabhängigkeit stimmten. Im Juni erklärte Tuđman die Unabhängigkeit Kroatiens, dann wechselte er auch die offiziellen Symbole aus. Als Flagge diente ab sofort die ›Šahovnica‹, die bis heute gilt. Auch Milošević betrieb den Ausschluss Kroatiens und Sloweniens aus dem jugoslawischen Verband, wollte sich aber die serbisch dominierten Teile aus Kroatien und Bosnien-Herzegowina herausschneiden.

Zunächst machte sich die Krajina selbständig, ein Gebiet, das auf kroatischer Seite entlang der Westgrenze des heutigen Bosnien verläuft und etwa ein Drittel des kroatischen Staatsgebietes ausmacht. Außerdem besetzten die Serben das Gebiet östlich von Osijek in Slawonien. Die Kroaten bauten im Gegenzug eine paramilitärische Nationalgarde auf. Nach einigen Gewalttakten und Volksabstimmungen in Slowenien und Kroatien, und vor allem, nachdem der Serbe Borislav Jović sich geweigert hatte, den Vorsitz im Staatspräsidium an den Kroaten Stipe Mesić zu übergeben, erklärten beide Länder am 25. Juni 1991 ihre Unabhängigkeit.

Ab Mitte Juli 1991 eskalierte die Situation zum Krieg. Die Serben versuchten, Dalmatien vom übrigen Kroatien abzuschneiden, indem sie die Maslenica-Brücke nördlich von Zadar besetzten. So konnte Dalmatien mit Fahrzeugen nur noch über Pag erreicht werden. Dubrovnik wurde bombardiert und Split belagert. 245 000 Kroaten wurden zu Flüchtlingen.

Die Šahovnica, die kroatische Flagge

Die Unabhängigkeit Kroatiens

Slobodan Milošević, Alija Izetbegović und Franjo Tuđman bei der Unterzeichnung des Dayton-Abkommens

Am 23. Dezember 1991 ergriff die deutsche Regierung unter Helmut Kohl und Hans-Dietrich Genscher die Initiative und erkannte den neuen Staat Kroatien unabhängig von Absprachen in der EU als erste an. Dieses Vorgehen war sehr umstritten, stärkte aber die Unterstützung der Kroaten, die der Nationalen Volksarmee, die in serbische Hände übergegangen war, nur wenig entgegenzusetzen hatte. Im Januar 1992 folgten die anderen EU-Staaten.

Noch im selben Monat trat der Vance-Plan in Kraft, ein Waffenstillstand, nach dem UN-Truppen an den Grenzen postiert wurden, die den Grenzverkehr und die Rückkehr der Flüchtlinge garantieren sollten. Doch der gute Wille führte zu einem anderen Ergebnis: Damit wurde lediglich der Status quo zementiert, und es schien, als ob die serbische Politik gestützt werden sollte.

Derweil führte Kroatien seine neue Währung, die Kuna, ein und teilte das Land in 20 Gespanschaften und 117 Općine (Kommunen) auf. Zu wirtschaftlichen Problemen wurden der Unterhalt der Armee und die große Zahl der Flüchtlinge in dem 4,5 Millionen-Einwohner-Land, wobei mit dem einsetzenden Krieg in Bosnien 300 000 Kroaten aus dem Nachbarland dazukamen. Die Devisen aus dem Tourismus blieben aus. Bei der Versorgung Dalmatiens gab es zunehmend logistische Schwierigkeiten, manche Inseln mussten per Schiff mit Trinkwasser beliefert werden.

Nachdem die Europäische Gemeinschaft sich bei ihren Vermittlungsbemühungen selbst im Weg gestanden und die Amerikaner energisch eingriffen hatten, versuchte das neue Kroatien, Fakten zu schaffen. 1993 eroberte es die Maslenica-Brücke zurück und errichtete eine Pontonbrücke. 1995 begann nach langer Vorbereitung die Operation ›Blijesak‹, Blitz, mit der zunächst in Westslawonien Vukovar zurückerobert wurde.

Als Antwort beschossen die Krajina-Serben Zagreb mit Raketen. Am 4. August 1995 begann mit der Operation ›Oluja‹ (Gewittersturm), dem Einmarsch in die Krajina, der letzte Akt. Bereits einen Tag später konnte Präsident Franjo Tuđman die kroatische Fahne auf der Burg Knin hissen. Fast die gesamte serbische Bevölkerung von etwa 130 000 Menschen ergriff die Flucht.

Im Zuge der Rückeroberung der Krajina schalteten sich die Amerikaner aktiv in das Kriegsgeschehen ein, so dass schließlich am 21. November 1995 das Abkommen von Dayton möglich wurde. Mit ihm fand der Krieg auf dem Südbalkan ein Ende, und die heutigen Grenzen wurden festgeschrieben.

Die Aufarbeitung

Insgesamt hat der Krieg Kroatien rund 40 Milliarden Dollar gekostet. Geld, das den Kroaten für den Aufbau fehlte, während andere Länder, die sich aus der kommunistischen Herrschaft befreit hatten, wie Polen, Tschechen oder Ungarn, längst in ihr Wirtschaftswachstum investieren konnten.

Noch immer behindern ungeräumte Minenfelder Investitionen vor allem im ländlichen Raum. Zum Minenfeld wurde auch die Aufarbeitung der Kriegsverbrechen, an die die gleichzeitige politische Integration der neuen Staaten auf dem südlichen Balkan in die EU geknüpft wurde. Einerseits sollte damit die Aufklärung gefördert werden, andererseits orientierte sich die Aufarbeitungsschlacht nur selten an den Opfern, dafür mehr an politisch-wirtschaftlichen Interessen.

Bereits 1999 erhob Kroatien vor dem 1993 gegründeten Internationalen Gerichtshof Anklage gegen Serbien wegen Völkermords und machte die Serben für 14 000 Tote und 55 000 Verletzte sowie 590 verwüstete Städte und Dörfer verantwortlich. Zehn Prozent des Hausbestandes, 1800 Kulturdenkmäler und 450 katholische Kirchen seien demnach zerstört worden.

Nachdem die Klage erst 2008 zugelassen worden war, erhob Belgrad 2009 seinerseits Anklage gegen Kroatien wegen Völkermords vor dem IGH. Im Februar 2015 hat das Gericht in Den Haag die Klagen abgewiesen. Es habe jeweils der Vorsatz gefehlt, ein Volk vernichten zu wollen. Sie orientierten sich dabei an der Definition des Begriffes aus dem Jahr 1948, die damals die vorsätzliche Vernichtung der Juden und Sinti und Roma unter den Nationalsozialisten im Blick hatte. Gleichzeitig forderten die Richter gegenseitige Entschädigungszahlungen. Die technokraitsche und zynisch klingende Feststellung der Richter, ›eine ethnische Säuberung ist nicht gleichbedeutend mit einem Völkermord‹, wird nun sicher die Völkerrechtler weiter beschäftigen.

Nach dem Krieg streben die ehemaligen Gegner in die Europäische Vereinigung. Kroatien wurde am 18. Juni 2004 zum offiziellen Beitrittskandidaten. Für eine Mitgliedschaft machten zahlreiche EU-Länder allerdings die Auslieferung der Kriegsverbrecher an den Internationalen Gerichtshof zur Voraussetzung. Am Schluss der Verhandlungen ging es vor allem um General Ante Gotovina, der den Angriff auf die Krajina in ihrem Südabschnitt geleitet hatte und dem zunächst 150, später 37 Morde und die Vertreibung von über 100 000 Serben vorgeworfen wurden. Der Ex-Fremdenlegionär wurde am 8. Dezember 2005 auf Teneriffa gefasst. 2011 verurteilte ihn der Internationale Strafgerichtshof in erster Instanz zu 24 Jahren Haft. Nach einer Berufung wurde er am 16. November 2012 freigesprochen.

Im November 2011 wurde mit Goran Hadžić der letzte serbische Kriegsverbrecher gefangengenommen. Er hatte sich im Krieg zum Präsidenten der Serben in der Krajina gemacht, die hinunter bis kurz vor das dalmatinische Šibenik reichte. Ihm wird vorgeworfen, die Kroaten in diesem Gebiet ermordet, gefoltert und vertrieben zu haben. Außerdem habe er sich an den Angriff auf Vukovar beteiligt.

Bis Jahresbeginn 2015 wurden insgesamt 161 Verdächtige angeklagt. Nach über 7500 Prozesstagen kam es zu 79 Schuldsprüchen und 13 Freisprüchen. Zwölf Angeklagte starben während oder kurz vor dem Prozess, darunter der serbische Ex-Präsident Slobodan Milošević. Gegen 20 wurde die Anklage mangels Aussicht auf Erfolg im Vorfeld fallen gelassen. Derzeit finden vier neue Verfahren statt, und elf sind in der Berufung.

Die nicht Verurteilten oder die aus der Haft Entlassenen werden in ihren Heimatländern wie Helden empfangen. Es gibt kaum Programme für eine Aussöhnung. Auch die Kirchen ergreifen kaum die Initiative. Im Gegenteil: Der serbische Nationalist Vojislav Šešelj verbrannte im März 2015 eine Fahne vor einem Gericht in Belgrad.

Die serbischen Flüchtlinge finden zum Beispiel nur schwer in ihre alte Heimat zurück. Die Zahlen der Rückkehrer gehen je nach kroatischen oder serbischen Angaben weit auseinander. Offiziell haben alle Serben freien Zugang zu ihrer alten Heimat, doch oft kommt es zu Behinderungen auf administrativer Ebene. Und immer mal wieder kamen in den letzten Jahren faschistische Schmierereien an orthodoxen Einrichtungen vor. Hauptproblem für die Jungen ist es, in Kroatien wieder Arbeit zu finden. Oft kommen Pensionäre auf das Land zurück, um ihre Häuser, Höfe und Gärten zu bewirtschaften. Belgrad unterstützt die Rückkehrer sogar mit Zahlungen durch eine eigens gegründete Entwicklungsbank.

Die politische Lage

Tuđman ging als Nationalheld in die Geschichte ein. Doch in der Endphase seiner Regierungszeit war der erkrankte Präsident für dringende Reformen zu schwach. Stattdessen teilten die Parteigenossen die Pfründe unter sich auf und stellten wirtschaftliche Weichen. Als der Euroskeptiker Tuđman am 13. Dezember 1996 starb, war Kroatien zuvor noch Mitglied im Europarat geworden, doch das Land war so weit isoliert, dass selbst zum Begräbnis von Tuđman einzig der türkische Staatspräsident Süleyman Demirel kam, ansonsten waren die Länder nur durch ihre Botschafter vertreten.

Tuđmans Nachfolger, der Sozialdemokrat Stipe Mesić, hat das Land auf einen demokratischen Weg gebracht und der EU geöffnet. Zwar blühte unter seiner Ägide die Korruption, doch er wies die Nationalisten zurück, indem er als erster Kontakt zu Serbien aufnahm. Zudem entschuldigte er sich bei den Angehörigen der Opfer des Konzentrationslagers Jasenovac. Sein Nachfolger Ivo Josipović (SDP) hat diesen Kurs der Verständigung weiter ausgebaut. Josipović besuchte dazu die serbischen Klöster Grupa und Krka in Dalmatien. Gemeinsam mit der

Stipe Mesić in Washington im Jahr 2000

konservativen Regierung um HDZ-Ministerpräsidentin Jadranka Kosor hat er am 1. Juli 2013 den EU-Vertrag unterschrieben, so dass Kroatien nun der 28. Mitgliedstaat der EU ist.

2007 wurde Zoran Milanović von der SDP zum Ministerpräsidenten gewählt. Doch die in ihn gesetzten Hoffnungen, gegen die Korruption vorzugehen und die Wirtschaft in Gang zu bringen erfüllten sich nicht. Dafür bekam Josipović bei der Präsidentenwahl 2015 die Rechnung. Obwohl als Favorit gesetzt, konnte er sich in einem zweiten Wahlgang nicht erneut durchsetzen, und so kam im Januar 2015 erstmals eine Frau an die Macht, die bis dahin eher als Außenseiterin gehandelt wurde: Kolinda Grabar-Kitarovic.

Böse Zungen sagen, die ehemalige NATO-Diplomatin sei auf Grund einer Protestwahl ins Amt gekommen. Sie muss nun die Lager überwinden, das Land aus der Wirtschaftskrise herausführen und den überspannten Nationalismus bändigen. Stattdessen sind populistische Töne zu hören: Sie wolle Pädophile kastrieren lassen und versprach noch am Wahlabend, da weitermachen zu wollen, wo Franjo Tuđman aufgehört habe. Bis Ende 2015 muss sie mit der Regierung Milanović ein Tandem bilden. Ob das Land dabei vorankommt, darf bezweifelt werden. Die Wahl hat allerdings Bewegung in die Parteienlandschaft gebracht: Der Student Ivan Vilibor Sinčić protestierte mit seiner Bewegung ›Živi zid‹ (Lebendige Mauer) erfrischend offen gegen Korruption und die Demagogie der Profi-Politiker und bekam 16 Prozent der Stimmen. Ivo Josipović hat die Gründung einer neuen Mitte-/Links-Partei angekündigt, die sich auch für gesellschaftliche Minderheiten einsetzen wolle.

Nun blicken alle darauf, wie die neue HDZ-Präsidentin den Antikorruptionsprozess vorantreibt. Höchste Kreise, die bis zum ehemaligen Präsidenten Ivo Sanader reichen, sind in Gerichtsprozesse verwickelt. Sanader, der Rolex-Uhren liebte und (ein-)sammelte, soll auch am Verkauf der ›Hypo Group Alpe Adria‹ an die Bayerische Landesbank verdient haben, der die bayerischen Steuerzahler 3,7 Milliarden Euro gekostet hat. Die ›Hypo Group Alpe Adria‹ musste schließlich von der österreichischen Regierung verstaatlicht werden. Ebenfalls unter Verdacht, Sanader Provisionen für einen Aktiendeal gezahlt zu haben, geriet der deutsche Honorarkonsul Robert Ježić in Rijeka, der vor allem Mehrheitseigentümer von ›Dioki‹ ist, dem größten Chemiekonzern in Kroatien. Berlin hat sich zu seiner plötzlichen Absetzung aus der Vertretung auf Nachfragen kroatischer Medien nie geäußert.

Politik, Gesellschaft und Wirtschaft

Dalmatien besteht aus 4 der 21 Gespanschaften (wie Kreise, die aber in direktem Kontakt mit Zagreb stehen) und fasst neben Istrien, Kvarner, Zagorje, Slawonien zwei von fünf größeren historischen Einheiten zusammen: Dalmatien und das früher eigenständige Dubrovnik. Split gilt dabei noch immer als die heimliche Hauptstadt, auch wenn die Regionen seit 2001 keine eigenständigen landespolitischen Kompetenzen mehr besitzen.

Regiert wird die Republik Kroatien (Republika Hrvatska) als eine parlamentarisch demokratische Republik mit starker Ausrichtung auf ihren Präsidenten. Der vom Parlament (Sabor) gewählten Regierung steht ein Ministerpräsident vor, der die Regierung leitet. Nachdem Ex-Präsident Franjo Tudman (HDZ) stark präsidial ausgerichtet regiert hatte, wurden mit der Verfassungsreform 2001 zahlreiche Kompetenzen an das Parlament zurückverlagert.

Das Land wird seit 4. Dezember 2011 von der sogenannten Kukuriku-Koalition regiert. Die besteht aus einem Bündnis von vier Parteien unter Führung der Sozialdemokratischen Partei Kroatiens (Socijaldemokratska partija Hrvatske, SDP). Gemeinsam mit der liberal-bürgerlichen Volkspartei (Hrvatska socijalno liberalna stranka, HNS), der Istrischen Demokratischen Versammlung (Istarski demokratski sabor/IDS) und der Pensionistenpartei (Hrvatska stranka umirovljenika, HSU) hat sie sich im istrischen Gasthaus ›Kukuriku‹ in Kastav zusammengefunden. Zweitstärkste Kraft ist die konservative Kroatische Demokratische Gemeinschaft (HDZ).

Am rechten Rand fischen außerdem einige nicht unbedeutende Splitterparteien wie die Kroatische Bauernpartei (Hrvatska Seljačka Stranka, HSS). Im Prinzip gilt auch in Kroatien die Fünf-Prozent-Hürde, doch gemeinsame Listen sind erlaubt, und so schaffen es einige kleine Parteien per Huckepackverfahren in den Sabor.

Gesellschaft und Religion

Gesellschaftlich macht Kroatien eine Turboentwicklung vom Nationalismus des 19. Jahrhunderts zum heutigen EU-Gedanken durch. Das Land, das über fast 1000 Jahre von den jeweils starken europäischen Mächten kolonisiert war, erhielt 1995 erstmals die Chance, sich als Nation zusammenzufinden. Entsprechend bildet der Stolz auf die eigene Leistung und die Opfer im letzten Krieg die Grundlage des starken Nationalgefühls.

Andererseits tragen die zahlreichen Gastarbeiter und deren Kinder die Frage nach der eigenen Identität in das Land und stellen den starken Nationalismus infrage. Ihre Besinnung auf die Heimat und ihre Rückkehr bescheren dem Land einen Bauboom und eine starke Zersiedelung.

Probleme gibt es vor allem bei der Toleranz gegenüber Minderheiten. Unterschiedliche Volksgruppen wie Serben, Bosnier oder sogar Kroaten aus Bosnien, aber auch gesellschaftliche Minderheiten wie Homosexuelle haben es nach wie vor schwer in Kroatien. Im Juni 2011 gab es einen Übergriff auf eine Parade von Homosexuellen in Split, die bislang als liberale Stadt galt. Immer-

Bootpflege auf der Insel Silba

Gesellschaft und Religion 51

hin gibt es inzwischen eine Internetseite für Homosexuelle, www.croatia-gay. com. Schwächere in der Gesellschaft haben es schwer: Jede zweite Frau leidet unter häuslicher Gewalt.

Alltägliche Probleme bereitet die Korruption in den sehr bürokratisierten Abläufen in der Verwaltung mit ihrer Überregulierung. Mit den zahlreichen, oft gegenläufigen Verordnungen kann so mancher lokale Beamtenfürst seine private Politik machen und Dinge beschleunigen, verzögern oder sogar verhindern. Die Kaste der Mächtigen und Reichen ist so klein, dass jeder jeden kennt. Dabei entsteht ein System, bei man sich gegenseitig begünstigt und auch die Gesetzgebung beeinflusst. Der Mittelstand ist schwach beziehungsweise für eine Lobbyarbeit zu wenig organisiert. Deshalb gelten zum Beispiel steuerliche Vergünstigungen für große, aber weniger für kleine Unternehmen. Großinvestoren wird der bürokratische Weg geebnet, während kleine oft jahrelang um Baugenehmigungen kämpfen müssen. Das begünstigt die Korruption.

Im Corruption Perception Index nahm Kroatien 2013 Platz 57 von 177 Ländern ein. Die Korruptionsprozesse im Land offenbaren die Verflechtungen und erzeugen eine Stimmung von Politikverdrossenheit. Spitze des Eisberges ist das Verfahren um den ehemaligen Ministerpräsidenten Ivo Sanader, der im März 2014 erneut zu neun Jahren Haft verurteilt wurde. Er saß zusammen mit seiner Partei, der HDZ, auf der Anklagebank. Zusätzlich muss er zwei Millionen Euro an den Staat zurückzahlen und die HDZ 3,2 Millionen plus eine Strafe von 700 000 Euro. Beide werden wohl zusammen in Berufung gehen. Sanader und die HDZ sollen Aufträge an Privatpersonen vergeben haben, bei denen die Gelder direkt auf den Konten des jeweiligen Auftraggebers gelandet sind. Diese Anklage kam im Zusammenhang mit dem EU-Beitritt zustande, das Urteil könnte die Finanzierung der Partei ins Wanken bringen. Bereits zuvor war Sanader im Zusammenhang mit dem Verkauf der Bank ›Hypo Group Alpe Adria‹ an die Bayerische Landesbank und dem Verkauf der Tankkette INA an das ungarische Ölunternehmen ›Mol‹ zu achteinhalb Jahren Haft verurteilt worden.

In den letzten Jahren hat der Einfluss von Mafia und Korruption erheblich zugenommen. Dies zeigt der Fall des in Österreich verhafteten Ex-Generals, Vize-Verteidigungsminister und späteren Bauunternehmers Vladimir Zagorec. Nach seiner Demission 1993 soll er Diamanten im Wert von etwa 3,4 Millionen Euro aus dem Verteidigungsministerium mitgenommen haben, die als Sicherheit für illegale Waffengeschäfte hinterlegt waren. Knapp nach der Überstellung aus Österreich wurde die Tochter seines kroatischen Anwalts im Zentrum von Zagreb durch Kopfschüsse regelrecht hingerichtet. Der als Zeuge aufgerufene Journalist Ivo Pukanić fiel Ende Oktober 2008 einem Bombenanschlag zum Opfer. Danach ist ein Geflecht von Konten in Liechtenstein bei der ›Hypo Alpe Adria Bank‹ aufgetaucht. Über diese sollen Waffendeals, aber auch Grundstückskäufe in Millionenhöhe abgewickelt worden sein. Das Verfahren gegen Zagorec zieht sich bis heute hin.

Im Oktober 2014 ist der beliebte Zagreber Ex-Bürgermeister Milan Bandić wegen Korruptionsverdacht festgenommen worden. Der Mann, der auch schon betrunken Fahrerflucht begangen hat, soll seiner Klientel hunderte Bauprojekte zugeschoben haben. Trotzdem steht die katholische Kirche hinter ihm.

Die katholische Kirche

Mit dem Ende des Kommunismus und der Auswanderung hunderttausender Serben durch den Krieg dominiert die katholische Kirche das gesellschaftliche Leben stärker als in den meisten europäischen Ländern. Seit dem 7. Jahrhundert fühlt sich die kroatische Küste zu Rom gehörig. Für die Kroaten ist der Glaube bis heute Teil der ethnischen Zugehörigkeit und Abgrenzungszeichen gegenüber Serben (orthodox) und Bosniern (muslimisch).

Als einzige Opposition in kommunistischen Zeiten mit zahlreichen Märtyrern, deren bekanntester Name der umstrittene Zagreber Kardinal Alojze Stepinac ist, genießt die Kirche trotz einiger Affären einen überaus positiven Ruf, ähnlich wie in Polen.

Doch hinter der historischen Fassade zeigen sich Risse, wie auch der Schulterschluss mit dem wegen Korruption angeklagten Zagreber Ex-Bürgermeister zeigt. Das Verhalten der Kirche zu Zeiten der faschistischen Marionettenregierung Ante Pavelićs ist bis heute nicht geklärt. So nahm kein Bischof an der Gedenkveranstaltung für die Opfer des Holocausts im Sabor am 27. Januar 2015 teil, sondern lediglich ein niederrangiger Vertreter. Bei der Freilassung des Kriegsverbrechers Dario Kordić war dieser auch von Kirchenvertretern begeistert empfangen worden. Fast hätte es einen Dankgottesdienst gegeben.

Im Dezember 2013 hat die Kirche einen Volksentscheid für eine Verfassungsänderung durchgesetzt (65 Prozent Ja-Stimmen), wonach die Ehe zwischen Mann und Frau als einzige gültige Lebenspartnerschaft festgeschrieben wurde. Mit scharfen Protesten hat die Kirche gegen eine Gesetzesvorlage protestiert, wonach in den Schulen Sexualerziehung eingeführt werden solle. Die Bischöfe befürchteten, die Kinder könnten dadurch zum Onanieren und zur Homosexualität verleitet werden.

Ordensleute und Mönche, insbesondere Franziskaner, genießen hohes Ansehen

Die Ikonostase der serbisch-orthodoxen Kirche Uspenije Bogomatere in Šibenik

Die wirtschaftliche Macht der katholischen Kirche ist nicht unerheblich: Ganz profan ist sie derzeit mit ihren vielen Bauvorhaben der zehntgrößte Auftraggeber im Land.

Positiv kann festgehalten werden, dass die katholische Kirche im Alltag moralisch einen enorm stabilisierenden Faktor darstellt. Während des Krieges hat sie viel für die Versorgung der Bevölkerung geleistet. Zudem übernehmen Orden und Klöster viel an unbezahlter Sozialarbeit, die sich der Staat so nicht leisten könnte.

Die serbisch-orthodoxe Kirche

Es ist heute schwer zu entscheiden, wo die Anfänge der serbisch-orthodoxen Kirche in Dalmatien liegen. Die Orthodoxen sagen, bereits Paulus hätte Dalmatien christianisiert. Unter ostkirchlichen Einfluss kam Dalmatien, als es ab dem 4. Jahrhundert zu Byzanz gehörte. Griechische Kaufleute in den Städten, Flüchtlinge, die nach der Schlacht auf dem Amselfeld 1389 an das Meer geflüchtet waren, von den Österreichern angesiedelte orthodoxe Gläubige in der Krajina und Vertriebene aus serbischen Teilen Bosniens bildeten die Gemeinden. Erst Napoleon erlaubte den Orthodoxen, sich von der Verwaltung durch die katholische Kirche zu lösen und Šibenik zu ihrem orthodoxen Zentrum zu machen.

Im Ustaša-Staat gab es anhaltende Pogrome gegenüber zehntausenden von orthodoxen Gläubigen mit Zwangskatholisierungen. Insgesamt folterten und töteten Kroaten 27 serbisch-orthodoxe Geistliche, zerstörten 17 Kirchen und beschädigten 23 schwer. 49 Archive und 30 Kirchenbibliotheken wurden vernichtet. Im letzten Krieg von 1991 bis 1995 wurden in Dalmatien erneut 14 orthodoxe Kirchen zerstört und 45 schwer beschädigt.

Wirtschaft

Nach dem Krieg erlebte Kroatien dank des Tourismus, der 18 Prozent des Bruttoinlandprodukts (BIP) ausmacht, einen starken wirtschaftlichen Aufschwung. Doch im Herbst 2008 erfasste die Weltwirtschaftskrise auch die kroatische Wirtschaft. Seither dümpelt sie vor sich hin. Für 2014 kam sie auf ein Volumen von 43,1 Milliarden Euro, 0,7 Prozent weniger als im Vorjahr. Dies wäre das sechste Jahr in der Rezession. Immerhin sind die Preise stabil, die Inflationsrate lag 2014 bei 0,2 Prozent. Die Arbeitslosenquote beträgt 17,7 Prozent. Der durchschnittliche Arbeitslohn lag 2013 etwa bei 1050 Euro.

Die Wirtschaft befindet sich in keinem guten Gesamtzustand. Der Staatshaushalt ist bis an die Grenze des Bankrotts überschuldet. Das Rating steht kurz vor Ramschniveau. Für 2015 ist allerdings ein leichtes Wirtschaftswachstum prognostiziert. Die Neuverschuldung lag 2014 bei 4,7 des BiP. Noch immer bringt das Land jährlich eine Milliarde Euro für die Kriegsfolgen auf.

Hauptlieferländer waren 2013 Italien (14,8 Prozent), gefolgt von Deutschland (14,0 Prozent), Slowenien (7,8 Prozent) und Österreich (6,6 Prozent), Abnehmerländer sind in der Hauptsache Italien (14,8 Prozent), Bosnien und Herzegowina (12,5 Prozent) und Deutschland (12,0 Prozent).

Die Globalisierung hat zu einem Ausverkauf der Großunternehmen in dem kleinen Land geführt. So sind die Telekommunikationsfirmen überwiegend ebenso in ausländischer Hand wie private Medien, Banken und neuerdings auch Einzelhandelskonzerne.

In der Landwirtschaft machen vor allem die Dumpingpreise der EU den einheimischen Produkten zu schaffen. Bislang ist die Kuna stabil, Experten rechnen aber mit einer Abwertung, spätestens bei der Einführung des Euro, wenn er eingeführt werden sollte. Doch dann werden die Karten neu gemischt: Offiziellen Berechnungen zufolge könnte Kroatien 2,4 Milliarden Euro an Regionalhilfen und 700 Millionen Euro für den Agrarsektor erwarten.

Tourismus

Auf die Frage ›Welchen Tourismus will Kroatien?‹, sagte die leitende Managerin einer lokalen ›Turistička zajednica‹ im Zuge der Recherchen zu diesem Buch ungewöhnlich offen: »Das ist die große Frage, die wir uns auch jeden Tag stellen.« Immerhin besuchten 12,4 Millionen Touristen 2013 das Land. Das könnte dem Land Rekordeinnahmen von 7,5 Milliarden Euro beschert haben. Der Anteil deutscher Touristen nahm um 4,3 Prozent zu. Damit steigen die Zahlen seit einigen Jahren wieder kontinuierlich, 2014 gingen die Zahlen allerdings leicht zurück.

Die größte Gruppe waren deutsche Touristen, vor Slowenen, Italienern und Österreichern. Der Tourismus begann, als mit Kroatien die Adriaküste in die österreichischen Landesgrenzen kam. 1844 ließ der Kaufmann Higinio von Scarpa in Opatija die Villa Angiolina errichten, die bald von erlauchten Gästen besucht wurde: dem kroatischen Vizekönig Josip Jelačić und der österreichischen Kaiserin. Mit dem Bau der Eisenbahnlinie nach Dalmatien erreichten die ersten Erholungsreisenden die südliche Adriaküste.

Kreuzfahrtschiffe in Dubrovnik: Der Tourismus ist ein wichtiger Wirtschaftsfaktor

1868 entdeckten die ersten Touristen die Stadt Hvar zur Erholung und wenig später auch Jelsa, Orebić und Kaštel bei Split. Nach einer kurzen Blüte Ende der 20er und Anfang der 30er Jahre wurden die Gäste im Jugoslawien nach dem Zweiten Weltkrieg zu einem Wirtschaftsfaktor und Kroatien zu einem Land der Billigreisen.

Billig ist Kroatien längst nicht mehr. Die Campingpreise haben sich laut ADAC bereits zu den dritthöchsten in Europa entwickelt. Lediglich der Restaurantbesuch und die Übernachtungen in Privatunterkünften sind noch relativ preiswert, vor allem Hotelpreise steigen aber kontinuierlich. Überall wird betont, dass Kroatien weg vom Billigtourismus möchte, deshalb fördert das Land vor allem die Ansiedlung großer (ausländischer) Hotelketten, die die Küste selten verschönern, aber den Standard heben sollen. Das geht zu Lasten der mittelständischen Hotelbetriebe. In diesem Bereich sind schöne Hotels noch in der Minderheit, aber das Angebot vergrößert sich. Privatunterkünfte sind meist schlichter, dafür nach wie vor günstiger, und die Eigentümer bringen dem Besucher nach wie vor herzliche Gastfreundschaft entgegen.

Geeignet ist das Land für Familientourismus, zum einen wegen der sauberen Strände und auch deshalb, weil Kroaten überwiegend sehr kinderfreundlich sind. Immerhin bescheinigt der ADAC dem Land wachsende Sicherheit auf den Straßen und vor allem in den Tunnels, auch wenn die Kroaten selbst eine eher temperamentvolle Fahrweise an den Tag legen und die Unfallraten noch vergleichsweise hoch sind.

Junge Touristen in einer Bar in Hvar

Medien

›Slobodna Dalmacija‹ (Freies Dalmatien) – der Titel dieser Zeitung ist ständig präsent, und sie ist das Identifikationsmedium einer ganzen Region. Gegründet wurde sie von den Partisanen im Zweiten Weltkrieg, bevor ihr Redaktionssitz Split am 26. Oktober 1944 befreit wurde. Das Blatt wurde beliebt, weil es unter kommunistischer Ägide mit einem Augenzwinkern auch abweichende politische Meinungen unterzubringen wusste. Auch unter Tuđman wurde ebenfalls zunächst einem breiten redaktionellen Spektrum Raum gegeben. Dessen Regierung verschacherte das Blatt kurzerhand an einen HDZ-Mann, der das renommierte Blatt fast in den Ruin trieb. Dabei haben mutige Printmedien in Kroatien durchaus Tradition. So legte der Journalist Ljudevit Gaj im 19. Jahrhundert mit der Gründung der Zeitschrift ›Horvatske novine‹ gegen den Willen der ungarischen Zentralverwaltung die Grundlage für die heutige lateinische Schriftsprache.

Um die Pressefreiheit ist es schlecht bestellt: Kritischen Journalisten drohen Einschüchterung, Entlassung oder sogar Mord. Einzelne Journalisten sind auch schon vom Geheimdienst verhört und überwacht worden. Über die Bildschirme flimmern derzeit drei staatlich kontrollierte und zwei private Fernsehprogramme. Wie auch im Westen bedeutet die Kommerzialisierung der kroatischen Medien nicht ein Mehr an Freiheit. Marktführer bei den Privaten ist RTL. Viele Menschen vertrauen allerdings privaten Nachrichten über Facebook und Twitter mehr.

Europäische Medienhäuser wie die österreichische ›Styria AG‹ und die deutsche ›WAZ‹-Gruppe sind auf dem kroatischen Markt aktiv. 2010 erhielt die Zeitung ›24sata‹ immerhin den begehrten Newspaper Award. Seit 2011 hat ›Al-Jazeera‹ in Sarajevo eine Dependance eröffnet, was unter Medienexperten Besorgnis um eine weitere Polarisierung auf dem Südbalkan ausgelöst hat.

Wichtige Persönlichkeiten

Juraj Dalmatinac (gest. 1473) ist der für Dalmatien wichtigste Name. Er hat unter anderem die gesamte Stadt Pag entworfen. Sein Lebenswerk ist die Planung der Kathedrale von Šibenik, wo er vor allem für die beeindruckende Taufkapelle den Fries der 74 Köpfe geschaffen hat und die Vorarbeiten für die Kuppel geleistet hat. Weil er mit diesem Werk bekannt wurde, nannte er sich auch Giorgio da Sebenico. Sein Schaffensdrang war enorm: Im gleichen Jahr, in dem er in Šibenik an der Taufkapelle baute, schuf er im italienischen Ancona 1452 die Loggia dei Mercanti. Danach arbeitete er in Dubrovnik am Fürstenpalast und an der Festungsanlage. Er soll in Šibenik gestorben sein.

Nikola Firentinac (gest. 1505), in Florenz geboren, war nach Dalmatinac der bedeutendste Baumeister Dalmatiens, weil er architektonisch den Renaissancestil durchsetzte. Der ehemalige Gehilfe von Donatello, der ihn nachhaltig beeinflusst hatte, entwarf ab 1468 mit Andrija Aleši und Ivan Duknović die Ursini-Kapelle im Dom von Trogir. Ab 1477 übernahm er die Bauleitung der Kathedrale von Šibenik. Seine Skulpturen zeichnen sich durch Zartheit und Lebendigkeit aus.

Andrija Medulić (1500–1563), Maler aus Zadar, war beeinflusst von byzantinischer Kunst, ging bei Tizian in die Lehre und war Lehrer in der Frühphase von Tintoretto.

Lucijano Vranjanin, ebenfalls aus Zadar, trieb die Entwicklung der italienischen Renaissance auf ihren Höhepunkt. Er hinterließ Werke in Neapel, Venedig und Mantua, als sein Meisterwerk gilt der Palazzo Ducale in Urbino.

Faust Vrančić (1551–1617) aus Šibenik war eine Art Leonardo da Vinci Kroatiens. Der Schwerpunkt dieses Universalgelehrten, der auf der vorgelagerten Insel Prvić geboren wurde, lag jedoch nicht so sehr in der Malerei als vielmehr in der Literatur. Als erster hat er eine Art Fallschirm entwickelt. In einem quadratischen Holzrahmen von sechs mal sechs Meter spannte er ein Tuch und segelte damit 1617 vor zahlreichen Zuschauern vom Glockenturm des 86 Meter hohen St. Martinsdoms in Bratislava unbeschadet in die Tiefe. Später wiederholte er seinen Sprung erfolgreich in Venedig. Der Bischof und spätere Kardinal schrieb außerdem das erste Wörterbuch mit den seiner Meinung nach ›edelsten‹ europäischen Sprachen: Lateinisch, Italienisch, Deutsch, Kroatisch und Ungarisch. Er schrieb außerdem eine Geschichte Kroatiens und förderte als Archäologe erfolgreich römische Reste zu Tage.

Franz von Suppé kam 1819 in Split zur Welt. Seine Familie war allerdings aus Belgien über Italien nach Split eingewandert. Suppés Vater war Staatsbeamter der österreichisch-ungarischen Monar-

Juraj Dalmatinac, Skulptur von Ivan Meštrović

Wichtige Persönlichkeiten

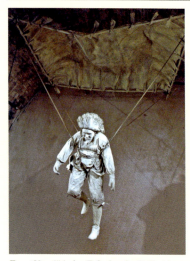

Faust Vrančić, der Erfinder des Fallschirms

chie. Mit 13 komponierte Suppé seine erste Messe, die ›Missa Dalmatica‹. Der Vater zwang ihn zum Jurastudium nach Padua, doch als dieser starb, zog Suppé mit seiner Mutter nach Wien, wo er erst spät mit Operetten wie ›Fatinitza‹ (1876) und ›Bocaccio‹ (1879) Erfolge feierte. Es heißt, Suppé sei sprachlich seine dalmatinische Herkunft immer anzumerken gewesen.

Dado Pršo (geb. 1974). Die Geschichte des Fußballspielers, der international von sich reden machte, zeigt viel von den Konflikten des Landes. Pršo musste sich stets dem Vorwurf stellen, er sei kein Kroate, sondern Krajina-Serbe. Wegen der langen Belagerung Zadars während des Krieges Anfang der 90er, die von den Krajina-Serben unterstützt wurde, ist dieser Vorwurf ein Politikum. »Ich bin Kroate, und alles andere ist Unsinn«, versuchte Pršo alle Unklarheiten aus dem Weg zu räumen.

Dražen Petrović (1964–1993), Basketballer aus Šibenik, wurde wegen seiner leichten Spielweise auch als ›Mozart des Basketballs‹ bezeichnet. Ebenso frühzeitig wie der Komponist Mozart kam er allerdings auch ums Leben, bei einem Autounfall auf der A9. Petrović führte in 35 Länderspielen die jugoslawische Mannschaft einmal zur Weltmeister- und einmal zur Europameisterschaft. Mit 13 entdeckt, spielte der Sohn eines Šibeniker Polizisten für Real Madrid und in der nordamerikanischen NBA-Liga. Bei den Olympischen Spielen in Barcelona holte Petrović Silber für Kroatien. 2002 wurde er in die amerikanische Hall of Fame der NBA aufgenommen.

Goran Ivanišević (geb. 1971) ist der gefeierte Sohn der Stadt Split. Der Tennisspieler spielte bereits als 18-jähriger in Wimbledon im Halbfinale, und 2001 gewann er schließlich das Turnier. 1992 errang er bei den Olympischen Spielen in Barcelona die erste Medaille für das unabhängige Kroatien. Bekannt war er für seine Flüche auf dem Platz, die lange Zeitstrafen nach sich zogen.

Die Šibeniker Kathedrale bauten zwei der größten Söhne Dalmatiens: Juraj Dalmatinac und Nikolaj Firentinac

Kultur

Palazzi, Kirchen und Renaissancehäuser: Große einheimische und venezianische Baumeister und Bildhauer haben überall in Dalmatien ihre Spuren hinterlassen. Dabei hatte es die Region aufgrund ihrer Zerrissenheit und der zahlreichen Kriege nicht leicht, eine eigene Kultur zu entwickeln. Bis heute ist aus Malerei, Literatur, Musik und Film nur weniges über die Grenzen Kroatiens hinaus bekannt geworden, obwohl vieles eine nähere Betrachtung lohnt.

Das Brauchtum wird vielerorts wiederbelebt und gepflegt, und kein Tourist sollte sich die Gelegenheit entgehen lassen, bei der Aufführung eines Schwertertanzes oder eines Klapasingens dabei zu sein.

Architektur

Enge Gassen, unverputzte Häuser aus Naturstein mit schön verzierten Fenstern und Türen, einfache bis ausladende Palazzi und alles überragende Kirchen: Die Architektur, die heute Städte und kleinere Ortschaften so romantisch wirken lässt, ist überwiegend in der Zeit der ersten historischen Blüte Dalmatiens ab 1400 entstanden. Der Großteil der Altstadthäuser und Kirchen wurde vor allem ab dem Übergang von der Gotik in die Renaissance und in der k. u. k. Zeit errichtet. Aus der frühen Besiedelung des Landes sind durch Krieg und die häufigen Kämpfe der Machtzentren gegeneinander nur noch einzelne Bauwerke und Kirchen erhalten. Einzige Ausnahme bildet die Innenstadt von Split, die in den Komplex des ehemaligen römischen Diokletianpalastes hineingebaut ist und auf diese Weise das Lebensgefühl der Römer bis heute vermittelt.

Während die Römer ihrerseits alle illyrischen Siedlungen bis auf wenige Trockenmauern auf den Bergspitzen dem Erdboden gleichgemacht hatten, sind aus ihrer Herrschaftszeit noch erstaunlich viele Reste zu besichtigen: zum Beispiel die Stadtanlage in Salona, aber auch das Amphitheater in der Nähe von Bribir, die Festung Asseria und Aquädukte auf Pag und bei Split.

An romanischer Architektur des frühen Mittelalters sind hauptsächlich Kirchen erhalten, die in einem einzigartigen Mischstil zwischen westlichen und byzantinischen Formen errichtet wurden. Dazu gehören die berühmten Kirchen Sv. Donat in Zadar und Sv. Duh in Nin wie auch das Kirchlein Sv. Mihovil in Ston (Pelješac) mit seinen beeindruckenden Fresken. Einer der ersten namhaften Baumeister des Spätmittelalters war Bonino da Milano, der mit der Kirche in Trogir wegweisend gewirkt hat.

Gasse in Šibenik

Die Kirche Sv. Donat in Zadar stammt aus dem 9. Jahrhundert

Die Renaissance setzte sich Ende des 15. Jahrhunderts erst relativ spät durch, denn über lange Jahre konnten sich die Einheimischen nicht zu diesem neuen Stil, der in Italien entstanden war, durchringen. Das ist nirgendwo besser zu erkennen als in Pag. Dort wurde die gleichnamige Stadt im 15. Jahrhundert neu auf dem Reißbrett entworfen und am Ende doch noch eine Kirche im gotischen Stil auf dem zentralen Platz gebaut. Der hervorragende Baumeister dieser Zeit war Juraj Dalmatinac, der neben der Stadtplanung von Pag auch die Kathedrale in Šibenik und die Stadtbefestigung in Dubrovnik konzipiert hat. In seiner Folge taten sich außerdem Nikola Firentinac und zahlreiche lokale Baumeister wie Andrija Aleši aus Korčula hervor.

Einen weiteren Boom in der Architektur nach der Renaissance erlebte das Land unter Österreich-Ungarn. Insbesondere Ende des 18. Jahrhunderts entstand seitens der Kirche aus dem nördlichen Machtzentrum der Wunsch, den Katholizismus in der späten Gegenreformation durch viele Kirchbauten in den dalmatinischen Dörfern zu festigen. Durch die sehr ähnlichen Bauweisen wirken diese fast wie ein Serienbau.

Einen weiteren Akzent in der Architektur setzte der Jugendstil, der vor allem von der Wiener Sezession geprägt wurde. In großen Städten sind zahlreiche Bauwerke mit individuellem Charakter zu entdecken, die den dalmatinischen Metropolen wie Split und Zadar mondänes Flair verleihen.

Maler und Bildhauer

Kunst und Kultur entstanden unter den Verhältnissen eines im Mittelalter bedrohten und zerrissenen, dann eines kolonisierten Landes. Schon deshalb hat sich in Dalmatien kaum eine eigenständige Kunst entwickelt, die auch das übrige Europa hätte prägen können. Erst unter der Herrschaft Venedigs entwickelte sich auch in Malerei und Skulptur eine künstlerische Kontinuität, so dass Dalmatien durch Renaissancekunst geprägt wurde. Die Strömungen europäischer Kunst und Bildhauerei wurden in das Land hineingetragen, und manche seiner Meister setzten diese genial um, doch wurden sie in Europa kaum wahrgenommen.

Charakteristisch sind die frühromanischen kunstvollen Kapitelle und Ornamente in Form eines Flechtwerks, vor allem in Ziborien und Abschlusssteine gehauen. Von dieser sogenannten Flechtwerkornamentik behaupten kroatische Historiker und Tourismusmanager gern, sie sei eine typische kroatische Kunstform. Doch ist diese Behauptung umstritten, denn sie hat römische Vorbilder, und ähnliche Zierornamente sind auch in Apulien zu sehen. Dennoch ist eine derartige durchgehende Verwendung dieses Stilmittels sicher einmalig. Historisch bedeutsam sind das Taufbecken von Nin, das in Split im Museum der kroatischen Kunst zu sehen ist, die Fresken in der Kirche Sv. Mihovil in Ston und das Relief einer Darstellung des Tomislav im ehemaligen Julius-Tempel von Split.

Der erste Meister, der im Mittelalter namentlich auftaucht, ist Andrija Buvina, der 1214 die Türflügel in der Kathedrale von Split aus Nussbaumholz schnitzte. Eine starke Persönlichkeit, die selbst hinter der starren romanischen Darstellungsweise erkennbar wird, war Meister Radovan, der im 13. Jahrhundert zusammen mit Schülern das Portal der Kathedrale von Trogir meißelte.

Dominierend in der Malerei der Gotik war der Maler Blaž Jurjev Trogiranin, dessen Werke in vielen Kirchen und Sammlungen im gesamten südadriatischen Raum anzutreffen sind. Sein Name weist auf Trogir als Herkunftsort, doch erstmals wird er 1412 in Šibenik erwähnt, bevor er 1419 in Trogirer Dokumenten auftaucht. Zur Zeit der venezianischen Besatzung 1420 flüchtete er nach Dubrovnik, wo er sich über sieben Jahre gut etablieren konnte. Über Trogir ging er nach Zadar, wo er erneut erfolgreich war und schließlich 1450 starb. In dem engen Variationsraum der gotischen Kunst zeichnet sich Trogiranin durch besonders schlanke und zarte Gestalten aus. Dabei nahm er verschiedene Strömungen norditalienischer Kunst seiner Zeit auf und verband sie mit eigenem Ausdruck.

Der genialste und umtriebigste Baumeister Dalmatiens war Juraj Dalmatinac. Sein Alterswerk und Summe seines Schaffens ist die Kathedrale von Šibenik; die Köpfe an deren Ostseite haben sogar Unterhaltungswert. Jacopo Tintoretto steuerte von Venedig aus zahlreiche Kunstwerke in Dalmatien bei. Umgekehrt wanderten zahlreiche Künstler Dalmatiens nach Italien aus. Sie hatten die Eigenart, sich den Beinamen Schiavone (Slawe) zu geben. Andrija Medulić Schiavone gilt als einer der Maler, der das Spiel von Licht und Farbe bei Tintoretto vorwegnahm.

Neue Impulse im künstlerischen Leben der Bildhauerei setzte erst wieder im 19. Jahrhundert der in Supetar auf Brač geborene und zu Lebzeiten verkannte Bildhauer Ivan Rendić. In seiner Folge entwickelte sich eine Bildhauerschule, deren größter Künstler bis heute Ivan Meštrović ist. Der Schüler Rodins hat seine Kunst nicht nur national geprägt und wurde damit auch für den heutigen neuen Staat identitätsbildend, sondern er verband seine Werke mit starker Emotionalität und verlieh damit vor allem seinen Jugendstilarbeiten große Lebendigkeit.

Ein Meisterwerk der Renaissancekunst: die Johanneskapelle der Trogirer Kathedrale

Die Decke der Taufkapelle in der Šibeniker Kathedrale schuf Juraj Dalmatinac

Für die Malerei übernimmt der in Cavtat geborene Vlaho Bukovac die Rolle, den Anschluss an die europäische Kunst geschafft zu haben, sicher unterstützt von Celestin Mato Medović aus Kuna (Pelješac), der von der Münchener Schule geprägt wurde. Eine starke Szene mit naiven Malern entstand in den 60er Jahren, von denen der auf der Insel Šolta geborene Eugen Buktenica internationale Anerkennung genießt.

Heute gibt es insbesondere unter den Modernen eine Reihe von Entdeckungen zu machen, die die europäische Kunstszene noch viel zu wenig wahrnimmt: Namentlich zu erwähnen sind Josip Botteri, der lange in Bol auf Brač lebte, aber auch Miša Baričević oder Đuro Politika.

Brauchtum und Tradition

Brauchtum und Folklore erhalten in Kroatien eine neue und teilweise auch politische Bedeutung. Mit der neuen Unabhängigkeit Kroatiens besinnt man sich gern der alten Traditionen, um damit die eigene Identität zu stärken und sich von den Nachbarregionen auch auf lokaler Ebene abzugrenzen. Grundsätzlich ist die Folklore in Dalmatien sehr lebendig und entwickelt sich auch weiter. Dabei beteiligen sich viele junge Leute am Brauchtum. Zahlreiche Feiern gehen von der Kirche aus. Dazu gehört der Karneval, der, angelehnt an den Karneval in Venedig, in vielen Küstenorten begangen wird. Die Hochburg des Karnevals liegt außerhalb von Dalmatien, in Rijeka; aber auch auf Pag, in Zadar und auf vielen kleinen Inselorten wird gefeiert. Dazu kommen zahlreiche Prozessionen, insbesondere an Karfreitag, zu Frohnleichnam und vor allem zur Himmelfahrt Mariens am 15. August.

Trachten in Biograd na Moru

Ein fast alltäglicher Brauch ist das Klapasingen. Klapa wird allgemein ein volkstümlicher Chor genannt. Traditionell werden die mehrstimmigen Lieder von den Dalmatinern in Städten und Dörfern spontan angestimmt, wenn eine Gruppe von Freunden im Dorf zusammensteht oder man sich auf kleinen Feiern trifft.

An Tänzen gibt es viele lokal ausgeprägte Gruppentänze, die meist im Kreis getanzt werden. Über den ganzen Balkan bekannt ist der Kolo, wobei der Vrličko Kolo, der in Vrlika nordöstlich von Šibenik getanzt wird, sehr bekannt geworden ist. Er wird im Rahmen des Volksfestes ›Vrlički dernek‹ jährlich aufgeführt. 2011 wurde der Nijemo Kolo, ein dalmatinischer Ringtanz, in die UNESCO-Liste des immateriellen Weltkulturerbes aufgenommen.

Auf der Insel Korčula hat sich in der Moreška und der Kumpanija eine Form des Schwertertanzes erhalten, wie es ihn einmal in ganz Europa gegeben hat. Die Moreška kommt ursprünglich aus Spanien und erinnerte dort an den Kampf gegen die Mauren. In Korčula wurde er zur Erinnerung an den Kampf gegen die Türken angenommen. Der in sieben Folgen getanzte Kreistanz ist wild und nicht ungefährlich, immer wieder treten leichte Verletzungen auf.

Teuer und oft wertvoll sind die Trachten mit ihren komplizierten Mustern und feinen Stickereien, die sich regional unterscheiden und entweder neu angefertigt werden oder über Generationen vererbt werden. Dabei sind vor allem die Trachten Pags zu nennen, die mit viel Pager Spitzenarbeiten ausgestattet sind.

Film

Die größte Stätte für Filmproduktionen im ehemaligen Jugoslawien und Südosteuropa waren die ›Jadra‹-Filmstudios in Zagreb, die auch als Kooperationspartner für die Karl-May-Filme in den 60er Jahren fungierten. Der Versuch, diese Studios 1991 zu privatisieren, schlug fehl und brachte das kroatische Filmschaffen zum Erliegen. Als großer jugoslawischer Filmemacher galt Emir Kusturica (›Zeit der Zigeuner‹, ›Arizona dream‹), der heute als bosnischer Serbe betrachtet wird.

Der neue kroatische Film etabliert sich erst seit 1995 und macht seitdem mit sechs bis acht Filmproduktionen jedes Jahr auf sich aufmerksam. Wurden zu Beginn der 90er Jahre die Kroaten als Opfer des Krieges und der Widerstand im Kommunismus thematisiert, werden die heutigen Filmemacher Krieg und Nationalismus gegenüber kritischer. Der Film spielte in Kroatien, wie auch in anderen Ländern des Südbalkans, eine wichtige Rolle für die Aufarbeitung nach dem Krieg. Viele neuere Streifen handeln vom neuen Alltag nach dem Krieg und der Suche nach Identität. Dabei entdeckten die Regisseure das Stilmittel der Ironie, die zum Beispiel für den Film ›Wie der Krieg auf meine Insel kam‹ von Vinko Brešan (1996) prägend wurde. Viele Filme schaffen es, mit einfachen Mitteln aus dem Alltag zu erzählen und Sogwirkung zu entfalten wie zum Beispiel der Film ›Die Kassiererin will ans Meer‹ (Blagajnica hoče ići na more) von Dalibor Matanić aus dem Jahr 2000.

Eine lange Tradition hat der Animationsfilm, der seit den 60er Jahren von der Abteilung ›Duga Film‹ in Zagreb produziert wurde. Er konnte allerdings erst nach einer langen Krise Mitte der 80er Jahre wieder an die alten Erfolge anknüpfen. Dagegen nimmt der Video- und Experimentalfilm einen

In der Großen Paklenica-Schlucht wurden Szenen der Winnetou-Filme gedreht

starken Aufschwung. In Split konnte sich das ›Internationale Festival des neuen Films und Videos‹ seit 1996 etablieren. Unterstützt wird die Videokunst seit der Gründung der Spliter Kunstakademie mit ihrer Abteilung ›Design der visuellen Kommunikation‹.

Neben Zagreb rückt zunehmend auch Split in den Fokus des Filmschaffens. Dafür stehen Streifen wie ›Eine wunderbare Nacht in Split‹ (Ta divna Splitska noć) von Arsen Ostojić oder die Spliter Regisseure Ognjen Svilčić (›Armin‹) und Branko Ivanda. Letzterer brachte 2003 den Historienschinken ›Der Reiter‹ (Kojnanik) in die Kinos. Mit ihm kann man sich gut auf eine Reise nach Dalmatien vorbereiten, denn der Film greift in einer Art Romeo-und-Julia-Geschichte die Geschichte Dalmatiens im Spannungsfeld zwischen Venedig und dem Osmanischen Reich auf.

Literatur

Als ältestes kroatisches Sprachdenkmal ist die Tafel von Baška auf der Insel Krk erhalten, eine um 1100 entstandene glagolitische Steininschrift. Nach dem Vordringen der Türken auf den Balkan blieb die kroatische Literatur am westeuropäischen Kulturmodell orientiert. Im 15. und 16. Jahrhundert entfaltete sich, von italienischen Vorbildern angeregt, eine bedeutende Renaissanceliteratur in den Zentren Ragusa/Dubrovnik, Split, Zadar und Hvar.

Der bekannteste kroatische Humanist ist Marko Marulić (1450–1524). Er stammte aus Split und beschrieb in seiner Dichtung ›Gebet wider die Türken‹ eindringlich und realistisch die Angst vor den Osmanen. Das originellste Werk dieser Zeit ist ›Vom Fischen und Fischergespräche‹ des Dichters und Philosophen Petar Hektorović (1487–1572), das eine Reise mit Fischern rund um die Insel Hvar beschreibt.

Im 17. und 18. Jahrhundert schrieben kroatische Barockdichter bedeutende didaktisch-enzyklopädische Schriften und bukolische Dichtungen. Der bekannteste von ihnen ist der Dubrovniker Patrizier Ivo Frane Gundulić (1589–1638), dessen allegorisches Hirtendrama ›Dubravka‹, ein mythisch-pastorales Spiel um Gerechtigkeit und Liebe, den Freiheitsdrang seiner Heimatstadt besingt.

Später verlor Dalmatien seine Führungsrolle in der kroatischen Kultur. Im 19. Jahrhundert öffnete sich die kroatische Literatur der gesamteuropäischen romantischen Bewegung. Themen entstanden nun aus dem wachsenden Interesse an der Volkspoesie und dem Nationalbewusstsein, das sich in Kroatien mit dem politischen Ziel einer Vereinigung aller Südslawen verband. Der Verfasser der kroatischen Nationalhymne ist Antun Mihanović (1796–1861): ›Unser schönes Vaterland/Oh, du liebe heldenhafte Erde,/Alten Ruhmes Ahnenreihe,/Bleibe immer ehrenhaft!‹.

Gegen Ende des 19. Jahrhunderts formierte sich die kroatische Moderne mit Vladimir Nazor (1876–1949), dessen bekanntestes Gedicht ›Die Zikade‹ mit lautmalerischen Mitteln eine antik-heidnische Freude an der Natur zum Ausdruck bringt: ›I cvrči cvrči cvrčak na čvoru crne smrče‹ – ›Und es zirpt, zirpt die Zikade auf dem knorrigen Ast der schwarzen Kiefer‹.

Schon während des Ersten Weltkriegs wies die kroatische Literatur expressionistische und gesellschaftskritische Tendenzen auf. Der bedeutendste Autor dieser Zeit war Miroslav Krleža (1893–1981), der den Untergang der dekadenten Aristokratie und Bourgeoisie thematisierte. In den Erzählungen ›Der kroatische Gott Mars‹ (1922) polemisierte er gegen das verlogene Bild des Krieges und stellte ihm die barbarische Wirklichkeit entgegen. In den 1950er Jahren leitete Krleža die Abkehr der kroatischen Literatur von der Doktrin des sozialistischen Realismus ein. Seine Verteidigung der individuellen Freiheit des Künstlers und des Kunstcharakters der Literatur prägte die Entwicklung der kroatischen Gegenwartsliteratur.

In den 50er und 60er Jahren wurde der Einfluss der angloamerikanischen Literaturen und des französischen Existenzialismus deutlich. Slavko Mihalić (geb. 1928) gestaltet in dem Lyrikband ›Stille Scheiterhaufen‹ (deutsch 1990) existenzielle Fragen des einsamen, bedrohten Menschen. Eine sehr einflussreiche Strömung der 60er und 70er Jahre war die an J. D. Salinger und Ulrich Plenzdorf orientierte ›Jeans-Prosa‹ (proza u trapericama), die durch die Verwendung von Slang und Jargon aus der Umgebung von Zagreb gekennzeichnet ist und vor allem die Probleme Jugendlicher darstellte.

Die 80er Jahre brachten eine Vielzahl von unterschiedlichen literarischen Richtungen hervor. Sehr körperbezogene Prosa schreibt Slavenka Drakulić (geb. 1949). Ihr Hang zur Beschreibung schockierender Inhalte zeigt sich in ihren Romanen wie ›Marmorhaut‹ (1989, deutsch 1998), ›Das Liebesopfer‹ (deutsch 1997) und ›Als gäbe es mich nicht‹ (deutsch 1999), der von Vergewaltigungen im Bosnienkrieg handelt.

Postmoderne Tendenzen finden sich bei Dubravka Ugrešić (geb. 1949), die in Deutschland durch Essaybände über den serbisch-kroatischen Krieg (›Kultur der Lüge‹, ›Das Museum der bedingungslosen Kapitulation‹) bekannt ist. Der Essayband ›Das Ministerium der Schmerzen‹ (deutsch 2005) thematisiert alltägliche Erfahrungen im ehemaligen Jugoslawien.

Auch die zeitgenössische kroatische Literatur umfasst ein reiches Spektrum an Strömungen und Stilen. Ein Meister der Kurzgeschichte ist der aus Sarajevo stammende Miljenko Jergović (geb. 1966), der in dem Erzählband ›Sarajevo Marlboro‹ (deutsch 1996) in scheinbar alltäglichen Situationen den Bosnienkrieg als groteske Tragödie darstellt. Der Roman ›Buick Rivera‹ (deutsch 2006) beschreibt voller Situationskomik, wie ein Serbe und ein Muslim, die beide in die USA emigriert sind und dort bei einem Autounfall aufeinandertreffen, plötzlich von ihrer Vergangenheit eingeholt werden.

Skurril und voll schwarzem Humor sind die Erzählbände ›Walt Disneys Mausefalle‹ (deutsch 1996) und ›Der Engel im Abseits‹ von Zoran Ferić (geb. 1961). Das chaotische Leben einer heimatlosen Generation, die nach dem Zerfall des kommunistischen Jugoslawien angesichts des westlichen Konsumhedonismus ihren eigenen Weg sucht, beleuchtet Rujana Jeger (geb. 1968) in dem Roman ›Darkroom‹ (deutsch 2004), das Thema Korruption Edo Popović in ›Die Spieler‹.

Neure Veröffentlichungen erzählen vom Mikrokosmos Familie und Heimat, aber auch von persönlichen Entwicklungsgeschichten und wie sich darin Auswanderung, politische Umwälzungen und Krieg niederschlagen. Dazu gehört ›Olivas Garten‹ von Alida Bremer, aber auch ›Jeden Tag, jede Stunde‹ von Nataša Dragnić.

Sprache

Auf dem südlichen Balkan ist die Frage der Sprache bis heute eine hochpolitische. Zwar sind die Unterschiede zwischen Serbisch, Kroatisch und Bosnisch nicht größer als zwischen britischem und amerikanischem Englisch. Doch gerade wegen der eher geringen Unterschiede ist der Abgrenzungswunsch umso höher. Größer sind die Unterschiede zum Slowenischen.

Inschrift in Bosančica auf einer Steintafel in Sućuraj (Hvar)

Kultur

Die alten Schriftzeichen der Glagolica werden für das Kunsthandwerk wiederentdeckt

Als die Slawen im Gefolge der Awaren im 6. Jahrhundert auf den Balkan einwanderten, brachten sie keine Schriftsprache mit. Erst Kyrill und Method versuchten von Osten her, der Sprache mit der Glagolica eine eigens entwickelte Schrift zu verleihen. Im 19. Jahrhundert stellte sich auch die Frage der sprachlichen Vereinheitlichung auf dem Balkan. Dabei wollte jede Sprachgruppe dem Ganzen ihren Stempel aufdrücken, insbesondere zwischen Kroatisch und Serbisch kam es zu einer scharfen Konkurrenz.

Der jugoslawische Siedlungsraum enthält verschiedene Sprachgebiete, die zum einen nach der Verwendung eines Vokals und zum anderen nach der Verwendung des Fragepronomens ›Was?‹ unterteilt werden. Einerseits wird in Ijekavica, Ikavica und Ekavica eingeteilt. Als kroatische Hochsprache gilt heute Ijekavica, in Serbien Ekavica. In Dalmatien wird weiterhin Ikavica gesprochen. So lautet das Wort für Zeit/Wetter auf serbisch ›vreme‹, auf kroatisch ›vrijeme‹ und auf dalmatinisch ›vrime‹. Küste und Festland grenzen sich sprachlich auch in der Verwendung des Frage pronomens ›Was?‹ ab. Während die Insulaner meist das italienisierte ›ča?‹ gebrauchen, heißt es in der heutigen Hochsprache ›što?‹. Entsprechend werden die Dialekte als Čakavica oder Štokavica bezeichnet. Es ist bis heute ein wichtiges Unterscheidungsmerkmal vor allem gegenüber Flüchtlingen aus dem Landesinneren.

Im 19. Jahrhundert einigte man sich bereits weitgehend auf eine serbokroatische Variante, die in Reinform in Sarajevo gesprochen wurde. Der Versuch, mit Gründung des jugoslawischen Königreiches 1918 serbisches Ekavica als gesprochene Sprache durchzusetzen und kroatisch-lateinisch zu schreiben, um so eine einheitliche Sprachregelung zu schaffen, schlug fehl. 1967 hielt eine Sprachendeklaration fest, dass die serbokroatische Sprache in Serbien in serbischer Form und in Kroatien in kroatischer Form verwendet wird.

Mit dem Ende der jugoslawischen Einheit versuchen die neuen Staaten, allen voran Kroatien, sich von den anderen Sprachen im früheren Bund abzugrenzen, zum Teil mit Gewalt, was zuweilen lächerlich wirkt. Der frühere Aerodrom wurde in Kroatien zum ›Zračna Luka‹ (Lufthafen), aus dem Hubschrauber, früher ›helikopter‹, wurde ›zrakomlat‹, wörtlich: ›Luftschmetterer‹.

Glagolica

Ein Champignon? Ein Dreizack? Ein seitenverkehrtes E? Seltsame Zeichen mit Kanten und Ecken finden sich an Kirchen und Häusern vieler Orte Dalmatiens. Es sind die Buchstaben der Glagolica, der ältesten slawischen Schrift, die in Kroatien bis Ende des 19. Jahrhunderts im kirchlichen und privaten Leben in Gebrauch war und bis heute zum kulturellen und nationalen Selbstverständnis der Kroaten gehört.

Nach vorherrschender Meinung entwarf der Slawenapostel Konstantin (Kyrill) die glagolitische Schrift um 863 nach Christus. Ihr Name stammt von dem kirchenslawischen Wort glagoljati – sprechen. Enstanden ist sie, als Kyrill und Method nach Mähren gingen. Sie wollten die dortige ostfränkische Christianisierung durch eine byzantinisch-orthodoxe Mission zurückdrängen und schufen die Glagolica als erste slawische Schrift, um das Altkirchenslawische als Schrift- und Liturgiesprache zu etablieren. Ihre Buchstaben, die auch Zahlenwerte bezeichnen, erinnern an das Griechische, andere verweisen auf das Koptische, Hebräische oder Syrische. Möglich ist auch eine freie graphische Gestaltung, die christliche Symbole (Kreuz, Kreis und Dreieck) kombiniert oder Zeichen griechisch-byzantinischer Herkunft verwendet.

Von Mähren und Makedonien, wo Schüler der Slawenapostel wirkten, gelangten die glagolitische Schrift und die altkirchenslawische Liturgie nach Kroatien, wo sie sich seit dem 12. Jahrhundert zu der jüngeren, ›eckigen Glagolica‹ entwickelte. Neben Istrien, der Kvarner Bucht (Insel Krk) und Senj gab es auch in Dalmatien bedeutende Zentren glagolitischen Schrifttums, wie das Benediktinerkloster in Tkon (Insel Pašman), das Eremitenkloster Blaca (Insel Brač) oder das glagolitische Seminar in Omiš.

Der Papst hatte Vorbehalte gegen slawische Liturgie und glagolitische Schriftlichkeit, die im südlichen Dalmatien zeitweise sogar zu Symbolen des Widerstands gegen Fremdherrschaft und lateinischen Klerus wurden. Als Dalmatien nach der Spliter Synode 925 unter römische Jurisdiktion geriet, wurde die Schrift verboten. Rom konnte das Verbot aber nicht durchsetzen. Mitte des 13. Jahrhunderts sah sich Papst Innozenz IV. (um 1195–1254) sogar genötigt, dem Bistum Senj und einzelnen Klöstern auf der Insel Krk die slawische Liturgie zu erlauben. Damals verbreiteten findige Glagoliter-Mönche, der heilige Hieronymus (um 347–419/420) sei der Erfinder der Glagolica.

In einigen Regionen Kroatiens konnte sich die Glagolica ohne Unterbrechung bis in das 20. Jahrhundert halten. Noch 1961 las ein Pfarrer in Nin (bei Zadar) die Messe nach einem glagolitischen Messbuch.

Nach der Selbständigkeit Kroatiens (1991) propagierte man die glagolitische Schrift als Symbol kroatischer nationaler und kultureller Identität: Noch heute bieten Grundschulen ihre Erlernung als Wahlfach an, Bibliotheken veranstalten Glagolicakurse.

Man findet die glagolitischen Buchstaben auf Gefallenendenkmälern, Münzen, Geldscheinen und Briefmarken, Telefonkarten und Plakaten. Und natürlich finden sich die seltsamen eckigen Zeichen auch auf Souvenirs.

Musik

Die klassische kroatische Musikszene lebt aus touristischer Sicht vor allem in den Festivals auf. Herausragend ist das Dubrovnik-Musikfestival, das seit 1950 viele internationale Stars der klassischen Musikwelt an die Adria holt. Aber jede Stadt organisiert im Sommer ihre musikalischen Attraktionen: Eine Liste mit Terminen halten die Touristenbüros parat.

Dabei werden allerdings selten die barocken und frühklassischen Komponisten aus dem eigenem Land gespielt. Dalmatien ist eher ein Land der Volkslieder. Joseph Haydn hat zahlreiche kroatische Volkslieder in seine Kompositionen aufgenommen. Größere Schaffenskraft entwickelten erst kroatische Opernkomponisten, als sie von der Mode der italienischen Oper ergriffen wurden.

Der namhafteste Komponist Dalmatiens wurde 1819 in Split geboren: Franz von Suppé. Er stammte aus einer Familie, die aus Belgien eingewandert war. Suppé komponierte seine erste Messe mit 13 und ging früh nach Wien, wo es allerdings lange dauerte, bis er seinen späteren Ruhm ernten konnte.

Unter den Orchestern ist vor allem die Zagreber Philharmonie weltbekannt. Der Kroate Lovro von Matačić (1899–1985) war zwischen 1970 und 1980 ihr berühmtester Dirigent. Der international gefeierte Orchesterleiter hat in seinen Wanderjahren ab 1956 auch lange in Deutschland gewirkt, unter anderem von 1961 bis 1966 als Gereralmusikdirektor in Frankfurt.

In der weitgehend westlich geprägten und vielfach adaptierten Unterhaltungsmusik ist heute Jugo-Nostalgie angesagt, und so spielen die Sender immer noch Bands wie ›Bijelo Dugme‹ (Weißer Knopf), ›Prljavo Kazalište‹ (Schmutziges

Straßenmusiker in Dubrovnik

Theater) oder die Lieder von Oliver Dragojević, selten den Ethnound-Experimentalrock von Emir Kusturica und Partner Goran Bregović, deren Band das ›No Smoking Orchestra‹ ist. In der Rockmusik fand während des Kommunismus die subversive Kraft ein Ventil.

Eine international bekannte Kroatin ist die Sängerin Dunja Rajter. 1989 gewann die Popgruppe ›Riva‹ mit Sängerin Emilja den ›European Song Contest‹ in Lausanne. So fand sich die ganze Popszene 1990 kurz vor dem Krieg in Zagreb ein, um dort den Sängerwettstreit auszutragen.

Die dalmatinische Küche

Da Restaurants und Cafés die beste Einnahmequelle aus dem Tourismus sind, braucht an der Küste niemand zu darben. So konkurrieren in den Ferienorten Pizzerien, Tavernen und Konobas (kroat. ›Keller‹) – rustikal eingerichtete Gasthäuser, die meist dalmatinische Hausmannskost anbieten – miteinander. Dabei sind Fischgerichte meist teurer als Fleischgerichte.

Das Preisniveau in der Gastronomie Dalmatiens liegt insgesamt durchaus unter dem von Italien, Deutschland oder Österreich, gleicht sich aber immer weiter an. Der Tourismus in kommunistischer Zeit war bemüht, die kulinarische Vielfalt zugunsten einer schnellen Küche zu vereinheitlichen. Das hat dem Speisezettel nicht gutgetan. Und so finden sich auch an der Küste Čevapčići, Ražnjići, Hackbraten, Gulasch und Schnitzel nebst Pommes auf den Speisekarten, eine Küche, die eigentlich eher aus Slawonien oder sogar Serbien stammt.

Dalmatien ist bekannt für seinen luftgetrockneten geräucherten Schinken, den Pršut, und seinen harten Käse (Sir) aus Schafs- und Kuhmilch, die als Vorspeise oder zwischendurch serviert werden. Vielfach werden diese Spezialitäten noch hausgemacht, doch auch in den Supermärkten gibt es mindestens zwei empfehlenswerte einheimische Käsesorten: den Paški Sir aus Pag und den Dalmatia, der in Dubrovnik hergestellt wird. Käse und Schinken werden häufig zusammen mit Oliven und Zwiebeln als Vorspeise gereicht. Außerdem gibt es etwas lockeres Weißbrot und einen schweren roten oder weißen Wein.

Die dalmatinische Küche ist schon wegen der mannigfachen Einflüsse vielfältig: italienische Pasta, österreichischer Strudel, türkischer Burek und Kaffee, griechische Musaka. Die Küche ist vor allem fischreich, doch auch Rind, Schwein und Lamm kommen in ihren Rezepten vor. Die weiteren Zutaten sind schlicht: Olivenöl, Gemüse wie Tomaten, Paprika und Mangold, Maronen und Oliven, gewürzt mit wildwachsenden Kräutern der Küstenregion, dazu Krautsalat.

Fisch schmeckt am besten gegrillt, schlicht mit Olivenöl und Zitrone beträufelt, oder als Fischeintopf (*brudet*) zubereitet. An frischem Seefisch werden Zahnbrasse, Seebarsch, Makrele und Sardinen angeboten. Außerdem werden Mollusken wie Tintenfisch, Octopus, Kuttelfisch oder Krustentiere wie Shrimps oder Hummer oder Muscheln wie Austern oder Miesmuscheln gedünstet, in Eintöpfen oder als Risotto serviert. Nicht wundern muss man sich bei Fisch über den Kilopreis auf den Karten: Das heißt nicht, dass man ein Kilo Fisch abnehmen muss. Wegen der unterschiedlichen Größe des Fangs wird die Menge berechnet, die auf den Teller kommt.

Typische Bewirtung in Dalmatien: Schinken, Käse, Gemüse

Eine Besonderheit ist, gewürztes Fleisch oder Fisch auf dem Feuer unter einer Ton- oder Edelstahlglocke (*peka*) zu grillen. Das dauert aber gut zwei Stunden und sollte vorbestellt werden. Dazu sollte man sich nicht den Maisbrei oder Kartoffeln mit Blitva (Mangold) entgehen lassen. Lamm wird wie in ganz Kroatien am offenen Feuer gedreht.

Vor allem auf den Inseln hat sich eine Vielfalt an Gerichten erhalten. Zum Beispiel Vitalac, ein Gericht aus Lamminnereien in Lammdarm am Spieß gegrillt, das auf den Inseln Hvar, Korcula und Brač angeboten wird. Auf Vis werden wie zur Zeit der alten Griechen Sardinen am Spieß gegrillt, oder es gibt eine salzige Tarte mit Sardinen, ähnlich einer Pizza.

Wein und Gebranntes

Wein, egal ob rot oder weiß, gehört in Dalmatien zu jeder größeren Mahlzeit. Es gibt kaum einen Einheimischen auf dem Lande, der nicht einen kleinen Weingarten sein eigen nennt und seinen Wein für den Hausgebrauch keltert. Auf das Ergebnis sind die Einheimischen in jedem Fall stolz – unabhängig von der Qualität, die dabei entsteht. Doch es gibt auch zunehmend Winzereien, die sich aufgemacht haben, internationale Klasse zu erreichen und auch schon erreicht haben. Dabei kann man auf eigene autochtone Trauben und eine lange Tradition bauen.

Archäologische Funde legen nahe, dass an der dalmatinischen Adriaküste bereits im 6. Jahrhundert vor Christus Weinbau betrieben wurde. Auch Griechen und Römer hinterließen beim Weinbau ihre Spuren. So heißt auf Korčula noch heute die bekannteste weiße Rebsorte Grk (Griechischer), sie wird ausschließlich auf der Insel angebaut.

Im 2. Jahrhundert vor Christus schrieb der griechische Historiker und Gerograph Agatharchid aus Knidos, dass es auf der Welt keinen besseren Wein als aus Issa (heute Insel Vis) gäbe. Auch James Joyce soll seinem Biographen zufolge am liebsten Wein von Vis getrunken haben.

Im 18. und 19. Jahrhundert war Wein ein Exportschlager, der hauptsächlich nach Italien und Österreich geliefert wurde und an der Adria ganze Regionen ernährt hat. Nach dem Ersten Weltkrieg wurde Dalmatien jedoch von einer aus Amerika importierten Reblaus befallen, gegen die alle Abwehrmittel versagten. Sie vernichtete die Weinberge großflächig. Viele Menschen sahen ihre Existenzgrundlage zerstört und gingen ins Exil.

Eine der großen Firmen, die bereits seit 1862 Alkoholika produziert, ist ›Badel‹. Von Wein bis Šlivovica hat sie alles im Programm. Noch heute profitiert sie von ihrem auch zu sozialistischen Zeiten legendären Namen, auch wenn vieles aus diesem Hause eher industriell gefertigt daherkommt.

Dagegen ist zu empfehlen, die kraftvollen und schweren Rot- und Weißweine aus den autochthonen Rebsorten neu zu entdecken, die schwerpunktmäßig in bestimmten Gebieten angebaut werden. Am bekanntesten ist die Halbinsel Pelješac für ihren Wein, die Rebsorten Plavac Mali, Postup und Dingač werden hier angebaut. Der Wein ist auch häufig auf den Speisekarten kroatischer Restaurants in Deutschland zu finden.

Bislang sind die Hauptabnehmer im Export auch heute noch die ehemaligen sozialistischen Länder. Auch an die ehemaligen Feinde, die Serben, wird wieder verkauft. Ein hervorragender Plavac mali wird außerdem auch in Bol auf Brač und auf Korčula gekeltert.

In Norddalmatien wird die beachtenswerte Traube Babić angebaut, aus der vor allem zwischen Primošten und Trogir ein guter und gehaltvoller Wein entsteht. Zu einem guten Weißwein wird im Hinterland die Traube Debit verarbeitet, aus dem der Žutinawein entsteht. Seltenere autochtone Trauben sind Plavina und Refosk. Dalmatinische Weine können einen Alkoholgehalt von bis zu 13,5 Prozent haben.

Inhaltsreicher sind naturgemäß die dalmtinischen Schnäpse, sie erreichen gern 40 Prozent. Hochprozentiges wird überwiegend aus Trauben gebrannt, sogenannter Rakija. Aus Kirschen entsteht in Zadar und Umgebung der Maraskino-Likör, Mandarinenschnäpse werden im Neretva-Delta hergestellt. Den für das ehemalige Jugoslawien bekannten Šlivovica aus Pflaumen gibt es an der Küste seltener, er ist eher im Landesinneren Kroatiens und in Bosnien verbreitet.

Tipp: Falls der Wein Ihnen zu stark ist, auch die Kroaten trinken ihren Wein gern als ›Bevanda‹ – als Schorle. Wasser zum Wein zu gießen, ist im Alltag sogar eher üblich. Und noch ein Tipp: Gern wird man zur Weinprobe eingeladen. Doch wenn der Wein nicht schmeckt, besteht natürlich kein Zwang zum Kauf. Mit einem diplomatischen Lächeln und einem freundlichen ›Entschuldigung, aber nicht für mich‹ (Oprostite, ali ne dobro za mene) kann man sich ohne Probleme aus der Affäre ziehen.

Weinkeller auf Pelješac

Rezepte

Pastičada

Zutaten
750 g Rindfleisch, 100 g Speck
3 Zwiebeln, gehackt
100 ml Portwein, dalmatinischer Prošek oder schlicht Rotwein (süß und hochprozentig)
100 g Tomatenmark
wahlweise 120 g Backpflaumen, entsteint, oder Maronen
1 Sellerieknolle
5 Gewürznelken
5 Knoblauchzehen
5 Nelken
5 grüne Oliven
1 Teelöffelspitze Zucker
Olivenöl
Muskat
Fleischbrühe
500 ml roter Balsamico
Salz und Pfeffer

Zubereitung
Das Fleisch mit den Gewürznelken, den in Stifte geschnittenen Knoblauchzehen und dem Räucherspeck spicken und über Nacht (mindestens 12 Stunden) in Weinessig marinieren (am besten im Gefrierbeutel).

Pastičada

Das Fleisch mit Küchenpapier trockentupfen und mit dem Öl in einem tiefen Topf von allen Seiten anbraten. Die gehackten Zwiebeln, das Brot, die Pflaumen oder die Maronen und die kleingewürfelte Sellerieknolle hinzufügen und kurz anrösten. Das Tomatenmark und den Zucker dazugeben und kurz braten lassen. Schließlich das Ganze mit dem Port- oder Rotwein und der Brühe ablöschen. Salzen, pfeffern und die Lorbeerblätter zugeben.

Das Fleisch bei kleiner Hitze gut 3 Stunden garen. 10 Minuten vor Ende die in Hälften geschnittenen grünen Oliven zugeben. Wenn das Fleisch weich ist, wird es in dicke Scheiben geschnitten und noch einmal für 10 Minuten in der Sauce bei kleiner Hitze weitergekocht. Fleisch herausnehmen und die Sauce leicht mit Mehl binden. Das Fleisch auf einer Platte anrichten.

Dazu passen Kartoffeln und Spinat (oder kroatisches Mangold, Blitva), aber auch Gnocci oder Nudeln.

Torte Makarena

Diese Torte nach einem traditionellem Rezept aus Makarska ist zwar eine echte Kalorienbombe, schmeckt aber hervorragend.

Zutaten
Für den Teig:
400 g Mehl
200 g Butter
3 Eier
Schale einer Zitrone (gerieben)
wenig Maraskino, 2 Löffel Zucker
Für die Füllung:
1 kg Mandelmehl (am besten aus ganzen Mandeln mahlen)
1 kg Zucker
1 Päckchen Vanillezucker
15 Eier, Schale einer Zitrone (gerieben)
Schale einer Orange (gerieben)
2-3 Schnapsgläser Maraskino

Zubereitung
Springform mit Butter einstreichen. Aus den Zutaten einen weichen Teig herstellen. Ein Fünftel des Teiges separat aufbewahren. Den größeren Teil so ausrollen, dass er den Rand und den Boden der Springform bedeckt.
Creme: Die zuvor geschälten und gebrannten Mandeln mahlen (Mandeln lassen sich leicht schälen, wenn sie zuvor mit heißem Wasser übergossen wurden). Den Zucker, den Vanillezucker und die 15 Eier vermischen und die gemahlenen Mandeln, die geriebenen Zitronenund Orangenschale und den Maraskino hinzugeben. Den restlichen Teig ausrollen, in Streifen schneiden und netzförmig über die Torte verteilen.
Im vorgeheizten Ofen bei 175-200 °C ca. 45 Minuten backen.

Eingehüllt in den uralten Geruch des Salzwassers, der Algen und der Fische, von drei Seiten von Meer umschlossen, langgestreckt, verhältnismäßig schmal mutet Zadar selbst wie ein vor Anker liegendes Schiff an, wie eine steinerne Galeere, vor dem leicht hügeligen, fruchtbaren Hinterland Ravni Kotari fest vertaut ...

Stephan Vajda, ›Zadar oder Maraskino und Könige‹

DIE REGION ZADAR

Zadar

Wie kaum eine andere dalmatinische Stadt strahlt Zadar italienisches Flair aus. Die auf einer Halbinsel gelegene Hafenstadt, unter österreichischer Herrschaft Zara genannt, ist mit Flughafen und Bahnhof das norddalmatinische Wirtschafts- und Touristenzentrum. Von der 78 000-Einwohner-Stadt aus wird der Tourismus von der Insel Pag bis zum Küstenort Pakoštane gesteuert.

Tägliches Schaulaufen ist auf der **Široka ulica** angesagt, der Haupteinkaufsstraße, die vom Trg Sv. Stošije auf den Narodni trg führt. Spätestens zum ›Subotna kava‹, dem ›Samstagmorgenkaffee‹, treffen sich Einheimische aus Stadt und Umland in den Cafés.

Die Highlights der Stadt sind das **Forum** mit **Sv. Donat**, in ihrer Größenordnung die älteste Kirche Kroatiens, und **Sv. Stošija**, die den Betrachter in die Toskana versetzt. Außerdem sehenswert sind der **goldene Schrein des heiligen Simeon** in der Kirche Sv. Šimun, das **Franziskanerkloster** und nicht zuletzt die **Wasserorgel** nebst der Sonnenuhr an der südlichen Spitze der Altstadt.

Kulinarisch ist Zadar für seinen Maraskino-Likör berühmt, eine Spezialität aus dem Zadarer Hinterland. Seit 400 Jahren wird er aus der ›Maraska Weichsel‹, einer Sauerkirschsorte, gebrannt. Berühmt wurde der Likör durch die Erinnerungen von Marschall Marmont und seine Erwähnung in dem Roman ›Un debut dans la vie‹ von Honoré de Balzac.

Geschichte

Wer durch die Gassen von Zadar geht, dessen Schritte werden noch heute von den Römern gelenkt. Nachdem die einstigen Herrscher des Mittelmeers die liburnische Siedlung an dieser Stelle 200 vor Christus zerstört hatten, bauten sie die Stadt unter dem Namen Jadar neu auf. Sie legten ein neues Straßennetz im Schachbrettmuster an. Auch 800 Jahre später, als im 6. Jahrhundert nach Christus, ein Erdbeben die Stadt in Schutt und Asche gelegt hatte, bauten die Überle-

Die Wasserorgel ist ein beliebter Treffpunkt in Zadar

benden sie nach dem alten römischen Grundriss wieder neu auf. An ihm hat sich bis heute nichts geändert.

Im 7. Jahrhundert war die Stadt bereits wieder obenauf: Sie wurde zum Hauptverwaltungsort des byzantinischen Reiches. Und sie war so wehrkräftig, dass sie die Awaren, die sich überall an die Küsten gedrängt hatten, abwehren konnte. Ab dem 10. Jahrhundert konkurrierte Zadar dann mit Venedig um die führende Stellung in der Adria. Um die Konkurrenz loszuwerden, griff die Serenissima zu Mitteln, die für immer ein Schandfleck in der Geschichte der Lagunenstadt bleiben sollte: Als sich in Venedig 1202 der vierte Kreuzzug formierte, erließ die Stadt denjenigen die Abgabepflichten, die sich an der Eroberung Zadars beteiligen würden. Und so zerstörten im Jahr 1202 deutsche und französische Ritter mit insgesamt 31 000 Mann von 480 Schiffen aus die Stadt und plünderten sie. 1204 eroberte die gleiche Truppe dann Konstantinopel.

Von diesem Schlag hat sich Zadar nie erholt, auch wenn die Stadt versuchte, wieder an die alte Bedeutung anzuknüpfen. 1396 wurde der Grundstein zur heutigen Universität gelegt. Zadar wurde zum literarischen Zentrum im Mittelalter und in der Renaissance. 150 Jahre nach ihrer Zerstörung, als der ungarische König Ludwig Venedig entscheidend schwächte, schien es für Zadar wieder bergauf zu gehen: Venedig musste in der heute noch zu besichtigenden Sakristei des Franziskanerklosters den Verzicht auf Dalmatien unterschreiben. Der berühmte goldene Schrein des Sv. Šimon zeigt den Einzug Ludwigs in Zadar, gestiftet von Ludwigs Frau Elisabeth.

Doch Zadar verbündete sich im Folgenden mit Ladislaus von Neapel, und die Handelsaristokraten krönten ihn in der bis heute kaum veränderten Kirche Sv. Krševan voreilig zum ungarisch-kroatischen König. Im Kampf um die ungarische Krone unterlag Ladislaus und verkaufte Dalmatien 1420 inklusive Zadar für 100 000 Dukaten an Venedig.

Auch wenn nach dem Fall Venedigs 1797 das österreichisch-ungarische Kaiserreich seine Spuren in der Stadt hinterließ: Zadar wurde mit dem Vertrag von Rapallo 1920 zusammen mit einigen Inseln erneut unter italienischsprachige Herrschaft gestellt, während das übrige Dalmatien ins Königreich Jugoslawien eingegliedert wurde.

In der Endphase des Zweiten Weltkriegs besetzte das deutsche Militär die Stadt. Deshalb bombardierten die Alliierten Zadar und zerstörten es zu 65 Prozent. Erst nachdem am 31. Oktober 1944 jugoslawische Partisanen die Stadt übernommen hatten, kam Zadar zu Jugoslawien. Während des südslawischen Krieges zwischen 1991 und 1995 näherte sich die serbische Armee dem norddalmatinischen Zentrum bis auf 800 Meter und schoss ihre Granaten in die Stadt. 180 Menschen fielen den Angriffen zum Opfer. 156 Tage lang hatte die Stadt keinen Strom, drei Jahre war die Wasserversorgung gestört; die Stadt musste vom Meer aus per Schiff versorgt werden. Fast alle Kulturdenkmäler wurden getroffen.

Am 22. Januar 1993 befreite die kroatische Armee die Stadt aus der rest-jugoslawischen Umklammerung, 1995 wurde in der ›Operation Oluja‹ unter der Federführung des auf Pašman geborenen Generals Ante Gotovina das Hinterland gewonnen. Gleichzeitig wurde die serbische Minderheit misshandelt, vertrieben oder getötet.

Stadtrundgang

Am besten lässt sich die Altstadt über die 1928 erbaute Fußgängerbrücke in der Verlängerung der Straße S. Radića

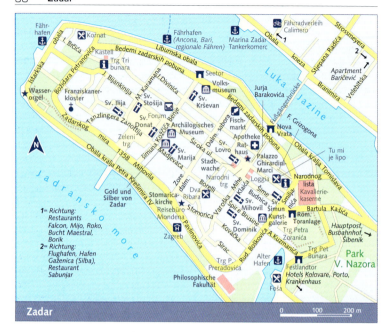

betreten. Sie führt geradewegs auf die **Nova Vrata** zu, das 1931 in die Mauer gehauene ›Neue Tor‹. Es lässt den Besucher durch die mächtige Stadtmauer, auf der immerhin eine zweispurige Fahrbahn Platz hat.

■ **Narodni trg**

Über die Jurja Barakovića geht es auf den Narodni trg (Volksplatz). Er bildet seit dem Mittelalter das weltliche Zentrum der Stadt. Der markanteste Bau ist die **Loggia** von 1565 mit den drei großen, heute verglasten Bögen, die von Doppelsäulen getragen werden. In der späten Renaissance von Giangirolamo Sanmicheli erbaut, entstand nach dem Zweiten Weltkrieg darin eine Galerie für Ausstellungen unterschiedlichster Art.

Vier Häuser zurück in der östlichen Ecke des Platzes steht das älteste Haus der Stadt, der schmale **Palazzo Ghirardini Marci** aus dem 15. Jahrhundert. Von der Schlichtheit des Gebäudes hebt sich im ersten Stock das Fenster in venezianischer Gotik ab, das vermutlich nachträglich von Nikola Firentinac eingebaut wurde.

Das gegenüberliegende, die ganze Nordostseite einnehmende Gebäude ist das 1936 unter italienischer Herrschaft erbaute **Rathaus** der Stadt im Architekturstil des Mussolini-Faschismus.

Auf der Nordseite daneben hat das **Café Lovre** Reste der frühmittelalterlichen Kirchlein Sv. Lovro (Laurentiuskirche) in seine hinteren Räume integriert. Sie stammt aus dem 11. Jahrhundert. Obwohl sie so klein ist, weist sie alle Elemente einer dreischiffigen Basilika auf. Zwei der vier Säulen sind Fundstücke aus noch älteren, möglicherweise römischen Zeiten.

Links neben dem Café befindet sich die **Stadtwache** mit ihrem orangefarbenen manieristischen Turm auf einem Renaissancegebäude. Das Gebäude wurde 1562 in venezianischer Zeit nach Plänen von Michele Sanmicheli – einem Onkel von Giangirolamo Sanmicheli, der die Loggia gegenüber baute – fertiggestellt. Der Turm entstand erst später, aus den runden Öffnungen des Gitters von 1783 ragten früher Kanonen heraus. Im Inneren des Gebäudes werden seit 1950 Volkstrachten der Stadt und der Umgebung ausgestellt. Lohnend ist ein Abstecher in die **Gasse Mihe Klaića** mit ihren schönen Häusern und Toren aus der Renaissance. An der nächsten Kreuzung befindet sich eines der wenigen gotischen Denkmäler der Stadt, die Kirche **Sv. Mihovil**. Sie gehört zum angrenzenden Franziskanerkloster. In der Lünette ist der heilige Michael mit der Waage in der Hand zu erkennen, auf der die gerechten und ungerechten Taten gewogen werden. Er verteidigt sie vor dem Teufel, der die Verdienste stehlen will. Innen hängt zwischen barockisiertem Kirchraum und dem gotischem Chor eine beachtliche Kreuzesdarstellung. Sie entstand vermutlich im 13./14. Jahrhundert in Paris.

■ Široka ulica und Forum

Vom Narodni Trg führt die Flaniermeile der Stadt, die **Široka ulica**, auch Kalelarga genannt, zum Forum. Für die Bewohner ist die nach dem Zweiten Weltkrieg wieder aufgebaute Straße Kult. Hier verabredet und trifft man sich, hier haben viele Liebesbeziehungen begonnen oder sind in die Brüche gegangen. Das **Forum** an deren Ende ist das kirchliche Gegenstück zum weltlichen Platz des Narodni trg. Wie der Name vermuten lässt, war es einst schon bei den Römern das Zentrum. Hier besuchte man die Thermen, die öffentlichen Einrichtungen oder den Jupitertempel an der Westseite des Platzes. Das Erdbeben im 6. Jahrhundert zerstörte das Forum und setzte dem antiken Lebensstil ein Ende.

■ Kirche Sv. Donat

Im 9. Jahrhundert entstand auf dem neuen Platz die Rundbaukirche Sv. Donat. In ihrem Sockel, der erst nach dem Zweiten Weltkrieg freigelegt wurde, sind heute noch römische Erdbebentrümmer zu sehen. Nach ihrem Erbauer Bischof Donatus wurde die Kirche erst im 15. Jahrhundert benannt. Ursprünglich dem Heiligen Geist geweiht, soll Donatus das 26 Meter hohe Bauwerk nach einer diplomatischen Mission am Aachener Hof Kaiser Karls des Großen in Auftrag gegeben haben. Das mögliche Vorbild der westlichen Kaiserpfalzkapelle verband er mit östlich-byzantinischen Stilelementen. Im schlichten Inneren der Kirche – in ihr wurde Ladislaus von Neapel gekrönt, der 1420 Dalmatien für 100 000 Dukaten an Venedig verkaufte – wurde der Boden nachträglich mit Resten der Steinplatten ausgelegt, mit denen die Römer ursprünglich das Forum gepflastert hatten. Von 1893 bis 1954 diente sie als Archäologisches Museum, heute

Reste der kleinen Kirche Sv. Lovro

Innenraum der Kirche Sv. Donat aus dem 15. Jahrhundert

wird sie als Konzertsaal genutzt. Auf die Galerie führt eine Treppe, die durch eine Seitentür erreichbar ist.

■ Archäologisches Museum

In das Museum gegenüber von Sv. Donat wurden seit 1832 alle wertvollen Zeugnisse aus der frühgeschichtlichen Besiedelung Norddalmatiens gebracht. Das hat viel Kritik eingebracht, weil die Fundstücke vor Ort häufig fehlen, doch sie alle in einer gemeinsamen Schau sehen zu können, ermöglicht es, ein historisches Bild von der Küstenregion zu zeichnen. Die Sammlung, in einem wenig attraktiven Gebäude untergebracht, zeigt über zwei Stockwerke Töpfe, Waffen und Fibeln aus der Bronzezeit ebenso wie lebensgroße Figuren, Amphoren und Gräber aus der Römerzeit. Im Erdgeschoss befinden sich originale Meisterwerke großer romanischer Kunst aus der Region, wie zum Beispiel die berühmte Chorschranke mit einem Relief, das die Flucht von Jesus und Maria nach Ägypten darstellt.

■ Benediktinerinnenkloster

Südlich angrenzend an das Archäologische Museum liegt ein großes Benediktinerinnenkloster mit der Kirche Sv. Marija. Gegründet 1066 von der Halbschwester des kroatischen Königs Krešimir IV., scheint es die größte Aufgabe des Klosters zu sein, die **Dauerausstellung kirchlicher Kunst** in Zadar zu beherbergen. Die Kirche **Sv. Marija** wurde vom ungarischen König Koloman im 11. Jahrhundert finanziert. In der Renaissance wurde der typisch kleeblattförmige Giebel davorgesetzt. Aus ihrer Entstehungszeit stammt nur noch der Turm, der auch den Namen Kolomans trägt. Dem äußeren Umbau in der Renaissance folgte 1744 ein innerer mit Barockisierung. Im Zweiten Weltkrieg wurde die Kirche weitgehend zerstört und danach in langwieriger Arbeit originalgetreu wieder aufgebaut. Dabei wurde aber auf die frühere Farbgebung verzichtet.

Klosterkirche Sv. Marija

Mit großem Engagement werden im **Museum** des Klostergebäudes die historischen Gold- und Silberschätze der Stadt ausgestellt. Die Sammlung ist im Zweiten Weltkrieg entstanden, als die Goldarbeiten aller Kirchen der Stadt im Kloster versteckt wurden. Sie blieben auch danach dort, und 1976 wurden die heutigen Ausstellungsräume eingerichtet. Unzählige Armreliquare und Kreuze, die auf den ersten Blick kaum voneinander unterscheidbar sind, zeigen, wie stark ausgeprägt die Goldschmiedekunst in Zadar war. Der Besuch lohnt wegen der ausdrucksstarken Reliquarbüsten. In weiteren Ausstellungsräumen befinden sich großartige Werke aus dem Venedig der Frührenaissance, unter anderem von Palma dem Jüngeren (1544–1628) und Vittore Carpaccio (1455–1526). Aber auch die einheimischen Meister sind zu sehen wie Blaž Jurjev Trogiranin, dessen feingliedrige Darstellungen in seiner Zeit einzigartig sind und die die Heiligen weniger heldenhaft als zerbrechlich wirken lassen.

Im Erdgeschoss findet sich die Rekonstruktion der heiligen Sonntagskirche, auch Sv. Ivan genannt, aus dem 11. Jahrhundert. Beeindruckend sind vor allem die Kreuzdarstellung, ursprünglich aus einem kleinen Kirchlein oberhalb von Zadar, und das Grab des heiligen Simeon.

■ Domkirche Sv. Stošija

Neben dem Eingang zur Donatuskirche schließt sich im Süden das **Bischofspalais** an. Auf der Nordseite befindet sich ein Turm, der zur Domkirche Sv. Stošija (heilige Anastasia) gehört, deren Zentralbau sich hinter Sv. Donatus erstreckt. Die erste Kirche an dieser Stelle wurde im frühen 12. Jahrhundert erbaut, um den Reliquien der heiligen Anastasia einen Anbetungsraum zu geben. 1202

Ausdrucksstarke Reliquarbüste im Benediktinerinnenkloster Sv. Marija

zerstörten die Kreuzritter sie bei ihrer Eroberung der Stadt im Auftrag Venedigs. Unter der Herrschaft von Ladislaus von Neapel schufen Baumeister aus der Toskana die heutige Kirche und gaben der romanischen Fassade das an den Dom in Pisa erinnernde Gepräge. Nach der endgültigen Fertigstellung wurde das Datum mit einer Widmungsschrift im Hauptportal eingemeißelt: 1324. Der Bau des heute 56 Meter hohen **Turms** wurde erst Mitte des 15. Jahrhunderts begonnen und auch erst 1892 vom englischen Architekten T. G. Jackson im neoromanischen Stil nach alten Zeichnungen beendet. Seine Spitze bietet eine schöne **Aussichtsplattform**, die sich gegen geringes Entgelt ersteigen lässt.

Die Kirchenfassade ist vor allem im oberen Teil reich mit Blendbögen verziert. Von den zwei Rosetten ist die obere, die deutlich gotische Züge trägt, erst später eingebaut worden. Das Innere der Kathedrale wirkt vor allem durch das monumentale Mittelschiff. Vorn auf den erhöhten Chorraum überdacht ein frühgotisches **Ciborium** aus dem Jahr 1332 den Altar. Besonders sehenswert ist das feingliedrige **Chorgestühl** des venezianischen Meisters Matteo Morozon, der 1418 mit der Arbeit daran begann. Die **Reliquien der heiligen Anastasia** befinden sich im Altar des linken Seitenschiffes. Der Sarg aus dem 9. Jahrhundert trägt eine Weiheschrift des Bischofs Donatus. Im Halbrund über dem Altar zeigen Reste von Fresken aus dem 13. Jahrhundert Christus und den heiligen Thomas Beckett. In der rechten Apsis sind auf Fresken Christus mit Johannes dem Täufer und der federführend an der Christianisierung Dalmatiens beteiligte heilige Domnius zu erkennen.

Vom rechten Seitenschiff aus lässt sich auch die **Taufkapelle** betreten, ein sechseckiger Bau aus dem 9. Jahrhundert, der während des Zweiten Weltkriegs zerstört und später originalgetreu wieder aufgebaut wurde. Bei den Aufbauarbeiten wurde unter der Taufkapelle der Grundriss einer altchristlichen Kreuzkirche gefunden. Ebenfalls vom rechten Seitenschiff aus erreichbar ist die **Sakristei**, in der in den 70er Jahren frühchristliche Bodenmosaiken freigelegt wurden. Sie zeigen einen Hirsch und eine Hirschkuh, ein Symbol aus dem ›Hohen Lied der Liebe‹.

Unter dem Chor befindet sich die **Krypta**, die von Säulenreihen in einen dreischiffigen Raum unterteilt wird. Eine Säule zeigt eine Flechtwerkverzierung aus dem 9. Jahrhundert, sie stammt vermutlich aus einem anderem (Vorgänger?-) Kirchbau. Der Steinsarkophag enthält Reliquien der Heiligen Agape, Hyonia und Irene.

■ Kirche Sv. Ilija

Unweit westlich von Sv. Stošija befindet sich die orthodoxe Kirche Sv. Ilija (Heiliger Elias). An ihrer Stelle übernahmen 1548 griechische Kaufleuten, die im Auftrag von Venedig Handel trieben, eine mittelalterliche Kirche, die die Gemeinde nach ihren Bedürfnissen umgestalten durfte.

In den folgenden Jahrhunderten kamen immer mehr Orthodoxe aus Serbien nach Zadar. 1773 rissen sie die alte Kirche ab und bauten die heute zu sehende Kirche im spätbarocken Stil neu auf. In ihr ist seit 2013 nach über zehn Jahren Restaurationsarbeit in Serbien wieder die **Sammlung von Ikonen, Messbüchern und liturgischen Gegenständen** aus dem 15. bis 20. Jahrhundert zu sehen. Es sind überwiegend Arbeiten aus Venedig, Russland oder Budapest.

Von einer ehemaligen Ikonostase, die 1811 fertiggestellt worden ist, ist im Zweiten Weltkrieg der überwiegende Teil der Kunstwerke zerstört worden. Die heutige Innenausstattung der Kirche stammt von Mihovil Speranza aus Korfu, der Ende des 18., Anfang des 19. Jahrhunderts in Zadar tätig war.

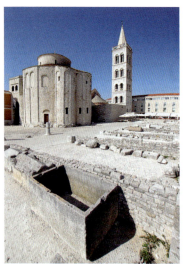

▲ *Sv. Donat und Sv. Stošija*

Im Kreuzgang des Frankziskanerklosters

Schräg gegenüber der Kirche befindet sich das **Römerforum** mit einer letzten Säule aus römischer Zeit; sie diente über Jahrhunderte als Pranger der Stadt.

■ Franziskanerkloster

In westlicher Blickrichtung, fast an der Landspitze der Halbinsel, liegt das Franziskanerkloster. Die im 13. Jahrhundert gebaute Kirche gilt als die älteste gotische Franziskanerkirche in Dalmatien, die im Inneren aber im Barockstil umgebaut wurde und mit ihren schlichten Altären Gelassenheit ausstrahlt.

Links vom Haupteingang befindet sich eine dreijochige **Kapelle**, deren Bau Nikola Firentinac zugeschrieben wird. Hinter dem Hauptaltar befindet sich ein beeindruckendes **Chorgestühl** in venezianischer Gotik, das 1394 von dem venezianischen Holzschnitzer Johannes von Borgosansepolcro beendet wurde. Von hier aus gelangt man in die berühmte **Sakristei**, in der 1385 eine Urkunde unterzeichnet wurde, mit der die Venezianer ihre Herrschaft über die Stadt kurzfristig aufgeben mussten. Von dort geht man durch in die **Schatzkammer**, in der ein bemaltes byzantinisches Kruzifix aus dem 12. Jahrhundert besonders beeindruckend ist, wie auch weitere lebensnahe Kreuzesdarstellungen aus dem Barock oder eine seltene Darstellung der heiligen drei Könige aus dem 15. Jahrhundert, bei der einer der Könige seine Krone vom Kopf nimmt.

Außerdem besitzt das Kloster eine **Bibliothek** mit wertvollen handbemalten Büchern und eine Pergmentsammlung. Geht man durch die Kapelle des heiligen Antonius, die einst der Kapitelsaal gewesen ist, gelangt man in den berühmten **Renaissance-Kreuzgang**, den die Meister Ivan Trifunić und Ivan Stijić 1556 entworfen haben. Der Glockenturm wurde erst 1849 erbaut.

■ Kastell

Wer die Kirche nach rechts verlässt und sich geradeaus durch das Gewirr der Gassen auf die Nordseite der Halbinsel schlängelt, gelangt bald zu den Ruinen

Palettenweise römische Reste vom Platz Petra Zoranića

des Kastells aus dem 16. Jahrhundert. Das Kastell hatte einen mittelalterlichen Vorgängerbau, der die Einfahrt zum Hafen bewachte, um die stetige Bedrohung von Seeräubern abzuwehren. Ab dem 13. Jahrhundert verlief zwischen Kastell und der Hafenmole auf der anderen Seite eine schwere Eisenkette, mit der der Hafen abgesperrt werden konnte.

■ Kirche Sv. Krševan

Auf dem Weg durch die Gasse nach Osten gelangt man zur Kirche Sv. Krševan. Krševan war ein Heiliger, dessen Familie angeblich aus Split stammte und der 289 unter Diokletian in Aquileia, westlich von Triest, gewaltsam umkam. Der Legende nach hatte Diokletian ihn vor die Wahl gestellt, entweder vom Christentum abzulassen und als römischer Beamter Dienst zu tun oder hingerichtet zu werden. Krševan zog den Märtyrertod vor. Die 1175 geweihte Kirche erlangte historische Bedeutung, als in ihr 1403 Ladislaus von Neapel zum ungarisch-kroatischen König gekrönt wurde. Der romanische Kirchbau, der ursprünglich eine Klosterkirche war, beeindruckt vor allem von außen mit seinen zahlreichen großen und kleinen Blendarkaden. Das Innere der Kirche wirkt durch seine Schlichtheit, obwohl sie im 18. Jahrhundert ansatzweise barockisiert wurde. Von den Fresken, die im 13. und 14. Jahrhundert den ganzen Raum ausfüllten, ist nur wenig in den Seitenapsiden zu sehen. Einige Fresken stellen die Heiligen Krševan und Petrus dar. Am Glockenturm wurde zwischen 1485 und 1546 gebaut, doch ist er niemals beendet worden.

■ Römische Stadtanlagen

Vom Trg Sv. Krševana (Platz des heiligen Grisogonus) links einbiegend, kann man parallel zur Široka ulica die andere Seite der Stadt erreichen und stößt auf einen letzten erhaltenen Rest der massiven **Kavallerie-Kaserne**, die in die Festungsanlage aus dem 16. Jahrhundert integriert war. An dieser Stelle befand sich einst das römische Amphitheater der Stadt. Beeindruckend sind die dicken Mauern, in denen sich ganze Ställe unterbringen ließen. Heute dienen sie als Lager der Stadtreinigung.

Rechts gelangt der Besucher zu dem kleinen, malerischen, mit viel Grün durchsetzten Platz Petra Zoranića. 2007 haben erneute Ausgrabungen auf diesem Platz die **Fundamente einer römischen Stadttoranlage** freigelegt. Daneben sind die Reste von einem der beiden achteckigen Türme zu sehen, die einst das römische Tor flankiert haben. Das Tor könnte ein großer triumphbogenartiger Bau mit drei Öffnungen gewesen sein, wie man ihn vom Forum Romanum kennt.

Die Rückseite des Kapitänspalastes, in dem sich heute die Krankenstation befindet, besteht aus einem letzten Stück der alten römischen Mauer. Die Säule neben den jüngsten Ausgrabungen wurde bereits 1729 aus römischen Resten vom Forum zusammengesetzt.

■ Kirche Sv. Šimun

Nur wenige Schritte weiter, in der Gasse Šime Budnica, findet sich die berühmte Kirche Sv. Šimun. Das Gebäude aus dem 16. Jahrhundert atmet ganz die Wiederentdeckung der antiken Symmetrie, in der Apsis scheinen Maria und das Jesuskind auf Augenhöhe wie in einem wissenschaftlichen Disput miteinander zu kommunizieren. Sv. Šimun steht auf Resten einer frühen Kirche aus dem 5. Jahrhundert.

Die wichtigste Aufgabe der Kirche ist, den goldenen **Schrein des heiligen Simeon** zu bewahren, ein Meisterwerk mittelalterlicher Goldschmiedekunst in Zadar und einmalig in Dalmatien. Dieser aus Zedernholz bestehende, mit vergoldetem Silber beschlagene Schrein wurde von der ungarischen Königin Elisabeth Kotromanić gestiftet, wie auf der Rückseite vermerkt wird. Der 343 Kilogramm schwere Schrein wurde 1380 als Gemeinschaftsarbeit verschiedener Zadarer Meister unter der Leitung von Franziskus Antunov aus Mailand, der in Zadar eine Werkstatt betrieb, fertiggestellt.

Nach der Überlieferung kam der Leichnam des heiligen Simeon bereits durch einen venezianischen Edelmann nach Zadar. Er war auf der Rückreise von einem Kreuzzug im Heiligen Land und musste wegen einer schweren Erkrankung in Zadar Station machen. Kurz vor seinem Tod übergab er den pflegenden Mönchen die Reliquie.

Die Frau von König Ludwig von Anjou hatte den Schrein anlässlich des Einzuges ihres Mannes in die Stadt gestiftet. Dargestellt wird dieser Einzug auf dem rechten der drei Felder auf der Frontseite des Schreins. Dort lässt sich auch viel Lokalkolorit der Stadt in der Renaissance erkennen, so die alte Stadtmauer und Szenen aus dem Leben der Stadt. Meist ist dieser Teil aber heruntergeklappt, damit die Reliquien des heiligen Simeon sichtbar werden, die er enthält. Zu sehen ist die Rückwand, die etwas schlich-

Fassadendetail der Kirche Sv. Krševan

Am Platz der fünf Brunnen

ter die biblische Szene dargestellt, wie Simeon, der die Beschneidung Jesu vornimmt und diesen als Messias erkennt. Getragen wird der Sarg von Engeln, die 1648 aus dem Metall erbeuteter türkischer Kanonen gegossen wurden.

Simeon gilt als Schutzheiliger all derer, die sich Kinder wünschen; tatsächlich hatten Ludwig und Elisabeth auch ein Nachfolgeproblem für ihren Thron. Diskutiert wird, ob eine Szene auf dem Schrein, bei der Simeon den kleinen Jesus an den Altar trägt, einem Fresco von Giotto aus Padua nachempfunden ist.

■ Platz der fünf Brunnen

An der Südseite des Platzes befindet sich der Trg Pet Bunara (Platz der fünf Brunnen). Noch heute stehen hier fünf Brunnen hintereinander auf dem gepflasterten Platz, unter dem sich eine große Zisterne befindet. Sie wurde mit dem Mauerbau während der Bedrohung durch die Türken errichtet. Als zusätzliches Trinkwasserreservoir sollte sie im Falle einer Belagerung die Versorgung sichern helfen. Vor dem Umbau der Mauer verlief an dieser Stelle der alte Wassergraben.

■ Festlandtor

Wer den Brunnenplatz überquert und über das kleine Mäuerchen blickt, sieht auf den malerischen alten Hafen von Zadar und das Festlandtor. Letzteres erbaute der Venezianer Architekt Michele Sanmicheli im 16. Jahrhundert ganz im Geist der Renaissance, es erinnert an einen römischen Triumphbogen. Über der Hauptdurchfahrt prangt das venezianische Wappentier, der Löwe mit Flügeln, darunter im Schlussstein des Bogens Sv. Krševan, der Patron der Stadt. Die Straße, die auf das Tor zuführt, war zuvor eine Zugbrücke.

■ Uferpromenade

Vor dem Tor stehend kann man links neben dem Tor an Stadtmauer und Hafen entlanggehen und eine Weile der Stadtmauer bis zur großen westlichen Uferpromenade folgen. Hier lassen sich schöne Sonnenuntergänge beobachten,

An der Uferpromenade

von denen bereits George Bernard Shaw als den schönsten der Welt schwärmte. Hier stehen auch die Nobelhäuser aus der Zeit der österreichisch-ungarischen Monarchie wie die **Philosophische Fakultät** (Filozofski fakultet) und das 1902 als ›Bristol‹ gegründete **Hotel Zagreb** mit einem vorzüglichen Blick über das Meer. Hinter dem Hotel, gegenüber auf der anderen Seite der Straße, lassen sich noch die **Reste der Stomorica-Kirche** erahnen. Geweiht der heiligen Ursula, ist die frühmittelalterliche Kirche deshalb erwähnenswert, weil sie im seltenen Grundriss eines fünfblättrigen Kleeblatts gebaut ist. Der Eingang befand sich im Glockenturm. Beim Bau der neuen Mauer Im 16. Jahrhundert wurde die Kirche abgerissen und überbaut, um sich gegen Angriffe der Osmanen zu schützen.

■ Wasserorgel

Wer stille Momente sucht, sollte die Promenade am Wasser hinabgehen, schon wegen des schönen Blickes und der Weitläufigkeit. An der Nordspitze der kleinen Halbinsel auf der Istrarska obala zieht ein Schauspiel allerlei Menschen an. Sie lauschen den Klängen der weltweit einzigen Wasserorgel, deren sphärische Töne wie aus dem Nichts zu erklingen scheinen. Tatsächlich erzeugt das Meerwasser, das die Wellen in Hohlkammern unter die Promenade drückt, die Töne. Der Luftdruck des eindringenden Wassers versetzt 35 Orgelpfeifen in Schwingungen. Die Pfeifen sind wasserfest aus Polyethylen gefertigt und auf einer Breite von 70 Metern angelegt. Fließt das Wasser wieder heraus, wird über Ventile wieder Luft angesaugt, so dass eine neue Reihe von Tönen gebildet wird. Entworfen wurde die Wasserorgel 2005 vom Architekten Nikola Bašić. Sie wurde 2006 in Barcelona mit dem ›Europäischen Preis für den öffentlichen Raum‹ ausgezeichnet. Bašić hat auch den sich südlich befindenden **Gruß an die Sonne** bauen lassen. Das in den Boden eingelassene Rund hat einen Durchmesser von 22 Metern und besteht aus 300 mehrschichtigen Glasplatten mit Solarzellen. Wenn die Sonne untergeht, geben die Platten das Licht in

Gruß an die Sonne

unterschiedlichsten Farben wieder ab. Im Rhythmus der Wellen entstehen Farben und geometrische Figuren. »Ich wollte mit der Natur kommunizieren, zuallererst mit dem Meer und die zweite Idee war, die Menschen auf den Sonnenuntergang aufmerksam zu machen«, so Bašić in einem Interview.

Zadar

Vorwahl: +385/23.
Postleitzahl: 23000.
Turistička zajednica, für die Stadt: Smiljanica bb, Tel. 316166, www.zadar.travel.
Turistička zajednica Zadar Županije, für das Umland: Sv. Leopolda B. Mandića 1, Tel. 315316, www.zadar.hr. Zuständig auch für alle Inseln des Zadarer Archipels.
Hauptpost, Kralja S. Držislava 1, östlich der Altstadt, und ul. Šimuna kožičića, Benje, zwischen Seetor und Forum.
Zagrebačka banka und **Zagrebačka Pomorska banka**, Brne Karnarutića 13.
Erste Bank, Široka ulica 1.

Busbahnhof, Ante Starčevića, Tel. 211555. Im Osten außerhalb der Altstadt. Zubringerbusse zum Flughafen.

Bahnhof, Ante Starčevića 3, Tel. 211343. Tickets sind nicht online buchbar, nur über Reisebüro oder am Schalter.

Flughafen Zadar (ZAD), 12 km östlich, Tel. 205800. Verbindungen von Berlin (Lufthansa) Köln, Stuttgart, Hamburg (Germanwings), Düsseldorf/Weeze, Frankfurt-Hahn, Karlsruhe (Ryanair), Dortmund (Easyjet), Frankfurt (Croatian Airlines), Düsseldorf, München (Lufthansa/Croatian Airlines), Friedrichshafen (Intersky), Zürich (Croatian Airlines, Intersky), Bern (Skywork).

Internationale **Autofähre nach Ancona** (Italien).
Zadar ist Ausgangspunkt für Überfahrten auf die vorgelagerten Inseln.
Zadar-Preko (Ugljan): etwa jede Stunde.

Zadar-Premuda, Ist, Olib, Silba, Mali Lošinj: 1x tägl., Nebensaison 3-4x wöchentl.
Zadar-Bribinj (Dugi Otok): 3x tägl., Nebensaison 2x tägl.
Zadar-Molat, Brgulje, Zapuntel, Ist: 1x tägl. (Hauptsaison Sa und So 2x tgl.).
Zadar-Bršanj (Iž), Rava, Mala Rava: 1x tägl., Nebensaison 5x wöchentl.
Außerdem **Personenfähren** (Katamaran) nach Ist und Molat, Dugi Otok, Iž und Rava, Vrgada.

Stand am Flughafen, Transferdienst: **HBtransfer**, Tel. mobil 091/2222229, www.hbtransfer.com. Für die Stadtfahrt gilt als Grundpreis 50 Kuna, die Fahrt vom Flughafen in die Stadt sollte nicht mehr als 30 Euro kosten.

Hotel Falkensteiner, www.falkensteiner.com, Reservierungshotline Tel. +43/50/99111000. Betreiben sieben Häuser rund um Zadar für unterschiedliche Ansprüche, vom gehobenen Hotel über familienorientierte Häuser bis zu Appartmentanlagen.
Kolovare, Bože Peričića, Tel. 203200, www.hotel-kolovare.com; gehoben DZ 115-180 Euro., App. 195-345 Euro (Rabatte ja nach Dauer). Rund 10 Gehminuten südöstlich der Altstadt gelegen, strandnah, Zimmer teilweise mit Meerblick, klimatisiert.
Hotel Niko, Obala Kneža Domagoja 9, Tel. 337888, www.hotel-niko.hr; DZ 100-120 Euro. Am Meer gelegen, klassisch mit schönen Stilmöbeln.
Mediteran, Matije Gupca 19, Stadtteil Borik, Tel. +337500, www.hotelmediteran-zd.hr; 60 Betten, DZ 70-105 Euro, nahe am Meer, mit Swimmingpool, klimatisiert, Balkon, WLAN.

Porto, Nikole Jurišića 2, Tel. 292300, www.hotel-porto.hr; 66 Zimmer, 3 Suiten, DZ je nach Saison 75–80 Euro. Östlich der Altstadt, Richtung Flughafen, einfach und sauber.
Villa Hrešć, Obala kneza Trpimira 28, Tel. 337570, www.villa-hresc.hr; 2 Zimmer, 6 Apartments, DZ 90, Apartment 100–120 Euro. Nördlich von Zadar in der Bucht Maestral.
Apartment Basioli, Krešimirova obala 116, Tel. 331129, Tel. mobil 091/5855966, neven.basioli@zadar.net; 7 Apartments mit Meerblick, 50–100 Euro.
Pansion Maria, Put Petrića 24, Tel. 334244, Tel. mobil 091/5161418, www.pansion maria.hr; 12 DZ 58 Euro, 2 Dreibettzimmer, 75 Euro. Sehr schlicht.
Hotel kod Marinka, Poljski Put 1, Borik, Tel. 337800, Tel. mobil 098/465045; 17 DZ 65 Euro, 4 Dreibett-Zimmer 70–80 Euro. Unvorteilhafte Lage, aber gut ausgestattet.
Apartment Baričević, Bihačka 13, Tel. mobil 098/9223187, mladenka.zadar@gmail.com; DZ 60 Euro. Modern eingerichtetes Apartment für 2 Pers., sehr herzliche Vermieter, oberhalb der Innenstadt und doch ruhige Lage.

△

Camping Borik, Majstora Radovana 7, Tel. 332074; 2 Pers/Auto/Zelt 20–35 Euro. Einfacher Platz direkt am Meer, unter Pinien, kleine Häuschen.
Autokamp Planik, außerhalb an der Brücke nach Pag in Ražanac, Tel. 651431, Tel. mobil 098/272187, www.planik.hr; 2 Pers/Auto/Zelt 15–25 Euro.

✕

Restaurant Dva Ribara, Blaža Jurjeva 1. Pizzeria im Kern der Altstadt, Nudelgerichte, Risotto und leckere Fleischgerichte; gutes Preis-Leistungsverhältnis.
Foša, Kralja Zvonimira 2, Tel. 314421. In der Altstadt, tolle Terrasse am Meer, bieten Fischgerichte zur Sättigung.
Tu mi je lipo, D-3, Rivnica bb, Tel. 312226. Altstadt, gut Gegrilltes schön angerichtet.
Kornat, Liburnska obala 6, Tel. 254501. Dalmatinische Gerichte modern zubereitet, etwas teurer.
Falcon, Obala Kneza trpimira 5, Tel. 332206. Pizzen und deutsches Bier.
Mijo, Tina Ujevića 28, Tel. 332728. Bietet seltene Spezialitäten.
Niko (mit Hotel), Obala kneza Domagoja 9, Tel. 337888. Gehoben, guter Fisch, nicht zu teuer, etwas außerhalb mit Blick auf die Stadt.
Roko, Put Dikla 74, Tel. 331000; So geschlossen. Selbst gefangener Fisch.
Sabunjar, Jadranska 99, Tel. 340355. Bestes Restaurant für Lamm.

Museum Gold und Silber von Zadar (Zlato i srebro Zadar), Trg opatice Cike 1, Tel. 250496; Mo-Sa 10–13 und 18–20 Uhr, im Sommer auch So 10–13 Uhr, 20 Kuna.
Kunstgalerie des Volksmuseums, Meduliceva 2, Tel. 211174, http://nzm.hr.
Archäologisches Museum, Trg opatice Čike bb., Tel. 250516, http://amzd.hr (kroat.); Juni und Sept. tägl. 9–21, Juli und Aug. tägl. 9–22 Uhr, in der Nebensaison kürzere Öffnungszeiten, 30 Kuna.
Volksmuseum Zadar, Poljana Pape Aleksandra III bb, Tel. 251851, http://nzm.hr; Mo-Fr 9–20, Sa 9–13, Winter Mo, Di, Do, Fr 9–15 Uhr, Mi 9–13 und 17–20 Uhr, 20 Kuna.

Musikfestival St. Donat; Juli/Aug. Informationen in der Turistička zajednica.

🏖

Saubere Strände findet man eher außerhalb der Stadt.
Wasserorgel: Wer es eilig hat, kann auch an der Wasserorgel ins Wasser springen und sich abkühlen.
Plaza Borik: von Kiefernwäldern und Olivenbäumen umgebener Kiesel- und Felsstrand mit Badeplateaus und Grasabschnitten, auf der Halbinsel Puntamika, ca. 1 km vom Stadtzentrum.

Ugljan: eine halbe Stunde mit der Fähre nach Preko übersetzen (fährt jede Stunde) und dort baden, kann im Hochsommer allerdings voll sein; ein Wagen macht flexibel.
Insel Ošljak: Einmal am Tag stoppt die Fähre auch an der Insel vor Ugljan (Zwischenstopp der Fähre nach Preko/Ugljan). Autofrei, stille Strände.
Rebekkas Empfehlung: Rausfahren nach Bibinje (Süden) oder Petrčane, besser noch Privlaka (Norden) und dort einen Strand suchen.

Marina Zadar Tankerkomerc, Ivana Meštrovića 2, Tel. 332700, 204862, www.marinazadar.com. Mitten in der Stadt, renoviert und sauber, aber nicht immer leise. Mit blauer Flagge ausgezeichnet, das Personal weiß um seinen Wert.
Marina Borik, Kneza Domagoja 1, Tel. 333036. Etwas außerhalb, keine Muringleinen, nur Dalben.

Radsportvereine BK Zadar und **BK Donat**. Organisieren Straßenrennen zum 1. Mai.
Ausleihe: Fahrradladen Calimero, Obala kneza Branimira 2. Tel. 241243.
Reisebüro Mondena, M. Pavlinovića 12A, Tel. 313747, Tel. mobil 098/654702, 8 Euro pro Tag.

Zadar Sub Diving Center, Dubrovačka 20A, Tel. 214848, www.zadarsub.hr. Nach EUF-Standards zertifiziert.
Aquarius Diviana, Vukovarska 1D, Tel. 326341, www.divana.hr/aquarius. Bieten Tauchrundfahrten.

Ausflugstipps: Ausflüge auf die vorgelagerten Inseln, leicht zu erreichen sind **Pašman** und **Ugljan**. Andere Inseln werden nicht häufig angefahren, deshalb vorab genau planen.
Wandern nördlich von Novigrad im **Nationalpark Paklenica** (hier bieten sich auch Klettertouren an), **Nin** mit der ältesten Kathedrale des Landes besuchen oder zu den **Plitvicer Seen** fahren (eineinhalb Stunden mit den Auto).

Park Avantura, http://adventure-park.com, Tel. mobil 091/9049185; Juli/Aug. tägl. 9–17, 20. Mai–30. Juni, 21. Aug.–20 Sept. Mi–So 9–17 Uhr, 90 Kuna, Begleiter 45 Kuna. Abenteuerspielplatz in Kožino, nördlich von Zadar abseits der Straße nach Nin im Pinienwald. Balancieren und Seilbahnen von Baum zu Baum, Geschicklichkeitsspiele für Kinder zwischen 4 und 10 Jahre.

Von frühmorgens bis mittags findet der **Fischmarkt** in der Fischmarkthalle an der Hafenseite innerhalb der Stadtmauer statt, dort werden fangfrischer Fisch sowie Obst und Gemüse aus der Umgebung verkauft.

Krankenhaus (Bolnica), Bože Perčića 5, Tel. 505505, beim Hotel ›Kolovare‹, 10 Min. von der Altstadt entfernt.
Apotheken: Centar, Jurja Barakovića 6, Tel. 251347. Im Zentrum.
Donat, Braće Vranjanina 14, Tel. 251342.
Kräuterapotheke Kadulja, Ivana Mažuranica 22, Tel. 235863.

Von Zadar nach Nin

Nördlich von Zadar erstreckt sich eine alte Kulturlandschaft, deren Ebene sich seit jeher für den Anbau landwirtschaftlicher Produkte eignete. Die nördliche Küste bietet viele Möglichkeiten für den Strandurlaub, zum Beispiel in den kleinen Dörfern **Petrčane**, **Diklo**, **Kožino** und **Privlaka**. Einen Namen hat sich die Ferienanlage **Zaton** gemacht, eine eigene Welt für Camper und Liebhaber von Mobilhomes (→ S. 98).

Der Hafenort **Petrčane**, in einer lauschigen Bucht gelegen, lockte schon die Benediktiner aus den mächtigen Klöstern Sv. Krševan und Sv. Platon an. Sie errichteten am südöstlichen Ufer die Bartholomäuskirche im 12./13. Jahrhundert, die später als Wohnhaus genutzt wurde und deren Reste noch zu sehen sind. An den Wänden sind noch Malereien zu sehen. In Petrčane stehen Ankerplätze für Jachten zur Verfügung. Der Ort bietet einen FKK-Strand, Restaurants und eine Diskothek.

An der Hauptverkehrsstraße nach Nin liegt das kleine Kirchlein **Sv. Nikola**. Es gilt als nationales Denkmal und stammt vermutlich aus dem 11. Jahrhundert. Der Legende nach sollen die ersten sieben kroatischen Könige nach ihrer Krönung hierher gekommen sein, in einer Zeremonie ihr Schwert in alle Himmelsrichtungen ausgestreckt und dabei geschworen haben: »Wo das Schwert hinzeigt, ist mein Königreich.« So wenig historische Wahrheit wahrscheinlich darin steckt, so stark ist doch der Mythos, der diesem Ort angedichtet wird.

Der Wehrturm der Kirche wurde erst später, während der venezianisch-türkischen Kriege, aufgesetzt.

Nin

Der heute kleinen, verschlafenen Stadt Nin merkt kaum an, dass sie einst die Hauptstadt des ersten kroatischen Reiches war. Heute liegt sie eher abseits der Hauptverkehrswege, im 9. Jahrhundert war sie das Zentrum der Reichsgründung. Auf einer Insel im flachen Wasser eines natürlichen Hafenbeckens war sie geradezu wehrhaft angelegt. Das Mittelalter ist in Nin hautnah spürbar. Die Attraktion der Stadt ist die kleinste Kathedrale der Welt, **Sv. Križ**.

Geschichte

In der Geschichte von Nin mischen sich Mythos und Wirklichkeit. Als historisch gesichert gilt, dass in Nin nach der Eroberung durch die Awaren im 8. Jahrhundert ein Herrschaftszentrum gegründet wurde. Ob ein Tomislav ihr erster König wurde, ob er in der kleinen Niner Kathedrale zum König gekrönt wurde und ob Nin damit im 9. Jahrhundert zu einer Art Hauptstadt geworden war, ist hingegen nicht eindeutig belegbar.

Fakt ist, dass Nin vermutlich reich war, denn im frühen Mittelalter wurde bereits die Salzgewinnung aus Meerwasser entdeckt, die bis heute betrieben wird. Und Tomislav war maximal ein Adeliger, der sich zum Sprecher oder Führer unter den Adeligen hatte wählen lassen.

Archäologisch bestätigt ist auch, dass die Liburner im 9. Jahrhundert vor Christus

Ihre Bedeutung sieht man der kleinen Kirche Sv. Nikola nicht an

Die Statue des Königs Branimir vor dem Eingangstor von Nin

hier bereits einen Hafen gegründet hatten. Erhärtet wird dies neuerdings durch Funde der Unterwasserarchäologie: Drei Schiffe, in denen sogar Oliven und alte Taue sichergestellt werden konnten, wurden kürzlich im Meer vor Nin entdeckt. Nach ihrer Eroberung versahen die Römer die Stadt nach ihrer Zerstörung im 1. Jahrhundert mit einem völlig neuen Grundriss. Wie Ausgrabungen von 2001/02 zeigten, behielten auch die Slawen diesen Grundriss bei. Heute ist die Fußgängerzone Nins wieder wie zu römischen Zeiten gepflastert.

Auch in der kirchlichen Bedeutung ist unklar, wo die Fakten enden und der Glaube beginnt. Sicher ist: Erstmals urkundlich erwähnt wurde Nin mit seiner Ernennung zum Bischofssitz in einem päpstlichen Brief von 879. Der dritte Niner Bischof, Grgur, forderte, dass Nin auch zum führenden Erzbistum in Dalmatien erhoben werden sollte. Er konnte seinen Alleingang allerdings nicht durchsetzen, und zur Strafe wurde der Stadt die Bischofswürde aberkannt. Im 19. Jahrhundert galt Grgur dafür aber als nationaler Märtyrer. Bis heute wird gern berichtet, Grgur habe versucht, Kroatisch als Kirchensprache einzuführen und sei eigentlich daran gescheitert. Jüngste Forschungen haben inzwischen Zweifel an dieser These, die ihren Ursprung im 19. Jahrhundert hat.

Am 28. April 1646 wurde die Stadt im bitteren Kampf zwischen Venezianern und Türken völlig zerstört, und zwar durch die Venezianer, die sie den Türken nicht als Beute in die Hände fallen lassen wollten.

Die Wiederentdeckung von Nin als nationales Symbol schrieb im 19. Jahrhundert Geschichte und hatte Auswirkungen bis ins kommunistische Jugoslawien. So wehte auf dem südlichen Stadttor zur Brücke während dieser gesamten Zeit immer die kroatische Flagge. Dafür wurde ihr das Stadtrecht aberkannt, das sie erst 1997 zurückerhielt.

Vor dem letzten Krieg waren die Salzgewinnung, der Fischfang und eine Ziegelfabrik die wichtigsten Wirtschaftsfaktoren. Seit 1969 lebt die Stadt vor allem vom Tourismus und von der Fischverarbeitung.

Seit Römerzeiten ist der Heilschlamm, wie er in der westlich gelegenen Lagune vorkommt, bekannt. Die Mineralien und weitere mikrobakterielle Inhaltsstoffe des Schlamms sollen als Packungen bei Hautkrankheiten und Rheuma helfen.

Stadtrundgang

Parken lässt sich auf einem bewachten Parkplatz unmittelbar vor der Brücke in die Stadt. Von dort aus ist bereits das das 1778 errichtete offizielle **Eingangstor** zu sehen, auf dem die kroatische Flagge schon während der kommunistischen Herrschaft wehte. Unklar sind allerdings die Symbole an der rechten Seite des Tores: Sie scheinen oben Wasser/Wein und Brot darzustellen und darunter ein Gesicht und eine Kugel.

Bevor man die Brücke auf die Insel betritt, sieht man die historisierende **Statue von König Branimir**, die vor wenigen Jahren hier errichtet wurde. Sie bedient einen neuen nationalen Mythos, der eng mit dem letzten Krieg verbunden ist. Branimir soll im 9. Jahrhundert die katholische Kirche auf dem Balkan gegen Knez Zdeslav verteidigt haben. Dieser hatte sich den byzantinischen Machthabern und damit der orthodoxen Glaubenssphäre zugewandt. Branimir tötete Zdeslav, wurde von Papst Johannes VIII. anerkannt und stabilisierte damit die katholische Vorherrschaft.

■ Sv. Anselmo

Durch das gedrungene Tor betritt man eine idyllische kleine Altstadt. An deren erster großer Kreuzung befindet sich die Kirche Sv. Anselmo. Sie wurde auf den Mauern eines älteren Vorgängerbaus aus dem 6. Jahrhundert errichtet. Der romanische Glockenturm stammt aus dem 12. Jahrhundert und ist der älteste Gebäudeteil.

Das Innere ist später barockisiert worden, beachtenswert ist der **Aufsatz auf dem Altartisch**, der mit einer getriebenen Goldschmiedearbeit versehen ist. Im Turm befindet sich die **Schatzkammer** mit erstaunlichen Goldschmiedearbeiten, so ein karolingisches Reliquiar aus dem 8./9. Jahrhundert, das ein Schulterblatt des heiligen Anselm enthält. Auch ein Ring von Papst Pius II. (1458–1464) ist in der kleinen Ausstellung zu sehen. Das ist schon deshalb selten, weil die Insignien der Päpste immer zerstört und für jeden neu gefertigt werden.

■ Kapelle

Neben der Kirche befindet sich eine Kapelle aus dem frühen 16. Jahrhundert, die noch in gotischem Stil gebaut wurde und leider nicht immer zugänglich ist. Sie ist der Mutter Gottes von Zečevo geweiht, benannt nach einer in ihr ausgestellten Madonnenfigur, die aus dem 14. Jahrhundert stammt. Sie soll aus einem Kloster auf der kleinen, nördlich zwischen Pag und dem Festland gelegen

Das offizielle Eingangstor der Stadt Nin

Ausstellungsstück in der Schatzkammer von Sv. Anselmo

Insel Zečevo stammen, das von den Türken zerstört wurde. Nach einer Legende haben die Moslems die Madonnenfigur ins Meer geworfen, doch sie sei von selbst wieder zurückgeschwommen. Bei der Anlandung hätten die Glocken von selbst zu läuten begonnen.

Am 5. Mai 1516 sollen ein Hirtenmädchen und ein Pfarrer die Madonna weinen gesehen haben. Seitdem wird das Wunder an jedem 5. Mai und 15. August (Mariä Himmelfahrt) mit einer Prozession gefeiert. Der Strand wimmelt dann von Booten, mit denen die Menschen auf die Insel übersetzen.

Über dem Seiteneingang von Sv. Anselmo sind die ältesten erhaltenen Skulpturen der Kirche zu sehen. Sie stellen die beiden fränkischen Missionare Sv. Ansolmo und Diakon Sv. Ambroz dar.

■ Grgur-Statue

Vom Seiteneingang der Kapelle aus sieht man die expressive Statue des Bischofs Grgur von Nin, die von Ivan Meštrović 1932 gefertigt wurde. Ursprünglich für die Hauptstadt Zagreb bestimmt, wurde sie 1969 aufgestellt. Von der Berührung des Fußes erhoffen sich die Touristen Glück.

Meštrović hat die mystifizierende Legende des Illyrismus aus dem 19. Jahrhundert aufgenommen, Grgur habe für die Verwendung des Kroatischen als Kirchensprache und der Glagolica als Schrift in der Kirche gestritten. Ihm gelang es, die Sprachgewalt des Bischofs bildhauerisch darzustellen. Eine ähnliche Statue steht in Split, sie unterscheidet sich aber in der Art, wie der Bischof das Buch hält. Zwischen der Kirche Sv. Križ und der gegenüberliegenden, linker Hand gelegenen Kirche Sv. Anselmo, dort, wo sich heute die Schule befindet, stand einmal der kroatische ›Königspalast‹. Gebaut auf den Mauern eines älteren Vorgängerbaus aus dem 6. Jahrhundert, ist das heutige Gebäude das Ergebnis aus vielfacher Zerstörung und Wiederaufbau.

■ Sv. Križ

Linker Hand liegt die kleinste Kathedrale der Welt, erbaut im 9. Jahrhundert. Hier wurden angeblich die ersten kroatischen Könige gekrönt, und sie war zugleich Bischofskirche. Als Kreuzkuppelkirche mit gleichförmigem Kreuz zeigt sie deutlich byzantinische Stilelemente. Sie ist damit

Statue des Bischof Grgur Ninski vor der kleinsten Kathedrale der Welt

Reste des Diana-Tempels

die älteste in diesem Stil erhaltene Kirche des Landes und wirkt vor allem durch ihre Schlichtheit. Sie zeigt, wie stark der Einfluss von Byzanz und damit der orthodoxen Glaubenswelt auf dem Balkan war. Die Kirche wurde laut Türinschrift von einem kroatischen Gespan Godežav erbaut. Laut Theorien soll die Kirche gleichzeitig durch die Anordnung der Fenster und den unterschiedlichen Lichteinfall als Kalender und Uhr gedient haben.

Der Schlüssel für die Besichtigung ist im Stadtmuseum erhältlich. Von der Kirche aus ist bereits das hintere Stadttor zu sehen, dessen eingeritzte Kreuzgraffiti es als frühes Bauwerk ausweisen.

■ Stadtmuseum

Zurück in der Fußgängerzone, liegt an deren nördlichen Ende der Platz Trg Kraljevac mit dem markanten rotgestrichenen Stadtmuseum. In der Römerzeit schloss sich an dessen östlicher Seite das Handwerkerviertel an, wie Ausgrabungen ergeben haben. Das Museum zeigt wichtige Funde von Grabbeigaben aus der Zeit der Liburner, neuere Ausgrabungen aus römischer Zeit und ein Modell des Niner Diana-Tempels.

Das berühmte **Taufbecken von Nin** ist leider nur als Kopie zu sehen. Das sechseckige, etwa einen Meter tiefe und einen Meter breite, aus einem Stein gefertigte Becken stammt aus dem 9. Jahrhundert, kam mit der Mission der Franken nach Kroatien und gilt als Symbol für die katholisch geprägte Kultur in Kroatien. In einer Inschrift, die als Band um den Rand herumläuft, wird der Knez Višeslav erwähnt, der als erster Fürst und erfolgloser Streiter gegen die Franken zwischen 800 und 810 in Kroatien regiert haben soll. Das Original des Taufbeckens befindet sich heute im Museum kroatischer archäologischer Denkmäler in Split.

■ Diana-Tempel

Geht man links am Museum vorbei, sind beeindruckende Steinmetzarbeiten vom bisher größten in Kroatien ausgegrabenen römischen Tempel zu sehen. Die 1912 entdeckte Opferstätte mit einer Grundfläche von 45 mal 21,5 Metern war der Diana geweiht. Sie war ursprünglich die Göttin des Mondes und der Fruchtbarkeit, berühmter wurde sie später als Jagdgöttin.

Nin

Vorwahl: +385/23, **Postleitzahl**: 23232.
Turistička zajednica Nin, Trg Braće Radića 3, bei der alten Brücke, Tel./Fax 2652-47, -64, www.nin.hr.
Post, Zadarska ulica 5.
OTP-Bank, Branimirova 13.

Die Bushaltestelle befindet sich bei der Post.

Anreise mit der Bahn über Zadar und Weiterfahrt mit dem Bus.

Flughafen Zadar, → S. 90.

Aparthotel Lekavski, Dražnikova 15, Zaton, Tel. 265888, www.lekavski.de; 14 DZ 50–95 Euro, 4 Apartments 75–130 Euro.
Apartment Vila Vukić, im Ortsteil Mulo, Tel. 360321; Apartment 60–70 Euro. 30 Meter von Meer entfernt, Apartments mit Balkon und Klimaanlage.
Apart Hotel Condura Croatica, Ninske Vodice, Put Škrile 1, Tel. 272330, www.condura-croatica.hr; Apartment 65–85 Euro. Einfach ausgestattet, WLAN, behindertenfreundlich, mit Restaurant, tolle Lage am Sandstrand von Sabunike.

Camping Zaton Holiday Village, Tel. 280280, www.zaton.hr; 2 Per/Auto/Zelt 35–65 Euro in erster Reihe, je nach Saison. Ferienanlage an der Straße Zadar–Nin, großes Feriendorf am Strand, das der ADAC zu den besten Campinganlagen Europas zählt. Bietet mit eigener Infrastruktur von Restaurants und Einkaufszentrum über Swimmingpools und Sportanlagen bis zu Folkloreveranstaltungen alles, inklusive aufgeschütteter Sandstrände. Allerdings nicht ganz billig: Jedes Extra kostet zusätzlich.
Kamp Nin, Venere Anzotike 41a, Tel. 264031, www.campingnin.hr; 2 Pers./Auto/Zelt 12–15 Euro. Gegenüber der Altstadt.
Kamp Ninska Laguna, Put blata 10, Tel. 264265, www.ninskalaguna.hr; 2 Pers./Auto/Zelt 10–20 Euro. Auswahl unter zwei Plätzen an der westlich gelegenen Lagune, die frisch mit Laubbäumen bepflanzt wurden. Nicht weit zum Wasser mit sandigem Strand und Heilschlamm.

Fischrestaurant Aenona, gegenüber der Kirche Sv. Križ. Schönes Ambiente, Speisen ordentlich, teurer.
Za kvarat ure, Zadarska ulica 4. Schlichte Einrichtung, gutes Essen, freundliche Bedienung.
Dalmacija, Zrinsko-Frankopanska 4, Tel. 264163, www.konobadalmacijanin.hr. Sehr urig, Spaghetti, Fisch und Fleisch vom Grill.
Restaurant Pernin Dvor. Gemütlich und gut, schöne Terrasse.
Konoba Bepo, am Hauptplatz von Zaton. Frischer Fisch, auf Bestellung Lamm von Grill.

Neben dem **Stadtmuseum** sollte man das **Salzmuseum** sehen, Park Solana Nin, Ilirska cesta 4. Es informiert rund um das Salz und zeigt die Geschichte seiner Gewinnung.

Die Bucht eignet sich hervorragend zum Windsurfen, neuerdings ist in der nördlichen Bucht auch Kitesurfen möglich.
Surf Center, Kraljičina plaža, Tel. mobil 098/9129818, www.surfmania.hr; 15. April–15. Okt.

Die **Niner Bucht** ist wegen ihrer geringen Wassertiefe für Kinder zum Baden geeignet. Auch die Wassertemperatur ist einige Grad höher als anderswo. Der Salzgehalt im Wasser, aber auch in der

Die Fußgängerzone von Nin ist auch im Hochsommer nicht überlaufen

Luft, ist höher als im Durchschnitt. Wer den Heilschlamm auf der Düne von Nin nutzen will, muss sich allerdings olfaktorisch darauf einstellen.

Sabunike: Mehrere kleine Buchten mit Sandstränden, nördlich davon auch FKK möglich.

Žukve: Sand- und Kieselstrand, das Café ›Santa Maria‹ ist einen Besuch wert.

Vrsi: Hinter dem Ort lassen sich versteckte Buchten finden.

Flacher **Stadthafen** vor der Brücke, nichts für Schiffe mit Tiefgang.

Scuba Adriatic, im ›Zaton Holiday Village‹, Tel. 231536, www.scubaadriatic.com, Ausflüge 1–4 Tage für Erwachsene, Schnorcheln für Kinder.

Minimarkt, in der Altstadt.
Obst- und Gemüsemarkt, bei der TZ.

Ambulanz, Put Grgura Ninskog 11, Tel. 264888.
Apotheke, Kremić, Jurja Barakovića 5, Tel. 264491.

Insel Vir

Die 22,3 Quadratkilometer große Insel Vir hat kaum bedeutende Sehenswürdigkeiten zu bieten, dafür genießen ihre langen Strände einen hervorragenden Ruf. In den Sommermonaten verzehnfacht sich die Zahl der Menschen auf Vir: Bis zu 10 000 Touristen finden Unterkunft in etwa 7000 Ferienwohnungen. Seit 1976 verbindet die 378 Meter lange Brücke **Most života** (Lebensbrücke) Insel und Festland miteinander.

Der Name Vir bedeutet ursprünglich schlicht ›Weideplatz‹ oder ›Dreschplatz‹. Die Insel wurde erstmals 1069 in der Urkunde ›Mare nostrum Dalmaticum‹ des Königs Petar Krešimir IV. unter dem Namen ›Ueru‹ beziehungsweise ›Veru‹ erwähnt. Gräber der Liburner auf dem Bandira belegen eine frühe Besiedelung der Insel.

Seit den 80er Jahren wurden hier viele Ferienhäuser oft ohne Baugenehmigung gebaut, so dass die Insel heute unschön zersiedelt wirkt. In den letzten Jahren hat die Inselverwaltung Häuser abreißen lassen, allerdings unter oft willkürlich erscheinenden Begründungen, was zu Spannungen und sogar Selbstmorden führte.

■ Dorf Vir

In dem ansonsten eher ungeordnet wirkenden knapp 1000-Einwohner-Dorf Vir ist die romanische Kirche **Sv. Ivan** aus dem 13. Jahrhundert erwähnenswert. Sie ist etwas außerhalb, in Richtung Torovi, zu finden. Zu dem 300 Meter hoch gelegenen Ort gehört der Hafen **Sapavac** mit der gleichnamigen Bucht. Dort befinden sich **Reste einer venezianischen Festung** aus dem 17. Jahrhundert. Die Festung diente als Rückzugsstation im über 200 Jahre langen Kampf mit den Türken um Nin und bot später den Inselbewohnern Schutz vor Piraten. Zwischen 2001 und 2002 wurde die Ruine für etwa 50 000 Euro renoviert. Sehenswert sind ebenfalls die **Steinformationen** neben der Ruine, wo sich Felssäulen von 30 bis 50 Zentimeter Breite in das Meer verlieren. Ein schöner Ausflug führt zum **Leuchtturm** im Nordwesten der Insel. Er wurde 1881 errichtet und ist von **Torovi** erreichbar. In der Nähe des Leuchtturms gibt es romantische und sandige Badebuchten. Ebenfalls vom Ort Torovi kann man zu einer Wanderung auf den höchsten Berg der Insel, den 112 Meter hohen **Bandira**, aufbrechen und sich dort die Ausgrabungen aus der Zeit der Liburner ansehen.

Insel Vir

Vorwahl: +385/23.
Postleizahl: 23234.
Turistička zajednica, Put Mula 2 (Jadro), Tel. +385/23/362196, www.otok-vir.info.
Post, im Ort Vir.

Busbahnhof, Jadro, Tel. 362890.

Auf Vir stehen vor allem Apartments zur Verfügung, zum Beispiel im **Haus Ljerka** und **Haus Jürgen**, www.elfetritsch.de, Anfrage über Tel. +49/6841/79103.
Autokamp Matea, Radovanjica, Tel. 362102. An der Bucht Radovanjica, nördlich von Vir.
Kamp Sapavac, Put bunara 101; 2 Pers./Auto/Zelt 18 Euro, nur Juni–Sept. In schöner Bucht auf der südwestlichen Seite der Insel, unweit vom alten Kastel unter Pinien, direkt am Wasser, mit Bademöglichkeiten.

Kod Spavalice, Put Spavalice 1, Selo, Tel. 362033. Hier gehen auch Einheimische Essen, Peka nach Vorbestellung.
Paradiso, Stari Put 49, Tel. 362475. Schön an der Strandpromenade gelegen, Essen in Ordnung.

Strände gibt es rund um die Insel. Bekannt und überlaufen ist die nach Süden gelegene Bucht **Sapavac**. Einen Sandstrand gibt es bei der **Brücke**; von hier aus können geübte Schwimmer auf die Insel Školjić schwimmen.
Ruhiger sind die **Strände im Nordwesten** der Insel.

Ambulanz, Put Mula bb, Vir Tel. 362769.

Ruinen der venezianischen Festung im Hafen Sapavac

Insel Pag

Steine, Salz, Schafe, Sonne: Das sind die vier Dinge, die das Leben der Menschen in vielen Jahrhunderten geprägt haben. Ihnen verdankt die Insel eine einzigartig verkarstete Landschaft, die über weite Strecken wie eine Mischung aus Mondlandschaft und Halbwüste wirkt. In der größten Saline Kroatiens haben die Pager über Jahrhunderte Salz gewonnen, das als **Paški Sol** berühmt wurde. Auf den kargen Böden haben sie Schafe gezüchtet und einen Käse produziert, der als **Paški Sir** zur eigenen Marke wurde. Die Frauen fanden Anschluss an die venezianische Mode und erfanden die berühmten **Paška Čipka** (Pager Spitzen). Heute blüht das Tourismusgeschäft: Die Partymeile von **Zrče** ist heute bei der feierwütigen Jugend fast ebenso legendär wie bei den Bewohnern berüchtigt. So paradox das klingt: Sehenswert ist die kahle Landschaft, über die man weit blicken kann; aber auch die Renaissancestadt **Pag**, der Hafen von **Novalja** und die Halbinsel **Lun**.

Geschichte

Salz war für die Menschen auf Pag Segen und Fluch zugleich. 1215 wurde die Salzgewinnung aus dem Meer erstmals schriftlich erwähnt. Die Salinenfelder liegen am Ortseingang der Stadt Pag und sind auf einer Fläche von 258 Hektar als die wohl größten in Dalmatien bis heute in Betrieb. Wegen der großen Bedeutung für die Haltbarmachung von Fleisch und Fisch hat die Salzgewinnung die Bewohner über Jahrhunderte reich gemacht, aber auch viele Begehrlichkeiten geweckt.
Nachweislich haben seit dem 1. Jahrtausend vor Christus Liburner die Insel besiedelt. Keramikfunde belegen, dass der Schiffshandel nach Griechenland und sogar bis nach Afrika bereits vom 4. bis 3. Jahrhundert vor Christus rege gewesen sein muss.
Unter den Römern war bis zum 6. Jahrhundert nach Christus Cissa die Hauptstadt der Insel. Die Stadt lag in der Nähe des heutigen Časka und wurde von Plinius dem Älteren im 1. Jahrhundert vor Christus erstmals erwähnt. In Folge eines Erdbebens und des daraufhin ansteigenden Meeresspiegels versank Cissa im 6. Jahrhundert. Als neue Hauptstadt errichteten die Überlebenden Stari Grad (Alte Stadt), südlich von Pag.
Nach der Gründung des kroatischen Königtums verschenkte König Petar Krešimir IV. 1071 die nördliche Hälfte der Insel (Halbinsel Lun und Novalja) an Rab, die Südhälfte an Zadar. Zwischen Rab und Zadar kam es im Mittelalter immer wieder zu Kämpfen um die Salinen, bei denen die Stadt Pag mehrfach zerstört wurde. Bis 1983 gehörte die Nordspitze Lun verwaltungstechnisch zur Insel Rab, heute gehört sie zu Lika-Senj. Auch kirchlich ist die Insel geteilt: Der Nordteil gehört zur Diozöse Rab, der Süden zu Zadar. Bis heute ist die Grenzziehung von einst die kulturelle Grenzlinie zwischen Dalmatien und Kvarner Bucht und teilt die Insel. Nicht zuletzt liegen bis heute die beiden Inselzentren Pag und Novalja im Wettstreit. Als es im Sommer 2006 zu einer Meinungsverschiedenheit zwischen Pag und Novalja über die Wasserpreise kam, drehte Novalja den Wasserhahn ab.
Auf den Verkauf Dalmatiens an Venedig im Jahr 1420 folgte die Bedrohung durch die Türken. Doch in ihrer alten Stadt fühlten sich die Bürger nicht mehr sicher. Der Reichtum ermöglichte es den Pagern, 1443 den berühmten Baumeister Juraj Dalmatinac, der auch die Fes-

◀ Karte S. 103

Geschichte 103

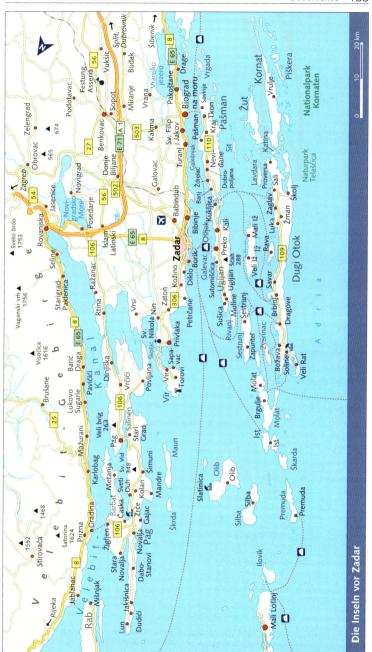

Die Regieon Zadar

Die Inseln vor Zadar

Insel Pag

Blick von der Insel Pag zum Festland

tungsanlagen in Dubrovnik entworfen hatte, zu beauftragen, eine komplett neue Stadt an neuer Stelle auf dem Reißbrett entwerfen zu lassen. Die heutige Stadt Pag ist eine künstlich angelegte Renaissancestadt, wie es sie in ganz Kroatien kein zweites Mal gibt.

Mit dem beginnenden Salzabbau in Bergwerken sanken die Preise. Die sinkende Salzgewinnung machte einen großen Nachteil nicht mehr wett: Bei starker Bura wird soviel salzhaltige Feuchtigkeit an die Wände der Häuser geworfen, dass die alten Sandsteine, aber auch Betonkonstruktionen zerbröseln. Der Schmuck aus der Renaissancezeit ist weitgehend weggefressen. Nach jeder Bura müssen die Häuser abgewaschen werden, um sie zu schützen.

Als 1905 eine tiefe wirtschaftliche Rezession herrschte, wanderten viele Pager in die USA, nach Kanada und Australien aus. Infolge einer Landreform Mitte der 30er Jahre flüchteten reiche Pager nach Italien, Südamerika oder in die großen Städte Kroatiens.

Auch der Tourismus, der Ende der 60er Jahre einsetzte, war eher zaghaft, so dass die Wirtschaft kaum in Schwung kam. So blieb die Insel lange ein Geheimtipp und findet erst heute Anschluss an die Tourismuswirtschaft.

🚗 Insel Pag

Pag ist von zwei Seiten erreichbar: über die Brücke im Südosten und mit der Autofähre.

⛴

Autofähre (Trajekt) Prizna–Žigljen; 12x (Nebensaison) bis 21x täglich (Hauptsaison). Der Fährhafen Žigljen liegt an der Nordseite der Insel.

Personenfähre Rijeka–Rab–Novalja; 1x tägl.

Zwei Spezialitäten: Paški Sir und Paška Čipka

In Kroatien gibt es nur eine Handvoll geschützter Markenzeichen aus dem eigenen Land. Zwei hält allein die Insel Pag: Paški Sir und Paška Čipka (Pager Spitzen). Beim Paški Sir sichert dieser Schutz die stabilen Preise für die Bauern. Die Landschaft wird von vielen Steinmauern durchzogen, die die Felder für die Schafe abgrenzen. Bei Versuchen, die Insel aufzuforsten, haben die Pager angeblich sogar die Setzlinge wieder ausgerissen, um die Weidefläche für die Schafe zu erhalten.

Laut offizieller Statistik produzieren 40 000 Schafe die Milch für den Käse. Inzwischen wird aber so viel Käse exportiert, dass kritische Stimmen bereits fragen, ob tatsächlich nur Milch von der Insel verwendet wird. Doch gibt es auch Käse aus reiner Kuhmilch oder aus Schafs- und Kuhmilch gemischt. Charakteristisch ist ein stark würziger Geschmack. Er stammt von ausgedörrten und mit salzigen Ablagerungen überzogenen Kräutern, die die Schafe auf der Insel fressen, aber auch von Kräutern, die wegen des salzigen Bodens nur auf Pag wachsen. Das Salz gelangt aber vor allem deshalb in den Käse, weil er in Salzlake gewendet wird.

2010 gewann der Pager Käse der Familie Gligora aus Kolan auf dem World Cheese Award in Birmingham Silber, Gold und Super Gold in drei Kategorien gegen 2600 Käsesorten. Je nach Jahreszeit und Milchproduktion kostet ein Laib um die 200 Kuna. Wie der Käse gemacht wird, kann man sich in der Paška sirana d.d., Pager Käserei AG, ansehen (Splitska ulica b.b., Tel. 023/611993).

Die Pager Spitze ist eine Nähkunst (keine Häkel- oder Strickarbeit), die ohne vorgezeichnetes Muster gefertigt wird. Diese Kunst ist ein Stück lebendige Renaissance und Venezianismus, die erstmals im 15. Jahrhundert erwähnt wurde. Der Wiener Hof war im 19. Jahrhundert ein Hauptabnehmer. Um 1905 wurde in Pag eine Spitzenschule eingerichtet, die diese alte Tradition fördern sollte. Heute hat die Stadt Pag dieser Nähkunst ein eigenes Museum im Rektorenpalast gewidmet. Seit 2009 steht die Pager Spitze auf der Liste des immateriellen Weltkulturerbes der UNESCO.

Die Pager Spitzen werden genäht, nicht gehäkelt

Hier reift der Paški Sir, der berühmte Schafskäse von Pag

Pag-Stadt

In einer grandiosen Landschaft am Fuß des 263 Meter hohen Veli brig und am Wasser der Pager Bucht liegt das Renaissancestädtchen Pag. Das Salz aus den nahen Salinen hat der Stadt Reichtum gebracht, doch das Salz nimmt ihn auch wieder. Die mit salzhaltige Luft zerfrisst den alten Kalkstein ebenso wie den Beton. Nach mehrfacher Renovierung hat eine Großzahl der Renaissancehäuser ihren alten Schmuck verloren. Trotzdem hat sich die Stadt durch die historische Stadtanlage ein Stück ihrer Romantik bewahrt.

1443 vergaben die Pager den Auftrag, ihre Stadt völlig neu aufzubauen, an Juraj Dalmatinac. Erst 31 Jahre später, 1474, wurde sie vollständig bezogen. Angesichts der Bedrohung durch die Türken hatten die Pager offenbar die verteidigungstechnischen Mängel ihrer alten Stadt Stari Grad erkannt, die erst 1393 von Söldnern aus Zadar im Kampf um das Salz zerstört worden war.

Der neue Stadtplan wurde im Geiste der Renaissance auf dem Reißbrett entworfen. Wahrscheinlich hat sich Dalmatinac als Baumeister der Renaissance, der

Für die Statue des Stadtplaners Dalmatinac wird ein neuer Standort gesucht

Kunstrichtung, die die Antike wiederentdeckte, am Grundriss der römischen Stadt orientiert: Zwei sich kreuzende Hauptstraßen, in deren Schnittpunkt sich ein größerer Platz befindet, bildeten das Grundgerüst. Parallel dazu verlaufen Seitengassen, so dass ein Schachbrettmuster entsteht, wobei Dalmatinac die Stadt so angelegt hat, dass man von fast jeder Gasse aus das Meer sehen kann. Im 19. Jahrhundert wurde die Stadtbefestigung abgetragen und das Material als Steinbruch für den Bau weiterer Häuser verwendet. Mit der österreichischen Monarchie wurde der Hafen ausgebaut, so dass auch Dampfschiffe anlegen konnten und der Tourismus erstmals zarte Blüten trieb.

Heute sind in der Hochsaison täglich 50 000 Touristen in der 8000-Einwohner-Stadt. Investoren haben etwa 120 Hektar Land gekauft und wollen Ferienanlagen bauen, heißt es. Auch ein Kanalisationssystem wird geplant, bisher werden die Abwässer hinter dem Berg in den Velebit-Kanal eingeleitet. Den Gipfel über Pag

▲ *Blick auf Pag-Stadt*

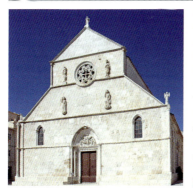

Die Kirche Mariä Himmelfahrt

zieren neuerdings mehrere Windräder, die von deutschen Firmen extra konstruiert werden mussten, damit sie der Bora standhalten können.

■ Kirche Mariä Himmelfahrt

In der kleinen Stadt ist der zentrale Platz Kralja Petra Krešimira IV. schnell erreicht. Dominiert wird er von der Pfarrkirche **Uznesenja Blažene Djevice Marije** (Mariä Himmelfahrt). Die 1443 mit dem Kirchenschiff begonnenen Bauarbeiten wurden erst 1562 vervollständigt. Der Glockenturm blieb unvollendet. Dalmatinac wollte die Ideale der Renaissance verwirklicht sehen, die Pager wollten eine Kirche, die sie an ihre alte Kirche in Stari Grad erinnerte. Und so kam eine Mischform heraus: Während der Grundriss sich an eine romanische Basilika hält, ist von außen die typische dreischiffige Formen der Renaissance erkennbar, aber mit einem dreieckigem Giebel, der aus der Gotik stammt. Die Rosette darunter ist heute das Wahrzeichen der Stadt: Ihre feine Verzierung soll von den Pager Spitzen inspiriert sein. In der Lünette oberhalb der Tür befindet sich eine Schutzmantelmadonna, die ihr anbefohlenen Bürger sind realistische Darstellungen Pager Bürger in ihren Trachten.

Innen wird die Kirche von acht Arkadenbögen getragen, deren Kapitelle teilweise vom Salz fast vollständig zerstört sind. Im rechten Seitenaltar befindet sich eine **Kreuzdarstellung** aus dem 12. Jahrhundert mit eigenwilligen Proportionen. Sie wurde aus der alten Kirche in Stari Grad mitgebracht und gilt als wundertätig. Angeblich floss Blut aus einer Wunde, nachdem eine Hirtin das Kreuz am 13. Juli 1413 angebetet hatte.

■ Rektoren- und Bischofspalast

Das größte weltliche Gebäude auf dem Platz ist der Rektorenpalast gegenüber der Kirche. Er war der Sitz des aus Venedig bestellten Stadthalters und diente nach dem Ende der Herrschaft vom Lido ab 1905 der Insel- und Stadtverwaltung. Heute beherbergt der Palast das **Museum**, in dem sich alles um die **Pager Spitzen** dreht.

Rechts daneben steht der Bischofspalast, er galt der Hoffnung, Pag könnte eigener Bischofssitz werden. Er wurde nie fertig und war auch nie bewohnt.

Detail des Bischofspalasts

Auf dem Platz befindet sich ein **Bronzedenkmal für Bartul Kasić** (1575–1650) schräg vor der Kirche. Der Jesuit ist ein Sohn der Stadt und formulierte nicht nur die erste kroatische Grammatik, sondern legte auch die erste Bibelübersetzung ins Kroatische vor. Er gilt als der Begründer der kroatischen Philologie und legte viele sprachliche Standards fest, die bis heute gelten.

■ Kirche Sveta Margarita

Links am Denkmal vorbei und dann links in der Koludraška-Straße liegt die Kirche Sveta Margarita, eine dreischiffige Basilika aus dem 15. Jahrhundert. An die Kirche grenzt ein **Benediktinerinnenkloster**, das 1843 errichtet worden ist. Es enthält ein Klostermuseum, unter anderem mit den Werken einiger venezianischer Künstler. Am Eingang des Klosters wird Schiffszwieback angeboten, wie ihn die Pager Seefahrer für ihre Reisen mitnahmen, ein aromatisches Gebäck.

■ Rathaus

Am Hafen liegt das Rathaus, das auf dem Grundriss eines alten Wehrturms steht. Dahinter befindet sich, seit einigen Jahren in einer Ecke abgestellt, die von einem einheimischen Künstler geschaffene Bronzestatue, die den Erbauer der Stadt Juraj Dalmatinac darstellt. Wo sie endgültig aufgestellt werden soll, wird im Gemeinderat noch heftig diskutiert.

ℹ Pag-Stadt

Vorwahl: +385/23.
Postleitzahl: 23250.
Turistička zajednica Pag, Od Špitala 2, Tel. 611286, www.tzgpag.hr.
Für alle Inseln im Archipel ist die **Turistička zajednica Zadar Županije** zuständig (→ S. 90).
Post, Golija 28A, 23250 Pag. Auf dem Weg vom Zentrum zum Turm Skrivanat, dem letzten Wehrturm der Stadt.
Erste Banka, Kneževa 1, 23250 Pag.
Privredna Banka, Adresse wie Post.

🚌

Regelmäßiger Busverkehr über die Insel und nach Zadar, Rijeka und Zagreb.

🛏

Meridijan, Ante Starčevića 16, Tel. 492200, www.meridijan15.hr; 70–150 Euro. Zentrumnah, am Meer, auch Vermittlung von Appartments.
Hotel Tony, Dubrovačka 39, Tel./Fax 611370, http://hotel-tony.com; 20 Zimmer, DZ 65–90 Euro. Direkt am Meer, klimatisiert, ruhig.
Biser, A.G. Matosa 46, Tel. 611333, www.hotel-biser.com; 20 schlichte Zimmer, DZ 60–90, EZ 45–70 Euro. Schlichte Zimmer, Klima, eigener Strand und eigenes Restaurant.
Frane, Dubrovačka 1, Tel. 611359, www.hotel-frane.com; DZ 55–60 Euro. Einfache Zimmer mit Klima, Internet, Fitness, direkt am Wasser.

Restaurants und Cafés an der Uferpromenade.
Restaurant Bodulo, an der Stadtmauer. Schönes Ambiente und nicht sehr teuer.
Dva Ferrala, Smovka Golija bb, Tel. 611095. Essen im schönen Innenhof, für Feinschmecker, direkt am Meer gelegen, örtliche Spezialitäten.
Restaurant und Pizzeria Na Tale, Stjepana Radića 4, Pag, Tel. 611194. Große Auswahl an Fisch- und Fleischgerichten, gute Steaks, Pizza und Pasta. Reservieren kann nötig sein.
Barcola, Šetalište V. Nazora 12, Tel. 611239. Fisch und Fleisch vom Grill in uriger Atmosphäre, nicht weit vom Hafen.

🏛

Salzgewinnungsanlage, am Rande der von Süden kommenden Zufahrtstraße; Besichtigung nach Anmeldung ein bis zwei Tage im voraus an der Pforte, Führungen finden unregelmäßig innerhalb der Woche statt.

Maria Himmelfahrt; 15. Aug. Prozessionen von der spätromanischen Pfarrkirche von Stari Grad zur neuen Kirche in der heutigen Innenstadt.
Karneval; 6. Januar bis Faschingsdienstag. Der Karneval wurde von den Venezianern übernommen und wird als großer Maskenball auf dem Platz Krešimir IV gefeiert. **Die Sklavin von Pag** (Robinja), Volksdrama, Vorführungen meist in der Karnevalssaison. Ein stark stilisiertes Theaterstück, das auf eine Renaissancedichtung aus dem 16. Jahrhundert zurückgeht. Es handelt vom Verkauf der Tochter eines kroatischen Herrschers, der auf dem Amselfeld von den Türken besiegt wurde.
Außerdem hat Pag eine eigene **Volkstanztradition**, Termine zu Vorführungen und zu weiteren Veranstaltungen im Touristenbüro.
Kunstfestival; Anfang Aug.

Stari Grad

Von der ›Alten Stadt‹ (Stari Grad) auf der Südseite der Salinen ist nichts weiter übriggeblieben als eine sehenswerte Kirche und eine verfallende Klosteranlage in einer grünen Hügellandschaft. Der Ort war bereits früh besiedelt, wie megalithische Funde beweisen.
Die gotische **Kirche** wurde auf eine ältere Anlage aus dem 8. Jahrhundert gesetzt. Franziskaner bauten an die bestehende Kirche 1589 ein Kloster, das nicht mehr bewohnt wird und nun zerfällt. Der **Klosterbrunnen** wird fast mystisch verehrt. In einer langen Dürreperiode im Spätmittelalter hat er als einziger nach vielen Gebeten Wasser für die Stadt geliefert. Das Salz aus den Salinen wurde im Mittelalter von Košljun aus verschifft.

Kinderkarneval; Ende Juli. Infos in der TZ.

Entlang der gesamten Pager Bucht gibt es viele Abschnitte, die als Strände genutzt werden können, insbesondere auf der südlichen Seite.
Sandstrand bei **Sveti Duh** auf halben Weg nach Novalja.
Der Strand mit den meisten Aktivitäten ist **Prosika**, er wird aber auch stark frequentiert. In der Nähe der Salinen gibt es Schlamm für Moorpackungen.

Liegeplätze am **Stadthafen** an Murings.

Ganztägige Rundfahrten: **Fish Picnic**, eine Tagestour durch die Pager Bucht mit einer Fischmahlzeit an Bord und Ausflügen zu Stränden, keine Teilstrecken buchbar.

Ambulanz Pag, Prosika 7, Tel. 611006.

Am 15. August, zu Maria Himmelfahrt, wird von dieser Kirche aus die Marienstatue in einer langen Prozession in die Kirche der Neustadt, Sv. Marija, getragen. Sie verbringt dort den Spätsommer bis zum 8. September und wird in einer erneuten Prozession wieder zurückgebracht.

Kolan und Mandre

Das kleine Dorf **Kolan** war einmal ein stiller, malerischer Ort an der Straße von Pag nach Novalja. Im Jahr 1441 wurde er erstmals in einem venezianischen Brief an den Rat der Stadt Pag erwähnt, in dem dieser die Erlaubnis zur Besiedelung gab. 1800 vor Christus waren auf der Anhöhe Gornji Gradac die Liburner ansässig. Die Römer bauten hier bereits eine acht Kilometer lange Wasserleitung,

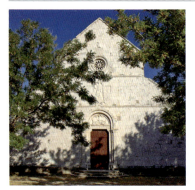

Die Kirche von Stari Grad

die sie mit Brunnen versahen, an ihnen kommt man auf einem Fahrradweg nach Novalja vorbei.

In der Straße Bartola Kašića (links an der Kirche und am Touristenbüro vorbei) liegt ein kleines **Museum**, das Gegenstände aus dem bäuerlichen Leben der Gemeinde zeigt. Besuchen sollte man auch die **Gligora-Käserei**, die 2010 in Birmingham für den besten Käse von Pag ausgezeichnet wurde.

Heute ist Kolan vor allem in den Sommermonaten überlaufen, jedes freie Bett wird an die Partygäste von Žrce vermietet, das überlastet die Infrastruktur rund um das Dorf. Entsprechend kann es auch nachts laut und lebhaft zugehen.

Das gilt auch für das kleine Fischerdörfchen **Mandre** am Meer. Es ist der Hafen der Kolaner Bürger. Von Mandre werden die beiden südlichen Inseln Maun und Škrda angefahren. Auf der einsamen Insel **Škrda** halten viele Bewohner ihre Schafe. Von Maun wird berichtet, dass sie zu Beginn des 11. Jahrhunderts von der Stadt Zadar dem Kloster Sv. Krševan geschenkt wurde. Die Reste eines Klosters sind heute noch zu sehen. Auf der Insel befindet sich auch eine **Grotte** mit schönen Felsformationen, aus der Trinkwasser fließt.

Sveti Vid

Der höchste Berg der Insel Pag, der 348 Meter hohe Sveti Vid, wurde als slawisches Heiligtum verehrt. Heute ist auf ihm noch die Ruine des Kirchleins **Sv. Vid** von 1348 zu sehen. Auf den nahen Anhöhen Vela grba und Mala grba wurde Kohlebergbau betrieben. Der Aufstieg zum Berg beginnt in Kolan an der Straße nach Pag links mit einem Schotterweg, markiert mit einem roten Kreis. Der Blick vom Gipfel reicht über die ganze Insel nach Pag-Stadt und auf das Velebit-Gebirge, im Westen bei gutem Wetter bis nach Cres. Für Auf- und Abstieg benötigt man etwa drei Stunden.

ℹ Kolan und Mandre

Vorwahl: +385/23.
Postleitzahl: 23251.
Turistička zajednica Kolan-Mandre, ein Büro am Trg Kralja Tomislava, neben der Kirche, Tel. 698290, ein weiteres Tourismusbüro in Mandre, Ribarska 18, Tel. 697203, www.tzkolan-mandre.com.
Sara-Tours, Mandre, Tel./Fax 697337, www.sara-tours.hr. Vermittlung von Zimmern und Apartments.

Camp Šimuni, Šimuni bb Otok Pag, Kolan, Tel. 697441, www.camping-simuni.hr; ganzjährig geöffnet, 2 Pers./Stellplatz 12–33 Euro. Mit Läden und Restaurants.

ACI Marina Šimuni, Kolan, Tel. 697457, www.aci-club.hr, m.simuni@aci-club.hr.

Wanderweg von Kolan nach Novalja, Beginn hinter dem Museum links, führt an der Kirche Sv. Jerolim aus dem 15. Jahrhundert vorbei. Infos im Tourismusbüro. Von **Mandre** kann man mit einem kleinen Boot auf die Inseln übersetzen, zu Spaziergängen oder zum Baden in einsamen Buchten.

Novalja und Cissa

Das heute 3500 Einwohner starke **Novalja** ist ein quirliges Zentrum mit vielen Bademöglichkeiten, in dem im Sommer die Touristen das Regiment übernehmen. Eine breite Uferpromenade lädt zum Schlendern ein, von hier fahren private Boote und Taxiboote zu vielseitigen Ausflügen auf die Inseln des Zadarer Archipels. Attraktion ist eine guterhaltene römische Wasserleitung.

Zur Zeit der Römer war Novalja die Hafenstadt von Cissa, das in der Pager Bucht beim heutigen Časka lag, um von Westen her Güter anlanden zu können. Cissa ging im 6. Jahrhundert nach einem Erdbeben unter. Dabei soll der Meeresspiegel um etwa zwei Meter angestiegen sein. Doch der überwiegende Teil der Überlebenden zog nach Stari Grad und gründete dort eine neue Stadt.

In der Bucht von **Časka** ist noch ein letzter Turm zu sehen, der einmal den Fischern als Leuchtturm gedient haben soll. Taucher können noch Reste römischer Grundmauern im Wasser finden. Auf dem Friedhof weisen 24 große Tafeln darauf hin, dass einst reiche Römer ihre Villen hier hatten. Erst kürzlich haben Unterwasserarchäologen aus Koblenz in der Bucht ein römisches Boot aus dem 1. oder 2. Jahrhundert auf dem Meeresgrund entdeckt, das bald im Museum von Novalja ausgestellt werden soll. Von den Liburnern, die seit 900 vor Christus nachweislich bereits die Hafenbucht Novalja nutzten und Mitte des 2. Jahrhunderts vor Christus von den Römer unterworfen wurden, wird gesagt, dass sie noch lange Widerstand geleistet hätten.

Das Tal, das sich zwischen der Bucht von Cissa/Časka und Stara Novalja erstreckt, ist auch heute noch fruchtbar. Von dort aus legten die Römer eine mehr als einen Kilometer lange **Wasserleitung** an, die von Škopalj das Wasser in die Stadt leitete und die es so in ganz Kroatien nicht gibt. Dieses Aquädukt wurde erst Anfang des 20. Jahrhunderts gefunden, als ein Kind in einen Luftschacht gefallen war. Der Beginn des Aquädukts kann im städtischen Museum besichtigt werden. Mit der Schenkung von König Petar Krešimir IV. im 11. Jahrhundert kam Novalja an Rab. 1203 wurde Novalja von Zadar bei einem Angriff völlig zerstört, wovon es sich nie mehr erholte. Noch bis nach dem Ersten Weltkrieg gehörten die Bauern in einer Art Leibeigenschaft den Großgrundbesitzern in Rab, die erst nach dem Ende des Ersten Weltkrieges bei einer Landreform beendet wurde.

Heute übersteigt der Tourismus mit seinen über eine Millionen Übernachtungen die Infrastrukturkapazitäten. Vom nahen **Žrce** tragen viele Besucher die Feierstimmung in die Stadt, die deshalb erst spät nachts, wenn überhaupt, zur Ruhe kommt.

■ Stadtrundgang

Der Stadtrundgang beginnt am besten am malerischen Marktplatz Trg Basilike beim Hafen. Er ist von frühchristlichen Sarkophagen gesäumt.

Fischer im Hafen von Novalja

Der Turm von Časka diente früher als Leuchtturm

Hinter der kleinen Kirche von 1828 gegenüber dem Ufer befinden sich **Ausgrabungen von Grundmauern einer byzantinischen Kirche** mit Mosaiken aus dem 4./5. Jahrhundert, die unter einer Glasscheibe zu bewundern sind.
Oberhalb, in der Kirche **Sv. Katarina** aus dem 18. Jahrhundert, ist der Altar aus Marmor, den Ivan Rendić gestaltete, erwähnenswert. Der Sockel zeigt eine meisterhafte Darstellung der Legende der heiligen Katharina, die frei sprechend ihren Glauben vor dem römischen Kaiser bekennt. Ihr Attribut ist das gebrochene Rad. Daneben befindet sich als jüngste Attraktion der Stadt das **Museum mit der Sammlung Stomorica**. Auf Anregung eines Pfarrers werden seit 2004 vor allem kirchliche Funde aus römischer Zeit gezeigt. Viele wurden bei Časka ausgegraben, manches haben Privatleute beim Hausbau gefunden. Steine mit Inschriften, insbesondere von Gräbern, beweisen, dass römische Bürger Land auf der Insel als Lehen erhalten hatten.

■ **Das Aquädukt**
An der gleichen Straße, Kralja Zvonimira, liegt das **Archäologische Museum**, das über dem Ausgang des römischen Aquädukts wahrscheinlich im 1. nachchristlichen Jahrhundert gebaut wurde. Im Keller kann man in es wie in einen langen Gang hineinsehen, es aber leider nicht betreten. Sklaven haben die Wasserleitung mit einer Höhe zwischen 160 und 220 Zentimetern und etwa 60 Zentimeter Breite in den Fels gehauen. Die heute bekannte Länge der Leitung, die durch den Berg Figurica bis nach Škopalj führt, beträgt 1042 Meter.
Nachdem sie entdeckt worden war, wurden acht Luftschächte freigelegt, die zum Teil viele Meter tief in den Fels gehauen worden sein mussten. Von ihnen aus wurden vermutlich die Stollen unter der Erde vorangetrieben. Beim achten und letzten Schacht befindet sich ein kleiner Stausee, in dem sich die Schwebeteilchen absetzen konnten.
Die österreichisch-ungarische Regierung hat als erste versucht, die Leitung wieder für den Transport von Trinkwaser zu nutzen, musste aber das Projekt aufgegeben. Auch weitere Versuche schlugen fehl. In der Stadt weist der Name der Straße Vodovodna in etwa die Richtung, in die sich die Leitung erstreckt.
Interessant ist die Wasserleitung auch als Wetterprophet: Wenn es im Aquädukt wärmer wird und Fledermäuse herauskommen, dann wird es regnen.
Außerdem zeigt das Museum die Ladung eines römischen Schiffes, das im 1. Jahrhundert vor Christus an der Nordküste der Insel unterging.

Novalja

Vorwahl: +385/53.
Postleitzahl: 53291.
Turistička zajednica, Trg Brišćić 1, Tel. 661404, www.visitnovalja.hr. Auf der Promenade am Hafen, in einem kleinen Pavillon.
Turistička zajednica in Stara Novalja, Tel. 651077. Kleines Büro.
Post, Obala kneza domagoja 1.
Privredna banka, Trg Bazilike.
Erste Bank, Braće Radića 1.

Hotel Boškinac, Novaljsko polje bb, Tel. 663500, www.boskinac.com; DZ (Standard) 140–230 Euro. Etwas oberhalb von Novalja. Zum Selbstverwöhnen, sehr ruhig, mit hervorragendem Weinkeller.
Hotel Loža, Trg Loza 1, Tel. 661326; 35 Zimmer, DZ 35–75 Euro. Hotel im Zentrum, direkt am Wasser. Mit Restaurant und Internetcafé, günstig, einfach.
Günstige **Privatunterkünfte**: siehe www.novalja-pag.net oder www.novalja.info (kroatisch).

Restoran Paprika, Braće Radića 40, nach eigenen Angaben mit Fleisch aus lokaler bäuerlicher Zucht und eigener Metzgerei und Gemüse aus der Umgebung, selbstgemachte Teigwaren. Hier gibt es die Novaljaner Makkaroni und andere Nudelbeilagen.
Konoba 85, Josipa Kunkere 4. Einfache Einrichtung, gut gemachte Fleisch- und Fischgerichte vom Grill.

Camping Straško, www.turno.hr; 2 Pers./Zelt 20–45 Euro (je nach Platz und Saison), bietet auch Mobilhäuser an, 35 bis 125. Im Süden von Novalja, ausgeschildert, 57 ha groß.

Zrće, nordöstlich von Novalja in der Bucht von Časka. Non-Stop-Party-Zone mit verschiedenen Clubs unter Bambusschirmen; es gibt Wassersportangebote und Rutschanlagen. Reichhaltiges Veranstaltungsprogramm, Abende von einheimischen Klapa-Chören, aber auch Bands auf der Promenade, Programm in der Turistička zajednica.

Am nördlichen Stadtausläufer finden sich gute Badestellen, am saubersten ist es in der Bucht **Babe**.
Weitere Badestrände südlich bei der Ferienkolonie **Straško**.
Stara Novalja, schöner Sandstrand, sehr beliebt.
Časka, in der Bucht, allerdings nicht am Turm, dort ist das Wasser sehr verschmutzt.

Rebekkas Empfehlung: Richtung Kolan rausfahren und dann hinter der Abfahrt nach Zrče kurz vor Kolan links an den Strand der Pager Bucht, dort viele Möglichkeiten, flacher Einstieg, gut für Familien.

Rad- (und Fußwanderungen) auf den **Höhenzug Zaglava** oder zur **Halbinsel Barbat**, dort gibt es stille Buchten zum Baden. Ein aktueller **Radführer** ist im Touristenbüro von Novalja erhältlich.

Ausflüge auf die Inseln im Zadarer Archipel sind möglich. Zum Beispiel **Rab**, Personenfähre 1x tägl.
Die Inseln **Olib** und **Silba** sind nicht mehr mit der ›Jadrolinija‹, sondern nur noch mit Taxibooten erreichbar.
Bei Angeboten für Ausflüge auf die Inselgruppe der **Kornaten** wird nicht unbedingt der Nationalpark angesteuert.

Wracktauchen: An der östlichen Seite der Insel Pag liegen in der Bucht Vlaška mala Reste eines römischen Schiffes aus dem 1. Jahrhundert vor Christus. Am Grund sind knapp 100 Amphoren verteilt, die durch einen Drahtkäfig vor Zugriff geschützt sind. An der Küste gibt es Grotten, die auch von Anfängern ertaucht werden können.
Lagona Divers, c/o Pansion Mama, Livić 85, 53291 Stara Novalja, www.lagona-divers-pag.com; März–Nov.

Ambulanz, Braće Radić, Tel. 661367.
Apotheke, Dalmatinska 1, Tel. 661370.

Halbinsel Lun

Die Halbinsel Lun besteht aus einem langgestreckten, bis zu 150 Meter hohen Höhenzug. Über ihn führt eine schmale Straße, die immer wieder den Blick nach rechts und links auf das Meer freilässt. Malerische Fischerdörfer befinden sich an den steilen Ufern auf beiden Seiten. Viele von ihnen sind noch nicht touristisch erschlossen und wurden erst nach der Unabhängigkeit Kroatiens an das allgemeine Stromnetz angeschlos-

Straße auf der schmalen Halbinsel Lun

sen. Überall in den kleinen Orten lässt sich in kleinen Gostionicen rasten, die Paški Sir, Feigen, hausgemachten Wein oder Rakija anbieten.

Bevor man nach Lun hinunterkommt, ist am Straßenrand schon der alte Olivenbestand zu sehen, der die Bucht von Lun mit 70 000 Bäumen umstehen soll. Das Gros ist zwischen 150 und 300 Jahre alt, vereinzelt findet man aber auch Bäume mit einem Alter von 1000 Jahren. Der Ort Lun an der Spitze der Insel belohnt für die weite Fahrt mit einer ruhigen Bucht und einem wunderschönen Blick auf das Meer, wo an klaren Tagen die Silhouetten der Inseln Rab (Norden) und Cres (Westen) zu erkennen sind. Rab kann von hier mit einem Ausflugsboot angesteuert werden.

Die Inseln Ugljan und Pašman

›Zwillingsinseln‹ könnte man die beiden Inseln Ugljan und Pašman nennen. Denn es sind zwar zwei Inseln, aber da sie beide auf einer gemeinsamen Felsformation liegen haben sie sozusagen ein gemeinsames Gen. Sie sind streng genommen eine Insel, beide werden auch gemeinsam verwaltet. Doch während die Insel Ugljan traditionell vom städtischen Zadar geprägt ist, orientiert sich das bäuerlich ausgerichtete Pašman nach Biograd na Moru. Entsprechend kritisch beäugen sich die Bewohner gegenseitig. Erst seit 1973 wurden beide Inseln mit einer Autobrücke verbunden. Die Furt zwischen ihnen war so flach, dass man auf die andere Insel waten konnte. 1883 wurde ein Kanal auf vier Meter Tiefe gegraben, so dass die Schiffspassage von der Jacht bis zur Autofähre möglich ist. Heute kommt es dort im Sommer hin und wieder zu Staus.

Als einzige der Inseln vor Zadar werden sie stündlich von den Fähren angefahren und sind vor allem im Sommer ein beliebtes Ziel von Badetouristen aus Zadar oder Biograd na Moru.

> **Ugljan und Pašman**
>
> **Vorwahl**: +385/23.
> Für alle Inseln im Archipel ist die **Turistička zajednica Zadar Županije** zuständig (S. 90).
>
> 🛳
>
> Autofähren Zadar–Preko (Ugljan), Biograd na Moru–Tkon (Pašman); beide stündlich bis eineinhalbstündlich, auch noch bis kurz vor Mitternacht.

Ugljan

Die 52 Quadratkilometer große Insel Ugljan gehört mit ihren 7500 Einwohnern zu den dichtestbesiedelten Inseln in Kroatien. Zusätzlich dient das von Zadar aus innerhalb einer halben Stunde per Fähre erreichbare Eiland heute den Urlaubern in Zadar als Badeinsel. Doch so sehr sie heute als Refugium zur Erholung erscheint, früher haben ihre Güter das Überleben in der Stadt Zadar gesichert. Wer mit dem Mountainbike oder zu Fuß die verhältnismäßig grüne Insel erkundet, stellt alsbald fest, dass die Sandstraßen die Insel andeutungsweise wie ein rechtwinkliges Gitternetz durchziehen, viele der bebauten Parzellen sind exakt quadratisch. Diese Eigenart hat sich seit der Zeit der Römer erhalten: Als diese die Insel im 1. Jahrhundert vor Christus kolonisierten, wurde das Land in Parzellen von 714 x 714 Metern als Eigentum verteilt und bewirtschaftet. Vor allem Oliven, von denen die Insel ihren Namen hat (kroat. ulje = Öl)), werden seitdem bis heute dort angebaut und finden ihren Markt in Zadar. Aber auch Wein und viele andere Früchte gedeihen an den Südwesthängen.

Die Ureinwohner, die Liburner, wurden von den Römern an die Ränder dieser Parzellen gedrängt und mussten sich für Hilfsdienste verdingen. Dabei hatten sie bereits im 4. Jahrhundert vor Christus einst mächtige Siedlungen auf den Bergen Čelinjak und Kuranj gebaut, von wo aus sie die Fahrrinne zwischen Ugljan und Dugi Otok kontrollierten. Mauerreste sind bis heute zu erkennen. Steinspäne, die auf ein Alter von 3000 Jahren datiert werden, dokumentieren, dass die Insel seit der Steinzeit besiedelt ist. Forscher vermuten in Höhlen auf der Insel noch so manche archäologische Überraschung. 1325 wurde die Insel erstmals in einem schriftichen Dokument erwähnt. Als die Türken Zadar bedrängten, aber auch noch im letzten Krieg, wurde Ugljan zur Versorgungsstation für die Stadt.

Nach der Übernahme durch Venedig siedelten sich im 15. Jahrhundert die Franziskaner auf der Insel an, die hier zu Sammlern glagolitischer Schriften wurden. Ab der Renaissance dominierten wenige Familien die Insel, die größte war die Familie Medović, der der überwiegende Teil der Insel gehörte. 1905 wurde der Familienbesitz neu aufgeteilt, nachdem bereits viele Insulaner als Seemänner auf Schiffen von und nach Übersee angeheuert und damit den feudalen Bedingungen den Rücken gekehrt hatten. Heute bringen viele Nachfahren das Geld zurück auf die Insel, renovieren die Häuser, richten Appartments ein, nutzen sie als Alterssitz oder vermieten sie. Neun Orte hat die Insel, die sich alle an der Ostseite aufreihen. Durch den Bau von immer neuen Wochenend- und Apartmenthäusern wachsen die Orte zusammen.

■ Preko

Preko (= kroat. ›gegenüber‹), ist als das ›Gegenüber‹ von Zadar der Landeort für die Fähren auf Ugljan. Das kleine Fischer-

Uglian 117

Blick auf Preko

dorf beherbergte einst die Verwaltung aller Inseln vor Zadar. Heute nimmt es diese Aufaben nur noch für die Insel wahr. Touristische Aufmerksamkeit fand Preko, als die österreichische Puch AG ab den 60er Jahren seinen 2000 Arbeitern in dem Ort bis zum Ausbruch des letzten Krieges Urlaubstage spendierte. An die einstige Achse Preko–Graz, die half, den Lebensunterhalt auf der Insel aufzubessern, erinnern neuerdings Metallplatten auf der Promenade. Trotz dieser langen Übung in Tourismus ist der Ort dem im August anrollenden Tourismus heute kaum mehr gewachsen, während es nach der Saison das einsamste Dorf der Welt zu sein scheint. Das Ziel der Badegäste sind die schönen Strände auf den vorgelagerten Inseln Ošljak und Galevac.

Geschichte schrieben in diesem Dorf die Franziskaner, die 1446 auf der Insel Galevac ein **Kloster** errichteten. Dieses wurde dem heiligen Paulus, dem Eremiten, geweiht. Der in dieser Zeit entstandene eremitische Bezug im Franziskanerorden war umstritten, traf hier aber, so wird vermutet, auf eine Tradition von mönchischen Einsiedlern auf der Insel. Im 18. Jahrhundert diente das Kloster als Quarantänestation, in der Zeit Jugoslawiens wurde es zu einem Waisenhaus. Heute bewirtschaften noch wenige Mönche das Kloster, sie bewahren die Ausstellung einiger glagolitischer Schriftstücke und anderer Gegenstände aus dem Klosterleben.

In Preko locken ein **Kirchlein** aus dem 12. Jahrhundert mit schönen Blendarkaden und eine breite Promenade, die von einem großen Denkmal für den Widerstand gegen den Faschismus dominiert wird. Auf dem Berg über Preko liegen die **Ruinen der Michaelsfestung** (Sv. Mihovil), die auf einem Weg durch schöne Gärten per Fuß oder Mountainbike erreichbar sind. Vom 265 Meter hohen Berg mit den Ruinen und einem Bunker aus dem Zweiten Weltkrieg eine herrliche Sicht auf die Insel Dugi Otok und sogar bis nach Italien. Die Festung aus dem 13. Jahrhundert wurde von Venezianern um ein Benediktinerkloster errichtet und noch im Zweiten Weltkrieg als Aussichtspunkt genutzt. Zwischen den Ruinen befindet sich heute eine häßliche Antennenanlage, die seit Jahren versetzt werden soll. Vorsicht: Das Gemäuer ist wenig befestigt.

Franziskanerkloster auf Galevac

Ugljan

Im zersiedelten Nordteil der Insel schließt sich Ugljan an. Der Ort umfasst zehn Gemeinden und ist damit der Ausdehnung nach sogar der größte der Insel. Das Zentrum des Dorfes bildet seine heute wenig urban wirkende Promenade, an der aber einzelne Palazzi auf die einst reiche Besiedelung durch Zadarer Bürger hinweist. Eines der berühmtesten ist das **Dvorac Califfi**, das der Basketballspieler Krešimir Čosić renovieren ließ.

Kulturelles Gewicht bekommt Ugljan durch das nördlich gelegene, 1430 erbaute Franziskanerkloster Sv. Jeronim. Es wurde von Simon Benja gestiftet, dessen 1460 geborener Enkel Simon Kožičić Benja ein berühmter Bischof war. Eine Grabplatte des Kirchenmannes im Kloster belegt, dass der brillante Redner seiner Zeit, der früh die Gutenbergsche Erfindung des Buchdrucks nach Zadar holte, hier begraben ist. Aus der von ihm initiierten Druckerei stammen viele Bücher in glagolitischer Schrift in Dalmatien. Eine seiner erhaltenen Reden vor dem fünften Laterankonzil 1513 ist heute eine wichtige Quelle über die Nöte der Kroaten unter der türkischen Bedrohung an der Küste. Die Franziskaner lebten bis 1920 in dem Kloster.

Seit 1932 gehört das Kloster den Töchtern der Barmherzigkeit des heiligen Franz, dem Orden, der von Marija Petković in Blato gegründet wurde, Petković hatte Johannes Paul II. als erste Frau in Kroatien seeliggesprochen.

Fünf Nonnen bewirtschaften heute das Kloster, ihnen gehört die Bucht und die Halbinsel. Sie erzielen seit 20 Jahren Einnahmen durch den Campingplatz, den sie unter den Pinien auf ihrem Grundstück betreiben und der nur vom 1. Juli bis 20. August geöffnet ist, aber auch durch die Produktion von Olivenöl und einem wunderbaren Nusslikör. Mit dem Angebot von geistlichen Einkehrwochen wirken sie im Sinne ihrer Ordensgründerin. Ältestes Bauteil des Klosters ist die einschiffige **Kirche**, die 1447 geweiht wurde und die im 17. Jahrhundert umgebaut wurde. Der **Kreuzgang** entstand im 16. Jahrhundert und enthält Säulen aus ausrangierten mittelalterlichen und römischen Bauteilen, vielfach aus Zadars Kirchen, aber auch aus anderen Teilen des Landes. An einer Wand befindet sich die reich verzierte Grabplatte des Bischofs Kožičić. Im **Refektorium** befinden sich Holzschnitzereien aus dem 15. Jahrhundert und zahlreiche Gemälde aus dem 17. bis 18. Jahrhundert.

Am nördlichen Ende der Fahrstraße sind in **Muline** die Grundmauern einer Villa rustica zu sehen. Sie soll in römischer Zeit ein Umschlagplatz für Olivenöl gewesen sein. In Stein gemetzte kleine Kanäle lassen erkennen, dass hier eine Ölmühle stand, daher auch der Name des Ortes. Gleichzeitig diente die kleine geschützte Bucht als Hafen für den Abtransport.

▲ *Kreuzgang im Kloster Sv. Jeronim*

Im Hafen von Muline

■ Kali

Kali, das das heute wie ein Teil von Preko anmutet, war ursprünglich ein eigenständiger Hafen mit zwei Anlegestellen für seine Fischfangflotte. Der Ort bildet das Wirtschaftszentrum der Insel, zudem liefert die Fisch- und Muschelzucht ihre Produkte für die Stadt Zadar. Früher fuhren die Fischer bei Vollmond nicht aus und feierten stattdessen eine Fischernacht, in der der Schutz des Schutzheiligen Laurentius angerufen wurde, dem auch die 1698 erbaute Pfarrkirche **Sv. Lovro** geweiht ist. In ihr ist das moderne Kreuz aus Bronze über dem Altar sehenswert. Die Fischernacht wird heute nur noch für die Touristen begangen.

■ Kukljica

Die Bucht des sechs Kilometer südlich von Kali gelegenen Hafenortes Kukljica ist geschützter als in Kali, daher ist der Ort auch älter. 1345 wurde er erstmals erwähnt. An der 1405 gegründeten Kirche **Sv. Pavao** sind vor allem die glagolitischen Inschriften interessant.

Am Ufer entlang nach Süden führt unter Pinien ein hübscher Uferweg entlang zur kleinen Kirche **Sv. Gospe Snježne**, heilige Maria vom Schnee. Sie wurde errichtet, weil es an dieser Stelle in früheren Jahrhunderten einmal im Hochsommer geschneit haben soll. Alljährlich am 15. August findet eine Prozession statt.

ℹ Ugljan

Vorwahl: +385/23; **Postleitzahlen**: Ugljan 23275, Preko 23273.
Turistička Zajednica (TZ) Preko, Magazin br 8, http://tz.preko.hr.
Turistička Zajednica Ugljan, Šimuna Kožičića Benje 17, www.ugljan.hr. Bietet auf Nachfrage Führungen im Kloster Sv. Jereonim an.
Post in Preko, Mul 16.
Post in Lukoran, Lukoranska, cesta bb, 23274 Lukoran.
Post in Ugljan, Šimuna Kožićića Benje, 23275 Ugljan.

Banken: Put Martinovih 2/B, Preko und im Zentrum von Ugljan.

Zadar–Preko: ca. alle Stunde bis kurz vor 24 Uhr, je nach Saison ca. 15 bis 17x pro Tag, Überfahrt ca. 25 Min.

Ugljan: Die TZ Ugljan zählt auf ihrer Homepage eine ganze Liste von privaten Apartmentvermietungen mit Telefonnummern auf.
Hotel Ugljan, Ugljan 16, Ugljan, Tel. 288011, www.hotel-ugljan.hr; DZ/2Pers. 25–60 Euro. Mitten im Zentrum, direkt am Meer mit eigenem gepflasterten Zugang zum Meer und Liegen. Der altmodische Stil des Hotels ist mit Farbe aufgehübscht; Restaurant, Kinderbetreuung und Sportangebote.
Apartmani Galius, Ulica Gaj 9, Ugljan, Tel. 288314, www.apartmaniugljan.com; je nach Apartment und Saison 35–60 Euro. Wer auf die Innenausstattung keinen gehobenen Wert legt, kommt hier preisgünstig und trotzdem zentrumsnah unter. Schöner Garten, Klimaanlage und WLAN, kinderfreundlich.
Preko: Sehr übersichtlich dargestellt finden sich **private Apartmentangebote** auf der Homepage der TZ Preko mit Bildern und Link (unter Accomodation Search).
Pansion Rušev, Preko, Tel. 286266, www.croadria-rusev.com; Zimmer 40 Euro, Apartment (bis 4 Pers.) 60/70 Euro. Apartmenthaus in zweiter Reihe, Frühstücksangebot kann dazu gebucht werden. Einfach eingerichtet, überwiegend mit Klimaanlage, einige mit Meerblick. Inhaber sprechen Deutsch und vermieten Fahrräder.

Es gibt zahlreiche kleine, private Campingplätze entlang der Küste auf Ugljan, die die Turistička Zajednica auf ihrer Seite auflistet.
Ugljan: **Kamp Sv. Jerolim**, Sv. Jeronima 2, Tel. 288091, http://marijapropetog.hr/marija1/duhovni-centar-ugljan (kr.), Samostan.Xx@globalnet.hr; 1. Juli–20. Aug. Auf der Halbinsel direkt am Kloster, nahe am Zentrum von Ugljan. Direkt am Ufer, sauber, sehr beliebt und meist voll, frühe Anmeldung erforderlich.
Camp Stipanić, Put S. Marije 17, Tel. mobil 098/761231, www.campstipanic.com; 2 Pers./Auto/Zelt 16 Euro. Kleiner, familiär geführter Platz 200 Meter vom Meer unter Olivenbäumen, in Selbstbauweise eingerichtet, gilt als gepflegt.
Camp Porat, Kapetanovo šet. 8, Tel. 288318, www.campingporat.com. Im nördlichen Dorf Sušica direkt am Meer, etwas abseits, ohne große Eikaufsmöglichkeiten oder Restaurants. Vom Englisch sprechenden Inhaber familär geführt, spärliche sanitäre Anlagen, ruhige, animationsfreie Zone.

Ugljan: **Restaurant Trapula**, Šimuna Kožicica Benje. Mit schönem Blick auf das Meer, breites Angebot an dalmatinischer Küche, Durchschnitt, aber bestes Haus am Platz.
Preko: Die meisten Restaurants sind eher mittelmäßig, am besten sind:
Konoba Roko, Vrulja. Kleine Konoba, aber sehr gemütlich und mit freundlichem Personal. Mit den Klassikern Fisch, Meeresfrüchte und Pizza.
Konoba Barbara, Put Jerolimovih 4. Mit Blick aufs Meer, spezialisiert auf Fisch und Meeresfrüchte, freundliche Bedienung.
Restaurant Pacific, Put Martnovih. Für alle mit Appetit auf Pizza.
Restaurant Marina, Ulica Ive Masline. Am Hafen, breites Angebot, auch vegetarische Gerichte.
Sutomišcica: **Restaurant Lantana**. Kulinarisch lohnt sich der Ausflug nach Sutomišcica, Klassiker Gegrilltes, Fisch und Meeresfrüchte, eine Klasse besser als sonst auf der Insel, nettes Personal.
Kukljica: **Konoba Stari Mlin**, direkt am Hafen. Kleine Terrasse, Pasta, Gegrilltes aus dem Meer, gutes Essen zu ordentlichem Preis.

Barba Tome. Fleisch- und Fischgerichte.
Pizzerria La Terazza, Ulica IV 22. Breites Angebot aus der italienischen Küche, gilt als eines der besten Restaurants der Insel, schnell voll, evtl. reservieren.

Dvorac Califfi: Der von dem international berühmten Basketballspieler Krešimir Ćosić renovierte Palazzo Califfi kann besichtigt werden, Zeiten wechseln halbjährlich, bei TZ fragen.

Zwischen 1. Oktober und 31. Januar kann auf der Insel gejagt werden, Fasane, Kaninchen, Schnepfen, Hasen, und Wachteln, aber vor allem Mufflons, das geht nur organisiert von der Genossenschaft Auromar, Infos in der TZ.

Sušica: Strände nördlich und südlich des Ortes.
Muline: Nördlich des Hafens und des Leuchtturms (Achtung: Schiffseinfahrt im nahen Hafen); Uvala Činta, ruhig und abgelegen.
Luka Lukoran: Primorje.
Sutomišćica: Rt. Sv. Grgur.
Poljana: Rt. Sv. Petar.
Preko: Galevac, auf der Klosterinsel vor Preko (Kleidervorschriten beachten).
Kali: Südlich des Ortes einsame Strände bei Rt. Otrić und der Uvala Kostanj, allerdings nur nach 15 Min. Fußweg zu erreichen.
Kukljica: Empfehlenswert sind die Bucht Gnjojišića und ein Strand, den man an der Promenade Richtung Kirche Gospa Snježana erreicht (Achtung: Strömung).
Strände auf der Südseite: Bucht Dražine oder Sabuša (hier auch mit Sand) in Verbindung mit einer kleineren Wanderung bzw. Spaziergang. Ebenfalls mit Sand bzw. feinem Kiesel: die Strände Kostanj und Jelenica.
Rebekkas Empfehlung: Južna Luka, eher einsamer und ruhiger Strand unter Bäumen, bei Muline.

Sutomišćica: **Olive Island Marina**, Tel. 335809, www.oliveislandmarina.com, 200 Plätze. Moderne, gut geschützte Marina mit Kran, Laden, Restaurant und WLAN, Taxi-Boot nach Zadar möglich.
Marina Kukljica. 100 Meter Pier, aber nur kleines Dorf mit wenig Infrastruktur.
Marina Preko; 6–22 Uhr. Mit Tankstelle für Boote, Wassertiefe 2,5 Meter.
Muline, am Leuchtturm. Liegeplätze mit Wasseranschluss, Bojenfeld, sehr offen, deshalb Strömung möglich.

Auf vielen Wegen kann auf die südwestliche Seite der Insel gewandert werden, oft lässt sich das mit einem Bad auf der Sonnenseite verbinden. Die Turistička Zajednicas halten grobe Wanderkarten mit Höhenprofilen bereit; Wasser nicht vergessen.
Von Kukljica aus werden **Bootstouren** in die Nationalparks Telašćica und Kornaten angeboten. Informieren Sie sich aber genau über die Route.

Kukljica: **TN Zelena Punta**, Tel. mobil 099/1922258 oder +49/35722/95718, http://ids-wehling.com. Deutschsprachige Tauchschule, viele Angebote von Ausfahrten bis Kindertauchen, von vielen Tauchern empfohlen.
Ugljan: **Scuba diving centre Ugljan**, www.divingugljan.com, Tel. 288261. Italienischer Eigentümer; wer Tauchen und italienische Sprache verbinden will, ist hier richtig. Leihausrüstung, auch Kinderkurse.

Ambulanta Preko: Hier übernehmen die Praxen die allgemeine Versorgung.
Dr. med. Radovan Jozić, Ive Mašine 6, Preko, Tel. 286181.
Dr. med. Zvonko Mišlov, Ugljan 16, Ugljan, Tel. 288101.
Apotheke Ljekarna Valčić, Put Martinovih 7, Preko, Tel. 286030.

Pašman

Die knapp 60 Quadratmeter große Insel, die von 20 weiteren kleinen Inseln umlagert wird, ist nicht nur etwas größer, sondern auch rauer und bäuerlicher als ihre Schwester Ugljan. Heute streitet man sich, welche der beiden Inseln früher bewohnt war. Einzelne Funde sollen eine Besiedelung auf Pašman vor 12 000 Jahren belegen.

Die Menschen zog es schon immer eher auf die die nordöstliche Seite der Insel, deswegen ist die südwestliche einsamer. Denn Pašman besteht im Westen und Süden aus Kalksandstein, der heute von Macchia bewachsen ist, im Osten aus Dolomitgestein und dazwischen aus einer Zone von Tonsandstein, der einen besseren Untergrund für den Anbau von Oliven und Wein bildete. Der von Macchia bewachsene Westen und Süden bringt kaum landwirtschaftliche Produkte hervor. So siedelten sich Liburner und später Römern an, wie einzelne Funde im Ort Pašman zeigen. Dort ist aber nie systematisch gegraben worden. Damals schon wurde die Insel von Iadar (römische Bezeichnung für Zadar) aus verwaltet, wie ein römisches Zeugnis aus dem Jahr 79 belegt.

Die Insel hatte verschiedene Namen, was auf unterschiedliche Besitzer hinweist: Von den Römern wurde sie Lissa genannt, später hieß sie auch Kantun. Ihre heutige Bezeichnung wurde vergleichsweise spät erstmals im 14. Jahrhundert erwähnt. Mit der Gründung des Bistums von Biograd na Moru 1050 kam Pašman in dessen Besitz. Trotzdem sich bereits 1125 der Erzbischof von Zadar die Insel sicherte, gehört sie im Bewusstsein der Menschen heute immer noch zu Biograd. Das liegt auch daran, dass zwischen Biograd und Tkon schon immer eine Fährverbindung existierte. Pašman war über Jahrhunderte hinweg zudem ein Zufluchtsort, als die Osmanen das Festland und insbesondere Biograd besetzten.

Obwohl die Insel umkämpft war und oft ausgeplündert wurde, ist sie von den Osmanen nie eingenommen worden. Darauf sind die Bewohner bis heute stolz, das hat von ihnen aber auch eine ständige Bewaffnung verlangt. Entsprechend rau ist der Menschenschlag. Nach dem Zweiten Weltkrieg verließ die Jugend Pašman, zog auf das Festland oder wanderte aus. Denn außer einer Landwirtschaft, die die Bewohner schon immer nur schwerlich ernährte, konnte die Insel nichts bieten. Nun versuchen die 3500 Bewohner mit touristischen Angeboten am Aufschwung teilzuhaben.

■ Tkon

Tkon lebt heute von den Touristen, die mit der Fähre von Biograd hier ankommen. Schlichte Renaissancepaläste säumen das Ufer und lassen kaum ahnen, dass die Siedlung bereits 950 existiert hat. Doch vermutlich leitet sich der wenig kroatisch klingende Name von einer der wenigen illyrischen Ortsbezeichnungen ab, die im Kroatischen überdauert haben. In der Liste des byzantinischen Kaisers Porphyrogennetos wird der Ort als Kantun erwähnt,

Der Hafen von Tkon

Karte S. 103

Lünette am Eingang zur Kirche im Benediktinerkloster

was so viel wie ›Schafweide‹ bedeutet. Damit könnte die Siedlung also noch älter sein. Einst war die Insel also nach diesem Ort benannt.

Die **Pfarrkirche** aus dem 15. Jahrhundert liegt etwas oberhalb und enthält ein Altarbild des Zadarer Künstlers Petar Jordanić. Als Landkartenmaler begab sich Jordanić in diplomatischen Dienst und verhandelte 1501 im Auftrag der Stadt mit lokalen Fürsten über Bündnisse gegen die Türken. Die Hauptattraktion ist das **Benediktinerkloster** auch dem Berg Cokovac oberhalb des Ortes aus dem 11. Jahrhundert. Der den Heiligen Kosmas und Damian geweihte Komplex geht nach Überlieferung auf die Gründung des Herrschers Petar Krešimir IV. zurück. Deshalb hat es heute noch nationale Bedeutung. Nach der Zerstörung von Biograd durch die Venezianer diente es als Zuflucht, später häufig als Festung. In der Renaissance verbrachten kirchliche Würdenträger aus Zadar hier ihre letzten Tage. Oberhalb der Eingangstür zur Kirche befindet sich die gotische, mit schönen floralen Mustern versehene Lünette. Die Marienfigur in ihrer Mitte trägt bereits Merkmale der Renaissance. Heute leben in diesem Kloster nur noch wenige Mönche, die sich der Pflege der glagolitischen Schrift verschrieben haben. Für die Einheimischen ist das Kloster ein Zentrum zur Wahrung der Glagolica. Zugleich wird hier versucht, eine mittelalterliche zweistimmige Gesangtradition der Insel lebendig zu halten. Das Kloster war seit der Auflösung der Klöster durch Napoleon nicht mehr besiedelt und wurde erst 1965 wieder eröffnet. Bis dahin hatten die Bewohner von Tkon die Gebäude über 150 Jahre lang immer mit einem Dach versehen, damit es nicht verfallen kann. Als Kostbarkeit der kleinen gotischen Kirche aus dem Jahr 1367 gilt das sogenannte **Kreuz von Tkon** eines unbekannten Künstlers im Chor der Kirche. Das Entstehungsdatum wurde auf das frühe 15. Jahrhundert festgelegt. Von Tkon aus kann man südlich entlang einer Straße die Küste erkunden. Ein schönes Wanderziel ist die Burgruine **Pustograd**, die einst im 6. Jahrhundert noch

Inseln Ugljan und Pašman

Blick vom Benediktinerkloster in Tkon auf das Franziskanerkloster in Kraj

von den Byzantinern erbaut wurde und als Schutzort für die Bürger diente. Innerhalb der Grundmauern sind noch Umrisse von Häusern und Wasserzisternen erkennbar. Von der Ruine aus hat man einen schönen Blick auf die Insel.

■ Kraj

Neben der touristisch kaum erschlossenen Küste, die entspanntes Baden bis zum Ort Pašman erlaubt, ist in Kraj das **Franziskanerkloster** die Hauptattraktion. Der schlichte Bau, der möglicherweise auf eine Schenkung der Adeligen Pelegrine Grisogono an aus Bosnien vertriebene Franziskaner zurückgeht, ist in mehreren Etappen entstanden. Der älteste Teil ist die Kirche aus dem 14. Jahrhundert, die Sv. Dujam geweiht ist. Später hat der Barockstil von ihr Besitz ergriffen. In einem kleinen Museum werden Reste aus römischer und sogar illyrischer Zeit und zahlreiche Artefakte aus dem Mittelalter gezeigt (nur 17–19 Uhr geöffnet). Besonders eindrucksvoll ist die ›Mutter Gottes auf dem Thron‹ eines unbekannten Meisters aus der Gotik, der auch das Kruzifix im Benediktinerkloster von Tkon schuf. Die Ordensleute sehen heute ihren Schwerpunkt darin, jungen Leuten ein Seminar-und Erholungsangebot zu ermöglichen. Auch können hier schlichte, aber saubere Zimmer für den Urlaub gebucht werden.

■ Pašman-Ort

Vereinzelte Funde zeigen, dass der Ort Pašman, nach dem die Insel heute benannt ist, wie auch Tkon bereits von Liburnern und dann Römern besiedelt war. Erstmals erwähnte eine Schenkungsurkunde von 429 den Ort. 1067 tauchte erstmals der Name ›Postimana‹ auf. Auf Anfang des 9. Jahrhunderts geht der Bau der nahe am Wasser stehenden Kirche **Rođenja Blažene Djevice Marije** zurück. Ein Zadarer Bischof hat sie 1885 so komplett umgebaut, dass vom alten Bau nichts mehr zu sehen ist und das weiße Langhaus eher fremd neben dem unverputzten barocken Turm steht. Innen haben die beiden Maler Mladen Plečka und Mate Matulić 1930 die Wände mit zahlreichen biblischen Darstellungen reich ausgestattet. Der Hauptaltar ist von Pater Celestin Mato Medović und stellt die Auferstehung Marias dar, nach der die Kirche benannt ist, zusammen

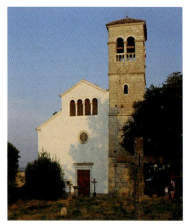

Die Kirche Rođenja Blažene Djevice Marije in Pašman

mit den beiden Slawenaposteln Kyrill und Method zu ihren Füßen.
Nördlich von Pašman liegt die kleine, unbewohnte Insel **Galešnjak**, die immer häufiger die Urlaubsprospekte wegen ihrer besonderen Form ziert. Sie hat die Umrisse eines Herzens, was man leider aber nur von oben sehen kann.

■ Insel Vrgada

Auf vielen der 20 Inseln rum um Pašman gibt es zwar einzelne Häuser, die zu kleinen Gärten gehören, aber Vrgada ist die einzige bewohnte Insel mit einer Dorfstruktur. Das knapp vier Quadratkilometer große Eiland ist mit dem Motorboot von Biograd, Pakoštane, Murter oder Tkon aus erreichbar. Oberhalb des Friedhofs des Dorfes Vrgada finden sich **Reste einer illyrischen Burg**, die in der Antike und im Mittelalter immer wieder neu aufgebaut wurde. Von ihr ist heute aber kaum etwas zu sehen. Im Jahr 900 baute die kleine Gemeinde die Kirche **Sv. Andrija**. Heute bietet die autofreie Insel Erholung an vielen einsamen Stränden, zum Teil gibt es Sandstrände in kleinen Buchten. Wer nicht zelten möchte, ist auf Vrgada auf Privatzimmer angewiesen, Hotels gibt es keine.

Pašman

Vorwahl: +385/23.
Post, in Tkon **Erste Bank**, Tkon 20.

Fähre Biograd–Tkon: 12x am Tag, fast stündlich bis zum frühen Abend.

Camping-Anlage Sovinje, Tel. 285541, www.fkksovinje.hr; 2 Pers./Zelt/Auto 20 Euro. FKK-Platz, 2 km südlich von Tkon.
Lučina Camping, Pašman 68, Tel. 260173; 2 Pers. Auto/Zelt 15 Euro. Eigenwerbung: ›Das Camp besitzt zwei verdiente Sternchen‹.

Tkon: Konoba Klamac. In Tkon eher die Restaurants der zweiten Reihe aufsuchen.
Neviđane: Stari zidi, Neviđane 84, Tel. 269324. Fisch, Fleisch, Pizza.
Ždrelac: Zrinski, Dobropoljana 101. Fischrestaurant.
Riva, Mali Ždrelac. Bietet selbstgefangenen Fisch an.

Internationales Festival junger Rockmusiker, in Banj.
Internationale Folklore-Revue; Juli, in Dobropoljana.

Ždreške lazi; Juli, in Ždrelac. Lieder- und Tanzfestival mit einheimischen Liedern, findet seit mehr als 10 Jahren statt.

Die Insel eignet sich zum **Mountainbiken**, zahlreiche kleine Makadam-Straßen durchqueren sie.

Strände unterhalb von Neviđane: Wegen ihrer Abgelegenheit bisher nur unter den Inselbewohnern bekannt, so zum Beispiel der Strand bei Zdrelac.
Auch in den Buchten **Lamjana** und **Sabuša** im Südwesten der Insel bieten sich gute Bademöglichkeiten.

Auch auf der Westseite gibt es einige Bojenfelder, an denen man festmachen kann, zum Beispiel in der Buch **Soline**.

Von **Sovinje** sind schöne Spaziergänge auf die dem offenen Meer zugewandte Seite der Insel möglich, mit schönem Blick auf die vorgelagerten Inseln.

Apotheke und **Arztpraxis** in Neviđane, Tel. 269298.

Der Inselarchipel vor Zadar

Die Inseln im Archipel von Zadar haben alle ihren jeweils eigenen Charme. Wild und ursprünglich ist die größte Insel **Dugi Otok**. An deren Südseite befindet sich der außergewöhnliche Telašćica-Naturpark, zu dem auch 19 Inselchen und ein Binnen-Salzsee gehören. Auf der einst reichen Kapitänsinsel, **Silba**, ist der sogenannte Liebesturm zu besichtigen. Die Insel **Olib** ist zu einem Rückzugsort für heimgekehrte Auswanderer geworden und bietet ruhige Badebuchten. **Iž** überrascht mit hübschen Palazzi. **Molat** ist gezeichnet von einem ehemaligen Konzentrationslager. Und **Ist** wartet wie andere Inseln auch schlicht mit kleinen und verträumten Dörfchen auf, die man schnell durchlaufen hat. Leider bieten die Fähren keine Möglichkeiten des Inselhüpfens an. Wer einige der Inseln besuchen will, muss vorher seine Reise genau planen.

Silba

Mit dem 83 Meter hohen Berg **Varh** als höchste Erhebung ist Silba eine relativ flache Insel. Obwohl der Name der Insel vom lateinischen silva (=Wald) kommt, weisen jüngste Funde oberhalb der Bucht Pocukmarak bei der Kirche Sv. Marak darauf hin, dass bereits Liburner die 15 Quadratkilometer große Insel besiedelt hatten. Sie sollen mit Erzeugnissen aus der Tierzucht Handel getrieben und damit eine lange Tradition begründet haben. Dieses Geschäftsmodell muss bereits damals so lukrativ gewesen sein, dass man sich Särge aus Stein der Insel Brač leisten konnte, wie die Funde in der Bucht beweisen. Im 4. und 5. Jahrhundert bewohnten mönchische Einsiedler die Insel.

Die Insel ist die nördlichste im Archipel von Zadar und das letzte (oder erste) Festland zwischen Zadar und Venedig. Insbesondere für den Tierhandel eignete sie sich als ideale Zwischenstation, so dass sie ab dem 15. Jahrhundert einen großen Aufschwung erlebte.

Im 17. Jahrhundert entstanden auf der Insel Reedereien, die den Handel mit Tieren eigenständig organisierten. Es gab je nach Tierart sogar unterschiedliche Schiffstypen: die Manzere mit drei Mas-

▲ *Im Naturpark Telašćica auf Dugi Otok*

ten für den Rindertransport und die Kastrere mit zwei Masten für die Beförderung von Hammeln. Der Reichtum der Insel war legendär, und die Zahl der ständig auf der Insel lebenden Menschen wuchs auf 2500 Menschen.

Seit 827 im Besitz des Marienklosters in Zadar, war Silba vom 16. Jahrhundert bis 1828 im Privatbesitz der venezianischen Kaufmannsfamilie Morsini. Ein Ex-Emigrant aus den USA, der mittlerweile wieder in Mali Lošinj lebte, kaufte die Insel. Doch er wollte die Abgaben der Bewohner, ein Viertel der Einkünfte, nicht mehr in Geldwerten, sondern in Naturalien einziehen. Die Gegenwehr der Bewohner mündete darin, dass dieser die Insel an die Insulaner verkaufte. Der Tag, an dem die Nachricht vom Verkauf die Insel erreichte, der 19. März 1852, ist heute noch Anlass für ein alljährliches Fest, gewidmet dem heiligen Joseph.

Manche sagen, Napoleon habe die Schiffe zerstört, und deshalb sei der Seehandel zum Erliegen gekommen, tatsächlich dürfte aber die Verschiebung der Handelswege auf See und der Bau von großen Dampfschiffen durch den österreichischen Lloyd der Schifffahrt ein Ende bereitet haben. Viele Einwohner wanderten nach Übersee aus, weil es keine Perspektive mehr gab. Ab 1907 konnte eine Fischkonservenfabrik noch einige Arbeitsplätze schaffen.

Das Leben auf der Insel war sehr weitreichend organisiert. Berufsgruppen waren in einer Art ständischen Genossenschaften organisiert. Einmal im Jahr wurde ein Bewohner des Ortes für zwölf Tage zum König gewählt. Das wurde gefeiert, und er entschied dann in Streitangelegenheiten. Diese Tradition gibt es heute nicht mehr. Bewahrt hat die Insel einen besonderen Paartanz, den Tanac.

Derzeit leben 330 Menschen ständig auf der Insel, im Sommer schwillt die Zahl schnell auf mehrere tausend an. Die Insel gehört heute administrativ zu Zadar. Und da sie außer den Einnahmen aus dem Tourismus keinen nennenswerten Beitrag in die Stadtkasse leistet, werden kaum Investitionen in die Infrastruktur der Insel getätigt. Viele Tourismusangebote entstehen in Eigeninitiative, Kirchen und Kulturdenkmäler bleiben unrestauriert, Traditionen liegen brach. Die Insel ist autofrei, und auch kleine Traktoren zum Transport für Lasten dürfen nur zwei Stunden nach dem Anlanden der Fähre benutzt werden. Auch Fahrradfahren ist nicht erlaubt, was vielfach kritisiert wird. Denn damit ließen sich neue Touristengruppen erschließen.

■ Silba-Ort

An der schmalsten Stelle von Silba, die im Meer liegt wie eine sich gerade teilende Amöbe, befindet sich der einzige Ort, der wie die Insel heißt. Er zieht sich quer über den schmalen Festlandsteg und dürfte als einziger einen West- und einen Ost-Hafen sein eigen nennen kann. Im westlichen Hafenbecken **Zalić** legen die Fähren an, die die Besucher auf die Insel bringen. Der Hafen **Mul** 800 Meter weiter auf der Ostseite dient den Privatbootbesitzern und den Fischern als Anlegestelle. Im Unterschied zu anderen Inseln ist an den malerischen Gassen das eine oder andere stilvolle Kapitänshaus zu finden, das den verblassten Reichtum in Erinnerung ruft. Das Haus von Kapitän Petar Marinić hat besondere Berühmtheit erlangt. Er hat vor dem Haus für seine Frau den **Toreta** bauen lassen, einen Turm, der heute das Wahrzeichen der Insel ist. In der Art junger verliebter Männer versprach Marinić einem hübschen Mädchen, auf großer Fahrt Geld zu verdienen und ihr dann ein Haus und einen Turm zu bauen, von dem aus sie das Einlaufen der Schiffe im Hafen sehen könnte. Der realitätsnahen

Dame dauerte das aber zu lange, sie entschied sich für einen anderen und bekam ein Mädchen mit Namen Domenika. Als Marinić zurückkam, zog er seine Schlüsse nicht im Sinne Werthers, sondern fand, dass Domenika genauso hübsch sei wie ihre Mutter und wartete, bis diese im heiratsfähigen Alter war. Ihr baute er Haus und Turm, und offenbar ließ sie sich vom Werbegeschenk so hinreißen, so dass sie den 25 Jahre älteren Mann ehelichte. Heute ist der Toreta das Wahrzeichen der Insel und Reiseziel für Verliebte. Doch bisher ist der Turm mit seiner sechseckigen Grundfläche und Außenwendeltreppe in erbärmlichen Zustand und kann nicht einmal betreten werden. Es gibt einen Streit um die Restaurierung des auf Privatgelände gelegenen Denkmals. Früher war im Kapitänshaus die Ambulanz untergebracht.

Vom einstigen Reichtum und der ehemals größeren Bevölkerung zeugen sechs Kirchen auf der Insel. Nur wenige sind sicher betretbar, die meisten geschlossen; auch hier fehlt Geld zur Renovierung. Die Kirche **Gospe od Karmela** hat der Auswanderer Juraij Barbić aus Argentinien zuletzt 1922 renovieren lassen. Sie entstand 1670 und war Teil eines Franziskanerklosters, das unter Napoleon aufgehoben wurde. In ihr zeugen große Grabplatten vom Leben auf und mit der See.

Die beiden Kirchlein **Sv. Ivan** und **Marko** markieren Orte, an denen im 4. bis 6. Jahrhundert Einsiedler gelebt haben. Sv. Marko war bis 1850 Pfarrkirche. Die heutige Pfarrkirche **Mariä Geburt** ist ein Bau aus dem 19. Jahrhundert. Im Pfarrhaus daneben sind zahlreiche Statuen und Bilder aus den Kirchen ausgestellt, die auf diese Weise sichergestellt wurden. In der Nähe befindet sich auch der **Skulpturenpark** von Marija Ujević. Die 1933 in Zagreb geborene Künstlerin hat ihn 2006 in Erinnerung an ihre Großeltern gestiftet, die von der Insel stammen. Die Künstlerin, die auch bekannte Skulpturen in Šibenik (König Krešimir), Zagreb (Dichter Miroslav Krleža) und Sinj für den öffentlichen Raum gestaltet hat, ist eine der wenigen kroatischen Künstlerinnen, die sich in einer männerdominierten Kunstrichtung mit zahlreichen Einzelausstellungen internationale Anerkennung verschaffen konnte. Während ihres Studiums in London wurde sie von Henry Moore beeinflusst und stellt emotionale Ausdrucksformen des menschlichen Körpers in abstrakten Formen dar; darauf stimmt sie auch das Material ihrer Werke ab.

> **Insel Silba**
>
> **Vorwahl**: +385/23
> **Postleitzahl**: 32295.
> **Turistička zajednica**, am Hauptplatz nahe der Pfarrkirche, www.tzsilba.hr. Leider wenig auskunftsfähig und -freudig.
> Mehr Infos gibt es bei der **Agentur Nino Meštrić**, Silba Online, www.silba.org.
> **Post**, auf dem Veli Put, ist ausgeschildert. Geldwechsel (nicht am Samstag und Sonntag), aber kein Geldautomat.
>
> **Autofähre Zadar–Silba**; 1x am Tag ab Zadar (vormittags), Fahrzeit 3 Std. 45 Min. Vom Hafen Gaženica wie alle anderen Fähren. Da die Insel autofrei ist, lohnt sich die Mitnahme des Autos nicht (außer man lässt den Wagen auf Olib und kommt mit dem Taxiboot nach Silba).
> **Katamaran Zadar–Silba**, über Miatours (www.miatours.hr), 1 Std. 45 Min., Hin- und Rückfahrt an einem Tag für wenige Stunden möglich.
>
> Unterkünfte finden sich auf der Insel nur in zahlreichen **Privatangeboten**, zu finden auf www.silba.org (teilweise mit Bildern und Kurztext) oder www.tzsilba.hr.

Der Toreta auf Silba

Hotelähnliche Angebote hat die **Pansion Fregadon**, Tel. 370104, www.pansion-silba.com (kr.), ante.motusic@gmail.com.

Restaurant **Villa Velebit**, am Hauptplatz bei der Pfarrkirche. Breites Angebot von Pizza bis hin zu schmackhaften Fisch- und Fleischspeisen.
Konoba Alavija, am Westhafen. Fisch- und Fleischgerichte, betont die dalmatinische Küche und versucht ein paar Variationen.
Konoba Žalić, auf dem Weg zur westlichen Bucht Žalić. Auf den Teller kommt, Saison und Fanggründe gerade hergeben.

Windsurfen ist möglich, aber die eigene Ausrüstung auf die Insel zu bringen, erfordert einigen logistischen Aufwand. Ansonsten gibt es Beach Volleyball, Boccia.

Pocukmarak, Beliebtester Strand der Insel, im Sommer entsprechend voll, im südlichen Teil der Bucht lässt sich unter Wasser ein Steinsarg aus römischen Zeiten ertauchen, südlich davon lässt sich auch FKK-Strand.
Tratica: Nördlich beim Restaurant Alavija.
Bucht Draga: kleiner verlassener Steinstrand.
Rebekkas Empfehlung: **Sotorisce** auf der Ostseite, aufgeschütteter Sandstrand mit Naturschatten, der sich für Familien eignet, nähe Café del mar und mit Spielplatz.

Auf der Insel lässt sich das Wandern mit dem Baden verbinden, eine kürzere und beliebte Wanderung führt zur Bucht **Papranica**, hier können Segler ankern. Eine etwas längere Strecke ca. 4 km) führt zur Bucht **Pernastica**. Wer noch weiter laufen will, kann ganz nach Norden zur Bucht **Smrdeća** laufen, der Zugang ist nicht einfach, flacher Sandstrand (manchmal mit Algen). Nach Süden lässt sich die Bucht **Vele Stene** wandernd erreichen.

Der **Hafen Mul** auf der Ostseite hat 90 Plätze für Segler, aber man kann auch vor den Hafenmauern ankern. Wer Schutz vor der Bora sucht, kann vor der Westseite in der Bucht **Sveti Ante** (in der Saison) an einer der 30 Bojen festmachen, dort auch schöne Bademöglichkeiten. Ankern in **Papranica** möglich.
Taxiboot, zu mieten im Hafen Mul, Tel. mobil 099/4042877. Fahrten an die Buchten von Silba möglich, aber auch zur Insel Olib, Prmuda, Susak und nach Mali Losinj.

Wanderungen → Baden.

Kleiner Laden am Hauptplatz.

Neue Ambulanz, östlich vom Zentrum, auf dem nördlichen Wegabzweig vom Hafen Mul aus, Tel. 370034.

Olib

Wer die knapp 26 Quadratkilometer große Insel Olib betritt, dem begegnen vor allem alte Menschen mit Cowboy-Hüten oder mit toupiertem Haar und geschminkt wie in amerikanischen Filmen der 30er bis 50er Jahre. Sie fahren auf einer Art Golfcar durch die schmalen Gassen zwischen den überwiegend renovierten Häusern umher. Es sind zumeist Rückkehrer aus dem amerikanischen, australischen oder argentinischen Exil oder deren urlaubende Nachfahren, die das Leben der Insel heute prägen.
Seit die Ventianer Dalmatien 1410 gekauft hatten, gehörte die Insel, deren Name unter Porphyrogennetos im 10. Jahrhundert erstmals mit dem Namen Aloip erwähnt wurde, wechselnden Adelsfamilien. Jüngste Ausgrabungen zeigen, dass Römer die Insel bereits besiedelt hatten.

1476 verdoppelte sich die Bevölkerung, als etwas über 100 Flüchtlinge unter der Führung des Paters Jure Cetinjanin auf der Flucht vor den Türken aus Bosnien auf der Insel Zuflucht suchten. Venezianer, Türken und Piraten forderten wechselnd oder gleichzeitig Tribut von der Insel. Bis es 1860 zu einem Vertrag kam, der die Inseln vor Zadar vor weiteren Piratenangriffen verschonte, blieb das Leben auf der Insel gefährlich und von Armut geprägt.

Die Oliber befreiten sich am 16. Mai 1900 aus den feudalen Besitzverhältnissen und kauften die Insel, die bis dahin der venezianischen Adligenfamilie Filippi gehört hatte. Dieser Tag ist seitdem ein Feiertag auf der Insel. Der Palazzo der Filippis wurde zur Grundschule umgebaut und die Nebengebäude zur Wohnung des Lehrers. Bis heute gehört die Insel überwiegend den Einwohnern. Auch in kommunistischen Zeiten gab es keine Verstaatlichung.

1904 wurde die Kooperative **Zadruga** gegründet, die die Produkte der Insel bis heute vermarktet; bis 1965 einen berühmten Schafskäse, aber auch das Eichenholz. Heute betreibt die Zadruga einen Laden, eine Bäckerei, ein Restaurant und eine Ölmühle.

Um 1910 erreichte die Bevölkerungsdichte auf Olib mit etwa 2000 Bewohnern ihren höchsten Stand. Wie auf der Nachbarinsel Silba war ein bescheidener Wohlstand entstanden, durch kleine Reedereien, aber auch durch die Schafzucht, den Olivenanbau und den Export von Steineichenholz, das auf der Insel eine besondere Dichte erreichte und damit einen guten Brennwert hatte.

Schon im letzten Viertel des 19. Jahrhunderts war aber abzusehen, dass es immer schwieriger würde, den Lebensstandard zu halten. Die Handelsströme verlagerten sich. Die schnelleren und

Weg zum Strand auf der Ostseite der Insel

größeren Dampfschiffe, die keine Zwischenstationen mehr auf Olib brauchten, wurden zu einer so starken Konkurrenz, dass immer mehr Männer auf fremden Handelsschiffen anheuerten. Nach dem Ersten Weltkrieg 1920 begann eine erste Auswanderungswelle. Eine zweite gab es nach dem Zweiten Weltkrieg, als viele vor der kommunistischen Machtübernahme flohen. Anders als auf dem Festland folgten die Oliber ihren Verwandten nach Übersee.

Heute verwandeln viele der Rückkehrer Olib in ein Art Insel-Altenheim. Seit 1975 bleibt die Einwohnerzahl konstant bei um die 200, über drei Viertel der Bewohner sind über 70 Jahre alt. Die Rückkehrer bringen Geld mit, dafür will man seine Ruhe haben, eine breite touristische Entwicklung stört eher. Derzeit gibt es eine von Zadar finanziell unterstützte Initiative mit dem Ziel, mehr Olivenbäume auf der Insel zu pflanzen. Worin die Zukunft der Insel bestehen soll, ist unklar. Immerhin gibt es eine Delphinforschungsstation auf der Insel, die aus Hamburg finanziert wird. Die Historie macht die Insel interessanter als ihre kulturellen Hinterlassenschaften, sie ist eher eine Insel zum Baden für Ruhesuchende.

Der Turm ist der letzte Rest der venezianischen Festung

■ Olib-Ort

Wie auch auf Silba liegt der einzige Ort, nach dem die Insel benannt ist, an ihrer schmalsten Stelle. Einst erstreckte er sich weit bis auf die Ostseite hin. Legt heute die Fähre im Hafen auf der Westseite an, ankerten früher die Römer in der Bucht Samotvorac auf der dem Land zugewandten Teil der Insel.

An der Promenade des heutigen Hafens steht in einem Park der mehr historisch bedeutsame als geschmackvolle **Gedenkstein** aus dem Jahr 1934, der an den Loskauf der Insel von der Adelsfamilie Filippi durch ihre Bewohner erinnert.

Ältestes Relikt aus vergangener Zeit ist der **Turm** etwas oberhalb des Hafens, der Ende des 17. Jahrhunderts entstand und Gegenstand des Wappens ist. Er ist Teil einer ehemaligen venezianischen Schutzanlage vor Piraten. Wer den Turm besichtigen will, muss bei Ivica nach dem Schlüssel fragen und um die Überquerung des Grundstückes bitten.

Das größte genutzte Bauwerk ist die Pfarrkirche **Sv. Marija Uznesenje**, das nach einer Erweiterung eines kleineren Baus von 1786 entstand. Darin befindet sich ein Holzkreuz, das die bosnischen Einwanderer 1476 mitbrachten. Die frühere Pfarrkirche **Sv. Stošija** von 1632 steht in der Nähe und ist heute Friedhofskirche, dort liegt auch Pfarrer Juraj Cetinjanin begraben, der die Bosnier auf die Insel führte.

Ein schöner Ausflug lohnt sich zur **Uvala Banjve** auf die Südseite der Insel. In der antiken Hafenanlage kann man nicht nur baden, dort finden sich auch die Reste einer mittelalterlichen, zweischiffigen Kirche. Sie war Teil eines Klosters und basiert auf römischen Grundmauern. Das Kloster soll 1200 bereits verlassen worden sein.

Olib

Vorwahl: +385/23.
Turistička zajednica, Olib bb, gegenüber der Anlegestelle der Fähren, Tel. 370162.
Post vorhanden, aber keine Bank.

Das Auto kann auf die Insel mitgenommen, darf aber nicht gefahren werden. Wer Olib als Zwischenstation von Mali Lošinj nach Zadar nutzt, kann es dort parken, Olib ist der Parkplatz für Silba.

Fähre/Katamaran Zadar–Olib; 1x tägl. mit Miatours (Fahrzeit ca. 2 Std.).

Jadrolinja-Autofähre Zadar–Olib; tägl. (ca 3–3,5 Stunden), auch von Mali Lošinj aus, die Fähre verbindet Inseln Ist, Olib, Silba, Premuda, Mali Lošinj. Ein Tagesbesuch ist für ein paar Stunden möglich.

Pension Amfora, Olib bb, direkt im Hafen, Tel. 376010; DZ 45 Euro.
Ansonsten wenige Privatunterkünfte, Empfehlung: Auf Silba einquartieren und Olib per Taxiboot besuchen.

Amfora. Schöne Terrasse gegenüber Fähranleger, gutes Mittelmaß.

Gostionica Olib, urig mit einfachen, aber stets frischen Fisch- und Fleischgerichten, sehr freundlich.

Anlegen im **Hafen von Olib** möglich, Tankstelle, Wasser, Strom, aber keine Duschen, **Achtung**: Westwinde können das Auslaufen behindern.
Ankern auf der Ostseite möglich (Bucht **Slatina**, **Slatinica**), hier kann aber die Bura gefährlich werden.

Südlich des Fähranlegers gibt es Bademöglichkeiten, wahlweise auf Beton oder weiter südlich Kieselstrand. Mit Dusche und in der Nähe von gastronomischen Einrichtungen.
Bucht Sv. Nikola, südwestlich, altes Hafenbecken, 45 Min. Fußweg.

Rebekkas Tipp: **Bucht Slatinica** auf der Ostseite, 20 Min. Fußweg. Feiner Sandstrand, an dem es nie zu voll wird, für Kinder und Familien geeignet, schöner Blick aufs Velebitgebirge, manchmal mit halblegalen Partys am Abend.

Die Insel ist durchzogen von zahlreichen Wirtschaftswegen, die man erkunden kann, wie auf Silba lassen sich so Buchten im Süden und Norden zum Baden erreichen. Durch den flachen Bewuchs starke Sonneneinstrahlung, viel Wasser mitnehmen.

Einkaufsmöglichkeiten bei der Kirche.

→ Silba

Premuda

Die westlichste der nördlichen drei Inseln im Zadarer Archipel ist die einsamste. Auf Premuda mit ihren neun Quadratkilometern leben weniger als 100 Einwohner. Über die Geschichte der Insel ist kaum etwas bekannt. Ihre exponierte westliche Lage war ein guter Ausgangspunkt, um die Schifffahrtsrouten in der Adria zu kontrollieren. Im Spätmittelalter nutzten dies die Bewohner für manchen Raubzug. Im Schlepptau ihrer Insel-Schwestern hat Premuda im 19. Jahrhundert vom Boom der Schifffahrt gelebt. Mit über 1000 Einwohnern um die Wende zum 20. Jahrhundert war die Spitze des Wohlstands und der Besiedelungsdichte erreicht. Wie in Olib wurde zur Vermarktung der eigenen Produkte eine Genossenschaft gegründet. Mit der wirtschaftlichen Krise setzte auch hier eine Auswandererwelle nach Übersee ein.
Vor der Insel zerstörten in einer spektakulären Aktion italienische Torpedoboote am 10. Juni 1918 eines der damals modernsten Schlachtschiffe der österreich-ungarischen Armee: die ›Szent István‹. Das Ereignis ist deshalb bekannt, weil der Untergang filmisch festgehalten wurde und der Ausschnitt als Symbol zu Ende gehenden Ersten Weltkrieges vielfach gezeigt wurde. Damit brachte die italienische Armee auch die Insel bis zum Oktober 1944 in Besitz. Mit Sondergenehmigung kann das Wrack ertaucht werden (40 Meter tief).
In jugoslawischer Zeit wurde die Stellung der Insel dazu genutzt, im nordwestlichen Teil einen militärischen Stützpunkt einzurichten. Während des letzten Krieges räumte die jugoslawische Armee die Insel, die Kroaten gaben die Anlagen dann auf.
Da es keine Wasserversorgung gibt, stillen die Bewohner heute noch überwiegend mit Zisternenwasser ihren Bedarf. Oliven und weiteres angebautes Gemüse zur Selbstversorgung prägen das Bild der Insel. Premuda ist ein Paradies für Taucher: Ziel für Geübte ist die **Blaue**

Kathedrale, eine Höhle, die 15 Meter unter Wasser liegt und durch ihr poröses Gestein viele Lichtspiele ermöglicht. Wer Glück hat, kann nahe der Insel Delphine sehen. Einsame Strände laden zum Baden ein, und die macchiabewachsene Insel kann auf einem Pfad leicht durchwandert werden.

Premuda

Vorwahl: +385/23.
Informationen im Restaurant.
Post, in der Ortsmitte.

Zwei **Läden** im Ort.

Autofähre Zadar–Premuda (Zielhafen: Mali Lošinj/Cres) über Ist, Olib, Silba; an 7 (Nebensaison: 6) Tagen in der Woche, eintägiger Ausflug nicht möglich.

Im Hafen von Premuda gibt es zwei Restaurants: Im **Masarine** werden ordentliche Fischgerichte serviert.

Im **Hafen** auf der Westseite (Achtung: geringe Wassertiefe); vor der Bucht **Krijal** gibt es Bojen zum Festmachen, guter Wind-, aber wenig Wellenschutz.

Ambulanz, nur vormittags geöffnet.

Ist

Das neun Quadratkilometer große Eiland, das von oben aussieht wie eine Zelle kurz vor der Teilung, besteht aus zwei 163 beziehungsweise 174 Meter hohen Bergrücken, die durch einen schmalen Landstreifen in Nord-Süd-Richtung miteinander verbunden sind. Auf ihr liegt der Ort Ist, der eine reiche Seefahrertradition aufzuweisen hat.

1311 wurde die Insel erstmals erwähnt. Der eher wenig kroatisch klingende Name geht möglicherweise auf eine illyrische Bezeichnung zurück. Doch auch lateinisch klingende Namen einzelner Teile der Insel weisen auf eine römische Besiedelung hin.

1527 erwähnte ein Bericht erstmals 95 Einwohner auf der Insel. Bis 1931 stieg die Einwohnerzahl auf 476 und fiel bis 1956 nur wenig ab (456). Bis 1729 unterstand die Gemeinde der Pfarre in Molat. 1880 wurde eine Grundschule errichtet, in der bis heute unterrichtet wird.

Im 19. Jahrhundert profitierte der Hafen wie die nördlichen Inseln auch von der boomenden Schiffslogistik. Noch heute sind einige Bewohner als Seeleute auf den Weltmeeren unterwegs. Erst 1966 wurde der Ort, nach dem die Insel benannt ist, elektrifiziert.

Das Dorf, das mit der Fähre von Norden her erreicht wird, ist romantisch verwinkelt. Besichtigenswert ist die kleine

▲ *Das Kirchlein Sv. Gospa oberhalb von Ist*

Kirche **Sv. Gospa** auf dem Berg Straža mit weitem Blick über das Meer und die benachbarten Eilande. Auf der Südseite ist heute noch zu erkennen, dass, begünstigt durch die Ausrichtung des Felsens, einst intensiv Weinbau betrieben wurde. Unterhalb des Berges Vrh Gore gibt es **Höhlen**, die nach Anfrage im Informationsbüro besucht werden können. Alljährlich im August veranstalten die Bewohner einen Schwimmmarathon von 4200 Metern Länge, der im südlichen Teil des Hafens startet und um die Insel Benušića führt.

Ist

Vorwahl: +385/23. Kein eigenes Tourismusbüro, Infos bei **Turistička Zajednica Zadar Županije**, → S. 90.

(Auto-)fähre von Zadar (Ziel: Molat); tägl 1x.

Hotel gibt es keins, aber zahlreiche günstige Privatunterkünfte.

Sestrunj

Wieviele Einwohner auf der Insel heute leben, weiß keiner so genau. Die Angaben schwanken zwischen 30 und 150. Nach dem Zweiten Weltkrieg sollen es noch 450 gewesen sein. Die Reste einer illyrischen Wallburg oberhalb des Dorfes Sestrunj zeigen, dass die Insel früher durchaus einen Lebensraum bot. Das Dorf in der Mitte der Insel ist nur nach einem entsprechenden Fußweg zu erreichen. Es basiert auf einer alten Siedlung, als die Bewohner noch den Schutz vor Piraten und anderen Angreifern auf der Mitte des Eilandes suchten. Der griechische Schreiber unter Porphyrogennetos erwähnte die Insel erstmals unter dem Namen Estiun. 1904 kauften die Bewohner das Land ihren früheren adeligen Besitzern ab.

Fähranleger auf Sestrunj

Im Verlauf des 20. Jahrhunderts bot die Landwirtschaft keine Zukunft mehr, und die Mehrheit der Insulaner wanderte aus. Heute ist die überwiegende Bevölkerung älter als 50 Jahre. Mit anderen Worten: Die Zahl der Bewohner in gebährfähigem Alter ist so klein, dass man der ursprünglichen Inselbevölkerung beim Aussterben zusehen kann.

Für Besucher auf der Suche nach Stille und Einsamkeit ist die kaum touristisch erschlossene Insel ein Paradies. Sie lädt zum Wandern in den Nordteil ein, zum Beispiel auf den 127 Meter hohen **Kičer** oder am mit 186 Meter höchsten Berg Obručar vorbei zum nördlichen Kap **Rt. Križ**.

Auf der östlich gelegenen Insel **Rivanj** leben 60 Menschen. Auch Rivanj wurde bereits früh besiedelt, auch hier haben die Bewohner zum Schutz vor Piraten ihre Kirche mitten auf der Insel gebaut.

ℹ️ Sestrunj

Vorwahl: +385/23.
Kein eigenes Infobüro, Infos bei **Turistička Zajednica Zadar Županije**, → S. 90.
Post, am Hauptplatz, nachmittags geschlossen.

Autofähre Zadar–Sestrunj (Zielhafen: Molat) über Rivanj; 6x pro Woche, Nebensaison 3x/Woche.

Übernachtungen kann man spontan vor Ort klären, allerdings sollte man flexibel sein.

Kleiner Laden am Marktplatz.

Wer im Ort unterkommt, für den wird jeder Gang zum Strand, zum Beispiel an die Westseite zur Bucht **Dumbočica**, mit einer Wanderung verbunden sein. Dort gibt es eine kleine Anlegestelle.
Weitere Bademöglichkeiten in den Anlegebuchten **Kablin** (Westseite) oder **Hrvatin** (Ostseite).

Bojen im **Hafen**, die aber meist schnell belegt sind, Wasser in Zisternen vorhanden.

Molat

Die Insel war einst Reiseziel berühmter Persönlichkeiten wie zum Beispiel dem britischen König Edward VIII., der Molat zusammen mit seiner Geliebten Wallis Simpson besuchte. Er lobte Wein und Käse der Insel.
Davor war Molat aber eher Anziehungspunkt für Süßes: Honig. Deshalb haben die Römer sie danach getauft: Mellitus, später hieß sie Melita oder Melada. Von den Ex-Beherrschern des Mittelmeers fand man behauene Steine und Schiffswracks in der Bucht Jakinska, wo sie einst landeten.
Möglicherweise hatten aber die Griechen die Gewinnung des süßen Bienenprodukts auf die Insel gebracht. Direkt bei der heutigen Anlegestelle der Fähre, wo jetzt ein Haus mit Turm steht, hat man Spuren ihrer Besiedelung gefunden. Doch auch vor den Griechen wa-

▲ *Am Hafen von Molat*

ren schon Menschen da: Illyrer, die auf dem Hausberg des Ortes Molat, Straža (=Beobachtungspunkt), siedelten.
Auf einer Karte des großen osmanischen Herrschers auf dem Balkan, Sulejman, war die Insel als Melata eingetragen. 1281 wurde ein Rekordumsatz mit Honig gemeldet, heute produzieren ihn nur noch wenige Hobby-Imker. Käse wird seit 1970 nicht mehr hergestellt.
Seit dem Mittelalter ist die 23 Quadratkilometer große Insel Molat für ihre fischreichen Gewässer berühmt. 995 wurde sie als erste Erwähnung des Fischfangs überhaupt in Dalmatien dokumentiert. Ab 1151 wurde das Benediktinerkloster Sv. Krševan in Zadar Eigentümerin der Insel und profitierte von den Erträgen, bis die Venezianer reiche Adlige mit der Insel belehnten. Die Insel wurde zum Zankapfel zwischen Venezianern und Türken. Heute leben noch zwei Fischer von den Fängen aus dem Meer. Das zerfallende Haus an der Spitze der Bucht des Ortes Molat barg einst einen blühenden Fischmarkt.
Die Einwohner von Molat können von sich behaupten, dass sie der letzte Ort in Europa waren, der sich von der Leibeigenschaft befreite. Am 17. November 1937 kam es zu einer blutigen Auseinandersetzung, ihre Opfer sind auf einer Tafel an der Kirche des gleichnamigen Hauptortes dokumentiert. Bis dahin ging ein Siebtel der Erträge an die Feudalherren. Amerikanische Auswanderer stifteten die Tafel in Gedenken an die Kämpfer.
Doch das dunkelste Kapitel der Insel sollte erst noch folgen: 1942 errichteten italienische Faschisten auf der westlichen Seite der Insel ein **Konzentrationslager**. Am 19. Januar 1942 wurden die ersten Gefangenen dorthin gebracht, ein Jahr später war das Lager bereits wieder aufgelöst. Das Lager wurde der ›Friedhof der Lebenden‹ genannt. Es lag auf

Mauerreste und Wachturm des einstigen Konzentrationslagers

der östlichen Seite des heutigen Ortes Molat und umfasste den kleinen Hafen Jazi. Fünf niedrige Türme sind noch zu sehen und teilweise zum Gedenken wiederhergestellt worden. Allerdings werden die Grundmauern der zwölf Baracken, die teilweise noch sichtbar sind, von Gestrüpp überwachsen. Überwiegend waren die Internierten in Zelten untergebracht und der sengenden Sonne ausgeliefert. Insgesamt ist hier trotzdem mehr zu sehen als in der Gedenkstätte des Konzentrationslagers Jasenovac. Seit 2003 ist an einem der Türme eine Gedenkplatte montiert, wonach 20 000 Gefangene durch das Lager geschleust wurden. 1000 seien gestorben oder erschossen worden. Zahlenangaben zu den Opfern des Faschismus sind bis heute politisch motiviert. Andere Angaben sprechen von 1627 Gefangenen und 522 Toten.
Nach dem Krieg besuchte Josip Broz Tito die Insel und besichtigte die Reste der Barbarei. Etwa 50 Inselbewohner, die namentlich dokumentiert sind, sollen interniert worden sein. Es waren wenige Widerstandskämpfer gegen die italienische Okkupation, deren Familien

mit in Sippenhaft genommen wurden. Die meisten Internierten kamen aus anderen Gebieten, zum Beispiel aus Vodice. Sie starben überwiegend aufgrund der schlechten Versorgung, es gab trotz Hitze nur einen halben Liter Wasser pro Tag (anschaulich beschrieben in dem Roman ›Olivias Garten‹ von Alida Bremer).

Am 8. September 1943, fünf Tage nach dem Waffenstillstand mit den Alliierten, wurde das Lager aufgelöst und die Gefangenen über Triest zunächst nach Sardinien gebracht, später nach Rinicci bei Arezzo umgesiedelt. In diesen Tagen legen im Hafen **Jazi** wieder Schiffe an und es wird dort gebadet, gleich neben den Wachtürmen ist das aber ein eher bedrückendes Vergnügen.

Heute können so manche der arbeitsfähigen Bewohner auf der Insel nur leben, weil sie in Zadar arbeiten gehen. Am 4. Juli 2013 wurde in Molat ein **Delphinschutzzentrum** gegründet, das von der Münchener Gesellschaft zur Rettung der Delphine finanziert wird und unter der Schirmherrschaft des kroatischen Umweltministeriums steht. Es will das Aussterben der 220 Adriadelphine verhindern.

Der kleine Ort **Brgulje** wie auch das nördlich gelegene **Zapuntel** sind alte Dörfer, das beweist ihre Lage: Zum Schutz vor Piraten und anderen Angreifern wurden die Ortschaften mitten auf der Insel angelegt. Am Strand sind eine ganze Reihe neuer Häuser entstanden, die traumhafte Bucht **Brguljski Zalev** ist ein Geheimtipp nicht nur für Segler.

Westlich der unbewohnten Inseln Tun mali und Tun veli liegt das 4,5 Quadratkilometer-Eiland **Zverinac**. 1421 wurde die Insel erstmals unter dem Namen Suiran erwähnt. Die knapp 100 Einwohner sind heute über eine Fähre mit Zadar verbunden. In der Bucht **Poripišće** sind römische Mauerreste gefunden worden. Am 31. Juli findet ein Inselfest statt.

Molat

Vorwahl: +385/23. Kein eigenes Tourismusbüro, Infos bei der **Turistička Zajednica Zadar Županije**, → S. 90.

Autofähre Zadar–Molat (über Rivanj, Sestrunj und Zverinac); 7x pro Woche. Die Insel darf mit Autos befahren werden.

Hotel gibt es keins, aber gut zehn Familien, die günstige Privatunterkünfte anbieten. **Brgulje**: Privatzimmer, meist ausgeschildert.

Restaurant Mare, Molat, am Hafen. Pizza, kein besonderes Angebot.
Grill Janko, Brgulje, am Hafen. Fisch.
Grill Papa, Brgulje, etwas westlich vom Hafen. Gegrillter Fisch, ruhige Lage.

Besichtigung des Delphinschutzzentrum; 10–14 und 19–21 Uhr, andere Zeiten sind mit der deutschsprechenden Projektleiterin Martina Duras vereinbar, Tel. mobil 095/9022613 oder Martina.Duras@vef.hr.

Es lohnt sich, das Auto mitzunehmen: In den beiden fußläufig erreichbaren Buchten Lučina, wo die Fähren anlanden, und im Hafen Jazi (unterhalb des ehemaligen Konzentrationslagers) ist es durch Verunreinigungen nicht angenehm zu baden. Andere Strände sind mit dem Wagen per Makadam-Straßen erreichbar:
Podgarbe: Felsig, aber eine kleine Anlegestelle ermöglicht den Einstieg, beliebter Badeort von Yachten aus.
Brgulje: Schöner Strand im Norden der Ortschaft (gastronomisches Angebot nahebei).

An der Spitze der **Brgulski Bucht**, kleiner Steg zum Einstieg.
Weitere gut erreichbare Badestellen an der Ostseite, zum Beispiel die Bucht **Vodomarka** oder westlich bzw. östlich des nördlichsten Inseldorfes **Porat**.

Bojenfelder vor Brgulje und Zapuntel.

Ambulanz, oberhalb der Marina.

Dugi Otok

Sie ist die größte Insel im Archipel von Zadar: Auf über 52 Kilometer Länge streckt sich Dugi Otok mit seinen 124 Quadratkilometern. An ihrer schmalsten Stelle ist die Insel gerade einmal 1,5 Kilometer breit.

Auf der auch durchschnittlich nur 2,3 Kilometer breiten Insel ist vor allem die Fahrt auf der Inselmagistrale mit ihren immer wieder sich neu eröffnenden Ausblicken auf Meer und Inseln ein Erlebnis. Seit 1985 dürfen Autos auf der Insel fahren. Highlight sind die Steilfelsen der Buchten im Süden der Insel, insbesondere die Buchten Telašćica und Saharun.

■ Geschichte

Auf Dugi Otok leben die 1500 Einwohner bis heute vom Wasser aus ihren Zisternen, lediglich die Hotels werden von Wasserschiffen versorgt. Auf der Insel hat man den Eindruck, der Fortschritt sei an ihr vorbeigegangen. Lediglich in den Sommermonaten kommt mit den Touristen Leben und etwas wirtschaftliche Tätigkeit in den Ort. Die jungen Leute haben die Insel längst Richtung Fest- und Ausland verlassen.

Für die frühe Besiedelung haben die Insulaner handfeste Beweise: In der Höhle Vlakno fanden Archäologen 2009 ein Skelett, das sie auf ein Alter von 11 000 Jahren datierten. Ein besonderer Fund, denn aus dieser Zeit gibt es kaum Überbleibsel. Die mit Humor gesegnete dalmatinische Presse hat den frühen Siedler gleich den ersten dalmatinischen ›Šime‹ genannt, weil dieser Name hier sehr verbreitet ist. Er war zwischen 168 und 172 Zentimeter groß und starb mit etwa 40 Jahren einen natürlichen Tod.

Oberflächliche Funde in anderen Höhlen legen eine Besiedelung in frühester Steinzeit nahe.

Blick vom Leuchtturm Veli Rat

Die weitere Kontinuität menschlicher Anwesenheit zeigen Reste von illyrischen Siedlungen (Omišenjak, Koženjak, Veli Brčastac) mit und ohne Burgruinen (Vrtlaci). Außerdem wurden Grabhügel gefunden wie Gominjak oder Čuh polje sowie ein Friedhof im Flachland (Dugo polje). Entsprechend folgten auch die Römer, von denen vor allem auf der südlichen Seite in der Bucht Proversa noch heute Grundmauern einer fast palastartigen Villa rustica zu sehen sind. Angeblich sollen sie bereits die Insel als ›lange Insel‹ bezeichnet haben.

In der Liste des Porphyrogennetos wurde sie Mitte des 10. Jahrhunderts aber zunächst unter dem Namen Pizuhs erstmals erwähnt. Knapp 100 Jahre später hieß sie bereits Telagos (daher leitet sich der Name für den Südteil, die Telašćica-Bucht, ab). Während der Renaissancezeit, im 15. Jahrhundert, zu einer Zeit, als viele Menschen auf der Flucht vor den Türken auf die Insel kamen, besann man sich der römischen Bezeichnung und nannte sie Veli Otok, Große Insel. Beliebt war der Name nie.

Die rege Besiedelung im Mittelalter wurde offenbar zwischenzeitlich aufgegeben, wie zahlreiche Ruinen von Dörfern und Kirchen aus dem 2. bis 7. Jahrhundert auf den Hügeln Koženjak oder Citorij oder in einer Landschaftssenke im südöstlichen Teil der Insel zeigen.

Für die österreichische Armee war die Telašćica-Bucht im Süden der Insel ein Stützpunkt für die Kriegsflotte. Zahlreiche Höhlen auf der Ostseite der Insel, die vor allem von Skippern leicht besucht werden können, dienten den Partisanen im Zweiten Weltkrieg als Unterschlupf.

Schließlich halten sich Gerüchte, dass Ante Gotovina, der wegen Kriegsverbrechen bei der Eroberung der Krajina während des letzten Krieges angeklagt war, sich dem Tribunal in Sali und dem südlichen Teil der Insel beziehungsweise auf den sich anschließenden Kornaten entzogen haben soll.

■ **Brbinj**

Wer mit dem Auto auf die Insel kommt, landet im Fährhafen Brbinj. Das kleine Zentrum des Ortes mit seiner etwas behäbig wirkenden Kirche **Sv. Kuzma i Damjan** (St. Kosmas und Damian) aus dem 12. Jahrhundert liegt im Osten der Bucht. Bribinj lebte bis ins vorletzte Jahrhundert von kleinen Schiffswerften.

ℹ️ Dugi Otok

Vorwahl: +385/23.
Für die gesamte Insel ist die **Turistička zajednica in Sali** zuständig, Obala Petra Lorinija bb, 23281 Sali, Tel. 023/377094, tz-sali@zd.t-com.hr, www.dugiotok.hr.

🚗

Die einzige **Tankstelle** der Insel befindet sich in Zaglav.

⛴️

Autotrajekt Zadar–Brbinj; Hauptsaison (1. Juni–30. Sept.) 3x tägl., Nebensaison (1. Jan.–31. Mai und 1. Okt.–31. Dez.) 2x tägl.

Personenfähren (trajekt plavi) Zadar–Zaglav (über Sali); 3x tägl. Mit Blueline Ferries, www.blueline-ferries.com.

⚓

Bribinj bietet auf seiner Südseite eine sichere Bucht zum Anlegen, allerdings nur Bojenfeld, an der Hafenmole gibt es aber auch Strom und Wasser, einzige Tankstelle in Zaglav.

Die Insel kann auf zahlreichen Wegen durchwandert werden, dafür hält die TZ eine Karte (allerdings keine echte Wanderkarte) mit Routenbeschreibungen parat.

■ Veli Rat

Obwohl die Telašćica-Bucht das prominentere Ziel ist (→ S. 145), lohnt auch eine Fahrt in den Nordteil von Dugi Otok, am besten gleich bis hinauf zum Leuchtturm Veli Rat. Der im Jahr 1849 erbaute Signalgeber wurde zuletzt 1966 restauriert und kann auf Nachfrage bestiegen werden. Von dort aus sieht man nach Norden die Inseln Molat und Ist.

■ Božava

Der alte Ortskern des lauschig zwischen Pinienwäldern gelegenen Dorfes, das 1327 erstmals unter dem Namen Bosana erwähnt wurde, besteht aus der autofreien Hafenpromenade. Božava lebt heute vom bescheidenen Badetourismus, entsprechend prägt ein Hotel das Bild des Ortes. Tatsächlich schließt sich nördlich der Promenade ein schöner Weg durch ein Kiefernwäldchen an, an dem sich schöne Badestellen finden lassen.

Auf dem Leuchtturm Veli Rat

ℹ️ Božava

Vorwahl: +385/23.
Kleiner **Touristeninformationsstand** im Hafen, der nur zu bestimmten Zeiten geöffnet ist. **Post** vorhanden.

Dominierend sind die Häuser der Hotelgruppe Božava, die äußerlich nach 80er Jahren aussehen (www.hoteli-bozava.hr).
Maxim; DZ 135–200 Euro. Luxushotel, großzügige Zimmer, modern eingerichtet; Swimmingpool, Sportanlagen.
Agava und **Lavanda**; DZ 90–160 Euro. Kleinere Zimmer, Balkon und Meerblick möglich.
Ähnlich **Mirta**, ohne Meerblick, schattiger im Pinienwald, aber nur wenige Meter von der Küste entfernt.

Camp Kargita nördlich von Božava beim Leuchtturm Veli Rat, Tel. mobil 098/532333, 098/449755, www.campkargita.hr; 2 Pers/Zelt/Auto: 15–35 Euro. Schöne Lage im Pinienwald.
Mandarino, Veruniĉ/Soline (nördlich von Božava), Tel. mobil 099/6622504, www.campmandarino.com; 2 Pers/Auto/Zelt 20–35 Euro. Direkt am Meer mit Restaurant, Spielplatz, WLAN, rollstuhlgerecht.

Restaurants **Mareta** und **Aphrodite**, beide an der Uferpromenade gelegen. Eher durchschnittliches Essen, auch die **Eisdiele** an der nördlichen Promenade ist nichts Besonderes.

Supermarkt und kleiner **Einkaufsladen**, in Božava.

Nördlich der Promenade, Baden unter Pinien.

Nördlich gelegene Bucht **Zagračina**, kleine Anlegestelle, lauschig und geschützt. Sehr schön ist es am Leuchtturm **Veli Rat** zu baden, dort gibt es auch eine Schaukel an langen Seilen im Baum.
Wer einfach nur Abwechslung und etwas Einsamkeit sucht, kann die beiden Strände des südlich gelegenen **Dragove** aufsuchen, die auf der Ostseite liegen und zu denen Makadam-Straßen führen.
Rebekkas Tipp: In der Bucht **Sakarun** mit ihrem türkisfarbenen Wasssser sollte man gewesen sein, sie kann aber sehr voll sein, und der Müll wird nicht immer beseitigt.

Marina, im Hafen von Božava, Vorsicht vor Steinschüttungen auf der Innenseite des Wellenbrechers. Keine Sanitäranlagen.

Tauchschule Božava, www.bozava.de. Von Deutschen geleitet, umfangreiches Angebot, per Boot werden verschiedene Tauchplätze angefahren, stressfreies Tauchenlernen möglich.

Ambulanz, in Božava, Tel. 377604.

■ Savar

Das Dorf Savar ist vor allem berühmt für die vorgelagerte **Friedhofsinsel**, die inzwischen durch einen Damm mit dem Festland verbunden ist. Die Friedhofskirche **Sv. Pelegrina** stammt aus dem 8./9. Jahrhundert und ist eine der wenigen vollständig erhaltenen altkroatischen Kirchen Dalmatiens. In einem Steinbruch sollen Steine für das Forum in Zadar, Paläste in Rom und Venedig und später für das UNO-Gebäude in New York gehauen worden sein.
Zwischen Savar und dem südlichen Ort Luka befindet sich der Berg **Vela Straža** (=Beobachtungspunkt), auf der westlichen Seite gibt es eine Höhle, die **Stražna Peć**. Im Jahr 1904 soll sie bereits der österreichisch-ungarische Kaiser Franz Joseph besucht haben, später versteckten sich hier Partisanen (zur Besichtigung in der TZ Sali nachfragen). Auf der anderen Seite der Insel findet sich die schöne Badebucht **Brbišćica**.

■ Zaglav

Während unten am Hafen die Katamarane vom Festland anlegen, befindet sich auf der Anhöhe ein malerisches Dorf mit einem kleinen **Franziskanerkloster**. Gegründet wurde es in den 1550er Jahren, die Kirche ist älter und wurde 1458 geweiht. Davor befindet sich ein Skulpturenpark, der drei kirchliche Persönlichkeiten verewigt. Angelegt wurde er von Rückkehrern aus Australien und Kanada. Schön ist der Blick von dort über die Inselwelt.

■ Sali

Sali mit etwa 740 Einwohnern ist der größte Ort auf Dugi Otok und das Verwaltungszentrum der Insel. Früher war hier auch die Verwaltung der Kornaten angesiedelt. Weiterhin ist der Ort das Tor zur Telašćica-Bucht und zu den Kornaten. Von hier aus lassen sich Bootstouren in die vielfältige Inselwelt unternehmen.
Einst gab es am Ort Salinen, daher auch der Name. Aus dem Jahr 955 datiert eine Urkunde, wonach die Zadarer Adeligen die fischreichen Gewässer in der Telašćica-Bucht (zusammen mit denen von Molat) dem Zadarer Kloster Sv. Krševan zueignen. Fisch und Salz an einem Ort, besser konnte es Bürgern in damaligen Zeiten nicht gehen. Allerdings mussten sie ein Viertel ihrer Erträge an das Kloster abgeben. Anfang des letzten Jahrhunderts entstand die Fischverarbeitungsfabrik ›Mardšić‹. Noch heute werden hier Fischkonserven hergestellt.

An der Kirche **Sv. Uznesenje Marijino** (Auferstehung Mariens) aus dem 15. Jahrhundert haben einige Reliefs mit Flechtwerkornamenten und Grabplatten mit glagolitischen Inschriften überdauert. Das ältere Schiff ist etwa 1400 entstanden, die glagolitische Inschrift über der Tür hält das Baudatum des zweiten Teils fest: 1581. Die Kirche beherbergt silberne Altargeräte des 17. Jahrhunderts aus Venedig. Im älteren Teil des Baus befindet sich die einzige Darstellung der Jungfrau Maria mit einer Hebamme aus dem 17. Jahrhundert. Schön ist auch der **Olivengarten** (Saljsko polje) mit über 700 Jahre alten Bäumen, von denen manche einen Durchmesser von fünf Metern haben.

Bekannt ist Sali für die **Tovareća Muzika**, die Eselsmusik. Sie hat sich erst in den 60er Jahren aus einem Streich von jungen Leuten entwickelt: Eine ältere Frau wollte einen Mann aus Zaglav heiraten, der sich von seiner Frau getrennt hatte. Deshalb sollte die Vermählung geheimhalten werden. Auf dem Weg zur Kirche in Sali folgten ihnen die jungen Leute. Sie bliesen auf Hörnern, die die Fischer bis dahin nur als Signalzeichen auf See verwendet hatten, und klapperten mit Haushaltsgegenständen. Sie wollten ihn verspotten, weil sie der Ansicht waren, wenn es mit der ersten Frau nicht geklappt hat, dann wird es auch nichts mit der zweiten. Um die Ungebetenen loszuwerden, lud der Bräutigam alle zum Trinken ein. Daraus wurde dann ein Zug durch die Kneipen. Um wieder nüchtern zu werden, zog die ganze Gesellschaft dann geschlossen trötend und klappernd ans Meer. Heute tragen die jungen Männer bei dem Umzug traditionelle Anzüge, wie sie die Arbeiter in der Fischfabrik früher anhatten. Auch wenn man aus den Hörnern nur drei Töne herausbekommt, wurden seitdem zwei Lieder nach italienischen Tänzen komponiert. Ebenfalls aus Spaß hatten Jugendliche bereits 1958 damit begonnen, Eselrennen zu organisieren, indem sie das traditionelle Lasttier zweckentfremdeten. Sie wollten damit nicht nur ihrem eigenen Alltag etwas Farbe geben, sondern auch den zunehmenden Touristen eine Attraktion bieten, wie ein Zeuge von damals erzählt. Doch weil sie dies an einem katholischen Feiertag austrugen,

Bootstour durch die Inselwelt

Der Hafen von Sali

zogen sie das Missfallen der Kirche auf sich. Gleichzeitig verstanden auch die Kommunisten keinen Spaß, denn die verstanden den Esel als Attribut im Arbeiter- und Bauernstaat. So zogen Kirche und Kommunisten an einem Strang und brachten die Organisatoren sogar für einige Tage ins Gefängnis, um sie an ihrem Treiben zu hindern. Die Jungs ließen sich aber ihren Spaß nicht nehmen und konnten schließlich die Stadtväter davon überzeugen, dass man auch den Touristen etwas bieten müsse. Die Hochzeitsmusik und das Eselrennen wurden zu einer drei Tage andauernden Feier Anfang August verbunden.

ℹ️ Sali

Vorwahl: +385/23. **Postleitzahl**: 23281.
Turistička Zajednica, an der Hafenpromenade, Obala Perta Lorinija bb, Sali, Tel. 377094.
Geldwechsel, in der Post an der Uferpromenade, nahe der Turistička zajednica.

Einzige Tankstelle für Autos und Boote der Insel in Zaglav beim Fähranleger.

Hotel Sali, Sali b.b., Tel. 377049, www.hotel-sali.hr; 52 Zimmer, DZ 54–82 Euro. An der Bucht Sašaica, mit Restaurant und Tauchclub.

🅰️

Kamp Dugi Otok, in Luka, www.kamp-dugiotok.com; 2/Pers./Auto/Zelt: 14–18 Euro. Nördlich von Sali, ab Orteingang ausgeschildert.

Restaurant Kornat, etwas oberhalb der Hafenpromenade. Fleisch- und Fischgerichte, Pizza.
Roko, außerhalb in Zaglav. Schöne Terrasse, hier kommen Meeresspezialitäten auf den Tisch; Grill und Peka.

Supermarkt, **Bäckerei** und sogar eine **Fleischerei** im Ort.

🅾️

Von Sali lassen sich verschiedene längere oder kürzere Wanderungen machen, 13 Kilometer lang ist eine Wanderung in den **Telašćica-Nationalpark**, man sollte viel Wasser mitnehmen.

Boots-Exkursionen in die Kornaten lassen sich von einer Agentur in den Räumen der TZ organisieren, sie müssen mindestens einen Tag vorher gebucht werden. Sie dauern einen Tag und beinhalten Zeit zum Baden und für eine Mahlzeit.
Eine asphaltierte Straße führt zum Scheitel der Bucht des Telaščica-Nationalparks und auf den südlichen ›Arm‹. Der linke Arm und auch die Spitze Proversa sind nur über unbequeme Makadam-Straßen erreichbar.

Bademöglichkeiten in **Verlängerung der Promenade**, dort ist die Küste aber etwas felsig.
Die meisten fahren in die **Telaščica-Bucht**, zum See Mir.

Bootsausflüge in die **Telaščica-Bucht**, in die **Kornaten** oder zur **Insel Lavsa**.
Marina: Einzige Tankstelle auch für Yachten in Zaglav, aber keine Marina, nur in Sali, hier mit Murings, Wasser und Strom, eine Dusche, es kommt zu Feiertätigkeit im Hafen, die auchvor den Schiffen nicht haltmacht.

Tauchschule Seehase, unterhalb des Hotels Sali, www.tauchschule-seehase.com. Deutschsprachig, direkt am Wasser, Tauchen vor Ort, Tauchschule, Schnuppertauchen, aber auch Tagesfahrten möglich, Leihausrüstung möglich.

■ Telaščica-Naturpark

Nur wenige Autominuten südwestlich von Sali liegt der etwa 70 Quadratkilometer große Naturpark Telaščica. Wer den Park besuchen will, muss Eintritt bezahlen.
Der Park wurde 1988 gegründet, seine Grenzen umfassen die tiefeingeschnittene Bucht **Luka Telaščica** mit einer Küstenlänge von knapp 70 Kilometern und 19 kleine Inseln. Die Einrichtung war nicht ganz unproblematisch: Viele Fischer, die dort gelebt haben, mussten nach Sali ziehen, weil sie nicht mehr fischen durften. Wie auch auf den Kornaten dürfen sie ihre Grundstücke nicht mehr uneingeschränkt bewirtschaften und bebauen. Entschädigt wurden sie nicht.
Landschaftlich beeindruckend ist das Wechselspiel von Inseln, Steilufer und Meer vor allem, wenn man die Anhöhen erklimmt. Der Park schützt zahlreiche beeindruckende Naturphänomene, so lassen sich hier noch rote Korallen ertauchen, Unterwasserschwämme finden, die sich fleischlich ernähren, und rund um die Bucht ist die Wahrscheinlichkeit erhöht, dass man auf Delphine trifft. Auch an Land finden seltene Tiere Schutz, zum Beispiel acht Fledermausarten, zwei Falkenarten und der Marder. Auf dem kargen Boden sollen 339 verschiedene Pflanzenarten gedeihen.
Das größte Naturphänomen ist der **Salzsee Mir** (Friede) an der Südwestspitze der Bucht. Der 960 Meter lange und 600 Meter breite Salzsee im Binnenland wird von unterirdischen Verbindungen zum Meer gespeist. Durch seine maximale Tiefe von nur sechs Metern ist das

Auf dem Weg zur Badebucht im Telaščica-Naturpark

Wasser wärmer im Meer, und durch die Verdunstung erhöht sich der Salzgehalt. Bereits in früheren Jahrhunderten galt sein Schlamm als heilkräftig. Deshalb kann darin nur eine Fauna überleben, die sich dem angepasst hat, zum Beispiel eine Aalart, den die Bewohner ›kajman‹ nennen und deren Vertreter drei Kilo schwer werden können.

Zahlreiche Boote bringen die Ausflügler in eine nahe Bucht, die nach dem See benannt ist. Von dort aus ist der See zu Fuß zu erreichen. Bei der Anlegestelle für die Ausflugsschiffe befindet sich auch eine kleine Restauration. In der Hochsaison kann der See aber so überlaufen sein, dass sich der Badespaß in Grenzen hält. Vom See aus lässt sich das westliche und südliche Steilufer erklimmen, aber auch der 148 Meter hohen Berg **Muravak**. Der steile Aufstieg wird mit herrlichem Blick belohnt.

Auch frühe Spuren menschlicher Besiedelung werden im Nationalpark bewahrt. Nördlich des Buchtscheitelpunkts findet sich die kleine und äußerlich wenig spektakuläre Kirche **Sv. Antun**. Ein Vorgängerbau stammt aus dem 4. oder 5. Jahrhundert. Er wurde von dem Piraten Kutleša im 18. Jahrhundert zerstört und erst 1913 wieder aufgebaut. Heute nicht mehr zu sehen: An dieser Stelle hatten Liburner bereits einen Friedhof. Die Kirche ist Ziel von Prozessionen aus Sali. Weiter oben befinden sich die Grundmauern des kleinen Kirchleins **Sv. Ivan**.

Es wurde 1064 von einem Adeligen namens Grubina errichtet, der es dem Kloster Sv. Krševan in Zadar stiftete. Die heutigen Reste zeugen aber von einem späteren Bau im Mittelalter. Ausgrabungen 1995 haben gezeigt, dass es um das Kirchlein noch weitere Anwesen gab, die offenbar vom Kloster genutzt wurden. Interessant ist der Sarkophag in der Ruine, der eher antiken Ursprungs ist und wahrscheinlich per Schiff dorthin gelangt ist. Die Vermutung liegt nahe, dass darin ein christlicher Märtyrer bestattet wurde und der Sarg dann zu kultischen Zwecken gebraucht wurde.

Auf der östlichen Seite der Bucht in der **Čuh-Region** sind zahlreiche Grundmauern von Siedlungen aus früherer Zeit zu sehen. Einige sollen sogar noch von den Liburnern herrühren. Sie haben aber auch der Gegend von Košenjak und auf dem Berg Berčastac gesiedelt.

Auf der Südspitze von Dugi Otok, **Proversa**, und auf der gegenüberliegenden Insel **Katina** sind gut erhaltene Grundmauern römischer Anlagen zu besichtigen. Beide Seiten waren möglicherweise einmal miteinander verbunden. Wahrscheinlich gab es hier ein Landgut, das die Größe einer normalen Villa rustica deutlich überstieg und das sich dem Fischfang und womöglich der Zucht widmete. Man kann noch immer leicht zur Insel Katina hinüberschwimmen. Allerdings sollte man auf den regen Bootsverkehr achten.

Telašćica-Naturpark

Büro des Nationalparks Telašćica, ul. Danijela Grbin bb, 23281 Sali, www.telascica.hr. Eintrittskarten (25 Kuna pro Tag), Infos über Robinson-Tourismus und Verleih von Fahrrädern. Bootstouren sind möglich, ihr Preis hängt von der Besetzung des Bootes ab, Führungen sind buchbar, je nach Dauer zwischen 30 und 55 Euro, aktuelle Preisliste auf der Website.

Privatunterkünfte im Nationalpark vermitteln drei Agenturen: www.dugiotok.hr, www.adamo.hr und www.kartolinaturist.com.

Restaurant Goro, an der Spitze; Küche 10–24 Uhr. Brodetto (Fischsuppe), Umido, Čiči und Lammfleisch.

Steilküste im Naturpark Telaščica

Mir, unterhalb des Sees Mir in der gleichnamigen Bucht. Eher für Getränke und zur allgemeinen Sättigung geeignet.

Sportfischen; 100 Kuna pro Tag, Harpunieren steht unter Strafe.

Bootsbesitzer zahlen Eintritt je nach Größe des Schiffes. Die Preise vor Ort betragen zwischen 30 und 550 Euro, im Vorverkauf zwischen 22 und 410 Euro, mehrere Bojenfelder stehen zur Verfügung, zum Beispiel an der **Bucht zum See Mir** oder bei **Mala Proversa** (wegen der Durchfahrt allerdings mit viel Wellengang verbunden).

See Mir: Flache Steine und sandig, kann sehr voll sein.
Proversa: Nur nach längerem Marsch erreichbar, aber sauberes Wasser belohnt die Mühe, auf starken Schiffsverkehr achten.
Rebekkas Empfehlung: **Bucht Tripuljak**, nahe bei der Bucht Mir (mit gastronomischem Angebot), aber nicht überlaufen, unter Pinien und flacher Einstieg.

In der Bucht Mir gibt es ein großes **Eselgehege**. Tafeln geben Auskunft über die Bedeutung des Esels als Arbeitstier und Hausgenosse. Wenn die Tiere an den Zaun kommen, lassen sie sich streicheln.

Iž

Die grüne und mit dem Auto befahrbare Insel Iž ist noch dabei, sich mit ihrer Infrastruktur auf den Tourismus einzustellen. Die über 600 Bewohner nutzen das Land zwischen Ugljan und Dugi Otok zur Obst- und Gemüseproduktion, meist, um ihre Rente aufzubessern. Auf der 17,6 Quadratkilometer großen Insel soll es knapp 80000 Olivenbäume und über 100 Hektar Wald geben.

Geschichte geschrieben hat der große Sohn von Iž, der Schriftsteller, Übersetzer und Verleger Šimun Budinić (1530–1600). Der Pfarrer in Iž Mali erfand die lateinische Schreibweise des stimmhaften ›ž‹ (wie in Garage) und des ›č‹ (sprich tsch) mit dem Hatschek, dem umgekehrten Dach auf dem Buchstaben.

Auch diese Insel fand im Verzeichnis des Schreibers von Porphyrogennetos im 10. Jahrhundert erstmals Erwähnung, unter dem Namen Ez. Funde auf den Bergen Košljun und Opačac weisen Spuren einer illyrischen Besiedelung aus. Später siedelten sich die Zadarer Adeligen an und hinterließen zahlreiche Sommerpalazzi, die heute die Ästhetik abgeblätterten Glanzes ausstrahlen. Bis 1924 gehörte die Insel noch zur Gemeinde Sali (Dugi Otok), danach verwaltete sie sich selbst. Im 18. Jahrhundert wurde auf der Insel eine erste Werft errichtet, und wie auf der Insel Silba blühte auch auf Iž die Handelsschifffahrt auf. Wie auf den anderen Inseln (Olib, Silba) verdingten sich ihre Bewohner während der sich verschlechternden wirtschaftlichen Zeiten um die Wende zum 20. Jahrhundert zunächst auf den Handelsschiffen nach Übersee, bevor viele dann ganz dorthin auswanderten: Die USA, Australien, Neuseeland und andere Länder wurden die neuen Heimstätten.

Auch heute finden junge Leute auf der Insel keine Arbeit und verdingen sich in ganz Kroatien, während die Älteren die Rente durch Selbstversorgeranbau oder Vermietung an Übernachtungsgäste aufbessern.

■ Mali Iž

Die Fähren landen in Bršanj, einer Bucht südlich von Mali Iž. Letzterer ist der kleinere der beiden Hauptorte. In ihm leben ständig etwas mehr als 200 Einwohner.

Zeugnis vom Alter des Dorfes legt die altkroatische Kirche **Sv. Marija** ab, an der auf einem Hügel oberhalb des Dorfes der Gelehrte Šimun Budinić wirkte. Ihr ältester Teil, die heutige Sakristei, stammt aus dem 9. oder 10. Jahrhundert. 1975 starb im Ort der letzte Pfarrer, der die glagolitische Schreibweise noch beherrschte.

Im Ort reihen sich die einst kleinen **Sommerpalazzi** der Zadarer Aristokratie aneinander, später gepflegt von Kaufleuten, die zu bescheidenem Wohlstand gefunden haben. Die Promenade wurde in der Zeit des österreichisch-ungarischen Kaiserreiches zur heutigen Breite ausgebaut.

Im Hafen von Mali Iž

■ Veli Iž

Etwa 400 Menschen leben heute an dem Ort, der stärker als Mali Iž von Arbeitern und Handwerkern geprägt war. Arbeit gab eine Schiffswerft, Handwerker betrieben zahlreiche Töpfereien, die ein begehrtes Exportgut in der Adria produzierten.

Der letzte Töpfers von Iz mit seiner Tochter

Als ältestes Haus gilt der im romanischen Stil errichtete **Palazzo Canaghietti**. In ihm ist bis heute die Schule untergebracht. 1927 wurde das auf der Promenade stehende **Haus der Kultur** errichtet, ein Vielzweckbau, der bis heute für Versammlungen, Lesungen, musikalische Darbietungen und auch Theateraufführungen genutzt wird. Die Stelle, an der das Haus heute steht, war zuvor noch Teil des Hafenbecken: Für den Bau wurden zahlreiche Zypressenstämme in den Grund gerammt, um dem Wasser ein breiteres Stück Promenade abzutrotzen. Finanziert haben das Auswanderer aus den USA und Australien. Mit der Einladung internationaler Künstler erhalten sich die Bewohner ihre Weltoffenheit.

Auf Iž hat sich eine besondere Tradition der Töpferei entwickelt. Weil dem Ton etwa ein Fünftel Kalzit zugesetzt wird, erhält er einen hellen Schimmer. Das Mineral wird auf der Insel abgebaut und bindet den Ton besser. Dadurch verringert sich nicht nur die Bruchgefahr beim Brennen, mit diesen Töpfen konnte auch auf offenem Feuer gekocht werden.

Bis zum Zweiten Weltkrieg gab es auf der Insel noch 75 Töpfereien, heute ist

Am Hafen von Veli Iž

die Tradition fast ausgestorben. Lediglich einer, Petrag Petrović, hält derzeit diese Tradition aufrecht. In seinem Haus an der nördlichen Fortsetzung der Promenade können schöne Tonwaren gekauft werden. Früher wurden die Töpfe im offenen Feuer gebrannt, der ehemalige Lehrer experimentiert heute mit energiesparenden Brennverfahren. Bisher schickt sich seine Tochter an, diese Tradition weiterzuführen.

In Veli Iž wird zu Weihnachten die Tradition der Koleda begangen. Wie bei uns das Osterfeuer soll dort ein Feuer vor der Kirche böse Geister vertreiben. Dazu gibt es wärmende Getränke, und die Gemeinde singt alte kroatische Lieder.

Insel Iž

Vorwahl: +385/23.
Postleitzahl: 23284.
Für alle Inseln im Archipel ist die **Turistička zajednica Zadar Županije** zuständig, → S. 90.
Lokales Büro an der Uferpromenade von Veli Iž, Tel. 277191.

Autofähre Zadar–Bršanj/Iž (Zielhafen M. Rava); 2x pro Tag.
Personenfähre Zadar–Veli Iž–Mali Iž; 1x pro Tag, in der Saison täglich wechselnde Abfahrtszeiten.

Hotel Korinjak, Tel. 277264, http://korinjak.com; 80 Zimmer, DZ mit VP 275–420 Euro Pers./Woche. Nördlich an der Einfahrt zum Hafen, mit Zeltplatz.

Restaurant Lanterna, am Nordende des Hafenbeckens, versteckt in der ›zweiten Reihe‹. Spezialität des Hauses sind Scampi.
Mandrak, hinter der Kirche. Restaurant mit einem gemütlichen und überdachten Innenhof, dort kann man beim Grillen zusehen; es gibt große Portionen, die Reste werden zum Mitnehmen eingepackt.

Es gibt zahlreiche Inselbräuche: Die ursprünglich am 26. Dezember begangene **Königswahl** wurde für die Touristen in den Sommer verlegt. Aus Spaß wählte das Dorf einen König, der früher das ganze Dorf bewirten musste; heute ist das Ganze ein Volksfest mit vielen Veranstaltungen (Ende Juli/Anfang Aug.).
Ethnografisches Museum, südlich des Hafens. Umfangreiche Sammlung mit Werkzeugen, Möbeln und Haushaltsgegenständen.

Supermarkt und kleine Spezialläden.

Marina Iž Veli, Tel. 277006. 30 Liegeplätze, die Marina ist vor einigen Jahren renoviert worden und bietet guten Standard.

Wanderungen auf die andere Seite der Insel sind möglich, zum Beispiel zur Bucht **Rt. Poljišinac**.

Das Hinterland von Zadar

Die karstige Landschaft nördlich von Zadar wird dem bekannt vorkommen, der die jugoslawisch-deutschen Karl-May-Verfilmungen kennt. Tatsächlich sind in dieser Landschaft viele Szenen der Westernfilme entstanden. Sie ist Teil des Ravni Kotar, das von Nin bis zum Fluss Krka und vom Novigradsko More bis zur Küste reicht. Ravni Kotar bildet das kroatische Kernland, im 10. Jahrhundert hatte der erste kroatische Staat hier seinen Rückhalt und sein Wirtschaftszentrum. Heute ist das Ravni Kotar noch immer vom letzten Krieg geprägt.

Es ließen sich Parallelen zu den Karl-May-Filmen rund um das fruchtbare Gebiet des Novigradsko More ziehen. Wie im echten Wilden Westen lebte nördlich von Zadar der Traum von der bäuerlichen Selbstversorgung: Bereits römische Soldaten hofften, mit Landschenkungen abgefunden zu werden und bauten sich ihre zivilen Existenzen auf. Menschen aus den verschiedensten Ländern des Balkans ließen sich später von den Österreichern anlocken.

Und wie im Wilden Westen mussten die Siedler stets ihr Land verteidigen. So durchzogen die Awaren im 7., die Türken vom 15. bis zum 18. Jahrhundert und zuletzt von 1991 bis 1995 jugoslawische Söldner plündernd dieses Gebiet. Auch heute gilt es, vorsichtig zu sein. Minenwarnungen sollten unbedingt beachtet werden.

Novigradsko More

Das Novigradsko More (Novigrader Meer) unterhalb der neuen, in den Fels gehauenen Autobahn von 2006 ist mit der offenen See durch einen engen Kanal verbunden. Früher konnte dieser Kanal nur über die Brücke bei Maslenica überquert werden. Im Krieg zwischen Serben und Kroaten war die Maslenica-Brücke stark umkämpft und galt als strategisches Ziel. Untersuchungen zufolge haben kroatische Einheiten sie auf ihrem Rückzug wohl selbst zerstört. Mit der Autobahn ist nun eine neue, zweite Brücke entstanden. In das Novigadsko More mündet der Zrmanja-Fluss, dessen über 70 Kilometer langer Lauf Teil des Velebit-Nationalparks ist.

Novigrad

Am Hang zwischen einer Burgruine auf dem Berg und dem Meer erstreckt sich das kleine Fischerdorf Novigrad. Mitglieder aus dem Grafengeschlecht Gusić-Kurjaković bauten das Kastell Anfang des 13. Jahrhunderts, woraufhin unterhalb davon die Siedlung entstand.

Ein Hauch von Weltgeschichte wehte durch das Dorf, als von 1386 bis 1387 Elisabeth, geborene Kotromanić und Witwe des Königs Ludwig II. von Anjou, zusammen mit ihrer Tochter Maria auf der einst von neun Türmen umkränzten Burg gefangengesetzt wurde. Zusammen mit ihrer Tochter waren Elisabeth

Blick auf Novigrad und das Novigrader Meer

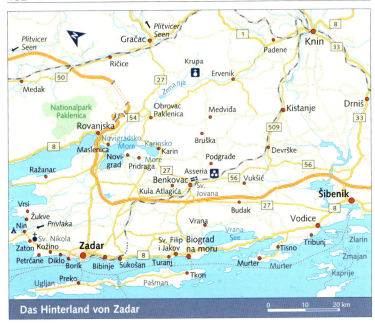

und Ludwig von Anjou Teil im Machtkampf um die Kronen über Ungarn und Polen. Dabei hatten sie ihren Widersacher Karl von Durazzo ermorden lassen, was einen Aufstand in Kroatien provozierte. Mutter und Tochter wurden bei Đjakovo gefangengenommen und nach Novigrad gebracht.

Am ersten Jahrestag des gewaltsamen Todes Karls wurde Elisabeth vor den Augen ihrer Tochter auf der Burg erwürgt. Unklar blieb, wer den Auftrag dazu gegeben hat und welche Rolle König Sigismund dabei spielte. Ihm war bereits zuvor Maria, formal Regentin über den Thron von Polen und Ungarn, versprochen worden. Nun holte er sie sich.

In der neoklassizistischen Gemeindekirche **Sv. Marija** wird eine Brokatarbeit von Elisabeth aufbewahrt. Sie soll ein Geschenk an die Frauen gewesen sein, die mit ihr die letzten Stunden vor ihrer Hinrichtung verbracht haben.

1646 vertrieben die Türken die Bewohner der Stadt, die daraufhin in Pag Schutz suchten. Überliefert ist, dass die Novigrader während der folgenden türkischen Belagerung Pags eine Marienstatue durch die Stadt getragen haben sollen. Ihr sei es der Legende nach zu verdanken, dass die Türken abzogen. Zum Gedenken wird seitdem in Novigrad die Prozession an jedem dritten Sonntag im September wiederholt.

Zum Wiederaufbau Novigrads schenkten die Pager eine Glocke, die heute noch im besuchenswerten örtlichen **Museum** zu sehen ist. Bedeutung erlangte Novigrad durch einen fortschrittlichen Gesetzeskodex, der in der Stadt verfasst wurde und der für lange Zeit im Ravni Kotar galt.

Die Novigrader werfen der Regierung in kommunistischer Zeit vor, zahlreiche kulturhistorische Denkmäler wie Reste einer römischen Villa, einen Friedhof und Ruinen eines alten Klosters abgetragen zu haben. Während des letzten Krieges wurde im Gemeindebezirk von Novigrad die Infrastruktur in großen Teilen zerstört. 669 Privathäuser wurden außerdem dem Erdboden gleichgemacht, 500 weitere Häuser stark beschädigt, niedergebrannt oder geplündert. Dennoch sind starke Zeugnisse frühmittelalterlicher Kultur in Novigrad zu sehen. In der Friedhofskirche **Sv. Katarina** aus dem 10. Jahrhundert befinden sich seltene Chorschranken mit Flechtwerkornamenten. Die Meisterarbeit mit verschränkten Kreisen und Tauben hat auch die Zerstörung der Kirche durch die Türken 1571 überlebt.

Oberhalb der Stadt, in **Pridraga**, sind die Grundmauern der altkroatischen Kirche **Sv. Mihovil** zu sehen, mit dem seltenen frühmittelalterlichen Grundriss einer sechsblättrigen Blüte im Chor. Sie ist auf den Resten eines römisches Palastes erbaut, von dem ebenfalls Grundmauern zu sehen sind.

Etwas außerhalb befindet sich die Kirche **Sv. Martin** mit ihrem kleeblattförmigen Grundriss aus dem 5. Jahrhundert.

Novigrad

Vorwahl: +385/23, **Postleitzahl:** 23312.
Turistička zajednica, Trg kralja Tomislava 1, Tel. 375051, 375390, www.novigrad-dalmacija.hr, tzo-novigrad@zd.t-com.hr.

Apartmenthotel Agava, Elizabete Kotromanic bb, Tel. 375255, vjekoslav.mintas@vz.t-com.hr; Apartment für 2 Pers. 60–70 Euro. Sehr schlichter Bau direkt am Wasser; Restaurant und Satellitenprogramm. Hunde erlaubt.

Zahlreiche **Privatunterkünfte** auf der Internetseite der TZ.

Camp Adria Sol Mulić, Tel. 375111, www.adriasol.com; 100 Plätze 2 Pers./Zelt 20 Euro. Gegründet von der örtlichen landwirtschaftlichen Kooperative, heute eigenständig.

Prozession zu Ehren der Muttergottesstatue; am 3. Sonntag im Sept.
Sport- und Musiktage; im Juni.

Gute Badestelle am **Südufer** beim Kirchlein Sv. Duh.
Beim kleinen Ort **Pridraga** Kieselstrände, geeignet für Kinder.
Weitere bekannte Strände sind **Vrulje** und **Čuskijaš**.

Kleine Marina im Hafen.

Wassertouren auf dem Fluss Zrmanja von Novigrad möglich (auch geführt). Bootstouren auf der Zrmanja ab Obrovac als Tagestouren. Frühestmöglicher Einstieg für Kajakfahrer ist in Palanka.

Karinsko More

Wie ein Appendix schließt sich im Süden an das Novigradsko More das Karinsko More (Kariner Meer) an. Es ist nach dem Dorf Karin benannt, das von Novigrad in südlicher Richtung über Pridraga erreichbar ist. Die Kariner sind ein besonders stolzes Volk, halten sie doch daran fest, dass sie ein eigenständiger kroatischer Stamm seien. Bereits die Römer hatten im Ort eine Befestigungsanlage gebaut.

Gleich hinter dem Abzweig zum Dorf hinauf trifft der Besucher auf die Ruine eines **Franziskanerklosters**, das im letzten Krieg zerstört worden ist. Es wurde im 15. Jahrhundert auf den Resten eines Benediktinerklosters erbaut.

Auf einem Berg oberhalb der Straße befindet sich die **Ruine der Burg Modrag**, die

Das Karinsko More

vom 14. bis zum 17. Jahrhundert Fluchtmöglichkeit für die Bauern der Umgebung war. Von dort oben bietet sich ein schöner Blick in das Tal.

Obrovac Paklenica

Die elf Kilometer nordöstlich von der Mündung gelegene Stadt Obrovac Paklenica ist das Tor zu den malerischen Schluchten der Zrmanja mit ihren Stromschnellen und Wasserfällen.

Die 1337 zum ersten Mal erwähnte Stadt strahlt heute den Charme vieler sozialistischer Betonsiedlungen aus. Die **Ruine**, die auf dem Hügel über der Stadt thront, war einst eine Burg der Adelsfamilie Krbavski, die bis 1527 über die Stadt herrschte. Danach übernahmen die Türken die Herrschaft. Stolz sind die Einwohner darauf, dass sie 1848 als eine der ersten Städte der Krajina den Antrag gestellt haben, zu Dalmatien zu gehören, bei damals mehrheitlich serbischer Bevölkerung.

Heute leben hier 85 Prozent Kroaten und 15 Prozent Serben zusammen. Während des letzten Krieges wurde die Stadt vor der Eroberung durch die kroatische Armee von der serbischen Krajina-Regierung fast vollständig evakuiert.

Drei Kilometer südlich von Obrovac sind noch **Reste der Römersiedlung Clambetae** zu besuchen. Zur Ruine **Cvijina Gradina** muss man sich allerdings durchfragen. Dort sind Mauerspuren von Siedlungen, Straßen und insbesondere Reste eines Tempels und verschiedener Anlagen aus römischer Zeit zu sehen.

Die alte Pass-Straße nach Sveti Rok führt zum Gipfel **Tulove Grede** am Mali Alan. An dieser Stelle entstand die Filmszene, in der Winnetou durch die Kugel des Banditen Rollins starb und die Millionen Zuschauer zu Tränen rührte (Achtung: Minengefahr!). Nördlich von Obrovac bei Gračac liegen die **Höhlen von Cerovac**, die 1920 beim Eisenbahnbau entdeckt wurden und zu besichtigen sind.

Krupa-Kloster

Mehr als 20 Kilometer nordöstlich von Obrovac liegt am kleinen und romantischen Seitenflüsschen Krupa eines der wenigen serbisch-orthodoxen Klöster in Dalmatien. Es wurde 1317 wahrscheinlich von Mönchen aus dem serbischen Teil von Bosnien gegründet. Das Kloster stand unter dem Schutz der serbischen Könige, die zunächst noch die Türken durch Verhandlungen und Tributzahlungen dazu bewegen konnten, das Kloster zu verschonen. 1502 und 1620 zerstörten die Osmanen es dann trotzdem. Erneut massiv beschädigt wurde das Kloster 1941 von den kroatischen Faschisten, der Ustaša unter Ante Pavelić. Und auch im Zuge der ›Oluja‹, der letzten Kriegsoffensive 1995, wurde das Kloster beschädigt und teilweise beraubt.

Sehenswert ist vor allem die Klosterkirche mit ihren Fresken, die 1622 Georgije Mitrofanović, ein Mönch und berühmter

Freskenmaler aus dem serbischen Kloster Hilandar auf dem Berg Athos, malte. Sie wurden erst in den 1960er Jahren zufällig wiederentdeckt. Das Kloster wird fortlaufend renoviert, erst 2010 kamen 26 wertvolle Ikonen aus Serbien zurück.

Benkovac

Benkovac ist quasi überall in Kroatien: Die Pflasterung vieler Terrassen und sonstiger Böden verbindet sich mit dem Namen dieses Ortes. In Steinbrüchen um den Ort wird Benkovac-Stein (Benkovački Kamen) gebrochen. In der Art wie Schiefer, allerdings farblich zwischen beige und goldgelb changierend, lässt er sich in beliebig schmalen Platten lösen. Der Stein ist billig und wird deshalb überall in Kroatien auf den Terrassen der Cafés und in vielen privaten Anlagen meist als Bruchplatten verlegt. Der Abbau des Steins ist neben der Landwirtschaft die wichtigste Einkommensquelle der Stadt.

Seit der Römerzeit ist Benkovac ein Verkehrsknotenpunkt. Das Zentrum des Ortes liegt an einem Hügel, auf dem sich die erstmals im 15. Jahrhundert erwähnte Burg der Fürsten Benković befand. 1527 wurde sie von Türken erobert und zerstört. Das **Museum** unterhalb des Hügels zeigt Ausgrabungsgegenstände aus 100 Fundstätten der Region, unter anderem Fragmente von Neandertalerknochen, die vor wenigen Jahren in einer Höhle bei Raštević ausgegraben wurden.

Vor dem Krieg bestand die Bevölkerung zu 53 Prozent aus Serben und zu 47 Prozent aus Kroaten. Nach der Volkszählung 2001 ergab sich eine Einwohnerverteilung von 90 Prozent Kroaten zu 7,5 Prozent Serben. Inzwischen sind wieder einige Serben durch die EU-Programme in ihre Häuser zurückgekehrt. Was auch Einheimische kaum wissen: Auf dem Friedhof des Ortes befindet sich ein **Mausoleum von Ivan Rendić**. An der Ausfallstraße nach Knin steht die serbisch-orthodoxe Kirche **Sv. Jovana**. Sie wurde 1885 an der Stelle der älteren katholischen Kirche Sv. Vid, später Sv. Ivan, errichtet und war eine Schenkung der Österreicher an die geworbenen orthodoxen Zuwanderer, die die

Das serbisch-orthodoxe Krupa-Kloster

Militärgrenze besiedeln sollten. Wegen **Minengefahr** ist Vorsicht geboten, rund um Benkovac sollte man nicht auf offenen Feldern wandern.

> ### ℹ️ Benkovac
>
> **Vorwahl**: +385/23, **Postleitzahl**: 23420.
> **Turistička zajednica**, Šetalište kneza Branimira 12, Tel. 684880, www.tz-benkovac.hr, drustvene.djel@grad-benkovac.t-com.hr oder Zadar Županije (→ S. 90).

Stadtmuseum, Obitelj Benković 6, Tel. 681055, Besichtigung nur nach vorheriger telefonischer Anmeldung möglich.

Kula Atlagića

Eigentlich hieß der Ort Tihilić, wird aber seit der türkischen Besetzung nach einem türkischen Adeligen Kula Atlagića genannt. Sehenswert hier ist die kleine romanische Kirche **Sv. Petar** mit ihren auffallenden Blendarkaden an der Außenwand. Sie wurde 1187 von dem Niner Bischof Matej errichtet. Sv. Nikola wurde 1446 ursprünglich als katholische Kirche gebaut und von den Österreichern bei der Errichtung der Militärgrenze den orthodoxen Siedlern übergeben.

Festung Asseria

Die ehemals römische Festung Asseria in der Nähe des Dorfes Podgrađe ist leider sehr schlecht ausgeschildert, deshalb kann manche Frage nötig sein, um sie zu finden. Doch die Suche wird mit beeindruckenden Mauerresten einer einst auf einem Hügel erbauten mächtigen römischen Festung und mit einem herrlichen Blick über die Krajina belohnt.

Asseria war römische Stadt und Militärbasis, Handelsplatz und eine Festung für die römischen Gutsbesitzer aus der fruchtbaren Ebene. Von hier gingen militärische Operationen bis nach Rumänien aus. Vor den Römern unterhielten Liburner an der Stelle bereits eine Werkstatt zur Herstellung der bekannten Grabsteine, der **Cippi**. Solche Steine haben sich auch in der Umgebung gefunden, zum Beispiel auf dem Gräberfeld in **Nadin** 30 Kilometer nordwestlich von Benkovac. Einige dieser säulenartigen Steine mit einer Haube in Form eines Pinienzapfens stehen auch oben in der Nähe der Burg.

Vor der römischen Festung sind Reste einer weiteren Mauer aus christlicher Zeit entdeckt worden, in der Steine aus römischer Zeit verbaut wurden. Außerdem wurden Gräber gefunden, denen man leicht ansieht, dass sie ebenfalls aus römischem Baumaterial gefertigt wurden. Innerhalb der Mauern ist wenig von der römischen Stadt zu sehen, obwohl es hier sechs Ausgrabungsprojekte gegeben hat. In der Mitte des Hügels befindet sich das kleine, schief gebaute Kirchlein **Sv. Duh** mit einem Friedhof. Er liegt auf dem früheren römischen Forum der ehemaligen Stadt Asseria. In der Kirche sind sogar Steinfunde der Illyrer verarbeitet worden. Skurril mutet an, wie manche Gräber schlicht mit einem alten römischen Fries oder sonstigen behauenen Resten abgedeckt sind.

Römische und liburnische Grabstelen in Asseria

Republik Krajina

Was sich zu der Bezeichnung ›Krajina‹ verschliffen hat, hieß eigentlich ›Vojna krajina‹: Militärgebiet. Das Militärgebiet war ein Besiedelungsprojekt der Österreicher aus dem 16. Jahrhundert. Weil es den Kroaten nicht gelungen war, die Grenze zum Osmanischen Reich mit eigenen Mitteln zu sichern, schufen die Österreicher eine Art militärischen Korridor entlang der osmanischen Westgrenze vom slawonischen Okućani bis nach Knin. In diesem Gebiet siedelte Kaiserin Maria Theresia orthodoxe ›Vlachen‹ oder ›Morlachen‹ aus dem ganzen Balkan an. Angelockt wurden sie mit dem Versprechen weitreichender Privilegien wie der Befreiung von der Pacht, und Zusicherung der Religionsfreiheit. Dafür mussten die Neusiedler stets für militärische Einsätze zur Verfügung stehen. Dieses Versprechen wurde später nicht nur zur Verteidigung gegen die Osmanen ausgenutzt. So entstand dort auf kroatischem Territorium eine eigene serbisch-orthodoxe Kultur. Während des Zweiten Weltkrieges verübten Kroaten im von den deutschen Nationalsozialisten protegierten Ustaša-Staat grausame Massaker an Serben in der Krajina. Andererseits zwangen auch serbische Četniks die Bevölkerung mit Gewalt zur Kooperation, so dass viele Bewohner zwischen die Fronten gerieten.

1991 gründeten die Krajina-Serben den eigenständigen, aber von keinem Land anerkannten Staat Republika Srpska Krajina (RSK). Die Republik mit dem Verwaltungszentrum Knin war eine Antwort der Serben auf die Staatsgründung Kroatiens Ende 1990. Laut UNO-Kriegsverbrechertribunal sollen in der Folge 170 000 Kroaten und andere Minderheiten von den Serben gefangengesetzt oder vertrieben worden sein. Dafür wurde Milan Martić, einer der ehemaligen Präsidenten der RSK und Befehlshaber eines Raketenangriffs auf Zagreb, 2007 vom UN-Kriegsverbrechertribunal zu 35 Jahren Haft verurteilt. Goran Hadžić, der 1992 zum Präsidenten der RSK gewählt wurde, wurde 2011 in der Nähe von Novi Sad von serbischen Behörden verhaftet und dem Kriegsverbrechertribunal überstellt.

1995 erfolgte die lange vorbereitete und wahrscheinlich von der UNO und den Amerikanern im Stillen gebilligte Militäroperation ›Oluja‹ (Sturm), mit der die kroatische Armee die Krajina eroberte. Berichten zufolge sollen den Kroaten sogar Waffen aus jugoslawischen Beständen überlassen worden sein, die die UNO beschlagnahmt hatte. Befehlshaber der Operation ›Oluja‹ war Ante Gotovina, der mit einem Überraschungsangriff den Einsatz zum Erfolg führte. In Den Haag wurde er angeklagt, im Verlauf der Operation 150 000 (andere Quellen sprechen auch von höheren Zahlen) Serben vertrieben zu haben und für den Tod mehrerer hundert Zivilisten verantwortlich zu sein. Nach 15 Jahren auf der Flucht wurde er 2006 festgenommen. Unterschiedliche Einschätzungen der Richter führten nach einem Berufungsverfahren zum Freispruch für Gotovina. Nach sieben Jahren Untersuchungshaft kam er am 16. November 2012 auf freien Fuß. In Dalmatien gilt der Mann, der auch Ehrenbürger von Zadar und Split ist, als Volksheld. Gotovina hat sich offenbar aus gesundheitlichen Gründen aus der Öffentlichkeit zurückgezogen. Nach dem massenhaften Exodus ist heute eine serbische Kultur auf kroatischen Boden kaum mehr existent. Die menschlichen Wunden sind längst nicht vernarbt. Und noch immer ist dieses Gebiet nicht völlig minenfrei. Entsprechende Warnungen bitte beachten.

Auf dem Weg nach Šibenik

Auch wenn die Küstenstraße nach Šibenik schon durch den herrlichen Blick auf das Meer schön ist, lohnen sich auch die kleinen Orte, die unter- oder oberhalb der Straße liegen.

Empfehlenswert ist zum Beispiel ein Abstecher in das einst römische **Bibinje** mit seinem romantischen Hafen und dem kleinen Kirchlein Sv. Ivan auf dem Pulja-Kap.

In **Sukošan** befindet sich der größte Jachthafen der Adria. Das Dorf selbst mit seinen seinen verwinkelten Gassen ist an vielen Stellen malerisch verfallen. Auch **Turanj**, einst größer als Biograd na Moru, mit den Resten eines römischen Aquädukts und einer seit der Türkenzeit zerstörten Burg ist sehenswert.

Einfach nur entspannt am Meer scheint **Sv. Filip i Jakov** dazuliegen mit Blick auf die vorgelagerten Inseln. Die Palazzi und Gärten lassen die Schönheit alter Renaissancegartenkultur ahnen. In einem wunderschönen Pinienhain liegt das oberhalb der Straße gelegene einsame Kirchlein von **Rogova** bei einem Brunnen, an dem erst die Türken mit Pferden und dann die Dalmatiner noch bis in die 1960er Jahre mit Schafen handelten.

Während auf der Magistrale der Verkehr vorbeirauscht, scheint die Zeit in den kleinen Orten mit ihren oft guten Bademöglichkeiten stehengeblieben zu sein.

Biograd na Moru

Die alte Königsstadt Biograd ist eine lebendige, zuweilen hektische und im Sommer verstopfte kleine Hafenstadt, deren Straßennetz den Andrang an Marina und Fährableger kaum bewältigt. Dass in Biograd nationale Geschichte geschrieben wurde, ist der Stadt heute kaum anzumerken. Mitte des 10. Jahrhunderts zum ersten Mal erwähnt, wurde Biograd im 11. Jahrhundert zum Ort der Königskrönung. Nach dem Tod von Zvonimir 1089 entstand eine Krise um die Nachfolge der Herrschaft in Kroatien. Koloman, der Neffe des ungarischen Königs, setzte sich durch und konnte auch Venedig ausstechen. Um seinen Anspruch zu sichern, ritt er mit

Die Kirche von Rogova

Sommerfest in Biograd na Moru

einem ungarischen Heer nach Biograd und ließ sich 1102 in der Stadt krönen. Mit Koloman in Biograd begann die ungarisch-kroatische Personalunion. Hier fand die später auch die von Kroaten verhasste Verwaltung Kroatiens durch die Ungarn während der österreichisch-ungarischen Doppelmonarchie ihren Ursprung, als der Dienstweg für Entscheidungen in Wien immer über Budapest führte.

Einen tiefen Einschnitt erlebten die Biograder 1125, als der venezianische Doge Domenico Micheli die Stadt eroberte und sie dem Erdboden gleichmachte. Sogar das Bistum wurde aufgegeben und nach Skradin verlegt. Nachdem die Stadt von den Türken 1646 ein zweites Mal vollständig zerstört worden war, erreichte Biograd seine alte Bedeutung nie wieder.

1920 entdeckten Tschechen den Ort zur Erholung und begründeten den Tourismus, indem einer von ihnen 1935 das erste große Hotel, ›Vrana‹, gründete. Später hieß es ›Evropa‹ und heute ›Ilirija‹. Inzwischen werden in der Stadt wieder über 800 000 Übernachtungen jährlich gezählt.

■ **Sehenswürdigkeiten**

Wegen der mehrfachen Zerstörungen in der Geschichte der Stadt sind kaum noch sichtbare Reste der alten Stadt erhalten. Eine Ahnung der großen Geschichte vermitteln die **Reste der Kirche Sv. Ivan** nahe dem Trg Sv. Stošija. Die Kirche gehörte zu den bedeutendsten Basilikabauten in Kroatien. Sie wurde 1076 geweiht und war mit drei Apsiden versehen.

Zu empfehlen ist das **Museum** in der Krešimirova obala 22, dessen engagierte Leitung mit wenigen Geldmitteln um attraktive Ausstellungsgegenstände kämpft. Teile einer römischen Wasserleitung zeigen die fortschrittliche Rohrbautechnik der Römer. Die Leitungen brachten Wasser aus dem Vranaquellgebiet an die Küste. Im ersten Stock werden die Reste eines gesunkenen Handelsschiffes aufbewahrt, das aus Lübeck kam. Auch das Warenportfolio des Schiffes aus dem ausgehenden 16. Jahrhundert ist zu sehen.

Biograd na Moru

Vorwahl: +385/23, **Postleitzahl**: 23210
Turistička zajednica, Trg hrvatskih velikana 2, Tel. 383123, www.tzg-biograd.hr.

Busbahnhof, Trg hrvatskih velikana bb, Tel. mobil 060/350350.

Autofähre Biograd na Moru–Tkon (Pašman); 13x tägl. bis in den Abend.

Die Hotels **Ilirija** und **Kornati** (DZ mit HP 100–160 Euro) sind die beiden Großhotels mit dem meisten Komfort. Zur gleichen Gruppe der ›Ilirija‹-Hotels gehören die **Villa Donat** (alter Palazzo im Zentrum von Sv. Filip i Jakov; DZ mit HP 194–156 Euro) und **Adriatic Biograd** (DZ mit HP 100–150 Euro), gemeinsame Adresse Tina Ujevića 7, Tel. 383556, www.ilirijabiograd.com.
Hotel Bolero, Ivana Meštrovića 1, Tel. 386888, www.hotel-bolero.hr; DZ 85–100 Euro. Familiengeführtes Hotel nah am Meer, Klima, Balkon.
Hotel Biograd, Jadranska magistrala bb, Tel. 384462; DZ 90–140 Euro.
Albamaris, Augusta Šenoe 40, Tel. 384404, www.albamaris.hr; DZ 50–80 Euro. Einfacher Kastenbau, mit Meerblick.
Mare Nostrum, Sv. Petar 375b, Tel. 391420, www.marenostrum-hr.com; DZ 45–85 Euro. Außerhalb, direkt am Meer, neu, mit Lavendelgarten.

An der Küste gibt es zahlreiche Autocamps.
Camping Soline, Put Kumenta 16, Tel. 383351, www.campsoline.com; 2 Pers./ Auto/Zelt 25–50 Euro. Unter Pinien nahe am Strand, großzügige, offene Sanitäranlagen, bietet auch Mobilhomes.
Autocamp Crkvine, Pakoštane, am Westufer des Vransko jezero, Tel. 381433. 6 Hektar unter Kiefern, Blick auf den See.
Blue Club, südlich von Biograd. Großes Areal auf einer Wiese.

Restaurant Meduza, Augusta Šenoe 24, Tel. 384025. Gute Fischgerichte.
Vapor, Obala Kralja Petra Krešimira IV 24, Tel. 385482. Traditionell, im k. u. k. Ambiente, Fisch, gute Weine.
Casa Vecchia, Kralja Kolomana 30. Schöne Atmosphäre in einem grünen Innenhof, Pizza.
Guste, Kralja Petra Svačića 23, beim Fährhafen, Tel. 385045. Schönes Ambiente im Garten mit Blick auf das Wasser.

Beliebt ist der Strand **Dražice** (mit Wasserrutsche), aber wie viele in dieser Richtung meist überfüllt, besser nach Norden Richtung S. Filip i Jakov entlang der Olivenhaine suchen.

Marina Kornati, Tina Ujevića 7, Tel. 383800, 383920, mobil 098/449562. Kran und 1000 Liegeplätze.
Šangulin, Kraljice Jelene 3, Tel. 385150, 385020, www.sangulin.hr. Beide Marinas in Biograd sind gut ausgestattet, aber leider schlecht bewirtschaftet.

Krankenhaus, Matije Ivanića 6, Tel. 383014.

Vrana-See

Der 30 Quadratkilometer große Vrana-See ist der größte Süßwassersee in Kroatien und bildet seit 1999 das Zentrum eines Naturreservats mit zahlreichen Wander- und Radwegen. Im Nordwesten des 57 Quadratkilometer großen Reservates gibt es seit 1983 ein **ornithologisches Schutzgebiet**, seit kurzem versehen mit einer Beobachtungsstation. 241 Vogelarten wurden im Park registriert, davon nisten dort 102.

Bereits seit 2000 vor Christus war diese Gegend wegen ihrer Fruchtbarkeit ein wichtiges Landwirtschaftszentrum und Wasserreservoir. Die Römer versorgten Zadar über eine lange Wasserleitung vom Vrana-See aus. Dabei schafften sie es, das Wasser über ein Gefälle von einem Millimeter pro Meter fließen zu lassen. Erst die Türken zogen systematisch Wassergräben durch das ehemalige Moor um den See und begannen mit der Entwässerung. Heute gibt es außerhalb des Parks landwirtschaftliche Großproduktionsanlagen.

Vrana

Das unscheinbare Straßendorf Vrana hat mit seiner **Burg**, die auf einem Hochplateau liegt und als riesige Ruine in freier Natur steht, einst Geschichte geschrieben. Das Gebäude war ab 1076 exterritoriales Gebiet. Denn in diesem Jahr schenkte König Dmitar Zvonimir den Komplex dem Papst, so dass er der Gerichtsbarkeit des Vatikans unterstand. Seit dem 9. Jahrhundert war die Anlage ein Kloster und Zentrum der Benediktiner in Kroatien. Darin wurden zeitweise auch die Insignien der kroatischen Könige aufbewahrt. Doch bereits im 12. Jahrhundert übernahm der Templerorden die Burg und Anfang des 14. Jahrhunderts der Hospitaliter-Orden, der heutige Johanniter-Orden. Die Orden, die beide militärische oder andere Schutzfunktionen für die Reisenden in das heilige Land hatten, bauten die Burg zu einer Festung aus. Einer der Prioren, Ivan Pališna, war gleichzeitig der Ban, der im 14. Jahrhundert die Thronanwärterin Elisabeth und ihre Tochter in Novigrad einsperren und umbringen ließ.

Aus Vrana stammen bedeutende kroatische Renaissancekünstler des 15. Jahrhunderts: der Baumeister Lucijan und der Bildhauer Franjo Vranjanin.

Han Jusufa Maškovića

Ganz in der Nähe des Kastells findet sich einer der wenigen erhaltenen türkischen Hans auf kroatischem Boden: der Han Jusufa Maškovića. Ein Han war bei den Osmanen eine großangelegte Herberge und Restauration, oft auch Marktplatz und Nachrichtenbörse zugleich. An den Hans wurde der Reiseproviant aufgefüllt und die Tiere gewechselt. Hans lagen an wichtigen Knotenpunkten oder Durchgangsstraßen. Der nach seinem Eigentümer benannte Han Jusufa Maškovića wurde 1644 erbaut. Der türkische Vorname und der slawische Nachname lassen vermuten, dass die Familie von Jusuf zum moslemischen Glauben konvertiert war. Von Jusuf ist bekannt, dass er 1609 in eine arme Familie geboren wurde und als Soldat in der türkischen Armee großes Ansehen errungen hatte. Nach dem Bau des Hans, der ihm seine zivile Existenz gesichert hätte, wurde Jusuf erneut eingezogen und kämpfte auf Seiten der Türken auf Kreta. Die Chronisten berichten, dass Jusuf die Gefangenen des Krieges auf freien Fuß setzen ließ. Dafür wurde er von der türkischen Armeeführung zum Tode verurteilt.

Steg im Vogelschutzgebiet am Vrana-See

Hier finden sich Thunfische von ungewöhnlicher Größe, man sieht Delphine beim Spiel, und sehr häufig tauchen auch Seehunde auf. Wenn sich die Sonne im Sternzeichen des Krebses, des Löwen und der Jungfrau befindet, werden hier Zahnbrassen gefangen, die als großer Leckerbissen gelten ...

Juraj Šižgorić, De situ Illyriae et civitate Sibenici, 1487

ŠIBENIK UND UMGEBUNG

Šibenik

Šibenik mit seinen knapp 100 000 Einwohnern liegt eigentlich nicht am Meer, sondern an einem Berghang im Mündungsgebiet des Krka-Flusses. Sie ist die Stadt der Festungen, und kaum eine andere dalmatinische Kirche ist so beeindruckend wie die Kathedrale, die seit dem Jahr 2000 zum UNESCO-Weltkulturerbe zählt.

Geschichte

Šibenik hat verglichen mit anderen Städten eine Art ›Blitzkarriere‹ hingelegt. Denn die Stadt hat, abgesehen von kleinen Siedlungen der Liburner, nicht wie viele andere eine griechische, römische oder byzantinische Vorgeschichte. Sie wurde erst von den später eingewanderten Kroaten gegründet.

Stand die Stadt zunächst unter der Verwaltung von Trogir, gewann sie ihre Eigenständigkeit durch einen Trick. 1251 legten die Stadtväter dem ungarischen König Bela IV. ein gefälschtes Dokument vor, das vermeintlich nachwies, Belas Vorgänger Koloman IV. habe den Šibenikern bereits das Stadtrecht gewährt. Das bestätigte Bela IV. und versah die Bürger mit weiteren Zugeständnissen, die zur Stadtentwicklung beitrugen.

Erstmals 1066 erwähnt, erlebte die Stadt ihre wohl dramatischsten Jahre zwischen 1647 und 1650. Als 1647 der türkische Pascha Teklija mit 20 000 Soldaten heranrückte und die Stadt zu belagern begann, konnten die Bewohner von Šibenik, deren Zahl nur halb so groß war, sogar einen Angriff dieser Größenordnung abwehren. Gelungen war dies durch ein kluges System von Festungen, die der deutsche General Martin Degenfeld (1599–1653) im Auftrag Venedigs hatte errichten lassen und die noch heute zu sehen sind.

Šibenik wuchs zur größten kroatischen Metropole heran, die zwei Jahre später knapp 12 000 Einwohner zählte. Doch noch im gleichen Jahr brach die Pest aus. Ein Jahr später lebten nur noch 1500 Einwohner in der Stadt.

Unter der Doppelmonarchie wurde Šibenik 1877 an das Eisenbahnnetz angeschlossen. Die Verschiffung der Rohstoffe aus dem nördlich gelegenen Bergbaugebiet um Drniš und der Aufbau von Industrien wie der Kunstdüngerherstellung verschufen der Stadt neue wirtschaftliche Macht.

Nikola Tesla, der Erfinder des Wechselstroms, errichtete das erste Wasserstromkraftwerk im Gebiet der Krka und machte damit die Stadt 1895 zur ersten vollelektrifizierten Stadt Kroatiens. Daran erinnern noch die alten Straßenlaternen der Stadt. Im Ersten Weltkrieg war eine Hungersnot Auslöser für eine große Auswanderungswelle. Weil die Eigentumsfragen bis heute ungeklärt sind, gibt es noch immer viele halbzerstörte und verfallene Häuser in der Stadt. Während des Zweiten Weltkrieges bombardierten die Aliierten die deutschen Besatzer, die sich ab 1943 in der Stadt verschanzt hatten. Dabei wurden viele Kulturdenkmäler beschädigt. Am 3. November 1944 nahmen schließlich die Partisanen nach drei Tagen Kampf die Stadt ein.

Im letzten Krieg tobte um Šibenik zwischen dem 16. und 22. September 1991 eine entscheidende Schlacht, die die Kroaten gewinnen konnten. Dabei wurden viele Gebäude, unter anderem auch die Kathedrale Sv. Juraj, beschädigt. Die Serben zogen sich zwar zurück, aber bedrohten die Stadt von außerhalb mit Raketen und Granaten. Erst mit der Operation ›Oluja‹ 1995 endete die permanente Bedrohung.

Hafen und Kathedrale von Šibenik

Kleines Restaurant in der Altstadt

Heute versucht die Stadt, Tourismus und Industrie einvernehmlich nebeneinander wachsen zu lassen. Doch für den Tourismus hat Šibenik, obwohl es das Tor zur schönen Welt der Krka-Wasserfälle ist, zwei Handicaps: Es gibt in unmittelbarer Nähe zur Stadt nur wenige Strandflächen, und die Stadt hat keinen tiefen Hafen, an dem größere Fähren oder gar Kreuzfahrtschiffe anlegen könnten.

Stadtrundgang

Am besten lässt sich der Rundgang am **Poljana Maršala Tita**, dem Platz des Marschalls Tito, beginnen. An den Platz schließt sich der hübsche kleine Park **Perivoj Roberta Visianja** an. Das so schlicht wirkende **Denkmal für den kroatischen König Petar Krešimir IV.** (1058–1074) von der Bildhauerin Marija Ujević an der Südseite des Parks ist ein Politikum: Es sollte bereits 1971 während des ›kroatischen Frühlings‹ dort errichtet werden, wurde aber verboten. Erst im Jahr 2000 wurde es aufgestellt. Der König wird offiziell als Bauherr der ersten Burg in Šibenik um 1066, tatsächlich aber als Symbolfigur für die kroatische Autonomie geehrt.

■ Franziskanerkloster

An der Westseite des Parks befindet sich das Franziskanerkloster, das für seinen **Kirchenschatz**, die **Bibliothek** mit 140 Inkunabeln und Handschriften aus dem 11. und 15. Jahrhundert und die beiden **Orgeln** der Kirche bekannt ist. Die kleinere von 1762 gehört zu den ältesten in Dalmatien und wird heute noch mit einem Blasebalg bedient. Die Gemälde auf den drei Altären sind von Matej Ponćun aus Rab, einem Schüler von Jacopo Palma. Leider ist die Kirche nicht immer zugänglich.

Das wertvollste Stück der umfangreichen Bibliothek ist das sogenannte **Šibeniker Gebet** aus dem 14. Jahrhundert, das früheste Zeugnis kroatischer Sprache in lateinischer Schrift.

■ Theater

An der Nordseite des Trg kralja Držislava befindet sich das 1870 erbaute Theater. Das mit 500 Sitzplätzen seinerzeit größte Theater in Kroatien war keine öffentlich geförderte Einrichtung, sondern eine Art Aktiengesellschaft der Bürger. Ein Granatentreffer 1991 machte eine Renovierung erforderlich, die erst 2001 abgeschlossen wurde.

Gasse in Šibenik

Stadtrundgang 167

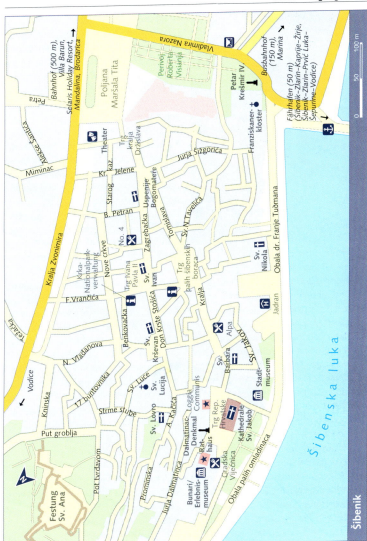

■ Kirche Uspenije Bogomatere

Zwei Querstraßen weiter befindet sich die Kirche Uspenije Bogomatere, serbisch Vaznesenija Bogorodice (Auferstehung der Mutter Gottes). Sie ist heute die Kathedrale der serbisch-orthodoxen Eparchie, der obersten Kirchenleitung für Dalmatien. Die Fassade der zu einem Kloster gehörenden Kirche mit zwei kanzelartigen Balkonen vor den Glocken gilt als originelle Barockarchitektur. 1390 erstmals erwähnt, lebten im Klosterkomplex erst Templer, dann Flagellanten und schließlich Benediktiner. 1810 übergab

Konoba in einer Altstadtgasse

Napoleon die Gebäude, die im 17. Jahrhundert ihr heutiges Aussehen erhielten, der serbisch-orthodoxen Episkopie. Nach gängiger Geschichtsschreibung hat es Napoleon den Orthodoxen geschenkt. Nach orthodoxer Chronik gibt es einen Kaufvertrag, den griechisch-orthodoxe Kaufleute mit der französischen Administration ausgehandelt hätten.
Während des jugoslawischen Krieges 1991 sollte die Kirche gesprengt werden. Es ist einem katholischen Geistlichen zu verdanken, dass die kroatischen Soldaten daran gehindert werden konnten. Heute gehören etwa 2000 Mitglieder zur orthodoxen Gemeinde. Nach langer Verweigerung durch die Stadt wird die Kirche seit 2007 mit Geldern des Kulturministeriums renoviert und ein Museum eingerichtet.
Im Inneren ist die **Ikonostase** mit Ikonen aus dem 17. und 18. Jahrhundert sehenswert. Am reichgeschnitzten barocken Chorgestühl und an der Kanzel ist die frühere katholische Nutzung noch gut zu erkennen. Zur Besichtigung neben der Kirche klingeln.

■ **Kirche Sv. Krševan**
Die Zagrebačka führt an der Kirche **Sv. Ivan** mit dem außen angebrachten Treppenaufgang von Nikola Firentinac vorbei. Die Uhr auf dem Glockenturm ist ein Beutestück von den Türken, die den Zeitmesser in Drniš zurückgelassen hatten.
Kurz darauf folgt die kleine Kirche Sv. Krševan aus dem 12. Jahrhundert, die älteste Kirche der Stadt. Sv. Krševan markiert den Beginn des Stadtteils Gorica, in dem ursprünglich die Feldarbeiter der Stadt lebten und der erst im 13. Jahrhundert mit einer Stadtmauer umgeben wurde. Im Haus gegenüber von Sv. Krševan traf sich das Komitee der kommunistischen Partei Dalmatiens.

■ **Benediktinerinnenkloster Sv. Luce**
In der folgenden Straße rechts befindet sich das kleine Kloster Sv. Luce aus der ersten Hälfte des 17. Jahrhunderts. Es wird noch von drei Benediktinerinnen bewohnt, die mit viel Herz und Humor sowie Unterstützung aus Deutschland ein wundervolles **Museum** mit Kunstgegenständen eingerichtet haben, die das Kloster im Laufe seiner Geschichte erworben hat: eine Marienstatue aus romanischer Zeit, die in ursprünglicher Farbenpracht erscheint, eine Kreuzes-darstellung aus dem 15. Jahrhundert, wahrscheinlich aus Kreta, und vieles mehr.
Früher war das Kloster weithin bekannt, so dass auch Kaiser Franz Joseph I. und Sissi (Elisabeth von Österreich-Ungarn) sich 1897 ein paar Tage darin aufgehalten haben, wobei Sissi den Schwestern ihr Herz ausschüttete. Überliefert wurde, dass sie mit Mann und Schwiegermutter nicht glücklich sei. Im Museum sind Likörbecher zu sehen, aus denen das Königspaar getrunken haben soll. Die Nonnen sind heute stolz darauf, dass die Anfrage des Ustaša-

Bürgermeisters, eine Fahne für die Faschisten zu nähen, von den Nonnen dreimal abgewiesen wurde.

■ Franziskanerkirche Sv. Lovro

In der ulica Andrije Kačića befindet sich in der Franziskanerkirche Sv. Lovro ein beachtenswertes modernes **Deckengemälde** mit einer apokalyptischen Szene, gemalt 1934 von Vlado Marjanović. In dem 1650 gegründeten Kloster, in dem seit dem Ende des Zweiten Weltkriegs keine Mönche mehr leben, war in kommunistischer Zeit eine Druckerei untergebracht.

Geht man die kleine Gasse vor der Klosterkirche hinauf, findet sich links ein wunderschöner, zum Kloster gehöriger **Garten**, der über 100 Jahre in Vergessenheit geraten war und erst 2007 erneuert wurde. Er war einst ein Schulgarten für das Gymnasium in Šibenik und wurde nach mittelalterlichem Vorbild wieder angelegt. Gartenbau hat Tradition in Šibenik: Einer der gelehrtesten Persönlichkeiten der Stadt, Robert Visiani Šibenčanin, war im 19. Jahrhundert ein großer Botaniker in Padua. Heute wachsen in der erneuerten Anlage unter anderem wieder Thymian mit Blüten in unterschiedlichsten Farben und Kapern, die angeblich Juraj Dalmatinac in die Stadt gebracht haben soll. Am Eingang befindet sich ein schönes **Café**, in dem man sich von den Besichtigungen erholen kann.

■ Kathedrale Sv. Jakob

Am Trg Republike Hrvatske, dem Platz der Kroatischen Republik, befindet sich die Kathedrale Sv. Jakob, die zu Recht 2002 in die Liste des Weltkulturerbes aufgenommen wurde. Der Bau präsentiert die Summe baumeisterlichen Könnens der beiden größten Baumeister Dalmatiens: Juraj Dalmatinac und nach dessen Tod 1475 Nicola Firentinac (gest. 1505), ein Schüler Donatellos, der ebenfalls die Fertigstellung nicht mehr erlebte. Nachdem bereits ab 1402 italienische Baumeister, unter anderem Bonino da Milano, und einheimische Baumeister mit dem Bau begonnen hatten, erstellte Dalmatinac 1433 eine neue Gesamtplanung. Bonino und andere hatten bereits das heute noch zu sehende Nordtor und das westliche Hauptporta lerstellt. Dalmatinac gab diesen zum Teil noch in der Romanik verhafteten Vorgaben eine komplett neue Ausrichtung, die den Geist der Spätgotik und später der Renaissance atmete. Ihm verdankt der Bau den kreuzförmigen Grundriss und die großartige Taufkapelle. Der Sandstein, aus dem der Bau gefertigt wurde, kam von der Insel Brač.

Außen ist Dalmatinacs ganze bildhauerische Gestaltungskraft an den 74 in Stein gehauenen **Portraits** erkennbar, die an einem Fries um den Chor herum angebracht sind. Über die 1850 bei Renovierungsarbeiten veränderten Charakterköpfe ist viel spekuliert worden: Waren es persönliche Bekannte, wichtige Zeitgenossen, frühe Karikaturen oder schlicht Fratzen?

Die Kathedrale von Šibenik

Die Charakterköpfe von Juraj Dalmatinac am Sims der Kathedrale

Die **Kuppel** plante noch Dalmatinac, nachdem Michelangelo und Bramante in Florenz und Rom ähnliche Dachkonstruktionen geschaffen hatten. Firentinac führte sie später aus und gab der Kirche in den oberen Teilen ihr Gepräge eines Renaissancebaus. Die Bauweise der Kuppel wurde erst 1997 im Zuge der Reparatur nach Granateinschlägen während des Krieges verstanden. Das Gewölbe wird durch eine rippenförmige Tragekonstruktion gehalten, in das die Dachplatten ohne Mörtel verzahnt sind. Der Engel Michael auf der Spitze ist gleichzeitig ein Windrichtungsanzeiger. Das Innere bekommt durch die Mischung der Stile ihre unverwechselbare Wirkung: Während unten gotische Spitzbögen die Augen nach oben führen, erlebt der Betrachter beim Blick in den Renaissance-Aufbau Helligkeit und die Öffnung zum Himmel hin.

Noch Dalmatinac hat den **Sarkophag des Bischofs und Humanisten Juraj Šižgorić** (1420–1509) entworfen, der nach Betreten der Kirche auf der rechten Seite ins Auge fällt. Andrija Aleši vollendete ihn. Ebenso von Aleši stammt die Statue des heiligen Elias an der Südseite des Chores. Das Bild auf dem Altar ist Arbeit von Felipe Zaniberti, einem Tizian-Schüler.

Ein Meisterwerk der Steinmetzkunst ist das **Baptisterium**, das unterhalb des südlichen Seitenschiffes liegt. In dem von vier Rippen getragenen Gewölbe, das ganz mit Steinfiguren, Engeln und Cherubimköpfen verziert ist, scheint der Übergangskünstler von der Gotik zur Renaissance, Dalmatinac, die neu entdeckte Lebendigkeit zu feiern. Von vier Prophetenstatuen in den Ecken des Raumes sind nur zwei erhalten. Die Schlussfigur an der Decke stellt Gottvater dar, der für die Taufe den heiligen Geist sendet.

Noch heute finden im Babtisterium der Šibeniker Kathedrale Taufen statt

Die Festungen von Šibenik

Im Gegensatz zu Dubrovnik, das seine Festungen in die Stadtmauer integrierte, hat Šibenik drei seiner Festungen vorgelagert und verteidigte sich mit dieser Strategie erfolgreich, vor allem gegen die Türken.

Einzige Festung innerhalb der Stadt ist die 2200 Quadratmeter große Verteidigungsanlage Sv. Ana. Früher nach dem Stadtheiligen Sv. Mihovil benannt, ist über sie wenig bekannt. Bis zum 15. Jahrhundert wurde sie mehrfach zerstört, zweimal – 1663 und 1752 – sind ihre Pulverkammern explodiert. Grabungen haben Keramik aus venezianischer Zeit, aber auch Reste aus der Zeit der Liburner zu Tage gefördert. Die beiden nördlich der Stadt vorgelagerten Festungen Sv. Ivan und Šubičevac wurden beide vor den Türkenkriegen im 17. Jahrhundert gebaut und halfen, die Stadt erfolgreich zu verteidigen. Die von dem italienischen Militäringenieur Antonio Leni geplante Festung Sv. Ivan liegt auf einem 115 Meter hohen Berg. Die Festung Šubičevac auf einer weiteren Anhöhe wurde lange Festung Degenfeld genannt, nach dem deutschen Kommandeur in venezianischem Dienst. Auf ihr befindet sich ein Denkmal von Kosta Angeli Radovani und Zdenko Kolacio zu Ehren von 26 Mitgliedern der Volksbefreiungsfront, die hier oben von den faschistischen Besatzern erschossen wurden.

Die wohl bis heute imposanteste Festung ist Sv. Nikola auf einer kleinen Insel im Meer weit vor der Stadt. Sie wurde erbaut, um die Angriffe abzuwehren, die die Osmanen seit dem 16. Jahrhundert vom Meer aus führten. Im Eingangsraum hängt eine Platte mit den Namen aller Dogen und Burgherren des 16. Jahrhunderts. Seit 2002 werden hier hin und wieder Konzerte mit klassischer Musik aufgeführt. Seit 2011 ist die Festung auf einer Uferpromenade am linken Ufer des Kanals Sv. Antun erreichbar. Der 6,5 Kilometer lange Weg lässt sich wahlweise zu Fuß oder mit dem Fahrrad zurücklegen und beginnt in der Ortschaft Mandalina. Die Strecke führt durch ein Naturschutzgebiet, das bisher streng abgeriegelt war.

Die Festung Sv. Ana, im Hintergrund die Festung Sv. Ivan

Loggia communis

Auf dem Platz Trg Republike Hrvatske gegenüber der Kathedrale befindet sich die Loggia communis. Das mit großzügigen Bögen ausgestattete Gebäude diente früher als Gerichtssaal und Ort für Versteigerungen. Links von der Loggia hat Ivan Meštrović seinem Bildhauerkollegen Juraj Dalmatinac ein Denkmal gemeißelt, mit dem er die kühn planende Persönlichkeit einfangen wollte.

Bunari

Unterhalb des Denkmals befinden sich die Bunari, vier Brunnen über der Stadtzisterne, die 28 000 venezianische Fässer Wasser, etwa 210 000 Hektoliter, aufnehmen konnten. Zwischen 1445 und 1451 erbaut, dienten sie bis 1879 zur Wasserversorgung für die einfache Bevölkerung. Danach wurde Wasser aus der Krka in die Stadt geleitet und sechs öffentliche Wasserhähne eingerichtet. Heute bergen die unterirdischen Gewölbe ein gut gemachtes interaktives **Erlebnismuseum**, in dem wichtige Stationen der Stadtgeschichte auch für Kinder hautnah erlebbar werden.

Rechts an der Kirche hinauf durch ein Gewirr von kleinen Gässchen ist eine der wichtigsten Festungen der Stadt zu erreichen: **Sv. Ana** mit einem schönen Blick über die Stadt und die vorgelagerten Inseln und Halbinseln.

Kirchliches Museum

In der kleinen Kirche **Sv. Barbara** aus dem 13. Jahrhundert in der Kralja Tomislava ist das kirchliche Museum untergebracht. Die Figur des Sv. Nikola über seinem Eingang ist von Bonino aus Mailand. Höhepunkte der Ausstellung sind ein Polyptichon von Blaž Jurjev Trogiranin und eine Schutzmantelmadonna des einheimischen Künstlers Nikola Vladanov Šibenčanin. Unter dem gotischen Fenster an der Nordost-Wand findet sich eine in Dalmatien einzigartige Reliefdarstellung von 1419, die einen Arzt bei seiner Arbeit zeigt.

Kirche Sv. Nikola

Vom Trg palih šibenskih boraca rechts durch eine kleine Gasse hinab Richtung Meer befindet sich die Kirche Sv. Nikola. In der zur Seefahrer-Bruderschaft gehörenden Kirche aus dem 17. Jahrhundert hängen **Schiffsmodelle** an den Wänden oder von der Decke herunter, Portraits von großen Seefahrern sind an den Wänden angebracht.

Ausflüge ab Šibenik

In Pakovo Selo etwa 20 Kilometer nordöstlich von Šibenik an der Straße nach Drniš wurde 2007 eine Art **Freilichtmuseum** eröffnet (Karte → S. 175). Auf etwa 15 000 Quadratmetern wurde ein typisches Dorf des Šibeniker beziehungsweise des dalmatinischen Hinterlandes rekonstruiert, das zeigen soll, wie die Bewohner vor mindestens 100 Jahren lebten. Einheimische Gerichte können probiert, Volksbräuche, traditionelle Trachten und Folklore betrachtet werden. Viele Alltagsgegenstände zeigt

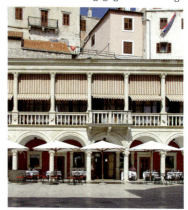

Die Loggia communis

das Museum **Didova Kuća** (Großvaters Haus). Um eine Freilichtbühne werden alte Handwerkskünste gezeigt.
Das gesamte Dorf wurde von Trockenmauern eingefasst, einem traditionellen dalmatinischen Mauerwerk, mit dem normalerweise Gärten und Grundstücke umzäunt werden.

Šibenik

Vorwahl: +385/22.
Postleitzahl: 22000.
Turistička zajednica grada Šibenika, ul. Fausta Vrančića 18, Tel. 212075, www.sibenik-tourism.hr.
Touristisches Informationszentrum, Obala dr. Franje Tuđmana 5, Tel. 214448, 214411.
Post, ul. Vladimira Nazora 51.
Privredna banka, ul. Vladimira Nazora.
Jadranska banka, Ante Starčevića 4.

Busbahnhof, Draga 14, beim Stadtzentrum, Tel. 368368. Busse nach Split, Zadar, Rijeka, Dubrovnik, Pula und Zagreb.

Bahnhof, ul. fra Jerolima Milete, Tel. 333696.

Nächste Flughäfen: Zadar 70 km, Split 90 km.

Fährhafen, beim Frachthafen, Tel. 213468.
Autofähre Šibenik-Zlarin; 1x tägl.
Autofähre Šibenik-Kaprije-Žirje; 2x tägl.
Personenschiff Šibenik-Zlarin-Prvić Luka-Šepurine-Vodice; 4/5x tägl.

Jadran, Obala dr. Franje Tuđmana 52, Tel. 242000, www.rivijera.hr; DZ 100–120 Euro. Einziges innenstadtnahes Hotel, am Wasser, schlicht eingerichtet, Klima, TV, kein WLAN.

In der Nähe von **Dubrava**, einem Dorf sechs Kilometer östlich von Šibenik, befindet sich eine **Falknerei**. Das Besondere: In ihr lassen sich die Vögel nicht nur bestaunen, sondern Besucher können auch an einem eintägigen Kurs teilnehmen, an dessen Ende eine echte Falkenjagd steht (Anmeldung erforderlich).

Villa Barun, Podsolarsko 24, zwischen Šibenik und Brodarica, Tel. 350666, www.apartmani-villa-barun.com; DZ 70–120 Euro. Saubere, großzügige Zimmer, geschmackvoll eingerichtet. Gutes Restaurant.
Zlatna Ribica, K. Spužvara 46, 22010 Brodarica, Tel. 351160, www.zlatna-ribica.hr; DZ ab 80 Euro. Etwas außerhalb, aber ruhig gelegen, mit Klimaanlage und Internet. Einfache, aber geschmackvolle Ausstattung, Restaurant im Hause.
Vrata Krke, Lozovac bb, 22221 Lozovac, Tel. 778091, www.vrata-krke.hr; DZ 50–105 Euro. Sehr schön ausgestattetes Hotel östlich der Krka-Wasserfälle, mit Reiterhof.
Bauernhoftourismus bei Familie Kalpić, Kalpići 4, Lozovac, Tel. mobil 91/5845520, agroturizam@gmail.com, http://kalpic.com; Anmeldung erforderlich. Urlaub inmitten von Gärten, Weinreben und Obstbäumen. Versorgung mit Schinken, Oliven, Lamm am Spieß und selbstgebackenem Brot.
Tipp: Schöne Unterkünfte gibt es in der Umgebung an der Küste: in Vodice, Primošten oder auf Murter. Private Unterkünfte vermittelt www.apartmani-sibenik.org oder www.sibenik-tourism.hr.

Camping Solaris, **Camping Zablaće**, www.campingsolaris.com. Beide Plätze sind Teil des ›Solaris Holiday Resort‹. Unter Bäumen, mit den Bequemlichkeiten der Anlage.

Pelegrini, Jurja Dalmatinca 1, Tel. 213701. Mit Blick auf die Kathedrale, gehört zu den Spitzenrestaurants, Fisch- und Fleisch-

gerichte, nicht ganz billig. Vorbestellen könnte sinnvoll sein.
Restaurant Gradska Vijećnica, Trg Republike Hrvatske 1, Tel. 213605. Im Erdgeschoss des Rathauses, hochpreisig mit europäischer Küche, große Weinauswahl.
Barun, Podsolarsko 66, 350666. Fischspezialitäten, gutes Fischrisotto.
Gastro Italiano, Podsolarsko 78, Tel. 350494. Gutes italienisches Essen, gute Salate.
Alpa, Kralja Tomislava 17, Tel. 217977. Das älteste Restaurant der Altstadt.
No. 4, Trg Dinka Zavorovića 4, Tel. 217517. Internationale Küche.
Torcida, Donje polje 61, Tel. 565748. Fleischgerichte, Spezialität: Lamm am Spieß.
Zlatna Ribica, K. Spužvara 46, 22010 Brodarica, Tel. 351160. Schönes Ambiente, Fischgerichte. Etwas außerhalb.

Museum der Stadt, Gradska vrata 3, Tel. 213880, www.muzej-sibenik.hr; 7.30–15.30 Uhr. Im Rektorenpalast neben der Kathedrale. Ständige Ausstellung zur Geschichte und Sonderausstellungen.
Klostersammlung des Benediktinerinnenklosters Sv. Luce, Kačićeva bb. Viele kirchliche Kunstwerke aus dem Nonnenkloster.

Im Sommer reichhaltiges Kulturangebot, Infos in der Turistička zajednica.
Večeri dalmatinske Šansone; Aug., www.sansona-sibenik.com. Abende des dalmatinischen Chansons, Mischung aus Folklore und Popmusik. Die Auftritte werden landesweit beachtet und im Radio übertragen.
Kultursommer. Klassische Musik, Konzerte auch an ungewöhnlichen Orten wie der Festung Sv. Nikola.
Orgelsommerschule, http://organum.hr. Bei der international bekannten, alljährlich stattfindenden Orgelschule erklingen die 19 Orgeln der Stadt. 40 bis 60 Organisten bieten öffentliche Abschlusskonzerte.

Nahe der Stadt gibt es nur wenige Strände. Eher im Krka-Fluss oberhalb der Wasserfälle Skradinski Buk, auf den vorgelagerten Inseln oder auf Murter baden.
Jadrija: beliebter Kieselstrand seit 1921.
Rezalište: etwas außerhalb im Ort Brodarica.
Rebekkas Empfehlung: **Banj**, neuer Strand an der Nordseite der Stadt, halbe Stunde die Strandpromenade Richtung Norden gehen, mit Imbisshäuschen.

Liegeplätze am **Kai vor der Altstadt**.
Marina Mandalina, Obala Jerka Šižgorica, Tel. 312977, www.mandalinamarina.hr. Neue Marina.

Natürlich sollte man von Šibenik aus die **Krka-Wasserfälle** besuchen.
Kanal Sv. Ante: Der Šibenik vorgelagerte Kanal (→ S. 175) wird immer mehr zu einem Wander- und Erholungsgebiet. An der Südseite des vorgelagerten Kanals führt ein schöner Spazierweg zur Festung Sv. Nikola.

Internationales Kinderfestival. Das Festival, das seit 1958 besteht, hat landesweite Berühmtheit erlangt mit Theater, Musik und bildender Kunst aus den umliegenden Ländern. Von der UNESCO gefördert und unter der Schirmherrschaft des kroatischen Präsidenten (www.mdf-sibenik.com).
Falknerei (Sokolarski centar), Škugori bb, bei Dubrava, etwas außerhalb. Einzige Falknerei dieser Art in Dalmatien, gleichzeitig Genesungsstation für Greifvögel, Anmeldung: Matije Gupca 87, Tel. 022/219207, mobil 091/5067610.

Krankenhaus, Stjepana Radića 83, Tel. 641641.

Das Gebiet der Krka

Wer im Norden auf der neuen Autobahnbrücke über die Krka fährt oder von oben auf das Krka-Tal blickt, hat den Eindruck, in der ansonsten flachen trockenen Ebene habe sich ein riesiger Riss aufgetan, in dem das gesamte Wasser der Region zusammenfließt. Uneinig sind sich die Geologen, ob sich das Wasser in den Fels eingegraben hat oder ob es zuvor einen unterirdischen Wasserlauf gab, der später eingebrochen ist: Die Quelle des 72 Kilometer

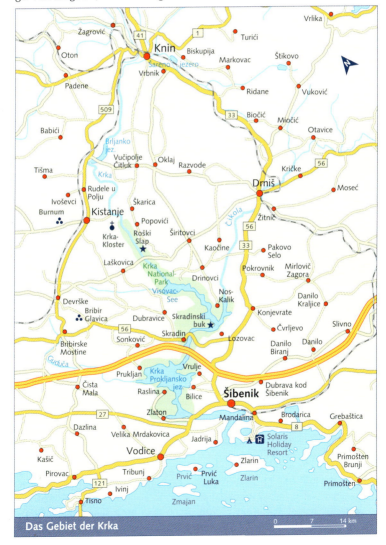

Das Gebiet der Krka

langen Flusses liegt drei Kilometer östlich von Knin.
Seit 1985 ist der größere untere Teil des Krka-Flusses ein Nationalpark und schützt ein Areal von etwas über 109 Quadratkilometern. Durchschnittlich 55 Kubikmeter Wasser rauschen pro Sekunde zu Tal und überwinden ein Gefälle von 242 Metern. 800 Pflanzen- und über 220 Tierarten wurden in der sich ständig verändernden Flusslandschaft gezählt.
Am Fluss entlang verlief die Grenze zwischen Liburnern und Dalmatern, bis die Römer den Krkafluss mit einem Militärlager bei Burnum sicherten. Am Rand des Lagers entstand das mächtige Fürstentum Bribir, das zu einer staatstragenden Macht wurde. Heute ist aus dem Naturschauspiel ein Wirtschaftsunternehmen geworden, das der Stadt Šibenik Arbeitsplätze sichert und Geldeinnahmen bringt.

Krka-Nationalpark

Für Besucher gibt es mehrere Zugänge zum Park zu unterschiedlichen Touren im Krka-Tal: Die Wasserfälle von Skradinski buk sind am einfachsten von **Lozovac** (dort großer Parkplatz und Kasse) durch Umsteigen in einen Bus zu erreichen, der dann an einem Ausstieg in der Nähe eines kleinen Museumsdorfes hält. Von dort aus steigt man zu Fuß noch einmal zahlreiche Treppen zum tosenden Schauspiel hinab.
Die romantischere Variante ist, von **Skradin** mit einem Boot zu den Skradinski-buk-Fällen zu fahren. Dabei führt die Fahrt unter einer Stahlbrücke hindurch, die, 1930 erbaut, als schönste Stahlkonstruktion des Landes Modernität in das Land brachte. Die deutsche Wehrmacht zerstörte sie auf ihrem Rückzug, 1953 wurde sie in schlichter Form wieder aufgebaut.

Krka-Nationalpark

Vorwahl: +385/22. **Postleitzahl**: 22222. **Nationalni Park Krka**, Trg Ivana Pavla II, br. 5 p.p. 154, 22001 Šibenik, Tel. 201777, www.npkrka.hr. Eintrittskarten gibt es in Lozovac (ausreichend großer Parkplatz) und Roški Slap (beide per Auto), Skradin (per Schiff).
Turistička zajednica, Skradin, Trg Male Gospe 3 (Uferstraße), Tel. 771329, www.skradin.hr. Ab Skradin per Schiff zum Skradinski buk. Früh vor Ort zu sein lohnt sich, denn die Schiffe sind schnell ausgebucht. Die kulturgeschichtlich interessanten Orte wie die Klöster **Visovac** oder **Krka**, Bribir und **Bonum**, die auf dem Gelände des Nationalparks liegen, sind auch ohne Eintritt für den Nationalpark erreichbar.

Unter den Wasserfällen von Skradinski buk gibt es aus Sicherheitsgründen keine Bademöglichkeiten.
Erlaubt und möglich ist das Baden im **unteren Lauf der Krka**, an der **Ortseinfahrt von Skradin** oder bei der **Brücke an der Zufahrtsstraße**.
Im Visovac-See ist zwar das Baden grundsätzlich verboten, aber an gekennzeichneten Badestellen gibt es Ausnahmen.

■ **Wasserfall Skradinski buk**
Der Skradinski buk ist der Wasserfall, der mit mehr als 45 Metern über etwa 17 Stufen den größten Höhenunterschied überwindet. Auf einer Länge von etwa 800 Metern hat sich eine Wasser- und Waldlandschaft entwickelt, die zu Fuß über gekennzeichnete Wege durchstreift werden kann. Unterhalb des Falls vermischt sich das Flusswasser mit dem Meerwasser.
Wer über Lozovac gekommen ist, ist schon am **Museumsdorf** vorbeigekommen. In einigen erhaltenen Gebäuden kann man noch sehen, wie vielfältig Wassermühlen am Rand des Wasserfal-

Der Wasserfall Skradinski buk

les eingesetzt wurden. Die Wasserkraft wurde nicht nur zum Getreidemahlen eingesetzt, sondern auch, um in kleinen Manufakturen eine Schmiede oder Webstühle in Gang zu halten und Tuch zu waschen. Kleine ethnografische Museen zeigen, wie das Leben auf dem Lande früher verlief.

Im Film ›Winnetou I‹ flirtete Old Shatterhand (Lex Barker) mit Nscho-tschi (Marie Versini) unterhalb der Wasserfälle von Skradinski Buk. Im Jahr 1895 wurde das erste Wasserkraftwerk Kroatiens von Nikola Tesla am Krka-Fluss erbaut, das Šibenik mit Strom versorgte.

■ Wasserfall Roški Slap

In einer kleinen Bucht oberhalb des Museumsdorfes, die man durch einen kleinen Fußmarsch erreicht, kann man mit einer zweistündigen Schiffstour zu dem auf einer Insel gelegenen Kloster Visovac gelangen. Diese Tour lässt sich auch um zwei weitere Stunden bis zu den Wasserfällen Roški Slap oberhalb des Klosters ausdehnen.

Oberhalb der Roški-Slap-Fälle befindet sich die Straße mit dem dritten Zugang in den Nationalpark. Sie wurde übrigens bereits von den Römern erbaut. Von einem Parkplatz aus kann man dann zum Endpunkt der Roški-Slap-Fälle herunterlaufen. Diese Fälle, die über 22 Meter hinabstürzen, sind zwar bei weitem nicht so beeindruckend wie die bei Skradinski Buk, aber es gibt eine kleine, im Sommer geöffnete Gastwirtschaft und Bademöglichkeiten in einem eng umgrenzten Areal.

Interessanter ist es, nördlich auf dem kleinen Weg an der Krka weiter entlangzulaufen. Leider ist dafür allerdings keine Zeit, wenn man per Schiff anreist. Über fast einen Kilometer erstrecken sich die Kaskaden immer kleiner neuer Fälle und bilden eine faszinierende Wasserlandschaft. Auch hier trieb das Wasser über Jahrhunderte Wassermühlen an, die heute zum Teil als Museum eingerichtet sind.

■ Visovac-Kloster

Wer nur das Visovac-Kloster auf der Insel besuchen will, kann mit dem Auto (über Drniš) direkt an das östliche Flussufer gegenüber vom Kloster heranfahren und sich mit einem kleinen Boot übersetzen lassen.

Mühlstein im Museumsdorf

Das Gebiet der Krka

Kleine Manufakturen haben sich an den Krka-Wasserfällen angesiedelt

Vom **Miljevački-Plateau** oberhalb des Klosters wird bei der wundervollen Aussicht auf die kleine Insel im Visovac-See (Visovačko jezero) noch vor dem Erreichen der nationale Symbolcharakter des Ortes deutlich. Auf der Plattform erinnert ein **Denkmal an Petar Svačić**, den letzten kroatischen König, der am Rande des Tales geboren wurde. Außerdem zeigt eine Tafel die Madonna von Visovac. Die Madonna galt den kroatischen Soldaten im letzten Krieg als Schutzheilige im Kampf um die Heimat.

Das Kloster war und ist ein Symbol für die Unabhängigkeit Kroatiens, denn die Franziskaner im Visovac-Kloster konnten als einzige auch während der türkischen Belagerung im Kloster ihr mönchisches Leben weitgehend aufrechterhalten. Das war ihrem Verhandlungsgeschick, aber vor allem auch einer gewissen Toleranz seitens der Türken gedankt.

Gegründet haben das Kloster Augustiner-Eremiten um 1400. Als der Lokalherrscher Grgur Utješinović diese Insel 1445 als Mitgift von seiner Frau erhielt, baten bereits Franziskaner, die aus Bosnien vor den Türken geflüchtet waren, um Asyl. Utješinović gewährte ihnen den Aufenthalt, bevor er selbst in seiner Festung Kamičak oberhalb des Flusses von Türken bedrängt wurde.

Die Klostergebäude wurden mehrfach in der Geschichte umgebaut und erweitert. Beeindruckend sind umfangreiche Ausstellungsstücke aus Flora und Fauna, aber vor allem Handschriften und Drucke zum Teil aus der Zeit vor Gutenberg, so besitzt das Kloster die größte Sammlung türkischer Dokumente auf kroatischem Boden. Heute leben drei Mönche im Kloster, in den weitläufigen Räumen können sich vor allem angehende Priester auf das Ablegen ihres Gelübde vorbereiten. Besondere Feiertage sind der 2. August, an dem den Pilgern eine Generalabsolution ihrer Sünden verliehen wird und der 15. August, wenn der in Kroatien fast nationale Feiertag Mariä Himmelfahrt auf der Klosterinsel mit einem großen Fest begangen wird. Mehrere Schiffe fahren dann die Insel an, und es kann sehr voll werden.

■ Skradin

Das malerisch im bewaldeten Tal der Krka gelegene Skradin war aufgrund seiner strategischen Lage am Eingang des Tales immer stark umkämpft, auch im letzten Krieg. Die Römer erwähnten die Siedlung der Liburner bereits 339 vor Christus, bevor sie sie eroberten und ihre neue Erwerbung Scardona nannten. Dann wurde sie zum Zentrum der römischen Provinz Liburnia. Zahlreiche römische Funde sind in der **Rugovača-Bucht** gemacht worden, in der sich heute die Marina befindet.

Im Jahr 530, als Šibenik noch ein Dorf war, wurde Skradin zum Bischofssitz ernannt und entwickelte sich zum zentralen Handelsplatz mit dem Hinterland. Im Laufe der Geschichte eroberten Awaren, Venezianer und 1522 Türken den Ort.

Fahrt zur Klosterinsel Visovac

Nach dem Abzug der Osmanen 1683 war Skradin verödet und erholte sich nie. Deshalb sind die Häuser der Stadt auch überwiegend aus dem 18. und 19. Jahrhundert. In Skradin siedelten sich zahlreiche orthodoxe Christen an, zwei Kirchen entstanden. Die Kirche **Sv. Spiridon** hat Kaiser Franz Joseph gestiftet.

Während des letzten Krieges zerstörten im Kampf zwischen Kroaten und Serben etwa 500 Granateneinschläge die beiden orthodoxen Kirchen und zahlreiche Häuser der Fußgängerzone. Erst 2005 zog wieder ein Pope in das orthodoxe Pfarrhaus. Knapp 18 Prozent der Einwohner sind Serben.

In der 1757 entstandenen katholischen Kirche **Porođenja Blažene Djevice Marije** (Geburt der heiligen Jungfrau Marija) ist die Orgel des Nakič-Schülers Francesco Dacci über dem Haupteingang beachtenswert. Das nach einem Angriff stark beschädigte Instrument wurde mit Geldern des Kulturministeriums erneuert.

Neben der Kirche befindet sich der **Palazzo Nadžupsko-Opatski**. Heute ist darin die **Schatzkammer** der Kirche mit sakralen und volkskundlichen Ausstellungsstücken untergebracht.

Oberhalb der Stadt liegt die **Ruine der Festung Turina**, die im 13./14. Jahrhundert vom Herrscher Pavao Šubić nebst einem kleinen Amphitheater erbaut wurde.

Skradin

Vorwahl: +385/22.
Postleitzahl: 22222.
Turistička zajednica, Trg Male Gospe 3 (Uferstraße), Tel. 771329, www.skradin.hr. Hier kann man auch die Eintrittskarten für den Nationalpark und/oder das Schiff zum Skradinski buk kaufen.
Post, Dr. Franje Tuđmana 8.
Zagrebačka banka, Obala bana Pavla Šubića; **Mala Gospa**, bei der katholischen Kirche.

Mehrmals täglich fahren Busse nach Šibenik.

Hotel Skradinski buk, Burinovac bb, Tel. 771771, www.skradinskibuk.hr; DZ 55–90 Euro. Sauber und nett, oft voll.
Apartments auf der Website der TZ, www.skradin.hr.
Unterkünfte in Lozovac → S. 173.

Restaurant Toni, Dr. Franje Tuđmana 38, Tel. 771177. Am Ortsausgang, nicht unbedingt günstig, aber gut.
Skala, Rokovača, Tel. 771081. Etwas oberhalb in der Stadt, mit Blick auf die Stadt, dabei nicht teuer. Spezialitäten sind Fische aus dem Fluss oder auch aus dem Meer.
Zlatne školje, G. Ninskog 1, Tel. 771022, preisgekrönt, was sich preislich ausdrückt, aber nicht zu Unrecht, große Weinauswahl, dalmatinische Küche.
Bonaca, Rokovača 5, Tel. 771444, Meeresspezialitäten
Cantinetta, Aleja skradinskih svilara 7, Tel. 771183. Mediterrane und auch Skradiner Spezialitäten, teurer, reservieren lohnt.

A-cappella-Gesang; 1. Sonntag im August. Chorgruppen in der Fußgängerzone, die alte Lieder der Stadt und Dalmatiens singen. Ursprünglich waren dies Liebeslieder, die unter den Fenstern junger Frauen gesungen wurden.

Baden ist möglich an der **Ortseinfahrt von Skradin** oder bei der **Brücke an der Zufahrtstraße**.

Flussschiffe Richtung Wasserfall Skradinski buk legen nahe der Marina ab.
Hafen ACI-Marina, direkt im Ort. 180 Liegeplätze, keine Tankstelle (Tanken in Šibenik), sauber und freundlich.

◎

Von Skradin führen Wanderwege in den Park. In der Turistička zajednica gibt es wenige Karten, aber einige Tipps; die Wanderwege sind markiert.

✚

Ambulanz, Šibenska 10, Tel. 771099.

■ **Krka-Kloster**
Oberhalb der Wasserfälle von Roški slap liegt das serbisch-orthodoxe Krka-Kloster Sv. Arhanđel in einer Flussschleife. Es kann mit dem Auto nur von der Westseite erreicht werden.
Gegründet wurde es 1345 von Jelena Šubić, der Schwester des serbischen Kaisers, die in das kroatische Geschlecht der Fürsten von Šubić eingeheiratet hatte. Kloster und Kirche wurden im 17. Jahrhundert mehrfach von Türken, aber auch von Venezianern zerstört, der heutige Bau ist 1790 in byzantinischem Stil entstanden.
In der Kirche ist die **Ikonostase** beachtenswert. Die überwiegende Zahl der Ikonen unten und in der Mitte stammt von der Insel Kreta, die oberen wurden im 17. Jahrhundert aus Russland in das Kloster gebracht.
Unter der Kirche befinden sich **Katakomben** aus römischer Zeit, die den Klosterbrüdern als Beweis dafür gelten, dass der Apostel Paulus in dieser Gegend missioniert haben soll. Teilweise wurden darin auch die alten Mönche bestattet, deren Gebeine zu sehen sind. Die Katakomben wurden während der Türkenkriege als Verstecke genutzt. Seit 2001 hat im Kloster wieder ein Priesterseminar seine Arbeit aufgenommen.

Bribir Glavica
Übersetzt heißt Glava Kopf/Haupt. Bribir Glavica war einerseits die Stadt, die auf dem Haupt, der Spitze des Berges Bribir, lag. Andererseits war Bribir aber auch ein Regierungszentrum, eine Art ›Haupt‹-Stadt der kroatischen Adelsfamilie Šubić. Auch wenn vom vergangenen Glanz nur noch Grundmauern zu sehen sind: Der Blick vom 300 Meter hohen Berg in alle Himmelsrichtungen über die weite Landschaft ist einen Besuch wert. Bribir Glavica ist heute eine **archäologi-**

sche **Fundstätte**, auf der auf einer Fläche von 27 000 Quadratmetern immer noch gegraben wird, so dass am östlichen Rand zwei kleine Häuser als Forschungsstationen errichtet worden sind.
Bereits im 1. Jahrtausend vor Christus hatten die Liburner auf diesem Berg eine Wallburg als starke Festung errichtet, von der jedoch keine Reste zu erkennen sind. Unterhalb der Kirche am Rand des Berges sind die am besten erhaltenen Grundmauern zu sehen. Hier, wie an vielen Stellen auf dem Berg, liegen die Grundrisse oft übereinander. So sind nach Norden hin altkroatische Mauern der Fürsten von Bribir zu sehen, Grundrisse einer Kirche und eines Klosters. Im Bericht des Porphyrogennetos aus dem 10. Jahrhundert taucht der Ort erstmals unter dem Namen Brebera auf.
Südlich blickt der Besucher eine Schicht tiefer auf Ausgrabungen einer römischen Befestigung aus dem 1. Jahrhundert vor Christus. Zu sehen sind Thermen, deren Böden mit kleinen weiß-schwarzen Mosaiksteinen ausgelegt waren. Bereits die römische Siedlung genoss Stadtrechte und wurde als ›municipium varvariae‹ bezeichnet.
Die jüngste Geschichte ist an der orthodoxen Friedhofskirche abzulesen. Viele der Gräber sind offen, weil die Serben sogar die toten Angehörigen aus Angst vor Schändung der Gräber mit auf die Flucht nahmen.
Am Boden der Westwand der Kirche zeichnen sich die Grundrisse einer frühchristlichen fünfkonchigen Kirche ab. Die Kroaten werfen den Serben vor, in kommunistischer Zeit die alte frühchristliche katholische Anlage, die einst auf diesen Grundmauern stand, eingeebnet und darauf die orthodoxe Kirche errichtet zu haben. Zwischen den neuen Gräbern sind auch frühchristliche Grüfte mit alten Särgen zu sehen.

Burnum

Nordwestlich von Kistanje, versteckt zwischen Feldern und Schafweiden und von der Straße schwer einsehbar, stehen die beiden markanten Bögen von Burnum. Sie sind Reste eines riesigen **Militärlagers der Römer**, in dem die 20. Legion untergebracht war. Im Volksmund wird der Ort auch Hohlkirche oder Trojanov grad (Trojastadt) genannt.
Wenn man die Weide mit den Bögen verlässt und auf die Straße zurückkehrt, links abbiegt und ein paar hundert Meter weiter sich erneut rechts in die Felder schlägt, kann man dann auf einer schmalen befahrbaren Sandstraße ein 2006 ausgegrabenes kleines **Amphitheater** erreichen. Hier fanden Gladiatorenkämpfe und andere tödliche Spiele statt. Ein Pfahl, an dem die Verlierer ihren Todesstoß bekamen, ist ebenfalls gefunden worden. Eine ausgegrabene Inschrift, die heute im Museum von Drniš zu sehen ist, nennt den Imperator Vespasian. Dennoch gilt er nicht als Erbauer der Anlage. Das meist angegebene Gründungsdatum 33 vor Christus wird neuerdings wieder in Frage gestellt. Dokumentiert ist ein Aufstand von Dalmatern und Pannoniern zwischen 6 und 9 vor Christus, der von den Römern niedergeschlagen

Ausgrabungen in Bribir glavice

Die türkische Festung in Drniš

wurde. Die 20. Legion wurde 68 nach Christus nach Italien verlegt und kämpfte auf Seiten Vespasians im Bürgerkrieg nach dem Tod von Nero. Burnum wurde erst im 5. Jahrhundert von den Goten erobert und diente über Jahrhunderte als Steinbruch, so dass auch heute noch in den Häusern der Umgebung Quader aus römischer Zeit verbaut sind.

Drniš

Umringt von hohen Bergen, liegt Drniš am Ende des breiten und fruchtbaren Tals Petrovo Polje (Petrus-Feld), durch das die Čikola fließt. Die Stadt, in der Zerstörungen aus dem letzten Krieg noch unübersehbar sind, wurde 1522 von den Osmanen gegründet. Sie blieb trotz zahlreicher Angriffe der Venezianer in ihrer Hand, bis sie im 18. Jahrhundert zu Österreich-Ungarn kam. Von den einst fünf Moscheen der Stadt sind noch Reste von zweien zu sehen.

Unter Österreich-Ungarn wurde Drniš durch eine Eisenbahnlinie mit Šibenik verbunden. In Drniš wurden die Rohstoffe Bauxit und Kohle verladen, die nördlich der Stadt in den Bergen abgebaut wurden. Durch die Bergbaugesellschaften wurde die Stadt zu einem wohlhabenden Verwaltungszentrum. Während des Zweiten Weltkrieges war das Tal stark umkämpft, in einzelnen Gärten stehen heute noch Bunker der deutschen Wehrmacht. Sie wurden im letzten Krieg erneut als Schutzräume genutzt.

Die **Ruinen einer alten Festung** mit einem markanten halbzerstörten Turm am Taleingang sind Reste eines türkischen Baus. Darunter soll sich bereits eine Verteidigungsanlage aus römischer Zeit befunden haben. Die Fahrstraße rechts an der Burg vorbei war der alte Ortseingang, er führt zu einer Höhle und einer unter Napoleon gebauten Brücke.

Unterhalb der Burg zur Stadt hin steht noch der wackelige **Rest eines Minaretts** aus türkischer Zeit. Das kleine Kirchlein **Sveti Ante** war einst eine Moschee. 1670 haben Franziskaner von der Insel Visovac sie zu einer Kirche umgebaut. Einige der islamischen Ornamente sind innen noch erkennbar. 1857 und 1907 wurde die Kirche noch mal verlängert und 1790 der Turm angebaut. In der Kirche zeigt ein Gemälde ein selten dargestelltes Thema: die Vertreibung der Türken aus Drniš. Im letzten Krieg wurde der Glockenturm zerstört und später wieder aufgebaut.

Bekannt ist Drniš für die Kunstwerke von Ivan Meštrović, dessen Heimat im nahen Otavice zu finden ist. So hat er die schöne Brunnenanlage **Die Quelle des Lebens** im Park unterhalb des Rathauses geschaffen.

Am Ortsausgang Richtung Süden findet sich das kleine **Heimatmuseum**, das heute weitgehend ein Archäologisches Museum ist. Es zeigt auch noch einige Werke von Meštrović, viele sind aber im letzten Krieg gestohlen worden. Heute sammelt das hübsch hergerichtete Museum unter der Leitung eines engagierten Archäologen Fundstücke aus illyrischer und römischer Zeit, wie sie in Bribir und Burnum gefunden werden.

Eine Spezialität in Drniš und Umgebung ist der Käse **Mišina**, der aus Schafs-, Ziegen- und Kuhmilch gemacht wird und in einer Schafhaut reift.

Otavice

Der Grund, das neun Kilometer östlich von Drniš gelegene Otavice zu besuchen, besteht darin, dass der große kroatische Bildhauer Ivan Meštrović das Dorf als seinen Herkunftsort ansah. Deshalb baute er von 1926 bis 1930 auf der Höhe Glavica ein sehenswertes **Mausoleum** für sich und seine Familie.

Der 1962 in den USA verstorbene, reiche Sohn des Ortes ließ zu Lebzeiten die Volksschule, das medizinische Zentrum und die Brücke, die Otavice mit Rušići verbindet, bauen. Dafür schenkte ihm die Gemeinde den Grund, auf dem das Mausoleum steht. Es ist nie vollständig fertig geworden. Im Sommer 1991, während des letzten Krieges, nutzten Serben das Mausoleum als Militärbasis. Dabei wurde die bronzene Grabplatte, auf der alle Familienmitglieder außer Meštrovićs letztem Sohn abgebildet waren, gestohlen, ebenso die Glocke über der Tür. Die Besichtigung des Mausoleums ist nur nach Anmeldung möglich, Tel. 022/872630 oder 091/5552862.

Wenn man schon mal da ist, sollte man sich auch eine Fahrt am Fluss **Čikola** entlang gönnen, das fruchtbare Grün drumherum beruhigt die Augen bei all der karstigen Landschaft in Meeresnähe. Es ist eine alte Kulturgegend, in der sich schon die Römer niederließen. In der Nähe von **Umljanovići** bauten sie eine große Stadt, Minicipium Magnum. In **Gradac** sind auf dem Friedhof noch Reste aus antiker Zeit zu sehen, wie ein Sarkophagdeckel. Im letzten Krieg hat es hier viele Zerstörungen und Verluste gegeben, was an Ruinen noch erkennbar ist.

Drniš

Vorwahl: +385/22, **Postleitzahl**: 22320.
Turistčka zajednica Drniš, Domovinskog rata 5, Tel. 888619, www.tz-drnis.hr.

Hotel Park, Stubište 1, Tel. 888636, www.hotelpark.hr; DZ 55 Euro. Im Zentrum.
Etnoskelin, Skelini 1, Drinovci, Tel. mobil 099/3782241, www.etnoskelin.com; DZ 65–110 Euro. Swimmingpool und WLAN.

Kod Tome, Put sv. Ivana 5, Tel. 886415. Spezialitäten sind Kalbshaxen und Gerichte aus der Peka.

Stadtmuseum (Gradski Musej), eingerichtet 1971 im Palazzo der Familie Nikola Adžija, zeigt viele archäologische Funde der Region, vor allem aus der Römerzeit, Sammlung von Meštrović-Werken.

Wanderungen auf den **Čavnovka** (1148 m) nördlich von Drniš, ca. 10 km, von dort herrlicher Blick bis zum Meer.
Burgenliebhabern ist die Wanderung nach **Ključica** zu empfehlen, eine Burg unterhalb des kleinen Dorfes Ključ. Als einst bedeutende Festung gehört sie heute zum nationalen Kulturerbe. Die Adeligen Nelipići hatten sich einst in ihr festgesetzt und verlangten Zoll auf dem Weg ins Hinterland. Venezianer konnten sie nicht erobern, erst den Türken gelang dies. Der Aufwand lohnt für den Blick in das Tal der Čikola. **Themenpark Etnoland Dalmati**, Oštarija 9, Pakovo Selo, Tel. mobil 099/2200200, www.dalmati.com. Ethno-Dorf auf einer Fläche von 15000 Quadratkilometern, Museum.

Ambulanz-Polyklinik, Josipa Kosora 14, Tel. 888900.

Ivan Meštrović

Ivan Meštrović ist ein Bildhauer von internationalem Rang und doch in Europa so gut wie unbekannt. Das mag daran liegen, dass die Arbeiten von Meštrović viele Facetten haben, die nicht allen gleichermaßen zugänglich sind. Seine Kunst war stark von der jeweiligen Zeit und unterschiedlichen künstlerischen Konzepten bestimmt, er hat aber auch alle Umbrüche seit Ende des 19. Jahrhunderts mitvollzogen. Meštrović betrachtete Otavice, den Herkunftsort seiner Eltern, zwar als seine Heimat, aber geboren wurde er 1883 als Sohn von kroatischen Wanderarbeitern auf einem Bahnhof im slawonischen Vrpolje. Er brachte sich das Bildhauen selbst bei, schnitzte und meißelte als Jugendlicher folkloristische Motive und kam mit 17 Jahren nach Wien in den akademischen Bildhauerunterricht. Bis zum Ersten Weltkrieg war der junge Meštrović beseelt von der Idee der nationalen Befreiung und der Vereinigung der Südslawen. In dieser Zeit schuf er die Statuen des Grgur Ninski in Nin und Split. Viele Werke aus dieser Zeit haben deshalb auch einen pathetischen und nationalen Charakter. So wie Béla Bartok ungarische Volkslieder verarbeitete, wollte Meštrović volkstümliche Formen für die Bildhauerkunst fruchtbar machen. In Paris wurde Auguste Rodin zu seinem Lehrer, der über seinen Schüler sagte: »Meštrović ist das größte Phänomen unter den Bildhauern.« Doch Meštrović wandte sich bald der Wiener Sezession zu und entwickelte eine eigene expressive Form des Jugendstils. Mit dem Ende des Ersten Weltkrieges stellte er die nationale Idee in Frage und wandte sich religiösen Emotionen zu. Zwischen den Weltkriegen lebte und arbeitete Meštrović in Zagreb und avancierte zu einem gefragten Künstler. Er stellte in Paris, den USA, Südamerika, Spanien, England, den Niederlanden und in Deutschland aus. Während des Zweiten Weltkriegs emigrierte er nach Rom, dann in die Schweiz. Die einen mag die nationale Phase seines Werkes abschrecken, andere die religiöse, aber immer spiegeln sich darin Meštrovićs persönliche Entwicklung und Eigenständigkeit. Seine Expressivität macht ihn zu einem bedeutsamen Künstler, der mehr Beachtung verdient.

In der Meštrović-Galerie in Split

Knin

Einst war die Stadt an der Krka Sitz der kroatischen Könige, dann Sitz des Bans von Kroatien, später Verwaltungszentrum unter den Türken und zuletzt Hauptstadt der Serbischen Republik Krajina. Im letzten Krieg ist im Kampf um Knin ein Großteil der Infrastruktur zerstört worden; seither sucht die Stadt nach einer neuen Zukunft.
Über Knin thront die Burg mit der größten Ausdehnung in Dalmatien.

■ Geschichte

Von 1991 bis 1995 war Knin die Hauptstadt der Republika Srpska Krajina (RSK). Als die kroatische Armee am 5. August 1995 die kroatische Flagge auf der Burg von Knin hisste und sie der damalige Präsidenten Franjo Tuđman küsste, war dies nicht nur der Schlusspunkt des Krieges. Mit dem hochsymbolischen Akt markierte der neue Staat, dass er die nationale Wiege in das Land zurückgeholt hatte. Heute wird am 5. August der Nationalfeiertag in Kroatien begangen.

Im 10. und 11. Jahrhundert war Knin Residenz der kroatischen Fürsten und Könige in der einzigen Phase nationaler Selbständigkeit. Als Kroatien 1102 an Ungarn fiel, war Knin der Sitz des Bans, der im Auftrag Ungarns die Verwaltung über ganz Kroatien sicherstellte.

In Knin wurde von 1409 bis 1522 das altkroatische Recht festgelegt und mit einer Art nationalem Gerichtshof dessen Einhaltung überwacht. Nach der Eroberung durch die Türken wurde die Stadt zu einem Verwaltungszentrum der Gebiete Lika und Krka.

Die Österreicher machten Knin Ende des 18. Jahrhunderts zum Teil der Militärgrenze gegen das Osmanische Reich und bauten die Bahnlinie, die Knin mit der Küste verband und zu einem Verkehrsknotenpunkt werden ließ.

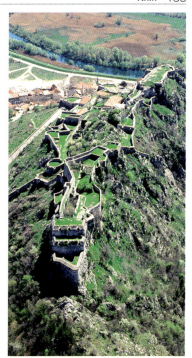

Die Festung Knin

Die Österreicher siedelten orthodoxe Bewohner an, und kurz vor dem Krieg waren die Bewohner Knins zu über 50 Prozent orthodoxen Glaubens. Sie machten nach dem Zerfall Jugoslawiens Knin zur Hauptstadt der Republika Srpska Krajina (RSK), der Republik der serbischen Krajina. Die kroatische Minderheit wurde misshandelt und vertrieben, so dass ihr Anteil zum Schluss nur noch zehn Prozent ausmachte.

Nach der Rückeroberung durch die Kroaten trat die überwiegende Zahl der Serben die Flucht an oder wurde auf oft grausame Weise dazu gezwungen. In der Stadt siedelten sich zahlreiche Kroaten aus Bosnien und Herzegowina an, so dass heute in der Stadt 15 000 Kroaten leben. Nun versucht man einen Ausgleich zwischen den einst Vertriebenen zu schaffen, Häuser und Grundstücke wieder den rechtmäßigen Besitzern zukommen zu lassen. Doch Traditionen sind abgebrochen, und die Wunden sind spürbar.

■ Die Stadt

Der letzte Krieg ist im Stadtbild noch allgegenwärtig. Vor dem Bahnhof befindet sich das martialische **Denkmal des siegreichen kroatischen Soldaten**. Auf dem Weg zur Burg am heutigen Gesundheitszentrum vermerkt eine Gedenktafel: ›An diesem Ort wurden zwischen 1991 und 1995 Frauen und Kinder gefoltert und getötet.‹

Die **Festungsruine** ist mit einer Ausdehnung von über 50 000 Quadratmetern die größte erhaltene Festung in Dalmatien. Den Eingang zur Bastion mit ihren vielen Gängen, Mauern und Schießscharten bildet das repräsentative Steintor von Ignacije Macanović aus Trogir. Der nördliche Teil der Festung ist der älteste und stammt aus vormittelalterlicher Zeit, der mittlere und der untere sind zusammen später im Mittelalter dazugebaut worden. In der Kirche Sv. Barbara befindet sich eine Glocke, die Johannes Paul II. 1994, als Knin noch Teil der Republik Krajina war, den verbliebenen Katholiken gestiftet hatte. Ihre heutige Präsenz zeugt vom Gespür des polnischen Papstes, mit einer einfachen Glocke ein politisches Statement abzugeben.

Neben dem 1893 errichteten **Museum** befindet sich die Büste des Gründers Lujo Marun, der als erster überhaupt in Kroatien antike Funde zusammentrug. Nachdem die Sammlung während des Zweiten Weltkrieges glücklicherweise nach Senj ausgelagert worden war – das Museum wurde zerstört –, ist sie später in Split untergebracht worden. Dort bildete sie den Grundstock für das ›Museum kroatischer archäologischer Denkmäler‹ und kam leider nicht wieder zurück.

In der Nähe von Knin, in **Šegotino vrelo**, gibt es einen unterirdischen See zu besichtigen, in dem zwar gebadet werden kann, dessen Wasser aber ziemlich kalt ist. Angenehmer baden lässt sich im **Šareno jezero**.

Knin

Vorwahl: +385/22, **Postleitzahl**: 22300. **Turistička zajednica**, Tuđmanova 24, Tel. 664822, www.tz-knin.hr. **Informationen auf Deutsch**: www.sibenikregion.com.

Busbahnhof, Pavlinovićeva 7, Tel. 661005.

Hotel Mihovil, Ante Anića 3, Tel. 664444, www.hotelmihovil.com. Einfache Zimmer, mit Restaurant.

Tri Lovca, 4. Garde-Brigade 32, 662642. Einfache Zimmer, Restaurant.

Zvonimir-Tag; Juli. Fest, bei dem viele in der Stadt mittelalterliche Kleidung tragen und unter anderem ein Musical über den mittelalterlichen kroatischen König aufgeführt wird.

Außerdem werden weitere Mittelalterfeste veranstaltet, Nachfragen in der Turistička zajednica.

In Knin münden zahlreiche Flüsse in die Krka, an denen sich entlang wandern lässt, z.B. zur Quelle der Krka. Aber auch der Hausberg **Širok** lässt sich ersteigen oder die Höhle **Gospodskoj pećini** erkunden.

Poliklinik, Kneza Ivaniša Nelipića 1, Tel. 664000, 664099.

Zwischen Šibenik und Murter

Vodice

Vodice steht heute für Spaß- und Badetourismus. Im Sommer spielen Bands auf großen Bühnen, finden Open-Air-Partys statt, viele Menschen sind unterwegs von einer Kneipe in die andere. Früher war die Stadt berühmt, weil viele ›Wässerchen‹ den Berg herunterkamen, heute fließen an den Theken der Promenade inhaltsreichere ›Wässerchen‹. Vodice bietet mit neun Hotels vor allem All-Inclusive-Urlaub am langen Strand. Neuerdings will sich der Ort im etwas seriöseren Gefilde des Kongress-Tourismus etablieren. Aufgrund starker Bewirtschaftung durch die Römer finden Bauern auf ihren Feldern heute noch antike Reste. 1322 erwähnte ein ungarisches Dokument den Ort erstmals. Ende des 15. Jahrhunderts wurde das frische Quellwasser zum Exportschlager und in großen Fässern verschifft. Die Quellen waren auch ein strategisches Ziel für die Türken. Doch sie konnten den Ort nicht erobern. Noch heute sind am Ortseingang **Reste einer türkischen Grenzstation** erhalten, neben der kleinen Kirche Sv. Šimun, 30 Meter oberhalb des letzten Turmes aus der Stadtmauer. Im 19. Jahrhundert wurde die Stadtmauer abgebrochen. Im Zweiten Weltkrieg wurde die Stadt bei starken Kämpfen zwischen Partisanen und Italienern schwer beschädigt, nachdem Waffendepots getroffen worden waren. An der Uferpromenade stellt ein **Aquarium** das Leben unter Wasser in leider zu kleinen Becken zur Schau. Im ersten Stock zeigen die Betreiber viele Gegenstände aus der Seefahrertradition. An der Uferpromenade entlang in östlicher Richtung ist in dem kleinen Ort **Srima** eine frühchristliche zweiteilige Kirche aus dem 6. Jahrhundert zu sehen. In der Südkirche wurden schöne Fresken aufwendig restauriert.

Berühmt ist Vodice für seinen sehr süßen Marascina-Wein. Die Süße kommt aus einer besonderen Rebsorte. Sie wird noch gesteigert, indem die Trauben vor der Verarbeitung getrocknet werden. Meist wird der Wein nach dem Essen gereicht oder aber auch zu Backwerk.

Am Hafen von Vodice

Vodice

Vorwahl: +385/22.
Postleitzahl: 22211.
Turistička zajednica, Obala Vladimira Nazora bb, Tel. 443888, www.vodice.hr. Wenig Informationen, aber Hinweise auf Apartments gibt es unter www.vodice.info.
Post, Obala Juričev Ive Cote 4.
Zagrebačka banka, Obala Juričev Ive Cote 9 (nahe der Post); **Erste Bank**, Obala Juričev Ive Cote 10.

Die neun großen Hotelanlagen findet man unter www.vodice.hr. Einige in Auswahl:
Hotel Punta, Hoteli Vodice d.d, Grgura Ninskog 1, Tel. 451480, www.hotelivodice.hr; DZ 130–240 Euro. Die größte Bettenburg am Platze, mit fünf Sternen.
Imperial Vodice, Vatroslava Lisinskog 2, Tel. 454454, www.rivijera.hr; 70–150 Euro (ohne Klimaanlage), 115–195 Euro (mit Klimaanlage).
Villa Matilde, Ljudevita Gaja b.b., Tel. 444950, www.villematilde.com; Apartment 4 Pers. 65–135 Euro/Tag. Kleinere Apartmentsiedlung.
Hotel Kristina, Severje d.o.o. Šetalište M. Sladoljeva 3, Tel. 444173, www.hotelkristina.net; DZ mit HP 105–135 Euro.
Dalmatino, Grgura Ninskog 4, Tel. 440911, www.hoteldalmatino.com; DZ 70–90 Euro. Auf der Halbinsel Punta am Meer, nicht weit von der Stadt.
Es gibt in Vodice kaum ein Haus, das nicht privat vermietet. Manchmal findet man noch vor Ort etwas, einige Angebote auf der Website der TZ, www.vodice.hr.

Autokamp Imperial, Vatroslava Lisinskog 2, Tel. 454412, www.rivijera.hr; 2 Pers./Zelt/Auto 15–30 Euro. Stadt- und strandnah, auch Mobilhomes.
Autokamp Ivona, Goran Roca, Vlahov Venca 14/a, Tel. 442558, www.autocamp-ivona.com; 12–15 Euro. Schlicht.

An der Hafenpromenade reihen sich viele Restaurants aneinander, hier eine Auswahl:
Arausa. Gute Kalamares und Fischplatte, gemäßigte Preise.
Pizzeria Riva, im Ortszentrum. Einfach und gut, auch mit klassisch-kroatischen Spezialitäten.
Rico. Speisen und Service auf hohem Niveau, südlich des Hauptplatzes vor dem Wellenbrecher.
Guŝte, Mirka Zore bb, Tel. mobil 091/2017593. Gute Steaks und Nudelgerichte, in der Hauptsaison Reservierung nötig.
More, Obala Vladimira Nazora 11, Tel. mobil 095/9081888. In der zweiten Reihe, Peka (einen Tag vorbestellen).
Adria, Obala Matice hrvatske 8, Tel. 441543. An der Promenade.
Konoba Ane, Kinkležova 1, Tel. mobil 098/9078394. Kleine Konoba mit Holzbänken, liebevolle Essenszubereitung, vor allem Gegrilltes vom Schwein, Huhn oder Fisch. Manchmal gibt es dalmatinische Musik.

Zudije; Ostern. Ein 100 Jahre alter Brauch wird hier zelebriert: Als römische Soldaten verkleidete Männer stehen von Gründonnerstag bis Ostersonntag als Wache vor der Kirche oder laufen bei Prozessionen mit. Sie symbolisieren die Wache am Grab Christi.
Am Ostersonntag organisiert das Tourismusbüro ein **Frühstück mit einheimischen Leckereien** für die Gäste.

Strände finden sich nördlich und südlich von Vodice, in der Hauptsaison können sie sehr voll sein.
Plava Plaza: Wurde sogar mit Umweltsiegel ausgezeichnet, Gastronomie in der Nähe.
Hangar: Gegenüber von Vodice, für Kinder gibt es eine Rutsche.

Marina ACI Vodice, Artina 2, Tel. 443086. Gepflegte Marina, mit Tankstelle. Von den 450 Plätzen sind viele von Dauerliegern besetzt.

Rundfahrten und **Ausflüge** in die Kornaten sind vom Hafen möglich.

Auf **Fischfang** geht es mit dem Boot ›Bakul‹ unter Kapitän Anton Roca, Tel./Fax 442101, oder mit der ›M.B. Loly‹, mit Kapitän Josip Palada, Tel. 443909. Infos auch in der Touristeninformation.

Diving Center Neptun, am Hotelkomplex ›Punta‹, Grgura Ninskog 1. Tauchkurse und Tauchausflüge. Auch die Touristeninformation, Tel. 200493, vermittelt Tauchkurse.

Ambulanz Vodice, Roca Pave 6, Tel. 443169.
Apotheke, Roca Pave 6, Tel. 440014.
Apotheke Grubišić, Bribirskih knezova 18a, Tel. 444569.

Arauzona

Bei dem kleinen Dorf **Velika Mrdakovica** sind auf einer Anhöhe Reste der liburnischen Siedlung Arauzona zu sehen, die bereits in den Reisetagebüchern des Plinius Erwähnung fand. Umgeben werden die Siedlungsreste von einem Gräberfeld aus dem 4. Jahrhundert vor Christus, in dem reiche Funde gemacht wurden, die im leider geschlossenen Archäologischen Museum in Šibenik lagern.

Am Fuße des Berges bei der Siedlung Srdarići befindet sich eine **römische Zisterne**. Die von den Bewohnern fälschlicherweise ›türkische Zisterne‹ genannte Wassersammelstelle dient nach wie vor zur Bewässerung der Felder und als Viehtränke.

Tribunj und Pirovac

Alternativen zur quirligen Touristenhochburg Vodice sind Tribunj und Pirovac. Auf einer kleinen vorgelagerten Insel und nur durch eine Steinbrücke mit dem Festland verbunden liegt das 1000-Einwohner-Dorf **Tribunj**. Das romantische Fischerdorf ist touristisch noch nicht so erschlossen, und die an der kleinen Uferstraße anliegende, 1997 in Betrieb genommene Marina verstärkt die Atmosphäre. Allerdings wird drumherum bereits mächtig gebaut. Wie viele Dörfer entstand auch dieses im 16. Jahrhundert, als Flüchtlinge vor den Türken eine neue Heimat suchten. Zwei vorgelagerte Inseln schützen den Hafen von der Seeseite. Die kleine Kirche Sv. Nikola aus dem Jahr 1452 zeugt noch davon, dass an dieser Stelle zuvor eine kleine Fischersiedlung existiert hatte. 1650 wurde auf dem Berg des heiligen Nikolaus die Verteidigungsanlage Jurjevgrad gebaut. Später wurden um den Ort auf Veranlassung der venezianischen Herrscher Stadtmauern errichtet, von ihnen sind heute nur wenige Reste geblieben. Eine der vorgelagerten Inseln, **Logorun**, ist heute ein Wildeselreservat.

In **Pirovac**, im 13. Jahrhundert von den Fürsten von Bribir gegründet, sind die Häuser wagenburgartig um ein romantisches Zentrum gebaut. Das nach Entwürfen von Juraj Dalmatinac angefertigte gotische **Grab der Familie Draganić-Vrančić**, die die Stadt mit harter Hand regierte, aber auch eisern gegen die Türken verteidigte, befindet sich in der Kapelle auf dem Friedhof. Vor dem Ort liegt die kleine Insel **Sustipanac** mit Resten römischer Besiedelung und einem alten, nicht mehr bewohnten Franziskanerkloster. Das Kloster wurde von den napoleonischen Truppen zerstört und danach nicht mehr aufgebaut.

Ivinj

Rechts von der Straße zur Insel Murter, einsam zwischen Olivenbäumen, sind um die kleine Kirche **Sv. Martin** aus dem 12. Jahrhundert Grundmauern eines römischen Dorfes zu sehen. Bei der Mauer liegen Platten mit liburnischen Mondsymbolen.

Auf den Feldern rund um Ivinj finden sich zahlreiche **Brunnen aus römischer Zeit**, die sogar noch in Gebrauch sind.

ℹ Pirovac

Vorwahl: +385/22.
Postleitzahl: 22213.
Turistička zajednica, Kralja Krešimira IV, br. 6, Tel./Fax 466770, www.tz-pirovac.hr.
Post, Kralja Krešimira IV. 6.
Jadranska banka, Kralja Krešimira IV 3A.

🛏

Hotelkomplex Miran, Zagrebačka b.b., Tel. 466803, www.rivijera.hr; 71 Zimmer, DZ 70–130 Euro, auch Apartments. Dreisterne-Hotel am Strand, mit Restaurant, Snackbar und Swimmingpool.

🍴

Restaurant Malo misto. Im Zentrum von Pirovac, mit 170 Plätzen.

Colonia, Jurja Šižgorića 4, Vesela, Vrata sela bb.

⛺

Campingplatz Miran, Tel. 466803; 600 Plätze, 20–40 Euro. Neben dem Hotel ›Miran‹.

🏖

Schöne Strände befinden sich **südlich von Ivinj**, dort gibt es sogar ein Moorbad. Der Strand **Lalic** ist durch Bäume beschattet, mit Gastronomie.

✚

Krankenhaus, Don Balda Vijalica 2, Tel. 467080.

▲ *Der Hafen von Tribunj*

Insel Murter und die Kornaten

Die Insel Murter ist durch eine Brücke mit dem Festland verbunden und daher leicht zu erreichen. Von den Jachthäfen in den kleinen Städtchen **Jezera**, **Betina** und **Murter** starten viele Skipper zur Kornaten-Rundfahrt. Im Ort Murter befindet sich auch die Hauptverwaltung des Nationalparks Kornaten, und von dort fahren viele Ausflugsboote.

Der Archipel der Kornaten mit über 150 Inseln ist eine traumhafte Meer-Insel-Landschaft. 89 der Inseln sind 1980 zum Nationalpark erklärt worden, der sich auf einer Fläche von 220 Quadratkilometern erstreckt. 30 Prozent der Inselflächen werden von Einheimischen, die überwiegend auf dem Festland wohnen, bewirtschaftet und seit Generationen vererbt. Erst neuerdings gibt es wieder erste Dauerbewohner.

Insel Murter

So voller Leben wie Murter heute dank der Touristen ist – der Name der Insel kommt ursprünglich von ›insula mortarii‹, Insel der Toten. Wahrscheinlich unter dem Eindruck einer im 17. Jahrhundert wütenden Pest entstanden, wurde die Bezeichnung zu ›Murter‹ verballhornt und im 18. Jahrhundert erstmals erwähnt. Bei Ptolemäus hieß die Insel ›Scardon‹, der ungarische König Bela I. nannte sie ›Srimač‹.

Insel Murter

Vorwahl: +385/22.
Turistička zajednica, Rudnina b.b., 22243 Murter, Tel. 434995, www.tzo-murter.hr.

Die Insel ist über eine kleine Drehbrücke erreichbar, es kann sehr voll werden. Achtung: Die Brücke wird morgens zwischen 9 und 9.30 Uhr und nachmittags zwischen 17 und 17.30 Uhr hochgezogen.

Eineinhalbstündlich fahren Busse von Šibenik nach Murter, nicht ganz so häufig zurück, der letzte fährt kurz vor 22 Uhr.

■ Tisno

Tisno ist der Brückenort zwischen Festland und der Insel Murter unterhalb des Berges Brosica (112 Meter). Tisno heißt ›eng‹, bezeichnet aber nicht die enge Straße über die zweispurige Klappbrücke, sondern die Meerenge zwischen Land und Insel. Erstmals 1474 erwähnt, wurde der Ort ab dem 15. Jahrhundert zur Fronarbeitersiedlung in der Hand der italienischen Familie Gelpi. Sie kam aus Caravaggio bei Mailand. Noch bis vor wenigen Jahren hatten Nachkommen ein Gut im Ort. Die Familie brachte auch das Bild der Madonna aus Caravaggio mit, das sich heute in der Kirche **Gospe od Karavaja** auf dem Berg Brosica befindet und als wundertätig gilt. Das markante gelbe Haus im Zentrum neben der Brücke war Gefängnis, Polizeistation und Schule und ist heute die Gemeindeverwaltung. Heute muss man beim Durchfahren Geduld mitbringen, denn es kann vor allem in der Saison eng in den Straßen werden.

Tisno

Vorwahl: +385/22.
Postleitzahl: 22240.
Turistička zajednica, Istočna Gomilica 1a, Tel. 438604, www.tz-tisno.hr.

Post, Trg Šime Vlašića.
Jadranska Banka, Zapadna Gomilica 3.
Automaten: Privredna banka, Istočna Gomilica 1a, Zagrebačka banka, im Hotel ›Borovnik‹.

Hotel Borovnik, Trg Šime Vlašića 1, Tel. 439265, www.hotel-borovnik.com; DZ 70–115 Euro. Im Zentrum gelegen, 2012 renoviert.
Apartment Village Hostin Rastovac; Apartment 2 Pers. mit HP 75–145 Euro. 2 km von Tisno entfernt, am Meer, mit Pool. Zwei- und Dreibett-Apartments, mit angeschlossenem Campingplatz.
Hotel Plava Laguna, Put Jazina 33, Tel. 439757; DZ 100–130 Euro, Familie 120–170 Euro, direkt am Wasser.

Drei empfehlenswerte Campingplätze hintereinander: **Jazina** (www.campjazina.com), **Rina** und **Tome**, am Ufer der Festlandseite.
Camp Dalmatia, Put Jazine 265, Tel. 439933. Neue Bäder, aber wenig aufgeräumter Platz.

■ **Jezera**
Auf der südlichen Seite des Berges Brosica liegt das Hafendorf Jezera. Früher von Illyrern besiedelt, lebten die Menschen überwiegend vom Fischfang. Heute lässt sich an der Hafenpromenade gemütlich schlendern.
Von Jezera aus sind Wanderungen zu einsamen Buchten auf der West und Südseite möglich.

■ **Betina**
Der kleine Ort Betina liegt auf einem vor der Küste liegenden Hügel. Oben drauf steht die weit hin sichtbare, im Renaissancestil erbaute rote **Pfarrkirche**. Einen Hinweis auf den Inselnamen ›insula mortarii‹ (Insel der Toten) gibt der linke Seitenaltar in schwarz-weißem Marmor: Auf ihm sind Totenköpfe und andere Todessymbole zu sehen. Von der Kirche führen romantisch enge Gässchen zwischen einst repräsentativen Häusern zum Hafen hinab, wo eine öffentliche

Restaurant Brošića, bei der Brücke. Fischspezialitäten auf überdachter Terasse.
Pizza Konoba, Velika Rudina 12, Tel. 439232.

26. Mai: Große **Prozession** zur Kirche Gospe od Karavaja am Berg Brosica.
Weitere Events: **Eselsrennen, Brückenwettbewerb, Kunstworkshops für Kinder**.

Murings im Ortshafen, Hafenmeister, Obala Sv. Martina, Tel. 439313.
Achtung: Die Brücke wird morgens zwischen 9 und 9.30 Uhr und nachmittags zwischen 17 und 17.30 Uhr hochgezogen.

Ambulanz, Istočna Gomilica 1, Tel. 438427.

Olivenpresse steht. Sie zeigt, dass die Insel einst für ihre Olivenölproduktion berühmt war. Die in Triest gefertigte Presse gehörte ursprünglich der Kirche und war noch bis 2001 in Gebrauch. Im Hafen hat sich eine kleine Werft auf den Bau von Holzbooten spezialisiert.

■ **Murter**
Die breite Uferpromenade des mit Betina immer mehr zusammenwachsenden Ortes Murter lädt zum Schlendern ein. An der Promenade befindet sich auch die **Nationalparkverwaltung Kornati**. Von der Promenade fahren Schiffe in die Kornaten, meist als Tagesausflüge mit unterschiedlichem Programm.
Auf dem Berg **Gradina**, der wie eine Halbinsel oberhalb des Jachthafens in das Meer ragt, lag einst die reiche Römersiedlung Colentum mit Mosaikfußböden und Fußbodenheizung. Unten am Hafen sind noch **Reste der römischen**

Insel Murter und die Kornaten 193

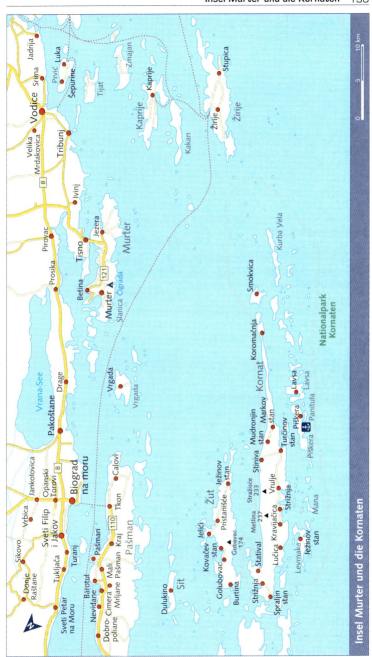

Hafenanlagen zu sehen, die sich weit ins Meer strecken.
Auf der Westseite der Insel liegt die bekannte Badebucht **Slanica**, die bereits zu kommunistischer Zeit ein beliebtes Reiseziel war. Heute befindet sich am Übergang zum Strand das Hotel ›Colentum‹, und im weiteren Verlauf ist er mit vielen kleinen Ferienhäusern verbaut. Der Strand kann nur gegen eine Gebühr betreten werden.
In Stari Murter findet sich der Abstieg zur Bucht **Čigrada**, wo im Sommer Bühnen für Musikveranstaltungen aufgebaut werden und so richtig gefeiert werden kann.

Murter

Vorwahl: +385/22, **Postleitzahl**: 22243.
Turistička zajednica Murter, Rudina b.b., Tel. 434995, www.tzo-murter.hr. Vermittelt auch Robinson-Urlaub und Fahrten in die Kornaten.
Jadranska banka, Luke 54; **Raiffeisenbank** und **OTP-Bank**, Butina 2.

Busse fahren regelmäßig nach Zagreb, Rijeka, Split und mehrmals täglich nach Šibenik.

Hotel Colentum, Put Slanice bb, Tel. 431100, www.hotel-colentum.hr; DZ 700–1740 Euro/Woche.
Viele **Privatunterkünfte** unter www.tzo-murter.hr.

Slanica, Jurja Dalmatinca 17, Tel. 434580, 2 Pers./Auto/Zelt 20–25 Euro.
Camp Kozirina, Put Kosirine b.b., Tel. 435268. Zwischen Tisno und Murter auf der westlichen Inselseite in einer eigenen Bucht, sehr naturbelassen, schön zum Baden, seine Ansprüche an die Sanitäranlagen sollte man aber herunterschrauben.

Mate, Kornatska 1, Murter, Tel. 435351. Gute dalmatinische Spezialitäten.
Skalinada, Murterskih braščin, Murter, Tel. 434592. Alles vom Grill.
Tic Tac, Hrokešina 5, Murter, Tel. 435230. Einheimische Spezialitäten, gute Steaks.
Fischrestaurant Čigrada, in der gleichnamigen Bucht, außerhalb. Die Küche ist besser als von außen zu erwarten ist.
Boba, Butina 20, Jezera, Tel. mobil 098/9485272. Risotto, Muscheln, Fleisch- und Fischgerichte.
Leut, Obala Sv. Ivana 15, Jezera, Tel. 438346. Gute Fisch- und Fleischteller.
Weinschenke Gušta, ul. Luke. Weinlokal unter alten Steinbögen.

Café-Bar Sirena. Bis 4 Uhr gibt es auf der schönen Terrasse noch etwas zu trinken.

Strand westlich von Murter, allerdings etwas Fußweg nötig.
Bucht Čigrada, auf der Westseite.
Rebekkas Empfehlung: In nordöstlicher Verlängerung der Promenade von Murter, beim Friedhof.

Marina Hramina, Put Gradine 1, Tel. 434411. Geschützte Lage, Ausgangspunkt für Segeln in den Kornaten, Anreise zwischen den kleinen Inseln nicht einfach. Viele Serviceangebote (Kran, Tankstelle), die Pflege wurde verbessert, aber lange Wege.
Marina Jezera, Obala Sv. Ivana 47 A, Tel. 439315. ACI-Marina, gut geführt und gepflegt.
Marina Betina, auf der Ostseite, Nikole Škevina bb, Tel. 434497. Keine einfache Ansteuerung, wenig Transitplätze, für Yachten länger als 40 Meter eng.

Ambulanz, Tel. 435262 oder mobil 091/22756039, und **Apotheke**, Tel. 434129, beide ul. Hrvatskih vla dara 47.

Die Kornaten

Der 89 Inseln umfassende Nationalpark der Kornaten vermittelt das perfekte Gefühl vom abgeschiedenen Robinson-Leben, das nicht nur den gestressten Menschen des 20. Jahrhunderts träumen lässt. Die Bilder der Kornaten von oben zeigen eine beeindruckende Welt kleiner und großer Inseln und zahlreicher Riffe. Vom Wasser sieht das ganz anders aus: Im knapp 224 Quadratkilometer großen Nationalpark tut sich eine Landschaft von Meer und kahlen Landerhebungen auf. Einsame Buchten, wahlweise flach ansteigende Hügel oder auch schroff aufragende Felsen an der Westseite der Inseln öffnen eine Welt, in der man sich verlieren kann.

Seit 1980 steht die Inselgruppe unter striktem Schutz. Im Norden schließt sie mit der ersten Insel **Velika Alba** an den Telšcica-Nationalpark an und reicht bis zur südlichsten Insel **Samograd**. Zunächst gehörten beide Nationalparks zusammen, doch als man sich über die Verwaltung und seinen Sitz (Šibenik oder Zadar) einigen konnte, wurde 1986 der Telašćica-Park Zadar zugeordnet und der Nationalpark Kornaten Šibenik. Seit 1989 wird der Nationalpark Kornaten von Murter aus verwaltet, Telašćica von Sali auf Dugi Otok aus.

Die Bewohner der Kornaten fühlen sich allerdings eher an das nähere Sali auf Dugi Otok hingezogen. Von dort aus ist die Inselgruppe für Nicht-Skipper auch besser zu erreichen. Wer von Murter aus die Inselgruppe mit einer organisierten Tour besichtigen will, sollte sich die Route genau zeigen lassen, denn nicht alle kleinen Inseln, an denen es vorbeigeht, gehören zu den Kornaten.

Touren auf die Inseln werden von Sukošan, Biograd, Sali (Dugi Otok) und Šibenik und vor allem vom offiziellen Verwaltungszentrum in Murter angeboten.

Leuchtturm auf den Kornaten

Mit dem Taxiboot lassen sich individuelle Preise und Routen vereinbaren. Die Naturparkbestimmungen sind strikt. Es darf getaucht, gebadet und sogar gefischt werden, aber nur an bestimmten Stellen. Das Fischen muss angemeldet werden. Unter Wasser darf die Landschaft zwar besichtigt, aber der Meeresboden nicht berührt oder gar etwas mitgenommen werden, es dürfen keine Waffen mitgeführt werden. Segeln ist erlaubt, aber das Ankern nur an dafür vorgesehenen Stellen. Wer gegen die Parkbestimmungen verstößt, muss mit Bußgeldern rechnen. Im Wasser rund um die Inseln überleben heute 61 Arten von Korallen, 177 von Mollusken, 127 von Würmern, 61 von Zehnfuß-Krebsen, 64 von Stachelhäutern und 185 Fischarten. Hinzu kommen viele Arten von Unterwasserpflanzen. Auch wenn die Inseln karstig aussehen: Es gibt eine Vielfalt von 650 Arten an Gräsern und Kräutern bis hin zu Orchideen.

■ Geschichte

In der Geschichte boten die Inseln mit ihren zahlreichen Buchten über Jahrhunderte Verstecke für allerlei lichtscheues Gesindel oder Schutzsuchende auf See. Die Illyrer bauten Verteidigungsanlagen

Steilküste auf der Kornateninsel Mana

auf den Inseln. Die von der Piraterie lebenden Ureinwohner suchten von den Bergen den Horizont nach Beute ab und versteckten sich nach dem Überfall in den Buchten.

Die Gewässer waren fischreich und boten gute Bedingungen für die Fischzucht, so dass später die Römer in den Buchten Fischteich- und Salzanlagen hinterlassen haben. Die Bezeichnung ›Kornaten‹ geht auf das römische Wort corona (=Krone) zurück. Allerdings war die Landmasse zur Zeit der Römer noch größer. Erst mit einem Erdbeben im 6. Jahrhundert sank ein Teil der dalmatinischen Küste ab (möglicherweise auch schon vor 2100 bis 2400 Jahren) und verkleinerte die Landflächen. Sicher ist: Zur Zeit Caesars bildeten die Inseln noch weitgehend einen einheitlichen Bergrücken. Auch heute noch soll das Land vor der Küste weiter langsam absinken. Deshalb liegen zahlreiche römische Anlagen unter Wasser.

Im Mittelalter tobte ein Kampf zwischen den römisch-katholischen und den byzantinischen Machthabern um die Inseln, so dass sie bis zum 13. Jahrhundert nicht bewohnt waren. Der Bau zahlreicher katholischer Kirchen auf den Inseln im 13. Jahrhundert markierte schließlich die Übernahme durch die westlich orientierten Mächte.

Mit der zunehmenden Dominanz Zadars nahmen immer mehr Adelige aus der nördlichen Hafenstadt Insel für Insel in Besitz. Bereits im 10. Jahrhundert wurde das Kloster Sv. Krševan von Zadar mit der Bucht von Telašćica belehnt. Doch Bewohner, die die Inseln bewirtschafteten, und die Fischer wurden nicht glücklich. Freibeuter, aber auch venezianische Schiffsbesatzungen überfielen die Bewohner auf der Suche nach Ess- und Trinkbaren auf ihren Passagen. Die Inseln veröedeten wieder. Später, als die Gefahr geringer wurde, zogen Bewohner von der Insel Murter auf die Eilande und suchten sich hier als Schäfer eine neue Existenz zu sichern, erstmals erwähnt wurde dies 1627. Seitdem streiten sich Sali, Murter, aber auch die Bewohner von Pašman um die Macht auf den Inseln.

Von 1824 bis 1830 wurden die Inseln dann von den Österreichern erstmals kartographiert und ein Kataster mit den Besitzverhältnissen angelegt. Sie sollen 187 Eigentümer eingetragen haben, die mit ihren Familien auf den Inseln lebten. Bis heute hält sich das Gerücht, dass bis dahin die meisten Inseln keine Namen hatten. Daher dachten sich die Fischer so manchen Namen aus, den sie den eifrigen Kartographen mitteilten. Das ist der Grund, warum bis heute anzügliche Inselnamen in den Karten stehen, etwa ›Große Hure‹ und ›Kleine Hure‹ oder ›Omas Hintern‹, aber auch gruselige wie ›Schleifer‹, ›Der Tote‹ oder ›Schwarzer Schmied‹. Am Ende sind Karten nicht gleich Karten. Auf nautischen Plänen kann durchaus für dieselbe Insel eine andere Bezeichnung oder ein Name in leichter Abwandlung eingetragen sein.

Im Zweiten Weltkrieg machten sich die Partisanen das Labyrinth der Inseln zunutze und errichteten Krankenlager und Schiffsreparaturanlagen. Aber auch Gefangene wurden auf die Inseln verschleppt. Einwohner wissen zu berichten, dass Priester und andere missliebige Personen sowie Ustatša-Anhänger in den Buchten umgebracht worden sein sollen. Später wurden einige Skelette gefunden, andere Leichen sind nie mehr aufgetaucht und könnten noch in mancher Bucht versenkt liegen. Während der kommunistischen Herrschaft flohen viele Menschen von den Kornaten aus nach Italien.

Gerüchte besagen, dass sich auf den Inseln zu Beginn seiner Flucht auch der lange vom UNO-Kriegsverbrechertribunal gesuchte General Ante Gotovina versteckt haben soll, wahrscheinlich kam er von Sali auf die Inseln. Dafür spricht, dass die Familie seiner Frau aus dieser Gegend stammen soll. Gotovina kam wahrscheinlich zugute, dass es zwar eine Kontrolle durch die Nationalparkverwaltung gibt, aber keine Polizeigewalt die Inseln kontrolliert. Deshalb sieht man noch einige Bilder oder auch Graffitis an manchen Steilwänden der Insel. 2005 wurde Gotovina auf Teneriffa gefasst.

Heute bieten die Inseln keinen ausreichenden Lebensunterhalt mehr, manche verwildern und auf manchen leben gar verwilderte Schafe. Viele frühere Bewohner beklagen bis heute die Einrichtung des Parks als Quasi-Enteignung. Sie wurden in der Bewirtschaftung der Felder, aber vor allem beim Fischfang massiv eingeschränkt. Viele siedelten sich deshalb in Sali an.

Kornaten

Kornati National Park, Butina 2, 22243 Murter, Tel. 022/435740, www.np-kornati.hr. Dort auch Eintrittskarten erhältlich. Alle Fragen zu Campingplätzen und Tauchrevieren sollten hier gestellt werden.

Striktes Besuchsverbot gilt für die Insel Purara, das Riff Klint und Volić, die Inseln Mrtenjak, Kolobučar, Mali Obručan und Veli Obručan.

Tickets bei offiziellen Verkaufsstellen des Parks in den umliegenden Marinas: Murter, Žut und Ugljan sowie in den Marinas der Urlaubsorte Biograd, Primošten, Šibenik, Vodice und Zadar. Im Park wird es teurer. Die Ausflugsschiffe regeln den Ticketkauf meist selbst und der Eintrittspreis sollte inbegriffen sein.

Campen ist ohne Erlaubnis streng verboten. Nur an drei Stellen auf den Kornaten ist Zelten erlaubt: in **Ravno**, **Žakan** und **Levrnaka**.

Schwimmen ist im ganzen Nationalpark erlaubt, außer in besonders geschützten Zonen. **Tauchen** ist nur in organisierten Gruppen erlaubt. Die Leiter müssen bei der Parkverwaltung registriert sein.

Es gibt zwei **Marinas** (Piškera und Žut) und einige **Buchten**, nur dort darf geankert und übernachtet werden. Dazu gehören die Buchten Stiniva, Stratival, Lupeška, Tomasovac, Suha punta, Šipnate, Lučica, Kravljačica, Strižnja, Vruje, Gujak, Opat,

Smokica, Ravni Žakan, Lavsa, Piškera, Vela Panitula, Anica auf der Insel Levrnaka, Podbižanj und Koromašna.
Auch für Skipper wird Eintritt fällig, die Zahlungen werden von Booten der Nationalparkverwaltung aus kontrolliert.

Empfehlenswert ist es, auf die Spitzen der Inselhügel zu wandern, von wo aus man einen schönen Blick hat. Aber das ist nur auf markierten Pfaden möglich, da viele Felder Privateigentum sind.
Am besten vorab in der Parkverwaltung fragen.

Ambulanta Murter, Tel. 022/435262 oder Notrufnummer 112.
Nächstes Krankenhaus in Šibenik.

■ Insel Kornat

Von Süden kommend, beeindruckt die Insel Kornat vor allem mit ihrer schroff abfallenden Steilküste an der Inselspitze. Im Nordteil der Insel liegt der kleine, nur im Sommer bewohnte Ort **Vrulje**. Hier sind Fundamente von Häusern, Gräbern und einer Festung der Illyrer entdeckt worden. Auch auf dem nahen Berg **Stražisće** stand eine illyrische Burg. Im Zweiten Weltkrieg errichteten Partisanen in Vrulje eine Hellingsanlage, auf der Schiffe repariert und gebaut werden konnten.
Auf dem **Metlina**, auf dessen 237 Meter hohe Spitze ein Wanderweg führt, ist die **Magazinova skrila** zu sehen, eine imposante Kalksteinverwerfung, die von vielen gleichmäßigen Rillen überzogen ist und sich zum Meer hinunterzieht. Geologen nehmen an, dass dies die Folge eines Vulkanausbruches gewesen sei. An der Westküste befindet sich die Festung **Tureta** aus dem 6. Jahrhundert. Der Turm, der einst weithin über das Meer sichtbar seine Verteidigungsstärke demonstrierte, steht inmitten einer illyrischen Verteidigungsanlage, die bereits im 1. Jahrtausend vor Christus entstanden war.
Auf der dem Festland zugewandten Seite liegt die kleine Bucht **Stiniva** (nicht zu verwechseln mit der gleichnamigen Bucht auf Hvar), in der sich die größte Grotte des Archipels befindet.

■ Die Inseln südlich von Kornat

Südlich der Insel Kornat flankieren zahlreiche kleine Inseln die langgestreckte Hauptinsel. In der tiefeingeschnittenen und charakteristischen Bucht der Insel **Lavsa** betrieben bereits die Römer eine Salzgewinnungsanlage. Im Zweiten Weltkrieg bauten die Partisanen eine Hellingsanlage, die zusammen mit der kleinen Ortschaft von deutschen Bombern zerstört wurde.
Auf der Insel **Piškera** ist noch ein alter Wehrturm aus dem Jahr 1653 zwischen mittelalterlichen Ruinen zu sehen. Die kleine Kirche auf der Insel wurde während des Zweiten Weltkrieges zu einem Partisanenlazarett umfunktioniert. Heute befindet sich dort eine Gedenkstätte für die Gefallenen.

▲ *Privatbadeplatz*

Restaurant in der Bucht Spinate

Am Übergang zur Insel **Panitula** liegt ein kleiner und gepflegter Jachthafen. Die Reste einer venezianischen Festung, die noch auf Panitula aufragen, gehören zu einem Steueramt, bei dem die Bewohner der Kornaten einst die Fischsteuer abliefern mussten. Gleich nach dem Ende der venezianischen Herrschaft haben die Einheimischen sie zerstört.

Auf **Mana** sind noch die Kulissenbilder eines täuschend echten Fischerdorfes zu sehen. Dort drehte 1959 eine Münchener Produktionsgesellschaft den Film ›Raubfischer in Hellas‹ (Tobendes Meer) mit Maria Schell und Cameron Mitchell, weil sich an Manas Küste die Wellen so schön auftürmen. Die sehr aufwendig aus Stein aufgeschichteten Gebäude verfallen zunehmend und stehen in keinem Verhältnis zu dem spannungslos zusammengeschnittenen Film. (Ausschnitte auf Youtube, Stichwort: Mana Kornati). Die Insel **Žut**, die nicht mehr zum Nationalpark gehört, ist nach der Insel Kornat die zweitgrößte des Archipels. Die Insel ist vor allem für ihre stillen Badebuchten bekannt. Ihr höchster Gipfel ist der Gubavac mit 176 Metern.

✖ Insel Kornat

Restaurant in der Bucht Spinate. Sehr hübsches kleines familiengeführtes Restaurant, dort auch kleine Anlegestelle (Vorsicht: flach).
Am Ende der Marina von **Piškera** gibt es in einem kleinen Restaurant guten, aber nicht eben billigen gegrillten Fisch.
Restaurant Festa, auf Žut. Einziges halbwegs zu empfehlendes Restaurant, wo für einen gehobenen Preis auch etwas geboten wird.

ACI Piškera, Kornati b.b., 22243 Kornati (otok Panitula), Tel. mobil 098/398822.
ACI Žut, Kornati bb, 22243 Kornati Žut (otok Žut), Tel. 022/7860278. Sauber und ordentlich, Vorsicht: Die Bucht ist wegen geringer Tiefe nicht leicht anzusteuern.

Der Archipel vor Šibenik

Die autofreien Inseln vor Šibenik bieten viel Ruhe, erholsame Wandermöglichkeiten, schöne Badestellen und gute Konobas.

Prvić

Die Fähre nach Prvić landet in **Šepurine**, einem stillen, am Hang gelegenen Hafenort, der von den Türmen der drei Pfarrkirchen überragt wird. Am Ufer befindet sich eine Säule mit einem Kapitell, das aus dem römischen Salona stammen soll. Ein hübscher Gang führt auf die Hügelspitze, der eine schöne Aussicht auf das Fischerdorf und seine Bucht ermöglicht. Der nur einen Kilometer weit entfernte und leicht erreichbare Hafen **Luka** hat schon in der Renaissance reiche Kleriker, Wissenschaftler und Patrizier aus Šibenik angelockt, die hier ihre Sommervillen bauten.

Eine Villa gehörte Faust Vrančić, der auf der Insel geboren wurde. Der berühmte Universalgelehrte war der erste Erbauer eines funktionierenden Fallschirmes. Er starb 1617 in Venedig, ist aber in der Pfarrkirche von Prvić Luka begraben. Seine Nachkommen leben noch heute auf der Insel und haben dem Ahnherren in der Bucht **Draga** ein **Museum** in einem Landhaus eingerichtet. Dort werden viele Gegenstände aus dem Besitz der Familie Vrančić und aus der Zeit Faust Vrančićs gezeigt.

Insel Prvić

Vorwahl: +385/22.
Turistička zajednica Šibensko Kninske Županje (Region Šibenik-Knin), Ružića 22, 22000 Šibenik, Tel. 219072. Die Website www.sibenikregion.com bietet knappe Hinweise auf zahlreiche Aktivitäten.
Post, in Šepurine, Trg 7; in Luka am Hauptplatz, Ulica 2 1.

Personenfähre Šibenik-Šepurine; 5 x tägl., von **Vodice** je nach Saison 3-4x täglich.

Hotel Maestral, Prvić Luka, Tel. 448300, www.hotelmaestral.com; DZ 80–120 Euro, wahlweise mit und ohne Meerblick. Am Meer, fast am Hafen, geschmackvolle Einrichtung.
Nanini Appartments, IX. ulica 56, Tel. 448105. Schlicht eingerichtet, aber mit schönem Blick und eigener Konoba.
Am besten **Privatapartments** suchen, z.B. unter www.prvic-luka.com/smjestaj.htm.

Restaurant Ribarski Dvor, in Šepurine.
Gostine Mareta, in Luka, am Hafen.

Ambulanz, in Prvić Luka, Trg 3, Tel. 448126, und in Šepurine, Ulica II BB, Tel. 448126.

Zlarin

Berühmt ist das 1245 erstmals erwähnte Zlarin wegen seiner Korallenvorkommen, woher die Insel auch ihren Namen hat: Goldene Insel. Außerdem wurden wie auch an der nahen Insel Krapanj bei Zlarin Schwämme gestochen. Heute sind die Korallen allerdings weitgehend abgeerntet. Wo die in Souvenirshops angebotenen roten Schmuckstücke herkommen, bleibt das Geheimnis der Verkäufer.

Von 1298 bis 1843 im Besitz des Erzbistums von Šibenik, kann der Inselort **Zlarin** mit einigen Landhäusern aus der Barockzeit und einer schönen Uferpromenade aufwarten. 1649 flüchteten sich viele Šibeniker vor der Pest nach Zlarin.

Der Archipel vor Šibenik 201

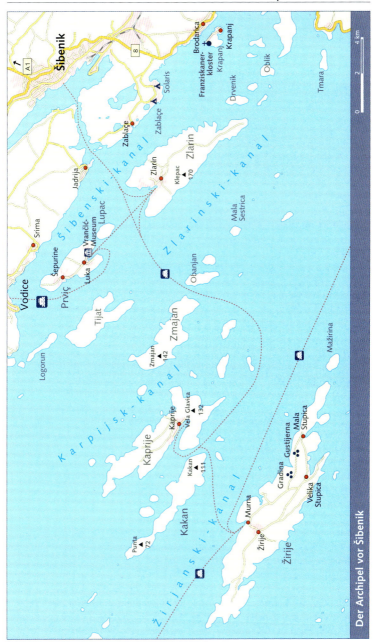

Bei Krapanj und Zlarin werden Schwämme gestochen

Die Zlariner waren aber immer fortschrittlich: 1914 bauten sie den ersten öffentlichen Swimmingpool. Bereits 1922 gründete man eine Gesellschaft, die sich um reisende Fremde kümmerte. Und 1936 wurde ein Tourismusbüro geschaffen, zwei Villen mit Apartments und ein Hotel wurden eröffnet.

Stolz sind die Zlariner darauf, dass sie bereits im 19. Jahrhundert ihre Straßen mit 25 Fischerlaternen und 4 Kerosinlampen beleuchteten. Doch erst 1956 wurden Unterwasserkabel verlegt, und es kam Strom auf die Insel.

Ein kleines **Museum** erzählt die Geschichte des Korallentauchens. Dort zeigen Fotos, dass auf der Insel der Film ›Die Korallenprinzessin‹ mit Louis Trenker gedreht wurde. Bei Zlarin gibt es **Strände** mit feinem Kies. Der 170 Meter hohe Berg **Klepac** kann erwandert werden.

Kaprije

Die zehn Quadratkilometer große Insel Kaprije mit ihren gerade einmal 200 Einwohnern ist nach einem beliebten Anbauprodukt, den Kapern, benannt. Seit dem 15. Jahrhundert war die Insel im Besitz einzelner Familien. Das Inselstädtchen **Kaprije** unterhalb des 132 Meter hohen Berges Vela Glavica erwartet den Besucher mit malerischen kleinen Gassen und einer Kirche aus dem 16. Jahrhundert. Schöne **Badebuchten** befinden sich auf der Ostseite.

Žirije

Die Insel Žirije hatte bereits früh die strategische Position eines Vorpostens. Bereits im 6. Jahrhundert wurden auf den Bergen Gradina und Gustijerna Festungen errichtet, mit denen Kaiser Justinian im 6. Jahrhundert den Seeweg sichern wollte. Die von fünf Türmen eingefassten Mauern auf dem Berg **Gradina** sind bis heute ebenso noch zu sehen wie die Festung auf dem Berg **Gustijerna**.

Die Besitzer der Insel wechselten zwischen Venedig, den Benediktinern im 11. Jahrhundert, Zadar und Šibenik seit dem 14. Jahrhundert. Unter venezianischer Herrschaft errichteten Patrizier ihre Sommerresidenzen, die teilweise von den Türken zerstört wurden. Im 19. Jahrhundert kamen Korallentaucher von Kaprije hierher, um die roten Unterwasserschönheiten zu ernten.

Mit der Fähre landet der Tourist im Hafen **Murna**, von wo aus ein Fußweg hinauf zum verlassen wirkenden Hauptort der Insel führt. Schöne **Strände** befinden sich an der Ostseite.

Krapanj

Mit ihrer höchsten Erhebung von sieben Metern ist Krapanj die flachste Insel im Archipel. Das nur 300 Meter vom Ufer entfernt liegende Eiland ist vor allem für die Schwammfischerei bekannt.

Im 15. Jahrhundert schenkte eine Šibeniker Patrizierfamilie die Insel Franziskanermönchen, die als bosnische Flüchtlinge vor den Türken auf die Insel kamen. Ein griechischer Franziskanermönch soll der Legende nach die Technik des Schwammtauchens aus seinem Heimatland mitgebracht haben. Bestätigt wird das im kleinen örtlichen **Schwamm-Museum**, das in einer kleinen Gasse gegenüber vom Fährhafen liegt, nicht. Im Museum kann die Geschichte seit den Anfängen im 18. Jahrhundert nachvollzogen werden. Während des Zweiten Weltkrieges lebten etwa 400 Familien vom Schwammtauchen, für die 20 Taucherausrüstungen zur Verfügung standen. Heute sind es nur noch vier oder fünf Familien, die nach Schwämmen tauchen. Die hochgeheimen Fundstellen reichen bis nach Istrien. Das Unterwassergewächs braucht sechs Jahre, bis es eine verwendbare Größe hat, und seine Ernte fordert bis heute gelegentlich Tote.

Im Westteil liegt das 1435 von einheimischen Baumeistern errichtete **Franziskanerkloster**, in dem heute nur noch ein Pater lebt. In den kurzen Öffnungszeiten kann der schöne Renaissancekreuzgang besichtigt werden. Im Refektorium ist eine Darstellung des heiligen Abendmahles von Francesco da Santacroce aus dem 16. Jahrhundert zu sehen. Das kleine Museum zeigt viele Gaben der Fischer, die sie aus dem Meer mitgebracht haben.

Krapanj

Vorwahl: +385/22, **Postleitzahl**: 22010.
Turistička zajednica Krapanj, Krapanjskih spužvara 1, 22010 Brodarica, www.tz-brodarica.hr/de, Tel. 350612.
Post, in Krapanj.

An der Uferstraße reihen sich einige Lokale aneinander: ›Jadran‹, ›Karatel‹, ›Zlatna ribica‹, ›Lipa Dalmacija‹, ›Sototajer‹.
Zlatna ribica, Krapanjskih spužvara 46, Brodarica, Tel. 350695. Auf der Festlandseite, traditionelles Fischrestaurant mit gutem Preis-Leistungsverhältnis.

Hotel Spongiola, Obala I Krapanj, Tel. 348900, www.spongiola.com; DZ mit HP 120–210 Euro. Zimmer und Apartments.

Tauchbasis Mediterrano-sub, am Hotel ›Spongiola‹.

Arztpraxis, Tel. 350036.

Südlich von Šibenik

Dieser Abschnitt liegt etwas im Schatten des Touristenmagneten Kornati, ist dafür aber umso stiller. Besiedelt wurde er einst vor allem von Flüchtlingen vor den Osmanen im 15. Jahrhundert.

■ Primošten

Primošten liegt auf einer Insel und war seit dem 15. Jahrhundert mit dem Festland durch eine Zugbrücke verbunden. Im 19. Jahrhundert haben die Bewohner sie durch eine Steinbrücke ersetzt. Besiedelt war die Insel, die sehr wahrscheinlich früher mit dem Festland verbunden war, bereits im 7. Jahrhundert. Wahrscheinlich siedelten zuvor bereits der illyrische Stamm der Hylli auf ihr. Eine starke Besiedelung erfuhr sie erst, als Bosnier auf der Flucht vor den Türken eine neue Bleibe suchten. Der Name Primošten wurde erst 1564 erwähnt.

Im 20. Jahrhundert entdeckten Esperanto-Liebhaber die Insel und wollten sie zu einem Ort der kulturellen Begegnung machen. So ließen sie unter anderem Erde aus vielen Ländern der Welt nach Primošten bringen und ländertypische Gärten anlegen. In Primošten sollte jeder Mensch gleich sein dürfen. Um die

Primošten im Abendrot

Besucher unterzubringen, richteten sie einen Campingplatz mit vier Pavillons ein: ›Jupiter‹, ›Mars‹, ›Saturn‹ und ›Venus‹. Das beflügelte den Tourismus.

Der Weg über die Brücke führt durch malerische Gassen zur Spitze des bebauten Hügels. Dort befindet sich die Pfarrkirche **Sv. Juraj** von 1485 mit modernen Wand und Deckengemälden. Die Decke zeigt analog zu einer alten Darstellung die Mutter Gottes, die mit dem Jesuskind zusammen in einen goldenen Umhang gewickelt über dem Ort Primošten schwebt. Primošten ist berühmt für den Anbau der Traube Babić, aus dem ein schwerer, voller Rotwein gekeltert wird. Er wird in Privatkellereien des Dorfes angeboten wird. Der **Weinberg** oberhalb des Dorfes ist legendär und steht auf der Anwärterliste zum UNESCO-Kulturerbe.

Primošten

Vorwahl: +385/22, **Postleitzahl:** 22202.
Turistićka zajednica, Trg biskupa Arnerića 2, Tel. 571111, www.tz-primosten.hr, tz-primosten@si.htnet.hr.

Hotel Zora, Punta Maslin, Tel. 570048; DZ 95–215 Euro. Große Hotelanlage auf der Nachbarhalbinsel. Direkt am Meer, mit Swimmingpool, Sauna und Tennisplätzen. Ansonsten gibt es 4000 Betten in **Privatunterkünften** zu günstigen Preisen.

Camp Adriatic, Tel. 571223, www.auto-camp-adriatiq.com; 2 Pers./Zelt 25–45 Euro. Große Anlage im Kiefernwald, am Meer. Mit Tauchbasis, rollstuhlgerechten Toiletten und Bootsverleih.

Kamenar, Rudina 5, Tel. 570889. Innovative Steak- und Fischgerichte, vegetarisches Angebot, schönes Ambiente
Amphora. Fischgerichte, einfach und gut.
Maestral. Gutes Preis-Leistungsverhältnis, freundliche Bedienung.
Marina. Gutes Preis-Leistungsverhältnis.

Weingut Suha Punta, Varoš 17, Tel. mobil 091/2112128. Bietet Babić-Weine und interessante Rosé-Weine zum Probieren.
Weingut Gašperov, Gašperovi 2, Primošten Burnji, Tel. mobil 098/9601054.

Diskothek Aurora, Kamenar b.b., www.auroraclub.hr. 3 km im Hinterland, soll Dalmatiens größte Diskothek sein.

Musikalische Veranstaltungen auf der Uferpromenade beim Hafen.

Nördlich von Primošten Kiesstrand, auch für Familien geeignet.

Marina Kremik, Splitska 24, Tel. 570068. Außerhalb, 4 km südlich. Gut geschützter Hafen mit Kran und Tankstelle. Keine Murings, Festmachen zwischen Stegen. Sanitäre Anlagen gut, Shuttlebus nach Primošten.

Schöne Wander-/Radfahrmöglichkeit südlich entlang der Küste bis zur Marina Kremik.

■ **Rogoznica**

Ebenso wie Primošten liegt der kleine Ort Rogoznica auf einer Insel. Letztere heißt ›Kopora‹ und ist mit einer Brücke zum Festland hin verbunden. Historiker halten es für möglich, dass Rogoznica als einer der Orte in Frage kommt, an dem die griechische Siedlung Herakleia gelegen haben könnte. 1390 wurde der Ort erstmals erwähnt. Oberhalb des Ortes befindet sich die Bauruine einer Festung aus napoleonischer Zeit, die 1809 begonnen wurde.

Die Kirche im Zentrum mit Namen **Uznesenja Blažene Djevice Marije** (Auferstehung Mariens) wurde 1615 erbaut, aber erst 1746 geweiht. Der Turm ist aus Steinen der napoleonischen Festung ab 1873 gebaut worden. Die Uhr hat die Seebehörde in Triest zur Fertigstellung 1875 dazugegeben, im Tausch gegen die Insel Mulo vor den Toren. Auf ihr hat sie einen **Leuchtturm** gebaut, der heute noch existiert. In der Kirche fällt auf, dass sie wie kaum eine andere in Dalmatien breiter als länger ist.

Eine Besonderheit ist die Schiffsprozession an jedem 2. Juli über die Bucht zu einer kleinen Kirche am Kap Gradina. Hunderte Schiffe folgen einem Boot mit dem Pfarrer und einer Mariendarstellung über das Meer zur Kirche. Der Brauch geht auf eine Legende zurück, nach der der Fischer Ivan Boguvić Tumburku 1772 auf dem Kap ein Bild fand, das die Begrüßung der Maria durch Elisabeth darstellte. Doch obwohl er es zu Hause in einer Truhe verschloss, lag es am nächsten Tag wieder dort, wo er es gefunden hatte. Nachdem das dreimal passiert war, beschloss der örtliche Priester, am Fundort des Bildes eine Kapelle bauen zu lassen. Später brannte die Kapelle mitsamt dem Bild ab. Daraufhin malte ein einheimischer Schiffbauer ein neues, das von einem Goldschmied aus Šibenik in einen 13 Kilo schweren Silberrahmen gefasst wurde.

Blick auf Rogoznica

Eine Besonderheit Rogoznicas ist ein elipsenförmiger See auf der nebenliegenden Halbinsel mit seiner besonderen Flora und Fauna, das sogenannte **Drachenauge**. Seine 10 000 Quadratmeter sind von Klippen umgeben, die 4 bis 24 Meter hoch sind und von denen so mancher schon in die Tiefe gesprungen ist. Wahrscheinlich ist der Zmajevo oko, wie er auf Kroatisch heißt, unterirdisch mit dem Meer verbunden, doch durch den geringen Durchfluss hat sich in ihm ein eigener Lebenskosmos gebildet. Alle 30 Jahre kocht der See auf, das heißt: Tatsächlich werden wahrscheinlich Schwefelverbindungen freigesetzt, die den 15 Meter tiefen See in Wallung bringen und das gesamte Leben in ihm töten. Was genau dort passiert, ist wissenschaftlich noch nicht geklärt. Zuletzt geschah dies 1997. Die Einheimischen sagen über das Phänomen: ›Der Drache erwacht‹.

Die Menschen haben früher Legenden um das Naturphänomen gestrickt und mit der griechischen Mythologie verbunden. Heute sagt man, wenn zwei Liebende in dem See baden, werden sie mit Fruchtbarkeit und ewiger Liebe gesegnet sein.

Heute lebt der Ort vom Tourismus, insbesondere von der Marina Frappa, die als eine der größten an der Küste gilt. Die Winde rund um die Bucht und ihre Einfahrt an diesem Ort ließen seit der Römerzeit manches Schiff kentern, so dass die Gewässer ein ideales Revier für Wracktaucher sind.

 Rogoznica

Vorwahl: +385/22.
Postleitzahl: 22203.
Turistićka zajednica općine Rogoznica, Kneza Domagoja b.b, Tel. 559253, www.tz-rogoznica.hr.
Post, Obala kneza Domagoja 140a.
Jadranska banka, Jadranska 1; **Privredna banka**, Jadranska 1; **Zagrebačka banka**, Miline 4.

Hotel Life, Rtić 12E, Tel. 558128, www.hotel-life.hr; DZ 125–195 Euro. Großzügige Zimmer, sehr geschmackvoll eingerichtet, mit Pool im und am Haus, Sauna, Wäscheservice, Wlan.
Hotel marina Frapa, Uvala Soline 1, www.marinafrapa.com; Hotel Insel, DZ 100–145, Hotel Festland: DZ 120–170 Euro. Zwei Häuser mit unterschiedlichem Komfort.
Aparthotel eM-Ka, Uvala Mezzaroca 12, Tel. 559736; DZ 40–55 Euro. Sieht aus wie Apartmenthaus, hat aber Hotelcharakter. Mit Restaurant und kleinem Hallenbad, Wlan, Kochnische. Direkt am Wasser, eigene Anlegestelle.
Apartmani Ružmarin, Gornji Muli bb, Tel. 558110; DZ 30–55 Euro, Appartment 75–120 Euro.

Kamp Marko, Zečevarska 7, Tel. 559113. Winziger, sehr schlichter Platz, ca. 300 m zum Meer, Vermietung von Bungalows.
Kamp Kopara, Hrvatske mornarice 5, Tel. 559004.

Marina Frapa, Uvala Soline bb, Tel. 559900, 559955. Etwas hochpreisig, auch das kulinarische Angebot drumherum.

Ambulanz, Obala kneza Domagoja 114, Tel. 559032.
Apotheke, Miline bb, 558330.

Insellandschaft der Kornaten

Wenn man in unserer alten Welt einen Winkel aussuchen
müßte, um einem Freund vorführen zu können,
wie blau das Meer sein kann und wie lieblich die Natur als
solche erscheinen kann und wie reich und überschwenglich sie
sich trotz ihrer felsigen Nacktheit darbieten kann, dann
müßte man ihn, ohne zu fürchten, ihn zu enttäuschen,
an die Gestade der Adria schicken. Und wenn es nötig wäre,
in Europa die geeignetste Szenerie ausfindig zu machen,
um in ihm das Nacherleben der Geschichte zu erwecken,
ich würde ihn ohne zu zögern nach Split bringen.

E. Maury, An den Toren des Orients, Paris 1896

SPLIT UND TROGIR

Split

Split bezaubert auf besondere Weise, denn die Stadt ist die einzige der Welt, die in einen römischen Palast gebaut ist. Auf einer Fläche von über 38 000 Quadratmetern baute einst der römische Kaiser Diokletian einen Herrschaftssitz an dieser Stelle. Als die Awaren die Halbinsel überfielen, flüchteten die Bewohner hinter dessen Mauern. Antike Bauten, Tempel, Säulen und viele Reste des einstigen Herrschaftssitzes bilden heute eine Art römisches Freilichtmuseum. Aber auch Sammlungen der großen Künstler Dalmatiens lassen sich hier besichtigen. Split ist das Herz Dalmatiens und nach Zagreb die Nummer zwei in Kroatien, was die Größe der Stadt, die Bedeutung ihres Flughafens und ihrer Wirtschaft betrifft. Zu sehen ist dies an den Zementfabriken, Anlagen der Plastikindustrie, Werften und vielen anderen Fabriken nahe der Zufahrtstraße.

Geschichte

Die Geschichte von Split beginnt mit blühendem Ginster, der die ganze Halbinsel bedeckte. Nach ihm benannten die Griechen ihre Kolonie, die sie etwa im 4. Jahrhundert vor Christus auf ihr errichteten: Asphalatos. Die Römer machten ›Spalatum‹ und spätere Einwohner ›Split‹ daraus, 1373 erstmals auf einem Steinfragment erwähnt.
Fünf Kilometer nördlich vom heutigen Split lag die von Dalmatern bewohnte, von den Römern später Salona genannte Stadt, mit der die Griechen Handel trieben. Salona entwickelte sich zur römischen Stadt, mit Forum und Amphitheater. Die Reste von Salona sind heute als archäologische Ausgrabungsstätte bei Solin zu sehen.

■ Kaiser Diokletian

In einem Dorf in der Nähe von Salona kam der spätere römische Kaiser Diokletian zur Welt. Der scharfe Christenverfolger, der das ganze Römische Reich ein letztes Mal für Jahrzehnte vereinte, war auch der einzige Kaiser, der freiwillig in den Ruhestand ging. Für seine letzten Lebensjahre baute er den Palast, der etwa im Jahr 305 bezugsbereit war. Acht Jahre später starb Diokletian. Weil die Christen in der 60 000-Einwohner-Stadt Salona trotz Verfolgungen ausgehalten hatten, erreichte Split bald den Status eines der wichtigsten Märtyrerzentren im Römischen Reich, und entsprechend genießt die Diözese bis heute eine führende Stellung.
Als die Awaren im 7. Jahrhundert die große Stadt Salona überfielen, flüchteten die Bewohner hinter die Palastmauern. Genaugenommen ist die Innenstadt deshalb nichts anderes als ein antikes Flüchtlingscamp, in dem sich die Bewohner über die Jahrhunderte eingerichtet haben.
Im weiteren Verlauf des Mittelalters wurde die Stadt zum Zankapfel zwischen By-

An der Promenade von Split

Der Diokletianpalast 1912 auf einer Darstellung des französischen Forschers Ernest Hébrard

zanz, Venedig und Ungarn. Aber auch die kroatischen Könige machten sie mehrfach zu ihrer Hauptstadt. Die starken Mauern boten immer wieder Schutz vor Angriffen, wie zum Beispiel dem der Tartaren im Jahr 1242. Auch der vor den Tataren geflohene ungarische König Bela IV. fand hier Zuflucht.

■ Venezianer und Türken

Nachdem 1420 Dalmatien endgültig an Venedig gefallen war, eroberten die Türken 1522 die Festung Klis oberhalb der Stadt. Von dort aus waren sie eine ständige Bedrohung für die Versorgung der Stadt und drohten, sie wirtschaftlich in die Knie zu zwingen.

In den 1570ern kamen sephardische Juden in die Stadt, die sich im nordwestlichen Teil des Palastbezirkes niederließen. Einer von ihnen, Danijel Rodriga, gründete das erste Bankhaus der Stadt und erreichte als Bürgermeister Ende des 16. Jahrhunderts in Venedig die Erlaubnis, mit den Türken Handel treiben zu dürfen. Indem er Split zu einem modernen Hafenzentrum ausbaute und erstmals ein Zollamt einrichtete, machte er aus der Not einen wirtschaftlichen Vorteil. Die Osmanen konnten erst im frühen 18. Jahrhundert langsam zurückgedrängt werden.

■ Unter napoleonischer Herrschaft

Der Einmarsch Napoleons beendete die venezianische Herrschaft über Split. Marschall Viesse de Marmont, Stadtkommandant Napoleons, modernisierte die Verwaltung, verlängerte die Halbinsel, befestigte das Ufer, baute Straßen, ließ Gärten anlegen, eine Beleuchtung installieren und die Stadtmauer niederreißen.

Unter dem folgenden österreichischen Herrscher Kaiser Franz I. (Franz II. des Heiligen Römischen Reichs Deutscher Nation) machte der Verwalter Antonio Bajamonti Split zu einer Industriestadt, wobei der Kaiser auch den archäologischen Wert des Diokletianpalastes erkannte und das Archäologische Museum Split gründete.

■ Der Zweite Weltkrieg

Im Zweiten Weltkrieg wurde Split in Absprache mit der kroatisch-faschistischen Marionettenregierung Ante Pavelićs von den Italienern besetzt und deswegen von den Alliierten bombardiert. Nachdem die Partisanen 1944 Dalmatien unter ihre Kontrolle gebracht hatten, bildeten sie in Split die erste kroatisch-kommunistische Regierung, bevor diese nach Zagreb umzog.

■ In den 1990ern

Im letzten Krieg wurde Split 1991 zwar von der Marine der jugoslawischen Armee bombardiert, doch die Schäden hielten sich in Grenzen. In den Auseinandersetzungen mit der jugoslawischen Armee starben oder verschwanden 692 Soldaten.

Durch das Universitätskrankenhaus wurde die Stadt vor allem zu einem medizinischen Versorgungszentrum, nicht nur für die Orte und Inseln der Umgebung. Auch die kroatische Armee wurde von Split aus mit mobilen Rotkreuz-Einsatzteams unterstützt. Aus den Kriegsgebieten in Bosnien und Herzegowina brachten Helfer etwa 30 000 Verwundete nach Split, die auch in einem deutsch-französischen Feldlazarett versorgt wurden.

Den aufkommenden Nationalismus und die Autonomiebestrebungen so mancher Region sehen die überwiegend humorvollen Dalmatiner gelassen: In Split wurde die Zeitschrift ›Feral Tribune‹ gegründet, das einzige Satiremagazin, das trotz strenger Überwachung der Presse durch die Tudman-Regierung lange existieren konnte.

Heute lebt die Stadt von ihrer römischen Bausubstanz, die das Ziel von tausenden von Touristen ist. Die Stadt leidet unter einer Art Gentrifizierung. Zunehmend werden die Wohnungen, die in die Gemächer des Cäsaren eingebaut sind, an Ausländer verkauft. Die Tagespreise in der Saison bringen mehr ein als die ganzjährige Vermietung an Einheimische. Nicht selten übersteigen die Mieten die durchschnittlichen Löhne der Bewohner. Die Innenstadt wird zunehmend zu einem Museum.

Rundgang durch die Altstadt

Am besten betritt man die Altstadt von Split durch den ehemaligen Lieferanteneingang des Diokletianpalastes. Der Eingang, der durch den Keller des Palastes führt, liegt an der **Hafenpromenade**, die 2007 aufwendig restauriert und mit fast futuristisch anmutenden Elementen versehen wurde. Ihre Breite und die Anlage mit den Palmen verdankt sie dem napoleonischen General Marmont.

Durch den Eingang wurde der Palast von See mit Gütern versorgt. Die Konstruktion des Gewölbes zeichnet exakt den Grundriss der kaiserlichen Räume im ersten Stock ab, der heute weitgehend umgebaut ist. Gegen Gebühr sind die Kellerräume, die bis 1954 mit mittelalterlichem Schutt gefüllt waren, zu besichtigen.

Bereits in seiner Entstehungszeit war der Palastbau des Diokletian ein einzigartiges architektonisches Werk. Denn er vereinte erstmals Elemente einer römischen Villa mit der einer Festung und gilt als Vorläufer des Schlosses. Mit den Maßen 215 mal 180 Meter ist der Grundriss nicht ganz quadratisch. Gebaut wurde er aus Stein von der Insel Brač und aus Steinbrüchen bei Trogir, besondere Teile wurden aus Ägypten angeliefert.

Zehn Jahre hatte die Errichtung gedauert, und mit seiner Fertigstellung 305 dankte Diokletian auf dem Höhepunkt seiner Macht als Kaiser ab. Dennoch zeigt der Bau, dass der Ex-Caesar weitreichende Vollmachten behielt, so konnte er sich zu seinem Schutz eigene Truppen halten,

Rundgang durch die Altstadt

Römer und Touristen im Peristyl

die in Kasernen im Nordteil des Palastes untergebracht waren. Nach seinem Tod 313 blieb der Palast im Besitz seiner Familie und wurde zu einem Zufluchtsort für verbannte Mitglieder.

■ Das Peristyl

Wenn man aus den Kellergewölben wieder das Tageslicht erreicht, steht man bereits im Herzen des Palastes, dem Peristyl. Er war der offene Thronsaal, eine Art Freiluftaudienz. Über dem Aufgang befindet sich das **Protiron**. Dort saß zwischen den mittleren beiden Säulen Diokletian auf einem kaiserlichen Thron und empfing seine Gäste. Dahinter begannen die Privatgemächer des Kaisers.

Rechts zieht die Kathedrale die Blicke auf sich. Links befinden sich zwei **Palazzi** aus dem Mittelalter. Das Portal des ersten Palazzo neben dem Protiron wurde von Juraj Dalmatinac umgebaut, der daneben wurde unter anderem von Schülern von Nikola Firentinac aufgestockt. In jedem der heute von einem Edelrestaurant belegten Häuser sind die **Reste von runden Tempeln** zu sehen. Der eine war der Kybele, einer kleinasiatischen Mutter- und Vegetationsgöttin, der andere der Venus, der Göttin der Schönheit, geweiht.

■ Domniuskathedrale

Dominierend über dem Peristyl erhebt sich die Domniuskathedrale. Vor ihr steht eine Reihe korinthischer Säulen mit einer Sphinx dazwischen, die Diokletian als Verehrer der alten Religionen aus Ägypten mitgebracht hat. Insgesamt zwölf Sphinxe soll es in der Stadt gegeben haben.

In dem achteckigen Bauwerk wollte Diokletian sich nach seinem Tod als Gott verehren lassen. Doch bereits wenige Jahre nach seinem Tod wurde das Christentum zur neuen Staatsreligion. Das Mausoleum wurde umgehend in eine Kirche umgewandelt und Domnius geweiht, einem Märtyrer aus Salona, den Diokletian hatte hinrichten lassen. Touristen betreten die Kathedrale nicht mehr durch den Haupteingang, sondern an der Seite. Sie gelangen direkt hinter dem Altar in die Kirche. Im Innenraum ruht auf acht Säulen eine 25 Meter hohe

Aufstieg zum Turm der Kathedrale

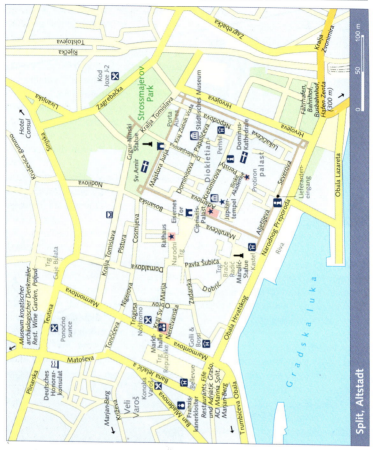

Kuppel, die ursprünglich mit Mosaiken ausgestattet war. Der Kranz unterhalb der Kuppel ist mit römischen Wagenrennen und Jagdszenen verziert, über dem heutigen **Altar** sind die Portraits von Diokletian und seiner Frau Prisca zu sehen. Am rechten Seitenaltar befindet sich der **Sarkophag des heiligen Domnius**, mit Fresken von Dujam Vušković aus dem Jahr 1429 im Gewölbe. Der **linke Seitenaltar** wurde von Juraj Dalmatinac 1448 gefertigt und ist dem heiligen Anastasius (Sv. Staš) gewidmet. Die Szene der Geißelung Christi im Zentrum der Sarko-

phagwand wirkt selbst für Renaissancezeiten höchst lebendig.
Hinter dem Hauptaltar steht ein romanisches, ins Gotische übergehende **Chorgestühl** aus dem 13. Jahrhundert, verziert mit zahlreichen Menschen und Tierdarstellungen. In der Sakristei befindet sich eine **Schatzkammer** mit Gold- und Silberschmiedearbeiten aus der Zeit vom Mittelalter bis in die Neuzeit.
Der Ausgang führt durch die schweren **Eingangstüren** aus Nussholz. Sie sind Meisterwerke von Andrija Buvina aus dem Jahr 1214. Oberhalb des Eingangs

zur Kathedrale befinden sich zwei Plastiken, möglicherweise aus römischer Zeit, links ist Maria mit dem Kind zu sehen und rechts Domnius und Petrus.

Der **Turm** der Kathedrale wurde zwischen dem 13. und dem 16. Jahrhundert errichtet und lässt sich gegen eine Gebühr besteigen. Von oben sieht man nicht nur über die Stadt, sondern auch auf das teilweise noch mit römischen Ziegeln gedeckte Dach der Kathedrale.

■ Jupitertempel

Gegenüber der Kathedrale, am Ende der kleinen Gasse, ließ Diokletian, der mit Beinamen Jupiter hieß, einen Tempel für den Götterchef errichten. Heute zur Taufkapelle der Kathedrale umfunktioniert, ist der Jupitertempel einer der wenigen vollständig erhaltenen römischen Tempel überhaupt auf der Welt. Sogar das Tonnengewölbe ist noch aus römischer Zeit. Er war möglicherweise Vorbild für viele Renaissancebaumeister, zum Beispiel beim Bau der Kapelle in Trogir.

Innen befindet sich ein kreuzförmiges **Taufbecken** aus dem 11. Jahrhundert, in das der Täufling möglicherweise noch mit seinem ganzen Körper einstieg. Das Relief auf der vorderen Steinplatte gilt als älteste Darstellung eines kroatischen Königs. Die Szene ist ein Mischstil: Der Gekrönte trägt eine fränkische, also westliche, Krone, doch die Unterwerfungsgeste des Hinlegens vor dem Herrscher ist eine östliche, byzantinische Ehrbezeugung gegenüber einem Kaiser.

Hinter dem Taufbecken steht eine **Bronzeplastik** von Ivan Meštrović von 1945, die Johannes den Täufer darstellt.

■ Porta Aurea

Vom Peristyl aus führt die Dioklecijanova ulica nach Norden zum offiziellen Palasteingang, auch Porta Aurea (Goldenes Tor) genannt, der mit Statuen von Diokletian und den Caesaren versehen war. Im Gang für die Wache auf dem Tor wurde im 6. Jahrhundert die Kapelle **Sv. Martin** (Heiliger der Soldaten) eingebaut. Sehenswert ist auch die wertvolle Altarschranke der Kirche.

Gegenüber dem Nordtor ist die Darstellung des Bischofs Grgur Ninski von Ivan Meštrović zu sehen, sie unterscheidet sich von der Plastik in Nin in der Haltung des Buches (→ S. 96). Westlich der Statue im Park steht die kleine Kirche **Sv. Arnir**. Dort findet sich ein Relief von Juraj Dalmatinac aus dem Jahr 1444 mit der Darstellung der Geißelung des Thomas.

■ Porta Ferrae

Zurück über das Peristyl führt die schmale Gasse rechts zum Westtor, auch Eisernes Tor (Porta Ferrae) genannt. Charakteristisch ist der nicht ganz gerade Turm auf dem Tor, der zur romanischen Kirche **Gospa od Zvonika** gehört. Der Glockenturm aus dem 11. Jahrhundert gilt als der älteste erhaltene der Stadt, manche meinen, er sei auch der älteste Dalmatiens.

Kellergewölbe unter dem Diokletianpalast

Auf dem Narodni Trg

Außerhalb des Diokletianpalastes

Durch das Westtor gelangt man auf den **Narodni Trg** (Volksplatz), den zentralen Platz des Stadtteils Neustadt. Auch Pijaca genannt, ist er das weltliche Zentrum der Stadt, während das Peristyl im Diokletianpalast mit dem einziehenden Christentum das religiöse Zentrum war. Die venezianischen Mächtigen regierten vom Fürstenpalast und dem Rathaus aus über das Volk.

■ Rathaus

Das Rathaus mit seinen drei charakteristischen gotischen Bögen an der Nordseite des Platzes wurde erst 2007 renoviert. 1944 hatte sich in dem Gebäude die erste kommunistische Regierung des kroatischen Teils von Jugoslawien gebildet. Heute ist hier das **Ethnographische Museum** mit einer Ausstellung von Volkstrachten untergebracht.
Auf der Ostseite des Platzes, neben dem Eisernen Tor, steht der romanische **Palast Cipriano de Ciprianis** aus dem 14. Jahrhundert mit archaisch wirkendem Figurenschmuck an den Ecken.

■ Trg Braće Radić

Südlich liegt der dritte große Platz der Stadt, der Trg Braće Radić. Unübersehbar ist auf ihm die **Statue von Ivan Meštrović** aus dem Jahr 1924, die den kroatischen Renaissancedichter Marko Marulić darstellt.

■ Trg Republike

Geht man nun die Riva in westlicher Richtung weiter, kommt man an den Trg Republike mit einem imposanten **Neorenaissancegebäude**, das von Antonio Bajamonti (1822–1891) gebaut wurde. Er hatte die Stadt mit zahlreichen Initiativen in die Moderne geführt. In dem Gebäude ist die Stadtverwaltung untergebracht. An der Stirnseite führt östlich ein Tor auf einen kleinen Platz, an dem die **Markthalle** liegt und auf dem vormittags lautstark der frischgefangene Fisch angepriesen wird. Das südlich des Platzes gelegene Haus mit seinem expressiven, jugendstilartigen Figurenschmuck war das erste Sanatorium der Stadt und ist heute ein medizinisches Versorgungszentrum. Es liegt in der Marmont-Straße, die sich zur wichtigsten Shoppingmeile der Stadt entwickelt hat. Sie ist die einzige prominente Straße in Dalmatien, die nach dem Befehlshaber einer feindlichen Macht benannt wurde.

Marulić-Denkmal am Trg Braće Radić

Am Trg Republike

Noble Häuser und öffentliche Einrichtungen wie Museen und die ehrwürdige, 1922 gegründete Bibliothek für Frankophile (Alliance Francaise) liegen ebenso in der Marmont-Straße wie das **Nationaltheater**, auf das die Straße zusteuert.

■ Archäologisches Museum

Im Nordwesten, in der Zrinsko Frankopanska 25, befindet sich das besuchenswerte Archäologische Museum. In einem großen, villenartigen Gebäude inmitten einer schönen Gartenanlage werden die Höhepunkte aus illyrischer, griechischer, römischer und frühmittelalterlicher Zeit ausgestellt, die aus einem Umkreis von Salona bis zu den Inseln Hvar und Vis zusammengetragen wurden. Frühchristliche Sarkophage aus dem 4. Jahrhundert zeigen beeindruckende spätrömische Kunst, zum Beispiel die Darstellung des guten Hirten oder die des Durchzuges durch das Rote Meer.

■ Zentrale Galerie für bildende Kunst

Zwei Straßen weiter östlich, in der Lovretska 11, befindet sich die 1931 gegründete Zentrale Galerie für bildende Kunst in Dalmatien. Große dalmatinische Künstler, die international wenig bekannt sind, können in dem Museum entdeckt werden, und es lohnt sich, für Maler wie Ignjat Job, Juraj Plančić, Vladimir Becić, Frederiko Benković und Andrija Medulić Zeit mitzubringen.

■ Franziskanerkloster

Zurück am südlichen Ende des Trg Republike, befindet sich an der vielbefahrenen Bana Jelačićeva das Franziskanerkloster. Das Kloster ist berühmt für seine **Kunstsammlung** mit Bildern aus dem 15. bis 19. Jahrhundert und seine **Bibliothek** mit vielen Erstausgaben von Spliter Gelehrten, die den Franziskanern ihre Bibliotheken vermacht haben.

Die heutige **Kirche**, das Produkt eines Umbaus aus dem 19. Jahrhundert in neogotischem Stil, enthält ein Kruzifix von Blaž Jurjev Trogiranin aus dem Jahr 1412. Im Kloster befindet sich auch das Grab von Marko Marulić. Dahinter verbirgt sich ein Kreuzgang aus dem 14. Jahrhundert in romanischem Stil: eine Ruhezone mitten in der hektischen Stadt.

Im Kreuzgang des Franziskanerklosters

■ Viertel Veli Varoš

Hinter dem Franziskanerkloster beginnt das legendäre Viertel Veli Varoš. Vor den Türken Geflüchtete aus dem Hinterland gründeten die Siedlung. Bis heute hat sich an vielen Stellen ein Stadtbild mit einfachen und brüchigen Häusern bewahrt.

Erhalten geblieben ist die kleine Kirche **Sv. Nikola** aus der ersten Hälfte des 11. Jahrhunderts, eine der wenigen erhaltenen romanischen Kirchen in Dalmatien. Laut einer Inschrift ließ ein Ivan zusammen mit seiner Frau die Kirche bauen, von dem Vermögen seiner erster Frau.

So klein die Kirche ist, hat sie doch drei Schiffe mit einem schwergewichtigen Tonnengewölbe. Es wird durch eine zusätzliche Säulenreihe mit seltenen blütenförmigen Kapitellen gestützt. Vier der Säulen stammen möglicherweise aus dem Diokletianpalast, denn ihr Stein kommt aus Afrika. Im Boden befinden sich Gräber einer unbekannten Bruderschaft. Die Chorschranken mit ihren Flechtwerkornamenten sind aus der Gründerzeit der Kirche. Den Schlüssel zur Kirche hat der Pfarrer der Gemeinde.

■ Marjan-Berg

Oberhalb des Stadtteils Veli Varoš beginnt der Marjan-Berg mit den Gärten der Reichen und Schönen, die grüne Lunge der Stadt. Seit der zweiten Hälfte des 19. Jahrhunderts ist er aber auch der Ausflugsort für die Spliter.

An der Šetalište Ivana Meštrovića befindet sich das **Museum kroatischer archäologischer Denkmäler**. Die in Knin gegründete Sammlung enthält alle wichtigen Funde aus der Zeit des mittelalterlichen kroatischen Königreichs an der Küste, unter anderem das berühmte Višeslav-Taufbecken aus Nin. Das Museum leidet offensichtlich aber unter Geldmangel.

Zu den beeindruckendsten Kunstsammlungen gehört die **Meštrović-Galerie**. Sie beinhaltet die größte Sammlung von Werken Ivan Meštrović' aus allen Schaffensperioden, unter anderem die bewegenden Bronzestatuen ›Hiob‹, ›Maria mit Kind‹ und ›Kreuzigung‹. Die tempelartige Anlage, die der Rodin-Schüler zwischen 1931 und 1939 errichten ließ, ist selbst schon sehenswert und enthält auch das Atelier des Künstlers.

500 Meter nördlich liegt das **Meštrović-Kaštelet**, ein Palazzo der Familie Capogrosso-Cavagnin, das Meštrović 1932 umbauen ließ. Darin sind dessen Holzreliefs aus dem Leben Christi zu sehen, späte Arbeiten, die vom Entsetzen über den Ersten Weltkrieg geprägt sind.

■ Stadtteil Poljud

Im nordwestlichen Stadtteil Poljud liegt das markante Gebäude des **Fußballstadions von Hajduk Split**. Das wie ein UFO wirkende, seit den Athletikweltmeisterschaften 2010 frisch renovierte Stadion wurde 1979 für die 8. Mittelmeerspiele gebaut. ›Hajduk Split‹ feierte am 13. Februar 2011 sein 100-jähriges Bestehen und ist die Identifikationsmannschaft für ganz Dalmatien, was an zahlreichen Graffiti (Kreis mit rotem Schachbrett) an vielen Mauern und Häusern zu sehen ist. Die Fans sind wegen ihrer Gewaltbereitschaft und ihrer Freude an Pyrotechnik durchaus gefürchtet.

Wie im Kontrast dazu steht unterhalb des Stadions ein **Franziskanerkloster**, das einzige Kloster mit einem Wehrturm, der sich an seiner Westseite befindet. Die einschiffige Kirche Sv. Ante ist in einer Mischform aus Renaissance und Gotik entstanden. Der Hauptaltar aus der Werkstatt von Girolamo da Santacroce von 1549 zeigt auf zehn Feldern die Muttergottes und andere Heilige.

Außerdem enthält die Kirche eine der ältesten Abbildungen der Stadt. An der Seitenwand befindet sich die Darstellung einer akademischen Diskussionsrunde mit einem Marienbild im Mittelpunkt und, unten rechts, der einzigen Darstellung Mohameds in Dalmatien. Als einer der Mitdiskutanten hält er ein Spruchband mit einem Koranzitat in der Hand. Einer Legende zufolge wurde das Bild geschaffen, um die Moslems zu besänftigen, sollten sie das Kloster überfallen. Ob das nicht ohnehin schiefgegangen wäre, weil die Moslems eine bildliche Darstellung ihres Propheten verbieten, oder ob dies damals lockerer gehandhabt wurde, bleibt offen. Beeindruckend ist außerdem das moderne Altarbild von Josip Botteri in einer Seitenkapelle. Von ihm stammen auch einige der modern gestalteten Fenster.

Nicht weit vom Kloster, bei der Spliter Werft, ist ein frühchristliches Kleinod zu finden: die Kirche **Sv. Trojice**. Ihr Entstehungsdatum wird zwischen dem 8. und 11. Jahrhundert datiert, und sie ist mit ihrer regelmäßigen Sechsblattform byzantinisch geprägt.

An der großen mehrspurigen Ortsausfahrt Richtung Solin ist rechts das guterhaltene Teilstück des **römischen Aquädukts** zu sehen. Es stammt aus dem 4. Jahrhundert und transportierte das Wasser aus dem Jadrofluss in die Stadt.

Die Meštrović-Galerie mit Blick auf Skulpturenpark und Meer

Split

Vorwahl: +385/21.
Postleitzahl: 21000.
Turistički Informativni Centar, Peristil bb, Tel. 345606.
Turistički zajednica, Obala Hrvatskog narodnog preporoda 7, Tel. 348600, www.visitsplit.com. Weitere Infos: www.split.info.
Deutsches Honorarkonsulat, Biserova 16, Tel. 394690, split@ hk-diplo.de.
Konsulat der Schweizer Konföderation, Strožanačka 20, 21312 Podstrana, Tel. +385/21/420422, split@honrep.ch.
Konsulat der Republik Österreich, Klaiceva poljana br. 1, Tel. 322535.
Im Tourismusbüro (nur am Peristil) oder im Hotel gibt es die kostenlose **Split Card** (ab 3 Tage Aufenthalt), Eintritte zum Teil umsonst, 20–50 Prozent Ersparnis beim Einkauf.
Post, Hercegovačka 1, Kralja Tomislava 9 und Domovinskog rata 53.
Erste Bank, Gundulićeva 40a; **Privredna banka**, Trg braće Radića 7; **Raiffeisenbank**, Domovinskog rata 29.

Bahnhof HŽ-kolodvor Split, Obala kn. Domagoja bb (Züge nach Zagreb).

Flughafen Split (SPU), Zračna Luka, Cesta dr. Franjo Tuđman 1270, 21217 Kaštel Štafilića, Tel. 203555, www.split-airport.hr. Split wird von Air Berlin, Easyjet, Edelweiss, Lufthansa, Germania, Germanwings, Austrian Airlines und Croatia Airlines angeflogen. Der Flughafen liegt zwischen Trogir und Split.

Split–Ancona (Italien); 2–3x in der Woche (abends, in der Saison über Stari Grad). Split ist Ablegehafen für Fähren auf die vorgelagerten Inseln.
Autofähren:
Split–Supetar (Brač); stündlich.
Split–Stari Grad (Hvar); 7x tägl.
Split–Rogač (Šolta); 5x tägl.
Split–Vis (Vis); 2–3x tägl.
Split–Vela Luka (Korčula)–Ubli (Lastovo)–; 4x tägl.
Split–Trogir–Drvenik Mali–Drvenik Veli; 3x tägl.
Personenfähren:
Split–Jelsa (Hvar); 1x tägl.
Split–Mlina (Brač); 1x tägl.
Split–Ubli (Lastovo) und Vela Luka (Korčula); 1x tägl. (sehr früh).
Rundtour Korčula: Split–Prigradica (Korčula)–Hvar; 1x tägl.

Taxiruf am Flughafen, Tel. 895237.

Hotel Le Méridien Lav, Grljevačka 2A, Podstrana, Tel. 500500, www.lemeridienlavsplit.com; 381 Zimmer, DZ ab 195 Euro (Sommer). Ca. 8 Kilometer südlich, kleiner Strand, Restaurants, Pools.
Consul, Tršćanska 34, Tel. 340130, www.hotel-consul.net; DZ 130 Euro. Nördlich der Altstadt, klassischer Stil, ohne Klima, freundlicher Service.
Peristil, Poljana kraljice Jelene 5, Tel. 329070, www.hotelperistil.com; DZ 120–165 Euro. Schlicht und liebevoll.
As, Kopilica 8a, Tel. 366100, www.hotelas-split.com; DZ 100–110 Euro. Moderner Komplex im Gewerbegebiet, außerhalb, Nähe Bahnhof.
Golli & Bossi, Morpurgova Poljana 2, Tel. 510999, www.gollybossy.com; DZ 85–110. Designhotel/-hostel in gelb und weiß, mit Ein- bis Achtbettzimmern und Restaurant.
Kastel, Mihovilova širina 5, Tel./Fax 343912, mobil 091/1200348, www.kastelsplit.com; DZ 85–135 Euro. In der Altstadt, klein, sauber und kuschelig.
Bellevue, Bana Jelačića 2, Tel. 585701, www.hotel-bellevue-split.hr; 100 Betten, DZ 70–100 Euro. In einem Palast, zentral gelegen.

Kadena, Ivana pl. Zajca 4, Tel. 389400, www.restorankadena.com. In der Nähe vom Hafen Zenta, im besten Sinne dalmatinisches Slow Food, mit großer Weinkarte, gutes Preis-Leistungsverhältnis.
Noštromo, Kraj Sv. Marije 10, Tel. mobil 091/405666, www.restoran-nostromo.hr. Sehr gute Fischspezialitäten, etwas teurer.
Boban, Hektorovićeva 49, Tel. 543300, www.restaurant-boban.com. Viel gelobt, edel, raffinierte Nudel- und gute Fleischgerichte, hat seinen Preis.
Adriatic Grašo, Uvala Baluni, Tel. 398560, www.adriaticgraso.com. Sehr schönes Ambiente mit Blick aufs Meer, raffinierte Kombinationen aus Fisch und Fleisch, gehoben, aber nicht übertreuer.
Wine Garden, Poljana Tina Ujevića 3/3, Tel. 272350. Mediterrane Küche, beste Bruschetta, günstig und gut.
Kod Joze J-2, Sredmanuška 4. Deftige und günstige Küche.
Ponoćno sunce, Teutina 15. Fisch- und Fleischgerichte, gut geführt.
Fife, Trumbićeva obala 11. In-Restaurant, gilt als beste einheimische Küche, günstig.
Konoba Varoš, Ban Mladenova 7, www.konobavaros.com. Fisch- und Fleischgerichte.

Museum kroatischer archäologischer Denkmäler, Zrinsko-Frankopanska 25, Tel. 329340, www.mdc.hr/split-arheoloski/index.html; Juni–Sept. Mo-Sa 9-14, 16-20 Uhr, Okt.–Mai Sa nur 9-14 Uhr.
Städtisches Museum, im Papalić-Palast, Papalićeva 1, Tel. 360171, www.mgst.net; Mo-Sa 9-17, So 9-14 Uhr, außer Feiertage. Im schönen romanischen Gebäude, von Juraj Dalmatinac gotisch umgebaut, befinden sich Urkunden, Bücher, Münzen und Gemälde des Spliter Malers Emanuel Vidović.

Zahlreiche Festivals in der Stadt, von Blues über Film bis Jazz, Sonderausstellungen, Infos in der TZ.

Bačvice: Am Fährhafen die Straße bis zum Ende gehen und dann links. Meist überfüllt.
Strand Kaštelet: Unterhalb der Šetalište Ivana Meštrovića (erste Straße links), mit feinem Kies, nahe der Anlegestelle, mit Cafés.
Kašuni-Strand: 800 Meter hinter dem Meštrović-Museum links, Kiesstrand, mit Café-Bar und öffentlichen Toiletten.
Etwas außerhalb, **östlich hinter der Marina Zenta** findet sich ein langer Küstenabschnitt mit viel Strand.
Rebekkas Empfehlung: Strand bei der Marina Tartaglie, an der Nordseite des Marjanberges, etwas felsig, aber nicht so frequentiert, akzeptables Restaurant in der Marina. Odernach **Šolta** bzw. **Brač** übersetzen.

Vier Jachthäfen, unter anderem:
ACI Split, Uvala Baluni bb, Tel. 398599, 398563, m.split@aci-club.hr. Kann im Sommer überfüllt sein, auf dem Weg zur Tankstelle Felsen im Wasser.

Krankenhäuser: Klinička bolnica Firule, Špinčićeva 1, Tel. 556111; **Klinička bolnica**, Križine, Šoltanska 1.
Apotheken, Narodni trg 16, 345542, Kralja Zvonimira 2, 482830 (Bačvice), Kralja Tomislava 5, Tel. 345427 (Marjan).

Solin

Das heute idyllisch wirkende Solin wurde nach der Zerstörung Salonas von Awaren gegründet. In der Pfarrkirche **Gospin otok** (Gottesmutterinsel) befinden sich noch die Reste des Sarkophages der Königin Jelena. Die Gattin des Königs Mihajlo Krešimir und Mutter des Königs Stjepan Držislav starb um 976. Die Inschrift auf ihrem Sarg gilt als das erste Dokument,

das einen kroatischen König namentlich erwähnt. Die Kirche wurde 1998 von Papst Johannes Paul II. besucht.
An dem kleinen Flüsschen unterhalb der Kirche ist ein beeindruckend gestaltetes Denkmal für die Gefallenen des Ortes im letzten Krieg mit einer Liste aller Namen zu sehen.

Salona

Nordwestlich von Solin liegt das riesige Ausgrabungsfeld Salona. In römischen Zeiten war Salona eine pulsierende Stadt, in der zu Hochzeiten 60 000 Menschen lebten. Heute sind auf einem parkähnlichen Gelände von 156 Hektar Fläche noch die beeindruckenden **Grundmauern** zu sehen, die der Phantasie ihren Lauf lassen: Forum, Thermen, Theater und große Basiliken sind zu erahnen. Hinweisschilder geben Erklärungen. Ein kleines **Museum** zeigt wichtige Ausgrabungsgegenstände. Einen halbstündigen Fußmarsch entfernt, im äußersten Westen der Stadtanlage, sind die Grundmauern des **Amphitheaters** zu sehen. Es konnte etwa 15 000 bis 18 000 Zuschauer fassen.

Bereits seit dem 18. Jahrhundert kamen auf dem Gelände immer wieder Reste zutage, aber erst der Priester und Archäologe Don Frane Bulić (1846–1934) erforschte diesen Ort systematisch. Die Ausgrabungen von Salona sind sein Lebenswerk, und er hat damit die Archäologie in Kroatien begründet. Noch heute wird auf dem Gelände und in der Umgebung geforscht.

■ Geschichte

Erstmals vom griechischen Schriftsteller Strabon erwähnt, wurde Salona 78 vor Christus von den Römern erobert. Weil die Stadt im Streit zwischen Caesar und Pompejus auf der richtigen Seite stand, machte Caesar sie zur Metropole in Dalmatien. Seine Blüte erlebte Salona unter Kaiser Diokletian. Mit den ersten Christen kam der Hauptmann der Wache, Domnius, in die Stadt. Zusammen mit drei weiteren Wachleuten setzte er sich für die Verbreitung des Christentums ein. Bis vor kurzem galt als sicher, dass die ersten Christen ihre Gottesdienste an der Stelle, die als ›Oratorium A‹ bezeichnet wird, abhielten. Heute rücken die Archäo-

▲ *Reste des Amphitheaters in Salona*

logen mangels Beweisen davon wieder ab. Domnius soll am 10. April 304 als einer der ersten Christen zum Tode verurteilt und nordwestlich der Stadt außerhalb der Mauern beerdigt worden sein. Seines und die Martyrien zahlreicher anderer Menschen in einer Stadt unter römischer Herrschaft machten Salona zu einem zentralen Ort für die Durchsetzung des christlichen Glaubens. Deshalb nahm Split später unter den Bistümern Kroatiens immer eine führende Rolle ein.

 Solin

Vorwahl: +385/21, **Postleizahl**: 21210
Turistička zajednica Solin, Kralja Zvonimira 69, Tel. 210048, http://solin-info.com.
Post, Zvonimirova 77.
Privredna banka, Matoševa 10; **Splitska banka**, Zvonimirova 60.

President, Kralja P.Krešimira IV, Tel. 685300, www.hotelpresident.hr; DZ 160–220 Euro. Was man an Meernähe nicht bieten kann, macht man mit Luxus wett. Großzügige Zimmer (auch barrierefrei), moderne Einrichtung, Betten auch für Allergiker geeignet, WLAN.
Hostel Jadro, Hektorovićeva 38, Tel. 246777; DZ 60 Euro. Einheiten mit unterschiedlichen Größen, sehr schlicht, mit Bad auf dem Gang.
Kamena Lodge, Don Petra Peroša 20, Mravince, Tel. 269910; DZ 60 Euro. Außerhalb, sehr persönlich, mit eigenem Weinkeller.

Restaurant Zvonimir, Kralja Zvonimira 80a, Tel. 211245.
Gašpić, Hektorovićeva 38, Tel. mobil 098/320988, www.restoran-gaspic.com.
Mala Venecija, Vranjic, Don Luke Jelića 39, Tel. 260157. Konoba.

Apotheke, Zvonimirova 73, Tel. 212486.

Das Hinterland von Split

Klis

Auf der Strecke nach Sinj erhebt sich die Burganlage Klis auf der Passhöhe zwischen den beiden Bergzügen Kozjak und Mosor. Wo heute der neue Autobahnzubringer und die Fernstraße 1 vorbeiführen, haben seit dem 2. Jahrhundert vor Christus erst Dalmater, dann Römer die Verbindung zwischen Meer und Hinterland kontrolliert.

Erstmals erwähnt wurde die Burg Klis 852 als Teil des Hofes von Fürst Trpimir. Wie gut die Lage gewählt war, beweist die Tatsache, dass der kroatische Befehlshaber Petar Kružić 25 Jahre lang mit Hilfe von Piraten, Uskoken aus Senj, die Burg vor den Osmanen verteidigen konnte, bis diese die Festung 1537 einnahmen. Erst 1648 konnten die Venezianer unter Leonardo Foscolo die Festung wieder zurückerobern. Aus diesem Anlass sollen in Venedig alle Glocken geläutet haben. Im Zweiten Weltkrieg bauten Italiener und Deutsche in der Nähe der Burg **Bunker**, die heute noch zu sehen sind. Oben auf der Burg weist eine Gedenktafel darauf hin, dass die Faschisten 1942 einen Kommunisten von der Burgmauer geworfen hatten. In der häufig erweiterten Anlage ist die kleine Kirche **Sv. Vid** zu sehen, die ursprünglich eine Moschee war und von den Osmanen an der Stelle einer älteren romanischen Kirche gebaut worden war.

Klis

Turistička zajednica, Megdan 57, 21231 Klis, Tel. 021/240578, www.tzo-klis.htnet.hr.

224 Split

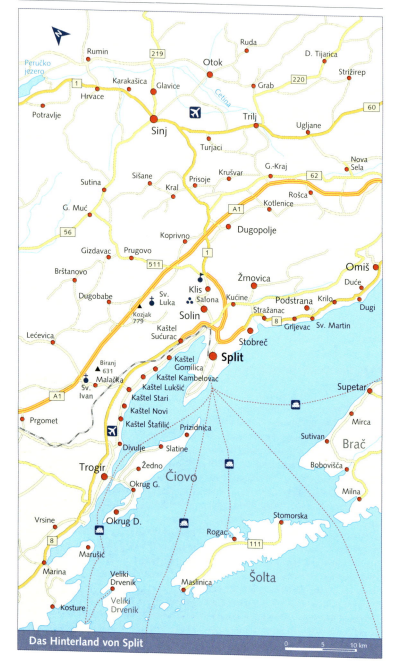

Das Hinterland von Split

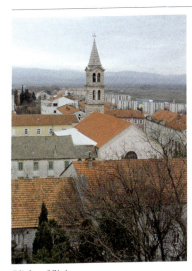

Blick auf Sinj

Sinj

Für viele Touristen – vor allem für die Pferdeliebhaber unter ihnen – gibt es einen Grund, in den kleinen Ort tief im Hinterland am Rand des breiten und fruchtbaren Cetina-Tales zu reisen: die **Sinjska alka**. So heißen die Reiterspiele, die die 12 000-Einwohner-Stadt alljährlich im August ausrichtet und die 2011 in die Liste des immateriellen UNESCO-Weltkulturerbe aufgenommen wurden. Seit Jahrhunderten wird mit den Spielen der Sieg über die Türken gefeiert, schon zu jugoslawischen Zeiten waren sie eine touristische Attraktion. Aber die Sinjska alka ist mehr als eine Touristenattraktion, sie ist ein gelebtes Volksfest. Links von der Zufahrtstraße zum Ort befindet sich die Pferderennbahn, auf der die Rennen abgehalten werden.
Bei den Spielen geht es darum, mit einer Lanze von einem Pferd aus, das mindestens 45 Stundenkilometer schnell sein muss, den inneren Kreis eines sogenannten ›Alka‹ (türkisch=Ring) zu treffen. Der Alka ist ein Metallring, der aus zwei Kreisen besteht und einen Durchmesser von 13,17 Zentimetern hat. Er symbolisierte ursprünglich den Steigbügel des Paschas. Wer den inneren Kreis trifft, bekommt drei Punkte, wer den äußeren trifft, einen Punkt.
Der Gewinner erhält einen Schild und darf sich ›Held der Cetina‹ nennen. Drumherum findet ein großes Trachtenfest statt. Das beschauliche Städtchen, das 320 Meter über dem Meeresspiegel liegt, und das schöne Tal sind aber auch im restlichen Jahr einen Abstecher wert.

■ Geschichte

Als 33 nach Christus die Römer das Städtchen an dem heutigen Platz von Sinj einnahmen, hatte das Tal der Cetina bereits eine lange Siedlungsgeschichte hinter sich. Die Fruchtbarkeit des Tales hatte sogar eine eigene Kultur in der Bronzezeit, die Cetina-Kultur, ermöglicht. 1357 bauten Franziskaner aus Bosnien auf Einladung des Fürsten Ivan Nelipić ein Kloster. Das wurde von den Türken 1492 überfallen und niedergebrannt. Ab

Darstellung der Gottesmutter von Sinj an der Tür der Kirche Mariä Himmelfahrt

1530 herrschten die Türken dauerhaft über die Stadt, bis sie 1686 von den Venezianern verdrängt wurden. Fortan gehörte die Stadt zwar zu Venedig, war aber immer wieder türkischen Angriffen und Plünderungen ausgesetzt. Ein Angriff 1715 auf die mit 600 Mann hoffnungslos unterbesetzte Burg war der letzte großangelegte Versuch der Osmanen, wieder die Macht zu ergreifen. Doch unverrichteter Dinge wurde die Offensive abgebrochen, wahrscheinlich hatte eine Seuche im Lager der Türken den Rückzug ausgelöst. Populärer ist aber die Legende, dem angreifenden Mehmet Paša sei die Jungfrau Marija, die die Verteidiger um Hilfe angerufen hatten, als grelles Licht erschienen. Mit der Sinjska alka wird dieses Wunder gefeiert.

■ Stadtrundgang

Die Altstadt von Sinj ist rund um eine einzeln aufragende Anhöhe gebaut, auf der einst die Burg stand. Im letzten Krieg von 1991 bis 1995 kam es um die Stadt zu zahlreichen Gefechten zwischen Kroaten und Serben, so dass viele Häuser zerstört wurden und bis heute auf ihren Wiederaufbau warten.

Am Eingang des Ortes befindet auf dem Parkplatz ein **Reiterstandbild von Ivan Meštrović**, das die Dynamik der Reiterspiele einfängt. Oben in der Stadt dominiert am Hauptplatz die Kirche **Uznesenja Blažene Djevice Marije** (Mariä Himmelfahrt). Sie ist die Kirche des Franziskanerklosters, das das Leben der Stadt prägt. Nach der Renovierung kamen die beachtenswerten modernen Bronzetüren an den Haupteingang, die das Wunder der Sinjska Gospa (Gottesmutter von Sinj) plastisch auf fast unbeschwerte Weise darstellen. Innen ist eine Mariendarstellung zu sehen, die Franziskaner aus Bosnien auf ihrer Flucht vor den Türken mitgebracht hatten. Vor diesem Bild hatten die Bewohner vor dem Kampf gegen die Türken gebetet, seitdem gilt das Sinjska Gospa genannte Bild als wundertätig. Die wie eine Ikone wirkende Darstellung der Maria ist vermutlich eine venezianische Arbeit aus dem 16. Jahrhundert und soll heute nach den Vorstellungen der Stadtoberhäupter den Pilgertourismus weiter ankurbeln.

Das hinter der Kirche liegende **Franziskanerkloster** beherbergt eine vorgeschichtliche, ethnographische und naturkundliche Sammlung mit einer Vielzahl von römischen Funden, die schön präsentiert werden, unter anderem einem Kopf des Herakles aus dem 1. Jahrhundert und eine Dianastatue aus dem 3. Jahrhundert. Unterhalb der Kirche befindet sich ein **Skulpturengarten** mit einer Büste von Ivan Meštrović, die den Dichter Dinko Šimunović darstellt. Sehr lebendig wirkt auch die Skulptur des Mädchens am Brunnen.

Auch der Moderne öffnet sich Sinj: In der architektonisch modernen **Galerie Sikirica** werden vom Kubismus beeinflusste Werke des kroatischen Bildhauers Stipe Sikirica gezeigt, die durchaus Witz und Charme haben.

Oben auf dem Berg sind noch die **Reste der Festung Kamičac** zu sehen. Der Weg dorthin führt am **Museum des Cetinagebietes** (Musej cetinske krajine) vorbei. In dem Natursteinbau sind viele Funde aus der Umgebung der Stadt ausgestellt, von illyrischen Grabmälern über römische Skulpturen bis hin zu mittelalterlichen Funden und türkischen Waffen. Von der nur noch in ihren Grundmauern zu besichtigenden Festung lässt sich das Tal schön überblicken. Ihre heutige Form als sternförmige Bastion stammt von den Venezianern. Unterhalb der Festung befindet sich die Quelle des Flusses Miletin, die über Jahrhunderte die Menschen in Sinj mit frischem Wasser versorgt hat.

Männer in Uskokentracht am Aufgang zur Burg Klis

Sinj

Vorwahl: +385/21.
Postleitzahl: 21230.
Turistička zajednica Sinj, Put Petrovca 12, Tel. 826352, www.tzsinj.hr.
Post, Glavička 5.
Credo banka, Trg Kralja Tomislava 8, **Privredna Banka**, Glavicka 6; **Splitska Banka**, Banksi Prolaz 1; **Zagrebačka Banka**, Vrlička 50.

Tankstelle, Zagrebačka bb.
Busbahnhof, Put Ferate 15, Tel. 826939.

Hotel Alkar, Vrlička 50, Tel. 824488, www.hotel-alkar.hr; 51 Zimmer, DZ 65 Euro.
Hotel-Restaurant Matanovi Dvori, Gornje Glavice 650, Tel. 826797, matanovi.dvori@inet.hr; 36 Betten, DZ 65 Euro inkl. Frühstück.

Konoba Ispod Ure, Istarska 2. Einfache lokale Gerichte.

Restaurant Alkar, Vrlička 50, Tel. 824488. Im gleichnamigen Hotel, gut, mittlere Preiskategorie.

Galerie Galiotović, 44 Brnaška, www.galerija-galiotovic.kus-sinj.hr. Städtisch geführter Ausstellungsraum mit wechselnden Präsentationen moderner Künstler, gestiftet von Iva Galiotović.

Sinjska alka; alljährlich im August stattfindende Reiterspiele, Infos unter www.alka.hr. Mit langer Prozession und Wettkampf im Stadion am Ortseingang.

Fishing Club Sinj, Vlado Alebić, Tel. mobil 091/5721323, vladoalebic@ net.hr.

Ambulanz, Put Petrovca 2, Tel. 821700.
Apotheke, Severo Varda Stipković, Brnaška 6, Tel. 660095.
Joukhadar, Put Ruduše 28, Tel. 826866.

Kaštela

Die Küste zwischen Split und Trogir war seit dem Mittelalter die Kornkammer für die beiden Städte. Zur Verteidigung gegen die eindringenden Türken wurden ab dem 14. Jahrhundert 16 burgähnliche Festungen (Castelli) gebaut, die zum Teil heute noch am Wasser oder auf vorgelagerten Inseln aufragen. Ab dem 18. Jahrhundert war der Küstenabschnitt eher der Lustgarten für die Reichen und Schönen. Bereits ab 1895 lockte er die ersten Touristen aus Deutschland an.
Heute ist dieser Küstenabschnitt zersiedelt, staubig und voll. Doch die kleinen Städtchen rund um die Renaissance-Kastelle am Wasser haben immer noch ihren Charme. Sieben Orte entlang der Küste werden seit jüngstem zur Stadt Kaštela zusammengefasst. Der Name der 44 000-Einwohner-Stadt leitet sich von dem italienischen ›Castello‹ ab.
Der Berg Kozjak oberhalb der Stadt war bereits vor 45 000 Jahren besiedelt, wie steinzeitliche Funde in Höhlen gezeigt haben. Griechische Kolonisten siedelten im 2. Jahrhundert vor Christus bereits beim heutigen Resnik unterhalb vom Flughafen und errichteten eine kleine Tonmanufaktur. Als mit den Türkeneinfällen die Burg Klis fiel, zogen die Bauern an die Küste, und es entstanden nach und nach kleine festungsartige Orte nach dem mit einer Ausnahme immer gleichen Muster: Die Bauern errichteten

ihre Häuser um die Kastelle der adeligen Grundbesitzer. Damit entstand eine weitere Verteidigungslinie. Die Fenster zum Festland waren nach außen klein wie Schießscharten, zu den Innenhöfen hin größer. Später, mit abnehmender Bedrohung, nutzten die Adeligen und Bischöfe die Kastelle als Sommersitze, und die Siedlungen wuchsen zusammen. Während des Zweiten Weltkrieges bauten Italiener und Deutsche Bunker in die Berge. Einzelne Ortsteile wurden von den Alliierten angegriffen. Heute kämpft die Stadt darum, die Umweltprobleme in den Griff zu bekommen, die alte Industrieanlagen und -brachen verursachen.

Charakteristisch für die Gegend ist der Anbau der Traube Crljenak. Aus ihr wird ein weicher und runder Wein gekeltert. Vor einigen Jahren wurde der Nachweis geführt, dass sie mit der in den USA beliebten Traube Zinfandel genetisch identisch ist. So glauben manche, dass die Zinfandeltraube von Kroaten aus Kaštel in die USA eingeführt wurde. Doch auch der italienische Primitivo weist eine identische DNA wie die des Zinfandels auf. Allerdings ist die Traube jünger als die amerikanische. Sicher dürfte sein, dass es sich um Trauben aus der gleichen Familie handelt.

Kaštel Sućurac

Der Ort gilt als die älteste und besterhaltene Festung. Unter dem Spliter Erzbischof entstand Ende des 14. Jahrhunderts zunächst ein Wehrturm, der 1488 zu einem kleinen Schloss ausgebaut wurde. Dieses beherbergt heute ein **Museum** mit antiken Ausstellungsstücken.

Das im 15. Jahrhundert um das Kastell entstandene Wehrdorf bildet heute eine hübsche, verwinkelte Altstadt. Von der Pfarrkirche blieb nach einem Fliegerangriff 1943 nur der **Glockenturm** übrig.

Kaštel Gomilica

Das Kaštel Gomilica liegt auf einer Insel, die der kroatische König Zvonimir im Jahr 1078 den Benediktinerinnen schenkte. Darauf ließen sie das Kaštel im 16. Jahrhundert als eine im Grundriss fast viereckige Festung errichten, in deren Innenhof Bauern der Umgebung kleine Häuschen bauten.

Vor der Kirche des Ortes steht eine 700 Jahre alte Eiche.

Kaštel Kambelovac

In Kaštel Kambelovac befinden sich gleich vier Kastelle nebeneinander. 1478 bauten die Brüder und reichen Großgrundbesitzer Jerolim und Nikola Cambi als erste im Ort zwei Festungen nebeneinander. Eine davon ist die einzige Wehranlage an der Küste mit einem runden Turm, sie wurde aber erst 1517 fertig. Zwischen den Festungen errichteten später die beiden Familien Grisogono und Lippeo weitere Burgen.

Kaštel Lukšić

Das vielleicht prachtvollste Schloss von allen befindet sich im Zentrum von Kaštel Lukšić. 1487 erhielt der Adelige Luk-

Straßenszene in Kaštela

In Kaštel Lukšić

si Vitturi aus Trogir die Genehmigung zum Bau einer Festung, aus der 1564 schließlich ein Renaissanceschloss wurde. Das dreistöckige Gebäude gehört heute der Stadt und beherbergt zentrale Kultureinrichtungen wie ein **Museum**, das zahlreiche der steinzeitlichen Funde vom Berg Kozjak zeigt.

Um die Festung rankt sich die Legende von Miljenko und Dobrila, eine Art Romeo-und-Julia-Geschichte. Dobrila, Tochter des Palasteigentümers Vitturi, und Miljenko aus dem Hause Rušinić verliebten sich ineinander, obwohl ihre Familien verfeindet waren. Die Familien taten, was man in diesen Zeiten tat, um sie voneinander abzubringen: Der Sohn Rušinić wurde nach Venedig zum Dienst geschickt. Das Mädchen sollte zwangsverheiratet werden. Doch Miljenko erfuhr davon, reiste nach Kaštela und verhinderte die Hochzeit gewaltsam. Dobrilas Vater steckte daraufhin seine Tochter ins Kloster. Miljenko zettelte einen Aufstand an, um sie zu befreien, und wurde in das Franziskanerkloster nach Visovac verbannt. Beide versuchten zu fliehen und gerieten in Lebensgefahr. Dobrilas stolzer Vater Vitturi griff zu einer List, um das Problem endgültig zu lösen. Er stimmte überraschend einer Hochzeit zu und erschoss den verhassten Schwiegersohn auf dem Fest. Dobrila verlor den Verstand, wurde krank und starb. Der Journalist Marko Kažotić, italienisch Kasotti (1804–1842), machte 1833 aus der Legende einen Roman, der zum Bestseller wurde. Heute wird die Geschichte als Drama während der Sommermonate im Kaštel aufgeführt.

Begraben liegen Miljenko und Dobrila im Park der Kirche **Sv. Ivan**. Dort befindet sich heute noch eine Grabplatte mit der Inschrift: ›Die Ruhe der Liebenden‹. Die Kirche ist wegen ihrer Kunstsammlung sehenswert. Die Pfarrkirche wurde 1776 gebaut und enthält zahlreiche Reliefs von Palma dem Jüngeren aus dem 16. Jahrhundert. In der Altargruft ist eine Darstellung des heiligen Arnirad von Juraj Dalmatinac aus dem 15. Jahrhundert zu sehen.

Kaštel Stari

Kaštel Stari (stari=alt) war lange Zeit das Aushängeschild für den Tourismus in Kaštel. Symbol dafür ist das legendäre, sich immer noch in Renovierung befindliche **Hotel Palace**, das seit 1928 existiert und mitten in einem schönem Garten steht. Oberhalb des Ortes befindet sich der Bahnhof von Kaštel, an dem die ersten Touristen ankamen.

Die Festung unten am Wasser, die heute eher wie ein Sommerhaus aussieht, wurde 1481 von dem Trogirer Humanisten, Schriftsteller und Heerführer Koriolan Čipiko gebaut. Čipiko, der für Venedig unter anderem an der Küste der Türkei gekämpft hatte, war der erste aus Trogir, der eine Wehranlage gegen die Osmanen baute. Ironie der Geschichte: 1492 brannte der Palast ohne Zutun der Türken ab, wobei Čipikos Frau ums Leben kam.

Oberhalb von Kaštel Stari, an der Durchgangsstraße nach Split, feiert die Gemeinde seit Mai 2005 mit einem unübersehbarem, über vier Meter hohen **Denkmal** aus Bronze den ersten kroatischen Präsidenten Franjo Tuđman.

Kaštel Novi

Kaštel Novi, das neue Kastell, ließ der Neffe von Koriolan Čipiko, Pavlo Antun Čipiko, 1512 errichten. Mehr noch als beim Kastell des Onkels ist der Wehrcharakter mit kleinen Schießscharten erhalten geblieben. Zu kommunistischer Zeit waren in Kaštel Novi ein großes Weinrestaurant und ein Museum untergebracht. Heute weiß keiner mehr genau, wem die Bauten eigentlich gehören, denn die Familie Čipiko wanderte um das Jahr 1830 aus, und seitdem hat man nichts mehr von ihr gehört.

In Kaštel Novi wurde der Bildhauer Marin Studin (1895–1960) geboren. Der Schüler von Ivan Meštrović fertigte die Skulptur des Sv. Roko in der gleichnamigen Kirche. Von Studin stammt auch das zehn Meter hohe Denkmal **Verkünder der Freiheit** an der Uferpromenade zwischen Kaštel Stari und Kaštel Novi, das zu Ehren der Partisanen errichtet wurde. Die scheinbar auf das offene Meer zufliegende Figur wurde unter der kommunistischen Herrschaft von den Bewohnern zu einem Sinnbild für die Flucht nach Italien umgedeutet.

Oberhalb von Kaštel Novi, in den Berghängen, liegt ein wunderschön gestalteter **Bibelgarten**. Er wurde um die kleine Kirche **Sv. Marija von Špiljan** aus dem Jahr 1189 mit Pflanzen, die in der Bibel vorkommen, angelegt. Beeindruckend sind die wohltuend ruhige Atmosphäre und der Blick vom Rand des Gartens über die Bucht.

Kaštel Štafilić

Stjepan Stafileo, Stafile oder Štafilić: Die Schreibweise des Adligen griechischer Abstammung, der diesem Kaštel seinen Namen gab, variiert von Urkunde zu Urkunde. Der Adelige aus Trogir baute seine Festung 1508 auf einer kleinen Insel, die er mit einer Zugbrücke zum Festland versah. Es ist bis heute eine Ruine, weil

An der Promenade von Kaštel Štafilić

es von Verkäufer zu Verkäufer mit immer höherem Aufschlag weitergereicht wird, ohne dass jemand die Renovierung in Angriff nimmt. Zuletzt wurden 2,5 Millionen Euro für das Kastell gezahlt.

Am Ortseingang steht im Hof eines Kindergartens ein 1500 Jahre alter **Olivenbaum**, dessen Stammumfang sechs Meter beträgt. Das Wurzelgeflecht breitet sich in einem Radius von 100 Metern aus. 1990 wurde der Baum zu einem Naturdenkmal erklärt.

Die **Pfarrkirche** von 1566 beherbergt eine wundertätige Ikone aus dem 16. Jahrhundert, Goldschmuck aus den Kaštels sowie die Statuen des Sv. Blaž und der Sv. Lucia, die der Künstler und Meštrović-Schüler Marin Studin aus Novi Kaštel gefertigt hat.

Wanderungen in die Berge

Mehr als 100 Kilometer Wanderwege führen durch die Berge oberhalb von Kaštel, die zum Teil sehr bequem zu laufen sind. Material zu den Wanderrouten ist in der Turistička zajednica erhältlich. Von Sućurac kann man zum Berg **Kozjak** wandern, bis zur großen Felswand **Vela Stina** und weiter zur Bergsteigerunterkunft **Putalj** (480 Meter) oder auf das Joch Vrata am Bergrücken des Kozjaks und weiter westlich über abfallend ebene Wege vorbei an zahlreichen kleinen Kirchen bis zur **Kirche des heiligen Luka** (690 Meter), die aus dem 9. Jahrhundert stammt.

Ein weiteres Ziel für eine Wanderung ist der Berg **Biranj**, wo die frühromanische Kirche Sv. Ivan zwischen Resten von präromanischen Fluchtburgen zu sehen ist. Jedes Jahr am 26. Juni führt eine Wallfahrt hinauf.

Im **Kozjak-Gebirge** sind viele Kletterer unterwegs: 50 bis 250 Meter hohe, steile Felswände fordern auch geübte Kletterer heraus.

Kaštela

Vorwahl: +385/21.
Postleitzahlen: 21215/21216/21217.
Turistička zajednica Grada Kaštela, Dvorac Vitturi, Brce 1, 21215 Kaštel Lukšić, Tel./Fax 227933, www.kastela-info.hr.

Bahnhof, in Kaštel Stari. Mehrmals am Tag Züge nach Split, nicht zum Flughafen.

Flughafen Split (SPU), Zračna Luka, zwischen Kaštel und Trogir, → S. 220.

Villa Žarko, Obala k. Tomislava 7a, 21215 Kaštel Lukšić, Tel. 228160, www.villa-zarko.com; DZ 75-95 Euro. Schöner Blick, schlicht.

Adria, Cesta Franje Tuđmana bb, Tel. 798140, www.hotel-adria.hr; 30 Betten, DZ 70-85 Euro. Mit Restaurant, vorbestellen lohnt sich.

Villa Šoulavy, Obala Kralja Tomislava 18, 21215 Kaštel Lukšić, Tel. 246640, www.villasoulavy.hr; DZ 60 Euro (ab 2 Wochen 35-55 Euro). Übernachten im Gebäude aus dem 16. Jahrhundert und einem der ersten Hotels in Kaštela, komplett saniert.

Hotel Sv. Jure, Obala Kralja Tomislava 21, Tel. 232759, www.sveti-jure.com; DZ 55-85 Euro. Uferpromenade von Kaštel Novi, Landhausstil, gute Gastronomie.

Baletna škola, Biskupa Frane Franica 1, 21214 Kaštel Kambelovac, Tel. 221912, www.hotel-baletnaskola.com; DZ 40-90 Euro. Neben alter Ballettschule, modern eingerichtet.

Hotel Kaštel, Sv. Ivana 2, 21215 Kaštel Lukšić, Tel. 228455, www.hotel-kastel.hr. Schlicht, mit eigenen Bademöglichkeiten und Restaurant.

Tenis Apartments Biluš, Vlade Šimere 11, 21217 Kaštel Štafilić, Tel. 234856. Schlichtes privates Apartmenthaus mit Tennisplatz, auf Wunsch auch mit Tennisunterricht beim Sohn des Hauses.

Kamp Dragan, Ante Starčevića 39, Kaštel Kambelovac, Tel. 220573, www.campdragan.com.
Autocamp Biluš, Obala Kralja Tomislava 43, Kaštel Stari, Tel. 230543, www.campsplit.com; 2 Pers./Auto/Zelt 15–20 Euro.
Camping Juras, zwischen Resnik und Kaštel Štafilić, Tel. 234408.
Camp Confido und **Camp Koludrovac**, beide Put Resnika bb

Baletna Škola, Don Frane Bege 2, Kaštel Kambelovac, Tel. 220208, www.restoranbaletnaskola.com. Traditionelle dalmatinische Gerichte, bester schwarzer Risotto.
Konoba Sv. Jure, Obala Kralja Tomislava 21 (an der Uferpromenade), Kaštel Novi, Tel. 232759, www.sveti-jure.com. Landhaus-Ambiente mit offenem Grill im Gastraum, nettes Personal und moderate Preise, Peka (Gegrilltes unter der Haube) einen Tag vorher bestellen.
Restaurant Palma, Kaštel Stari, vor dem Čipiko-Palast.
Restoran Odmor, F. Tuđmana 532, Kaštel Kambelovac, Tel. 220263.
Restoran Bimbijana, Obala kralja Tomislava bb, Kaštel Gomilica, Tel. 222780, www.bimbijana.com. Traditionelle dalmatinische Küche mit viel Fisch.

Auf den Höhen gibt es markierte **Mountainbikewege**, eine Übersicht gibt es in der TZ; sie ersetzt aber keine Karte.

Ambulanz, F. Tuđmana bb

Trogir

Wer die Altstadt auf der nur durch einen Graben vom Festland getrennten Insel betritt und durch die verwinkelten und engen Gässchen schlendert, hat schon bald das Gefühl, eine Zeitreise in die Renaissance unternommen zu haben. 1997 wurde die 10 000-Einwohner-Stadt von der UNESCO in die Liste des Weltkulturerbes aufgenommen. Sie ist mittlerweile so beliebt, dass die Infrastruktur in den Spitzenzeiten unter dem touristischen Andrang zusammenbrechen kann. Darauf sollte man sich einstellen und viel Geduld mitbringen. Höhepunkte sind die **Kathedrale** mit dem romanischen Portal von Meister Radovan und der Grabkapelle für den Bischof und Stadtheiligen Ivan, aber auch die **Palazzi** auf dem Hauptplatz und die stilistische Geschlossenheit der Altstadt, das Kairos-Relief im Museum des Benediktinerklosters und die Skulpturen von Nikola Firentinac.

In der deutsch-jugoslawischen Karl-May-Filmproduktion ›Winnetou III‹ diente die Stadt als Kulisse für Santa Fe. Wer das Erlebnis der Stadt mit einem Badeurlaub verknüpfen möchte, sollte sich an der westlichen Küste oder auf Čiovo einquartieren (Marina, Poljica, Seget), manche empfehlen auch Veli und Mali Drvenik.

Geschichte

Im Mittelalter war Trogir das machtvollste Zentrum in der mittleren Adria, noch vor Šibenik und Split. Heute befindet sich die Stadt politisch und ökonomisch zwischen den beiden Nachbarstädten eingekeilt und steht verwaltungstechnisch unter der Regie von Split. Deshalb schauen die Bewohner durchaus argwöhnisch auf die große Stadt im Süden.
Als zuerst Illyrer auf dem Gebiet der heutigen Altstadt siedelten und im 3. Jahrhundert vor Christus die Griechen eine

Blick auf Trogir von der Insel Čiovo aus

Stadt gründeten, war die Insel nur durch einen Morast vom Festland getrennt. Von den Griechen ist der Name Tragurion belegt, was die Kroaten in Trogir und die Italiener in Trau abwandelten. Woher der Name kommt, ist unklar: Er könnte sich aus dem Griechischen für ›Ziegenberg‹ ableiten, aber auch eine illyrische Herkunft (›Drei Berge‹) wäre möglich. Ihre Bedeutung erlangte die Stadt zum einen, weil die Awaren im 6. Jahrhundert an den Stadtmauern scheiterten, während sie das größere Salona im Süden dem Erdboden gleichmachten und als Konkurrenzhafen auslöschten. Zum anderen gelang es der Stadt im frühen Mittelalter, die Salinen bei Šibenik auszubeuten. Als sich Šibenik mit einem Trick eigene Stadtrechte sicherte und sich 1298 von Trogir abnabelte, brach das Wirtschaftsleben ein. Es blieben der Handel und die Marmorsteinbrüche in den Bergen, die Geld in die Stadt brachten. Bis heute wird der Stein oberhalb von Seget abgebaut und exportiert. Nach der Machtübernahme durch die Venezianer 1420 begannen innere Konflikte, die die Stadt blockierten. Bürger schlossen sich zu Bruderschaften zusammen und opponierten frühzeitig und über Jahrhunderte gegen den sich an Venedig orientierenden Adel und den Klerus. Im 18. Jahrhundert brachen die Auseinandersetzungen zwischen beiden Parteien offen aus, dabei wurden zahlreiche Bauern gefangengesetzt. Bis zur Machtübernahme durch die Österreicher hing immer ein Strick zur Ermahnung von der Kathedrale.

Auf Grund dieser Geschichte erstarkte die kommunistische Partei in der Stadt bereits zwischen den beiden Weltkriegen. Anfang der 30er Jahre zerstörten die Bewohner alle Markuslöwen an öffentlichen Gebäuden der Stadt, worauf sie noch heute stolz sind. Früh nahmen die Städter den Partisanenkampf im Zweiten Weltkrieg auf. Die kommunistische Zentralregierung in Belgrad honorierte dies nach dem Zweiten Weltkrieg und ließ in Trogir einige wichtige Industrien entstehen, zum Beispiel die

Schiffbauindustrie. Heute soll sie weiter ausgebaut werden und zum Beispiel Kreuzfahrtschiffe produzieren. Es sind die gleichen Kreuzfahrtschiffe, die die Touristen in die Stadt bringen, von der sie hauptsächlich lebt. Die Innenstadt wird mehr und mehr zur touristische Kulisse, kaum ein Einheimischer lebt dort, weil die Wohnungen als Ferienapartments mehr einbringen als durch Vermietung an Bewohner.

Entsprechend dienen die Läden auch nicht mehr der Versorgung der Bevölkerung, sondern bieten, was Touristen interessieren könnte: Andenken, Gold, Schuhe, Eis, Kunst (und was man dafür hält), allerlei Snacks und Restaurants. Innerhalb von 20 Jahren hat sich die Stadt derart gewandelt, dass viele Einheimische sie nicht mehr wiedererkennen. Doch wer darüber hinwegsieht, kann immer noch die große Kunst aus dem Mittelalter und der Renaissance in der Stadt genießen.

Stadtrundgang

Von der Landseite ist es am einfachsten, durch das **Nordtor** die Stadt zu betreten. Es ist eine Stilcollage: Der barocke Durchgang wird gekrönt von der gotischen Figur des Stadtheiligen Sv. Ivan, die Bonino da Milano gefertigt hat. Auf dem Platz dahinter wird auf einer Tafel von 1981 dem Partisanenkampf in seiner ihm eigenen Lyrik gedacht: ›Die Freiheit leuchtete im Blut auf den Scheiterhaufen der Dörfer und Städte dem alten Trogir am 28. Oktober 1944‹.

■ Stadtmuseum

Die folgende Straße führt direkt auf das Museum der Stadt zu, das sich im **Palast der Familie Garagnin-Fanfonga** befindet. Die Sammlung ist wie ein Gang durch die Geschichte der Stadt, beginnend bei Resten aus griechischer Zeit über Urkunden und Trophäen aus dem Kampf gegen die Türken bis hin zu schlichten Gegenständen aus dem bäuerlichen All-

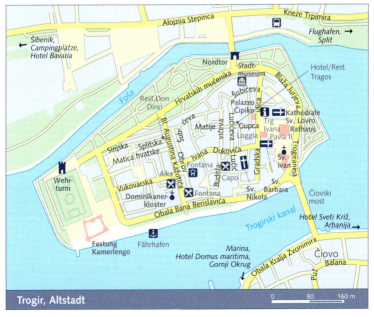

Trogir, Altstadt

Die Grabkapelle des Sv. Ivan in der Trogirer Kathedrale

tag. Das Museum enthält Plastiken von namhaften Künstlern wie dem Donatello-Schüler Nikola Firentinac sowie eine berühmte **Bibliothek**, die zu ihrer Zeit großes Aufsehen bis hin zu Staatsmännern und Königen wie Franz Joseph I. erregte. Eine Entdeckung ist die Sammlung der albanischen Künstlerin Cata Dujšin Ribar (1897–1994), die es geschafft hat, sich als Autodidaktin in einer männerdominierten (Kunst-)Welt durchzusetzen.

■ **Kathedrale Sv. Lovro**
Den Platz Trg Ivan Pavle II überragt die Kathedrale Sv. Lovro aus dem 13. Jahrhundert. Ursprünglich stand an der Stelle der Kathedrale, die die Einheimischen heute Sv. Ivan nennen, ein griechischer Tempel. Berühmt ist die Kathedrale für ihr romanisches **Portal**, dessen Restaurierung 2006 abgeschlossen wurde und das als das schönste mittelalterliche in Dalmatien gelten kann. Es wurde 1240 von der Bauhütte des wohl größten kroatischen Bildhauers der Romanik, Meister Radovan, gestaltet. Heute wird darüber gestritten, welche Teile von ihm und welche von seinen Schülern sind. Die Bauhütte gestaltete den Eingang als Symbolik für die Grundfesten im Glaubensleben. Außen wird der Blick auf zwei ausdrucksstarke Großfiguren gelenkt, auf der linken Seite vom Eingang Eva und auf der Säulenreihe am Türstock rechts Adam. Das Portal gliedert sich in zwei Teile: Unten an den Seiten der Tür wird der weltliche und oben über der Tür der biblisch-himmlische Bereich dargestellt. Drei Säulenreihen säumen den Türstock, wovon die äußere mit Figuren von Heiligen und Aposteln verziert ist, die innerste mit Dämonen und Fabelwesen. In der mittleren Reihe wird das mittelalterliche Leben der Menschen buchstäblich als ein Leben zwischen Dämonen und Heiligen gezeigt. So sind lebenspralle Szenen aus dem Alltag zu sehen, jede ist einer Jahreszeit zugeordnet: Menschen beim Schafescheren, Wurstkochen und Weintrinken.

Die für romanische Verhältnisse lebendige Darstellung der Geburt Christi in der Lünette wird Radovan selbst zugeordnet. Sie trägt viele Merkmale byzantinischer Kunst. Die individuelle Gestaltung durch Radovan zeigt sich in der Geburtsszene: Maria bringt Jesus nicht in einem Stall oder einer Höhle, wie sonst in dieser Zeit dargestellt, sondern in einem gutbürgerlichen Bett hinter einem Vorhang zur Welt. Darüber ist viel gerätselt worden: Geht da gleichsam wie im Theater ein Vorhang auf, für den Beginn einer neuen Zeit? Sie ist umrahmt von biblischen Szenen.

Im Inneren der Kirche fällt der Blick zuerst auf die romanische **Kanzel** aus dem 13. Jahrhundert. Über dem Altar wölbt sich ein **Ziborium**, verziert mit zwei Figuren von Meister Radovan, die eine Verkündigungsszene darstellen.

In der **Sakristei** sind zahlreiche Goldarbeiten zu sehen, unter anderem ein Kreuz aus Avignon, ein Bischofsmantel aus dem 14. Jahrhundert, Monstranzen sowie Gold- und Silberkruzifixe aus dem 15. Jahrhundert.

Eine weitere Attraktion ist der 1468 begonnene Anbau der **Grabkapelle des Sv. Ivan** von Nikola Firentinac und Andrija Aleši. Sie gilt dem Schutzheiligen der Stadt, der sich im Mittelalter als Streitschlichter zwischen den Bürgern hervortat und laut einer Legende auf dem Wasser wandelte, um Schiffbrüchige zu retten. Dargestellt wird das auf einem Bild von Palma dem Jüngeren. Einzigartig in dem vielfältigen Figurenschmuck sind Engel von Ivan Duknović im Fries. Die mit Fackeln aus den Wänden heraustretenden Himmelsboten stellen Szenen aus der Apokalypse dar. Die tonnengewölbte

Im Palazzo Čipiko

Kassettendecke mit ihren Engelsköpfen erinnert an den Jupitertempel in Split. Andrija Aleši hat im 15. Jahrhundert auch die **Taufkapelle** vor dem Eingang der Kirche in ähnlicher Weise mit einer Kassettendecke gestaltet. Dass sie nicht ganz rund ist, zeigt den noch vorhandenen Einfluss der Gotik. Einen neuen Schritt in die Renaissance stellen auch die großflächigen Reliefs dar, wie die Taufszene über dem Eingang zur Taufkapelle und das an der Stirnseite, das den heiligen Hieronymus, den Einsiedler, zeigt.

Für die Besichtigung vieler Kirchen wird ein Eintritt verlangt. Es gibt auch ein Ticket, mit dem man Zugang zu allen Kirchen bekommt.

■ **Palazzo Čipiko**

Gegenüber dem Eingang der Kirche befindet sich der Palazzo Čipiko. Sofort ins Auge springen die gotische Fensterreihe und die Balkone mit den einzigartigen Medaillons von Andrija Aleši (1430–1504), die er 1470 fertigte. Sie schmücken den neuen Palast. Der Balkon dazu kam erst später im Barock hinzu. Der Eingang darunter wurde erst 1480 von Ivan Duknović dorthin verlegt.

Auf der Südseite des Hauses in der Gasse schräg gegenüber der Loggia findet sich ein weiterer Eingang in den Palast von Nikola Firentinac aus dem Jahr 1470, ein Werk auf dem Höhepunkt der Renaissancekunst. Die Engel rechts oben in den Ecken tragen jeweils ein Medaillon mit der lateinischen Inschrift ›Nosci te ipsum‹, einer Übertragung aus dem Griechischen: ›Erkenne Dich selbst‹. Es soll das Lebensmotto des Koriolan Čipiko gewesen sein. In der Mitte wird das Wappen der Čipiko von Löwen gehalten. Die starren Löwen zeigen die repräsentative Raison, die Engel, die mit ihren Köpfen sehr frei in unterschiedliche Richtungen blicken, den Menschen dahinter auf der Suche nach sich selbst (und nicht mehr allein nach Gott). In diesem Teil des Gebäudes ist heute eine Musikschule untergebracht, deswegen lässt es sich auch betreten, und man kann den wunderschönen Treppenaufgang besichtigen.

Gegenüber der Seitenwand der Loggia befindet sich der **alte Čipiko-Palast**. Ihm wurden nachträglich Fenster in vene-

Uhrturm und Loggia in Trogir

zianischer Gotik von Nikola Firentinac eingebaut. Unter dem Durchgang lässt sich manchmal rechts in den schönen Innenhof aus der Frührenaissance blicken. Ansonsten weist das Gebäude die typischen alten Eingänge der Kaufleute auf, mit Tür, kleinem Fenster und Verkaufstresen. Der große Komplex in zentraler Lage zeigt den Reichtum der Familie, die sich auf ihrem Höhepunkt in der Renaissance mehr um Dichtkunst und Diplomatie kümmerte und an allen Höfen Europas zu Hause war, während sie das Geschäft anderen überließ.

■ Loggia

Auf der Südseite des Platzes Trg Ivan Pavle II befindet sich die offene Loggia mit dem Uhrturm. In ihr wurden öffentliche Gerichtsverhandlungen abgehalten, die die Bewohner mitverfolgen konnten. Nikola Firentinac schuf das Relief über dem heute noch erhaltenen Richtertisch. Über der Anklagebank befindet sich heute ein Relief von Ivan Meštrović, das den Trogirer Bischof Petar Berislavić darstellt. Dieser war ein Gegner der Venezianer und hat als Ban auch für ganz Kroatien gewirkt. Er wird als lokaler Held verehrt, weil er im Kampf gegen die Türken fiel.

Am **Uhrturm** aus dem 15. Jahrhundert befinden sich die zartgliedrigen Figuren von Christus und vom heiligen Sebastian. Geschaffen hat sie Nikola Firentinac, sie wurden zum Dank für das Überleben einer Pestepedemie gestiftet.

■ Kloster Sv. Ivan

Das Gebäude neben dem Uhrturm gehört zum Kloster Sv. Ivan, das auch die **Sammlung kirchlicher Kunst** mit Meisterwerken des frühen Mittelalters von G. Bellini und Blaž Jurjev Trogiranin beherbergt. Es wird von der Seitenstraße aus betreten. Im Hof des Klosters befinden

Die Loggia mit Richtertisch und Anklagebank

sich die frischrenovierten Reste der frühmittelalterlichen Kirche **Sv. Marija** mit kleeblattförmigem Grundriss. In einem neu eingerichteten Nebenraum macht eine **Gedenkstätte** auf die Gefallenen im letzten Krieg aufmerksam.

■ Rathaus

Auf der Ostseite des Platzes steht das Rathaus. Der einstige Rektorenpalast der Venezianer aus dem 15. Jahrhundert wird heute noch für die Verwaltung der Stadt genutzt. Im Innenhof befindet sich ein wunderschöner gotischer Treppenaufgang. Vor der Kulisse des Platzes Trg Ivan Pavle II findet im Sommer das Nachtleben statt, wenn zahlreiche Folklore-, Rock-, Funk- und Popbands die Stadt zur Partyzone werden lassen.

■ Sv. Ivan Kristitelj

Die schlichte Kirche Sv. Ivan Kristitelj aus dem 15. Jahrhundert ist heute ebenfalls **Museum** und beherbergt Werke von Nikola Firentinac. Die feingliedrigen, aus den starren Formen gelösten und so persönlich geprägten Arbeiten sind ein Novum seiner Zeit, aber auch ein Wiedererkennungsmerkmal.

■ Sv. Barbara

Zurück auf dem Platz vor der Kathedrale (Ivana Pavle II) befindet sich in der Gasse, die südwestlich des Platzes zwischen Loggia und dem alten Palazzo Čipiko abgeht, die kleine Kirche Sv. Barbara aus dem 10. Jahrhundert. Man läuft leicht an ihr vorbei, aber sie ist die älteste Kirche der Stadt und strahlt mit ihrem schmucklosen Inneren und ihren dicken Säulen und Bögen archaische Wucht aus. Die aus antiken Resten zusammengesetzten Säulen hielten 1944 sogar den Volltreffer einer Fliegerbombe aus, so dass nur das historische Dach erneuert werden musste, erzählt man sich.

■ Kloster Sv. Nikola

Südwestlich der Kirche Sv. Barbara befindet sich das Benediktinerinnenkloster Sv. Nikola (Heiliger der Seefahrer). Vom Innenhof des 1064 gegründeten Klosters ist die barockisierte Kirche erreichbar, deren Turm als einziger in Dalmatien mit einem aus Stein gemeißelten Gitter versehen ist. Von hier aus konnten die jungen Nonnen unbemerkt das Treiben auf der Straße beobachten.

Das **Museum** des Klosters beherbergt heute das wichtigste Relikt aus griechischer Zeit: ein bereits in antiker Zeit kopiertes Relief, das den Gott Kairos darstellt. Als ›Gott des rechten Augenblicks‹ wird er mit dem Haarschopf in der Stirn dargestellt. An ihm kann man – so entstand die deutsche Redensart – ›die Gelegenheit beim Schopf packen‹.

■ Uferpromenade

Die breite Uferpromenade auf der Südseite der Stadt lädt zum Schlendern oder zum Genießen von Sonnenuntergängen ein. Im Sommer sorgen am Abend Bands für Stimmung (Termine bei der Turistička zajednica).

Am Ende der Insel liegt die Festung **Kamerlengo**, die die Venezianer kurz nach der Eroberung Trogirs gebaut haben. Dort waren die venezianischen Streitkräfte untergebracht. Ihre starke Befestigung sollte die Truppen vor allem vor einem Volksaufstand schützen. 1941 erschossen Faschisten in der Burg Widerstandskämpfer.

Die Festung ist nur in der Sommersaison geöffnet.

■ Dominikanerkloster

Auf dem Weg zur Festung befindet sich vor dem Dominikanerkloster die Plastik des 1260 in Trogir geborenen Bischofs Augustin Kazotić, einem Dominikaner, der der erste seliggesprochene Kirchenmann Kroatiens war.

Nachdem die Gemeinschaft 1262 die päpstliche Genehmigung erhalten hatte,

Der Turm von Sv. Nikola mit dem ungewöhnlichen Gitterfenster

ein Kloster gründen zu dürfen, bauten sie 1304 die **Kirche** in gotischem Stil. Das Kirchenportal mit den starren, gotischen Figuren ist von Meister Nikola aus dem Jahr 1372. Die Kirche ist gegen Eintritt zu besichtigen. Die Holzbalkendecke ist die einzige in Dalmatien, die zu 80 Prozent noch im Original erhalten ist. 1907 wurde sie zuletzt renoviert, und dabei wurden zahlreiche Teile ausgetauscht. An der Seitenwand befindet sich eine Familiengruft mit einer Steinmetzarbeit von Nikola Firentinac.

Das Gemälde mit der Beschneidung Christi hielt man lange für ein Werk Tizians. Doch dieser starb 1576, und die Bestellung für das Gemälde wurde erst 1608 abgegeben. Man schreibt es nun Jacopo Palma dem Jüngeren zu. Da es erst 1628, im Todesjahr von Palma, in das Kloster kam, kann man davon ausgehen, dass dies eines der letzten Bilder des venezianischen Meisters, wenn nicht gar das letzte Werk, war.

Außerdem bewahrt das Kloster zahlreiche wertvolle Reliquare auf, die auch noch an den Heiligenfesten gezeigt und

An der Promenade von Trogir

herumgetragen werden. Im **Museum** ist ein Polyptychon von Blaž JurjevTrogiranin zu sehen.

Im **Kreuzgang** werden zahlreiche Steinmetzarbeiten aufbewahrt. Unter anderem finden sich hier die letzten Darstellungen von Markuslöwen, die die Bewohner einst alle in der Stadt zerstörten.

 Trogir

Vorwahl: +385/21.
Postleitzahl: 21220.
Turistička zajednica Županje Split, Prilaz braće Kaliterna 10/I, p.p. 430, 21000 Split, Tel. 490032, www.dalmatia.hr.
Turistička zajednica Trogir, Trg Ivana Pavla II. Br. 1, Tel. 881412, www.tztrogir.hr.
Privredna Banka, Kard. A. Stepinca 1;
Splitska Banka, Dr. Franje Tuđmana 2;
Zagrebačka Banka, Gradska Vrata 2.

Busbahnhof, Kneza Trpimira 2, in östlicher Blickrichtung vom Nordtor. Auch internationale Busse aus Deutschland und Österreich.
Von Split mit dem Bus 37 direkte Verbindung zum Busbahnhof.

Trogir hat keinen eigenen Bahnhof, Anfahrt über Kaštel Stari, von dort mit dem Bus 37 in die Stadt.

Flughafen Split (SPU), Zračna Luka, Cesta dr. Franjo Tuđman 1270, 21217 Kaštel Štafilića, Tel. 203506, 203555, 203112. Der Flughafen liegt eigentlich näher an Trogir als an Split, etwa 20 Min. Autofahrt bis in die Stadt (je nach Stau), → Split, S. 220.

Nur **Personenfähren** nach Mali Drvenik, Veli Drvenik und Split, 2-3x tägl.
Der Ableger ist bei der Festung Kamerlengo.

Taxiruf, Tel. mobil 091/5042093, www.taxi-trogir.com.

Tragos, Budislavićeva 3, Tel. 884729, www.tragos.hr, reservation@tragos.hr; DZ 100–130 Euro (10 Prozent Nachlass bei Barzahlung). Schlicht, aber mit Atmosphäre und gutem Restaurant, Innenstadtlage.
Domus maritima, Put Cumbrijana 10, Tel. mobil 091/1113456, www.domus-maritima.com; DZ 65–85 Euro. Stilvoll in einem alten Palazzo.
Bavaria, Hrvatskih žrtava 133, Tel. 880601, www.hotel-bavaria.hr; ca. 40 Betten, DZ 55–75 Euro. Am Rand der Stadt.
Hotel Fontana, Obrov 1, 21220 Trogir, Tel. 885744, www.fontana-commerce.htnet.hr; DZ 50–70 Euro. Kleines Hotel im Herzen der Altstadt, mit Restaurant.
Wer **Privatunterkünfte** sucht, wird evtl. hier fündig: www.trogir.org, www.portal-trogir.com oder unter www.trogir24.de.

Campigplätze gibt es nur außerhalb, Richtung Westen: **Kamp Seget**, Hrvatskih Žrtava 121, 21218 Seget Donji, Tel. 880394, www.kamp-seget.hr.
Vranjica Belvedere, Put Hrvatskih žrtava bb, Seget Vranjica, Tel. 022/361017, http://vranjica-belvedere.hr; 2 Pers./Auto/Zelt 20–30 Euro. Mobilhomes und Apartments.

Tragos, Budislavićeva 3, Tel. 884729, www.tragos.hr. Gerichte aus Trogir, zum Beispiel Trogirska pastićada, einheimische Weine. In schönem Ambiente eines alten Weinkellers oder auf der Terrasse; gehoben, gutes Preis-Leistungsverhältnis.
Don Dino, Splitska 1, Tel. 882555, www.dondino.hr; durchgehend geöffnet. Gehobene Pizzeria mit langer Tradition.
Fontana, Obrov 1, Tel. 885744, www.fontana-commerce.htnet.hr. Besticht durch seine Lage am Wasser, mit Fischspezialitäten, Reservieren kann notwendig sein.

Capo, Ribarska 11, Tel. 885334, www.capo-trogir.com; 11–1 Uhr. Im Stil einer Konoba, mit Internetcafé.
Alka, Kažotica 15, Tel. 881856, www.restaurant-alka.hr. Gehobene Gastronomie mit Fischgerichten und internationaler Weinkarte.
Calebotta, Gradska 23, Tel. 796413. Fischgerichte und gute Pfeffersteaks.

Cocktailbar Sv. Dominik, Blaženog Augustina Kažotića 1, www.svdominik.com; bis 3 Uhr geöffnet. Am Wasser beim Dominikanerkloster, Fingerfood und Drinks, manchmal Live-Musik.
F1-Club. Diskothek 5 km vom Zentrum Trogirs (Ivana Pavla II, nahe Flughafen), Auftritte kroatischer Stars.
Disco Aurora, in Primošten, → S. 204.

Im Sommer Nightlife mit Bands und geöffneten Restaurants in der ganzen Stadt.
Fischerparties, am Strand von Okrug auf der Insel Čiovo.
Sommerkonzerte, unter anderem im Kaštel Kamerlengo.
Trachtenfestival; Anfang Juli.

Pantan: 1,5 Kilometer östlich von Trogir, mit Bus Nr. 37 erreichbar. In der Strandbar ›Mosquito‹ werden Cocktails serviert.
Rebekkas Empfehlung: Strand unter Pinien auf der Insel Čiovo. Richtung Arbanija, unterhalb der Fahrstraße.

ACI Trogir, Put Cumbrijana bb, Tel. 881544, Tel. Hafenmeister 881508.

Ambulante Versorgung: Kard. A. Stepinca 17, Tel 881461, 882922.
Krankenhäuser in Split, → S. 221.
Apotheken: **Ljekarna**, Gradska 25; **Stojan Špika**, Kard. A. Stepinca 17; **Svalina**, Kard. A. Stepinca 16.

Blick auf die Insel Čiovo

Insel Čiovo

Am Ostufer von Trogir entlang führt die Straße über eine Drehbrücke auf die knapp 30 Quadratkilometer große Insel Čiovo, die für die Römer bis ins späte Mittelalter ein Ort der Verbannung war. Als der Hafen an Bedeutung gewann, wurde auf der Insel eine Quarantänestation gebaut, aber auch Leprakranke wurden auf die Insel abgeschoben. 1242 versteckte sich der ungarische König Bela IV. vor den Tataren auf der Insel. Seine Rettung hat der Stadt Trogir viele Vorteile gebracht.

Im 19. Jahrhundert wurde die Insel für ihren artenreichen Bewuchs bekannt. Der Trogirer Apotheker Andrija Andrić sammelte hier Heilpflanzen für seine Apotheke und machte erstmals Inventur auf Čiovo: Über 900 Kräuter konnte er listen. Kurzzeitig blühte eine kleine Heilmittelindustrie. Heute ist die Insel Teil der Stadt und wird durch die Bebauung mit Ferienhäusern zunehmend zersiedelt.

■ Čiovo-Ort

Der Ort Čiovo ist ein Musterbeispiel für die Zersiedelung der Insel. Bis nach Gornji Okrug, dem Touristen- und Feierziel im Westen der Insel, ziehen sich die Häuser, deren Bewohner alle einen Blick auf die Stadt Trogir erhaschen wollen.

Das Kloster **Sv. Lazar** aus dem 16. Jahrhundert wurde an der Stelle einer Pflegestätte für Leprakranke aus dem 14. Jahrhundert gebaut. Oberhalb von Čiovo am Berg haben Franziskaner das **Antoniuskloster** errichtet, das einige sehenswerte Kunstwerke besitzt, zum Beispiel ein Gemälde von Palma dem

Jüngeren und die Plastik einer heiligen Magdalena von Ivan Duknović.
Östlich befindet sich das romanische Kirchlein **Marija kraj more**. Es ist ein Geschenk des ungarischen Königs Bela IV.

■ **Arbanija**

Der fremdartig klingende Name des Ortes Arbanija stammt möglicherweise von geflüchteten Albanern, die sich an dieser Stelle niederließen.

Besuchenswert ist das Dominikanerkloster **Sveti Križ** aus dem 15. Jahrhundert. Das in gotischem Stil von Ivan Drakanović gebaute Kloster liegt direkt am Wasser und hat mit seinem festungsartigen Charakter auch Angriffen standgehalten. In der schmalen Kirche mit seinem hochliegenden Altarraum wird ein wundertätiges Kreuz aufbewahrt. Außerdem sind ein Bild von Matija Pončun und ein schön geschnitztes Chorgestühl zu sehen. An einem doppelstöckigen Kreuzgang liegt der Kapitelsaal mit einer bemalten Decke und Gemälden aus dem Eigentum des Klosters. Heute wird das Dominikanerkloster nur noch von einem Mönch belebt.

■ **Slatine**

Der am Hang gelegene Ort Slatine scheint über dem Meer zu schweben und bietet von seinen Straßen immer wieder schöne Ausblicke auf das Meer. Der Ort war bereits seit der Römerzeit von Leprakranken besiedelt. Der Name Slatine rührt von einer Salzquelle her, die bereits früh für Heilkuren genutzt wurde.

Bekannt ist Slatine eigentlich als Ausgangsort für Wanderungen in den nicht mehr befahrbaren südöstlichen Teil der Insel mit seiner Steilküste. Schönstes Ziel ist die kleine Einsiedelei **Prizidnica** oberhalb des Meeres. Sie wurde von Pfarrern des Ortes 1546 als Zuflucht vor den Türken gebaut, wie eine Inschrift über dem Eingang mitteilt, und ist Maria Empfängnis geweiht. Viermal im Jahr findet eine Prozession in die Einsiedelei statt.

Insel Čiovo

Vorwahl: +385/21.
Turistička zajednica, → Trogir, S. 241.

Hotel Sveti Križ, Arbanija, an der Uferstraße, Tel. 888118, www.hotel-svetikriz.hr; 40 Zimmer, 10 Apartments; 80–90 Euro. Mit Restaurant und Pool.
Vila Tina, Arbanija, 21244 Slatine, Tel. 888305, www.vila-tina.hr; 20 Zimmer, DZ 60–95 Euro. Ebenfalls an der Uferstraße von Arbanija, kleines Hotel mit Restaurant, Zimmer mit Balkons zum Meer.
Vila Marina, Slatine, Obala Kralja Zvonimira 90, Tel. 891307, www.vila-marina.com; 9 Zimmer, 4 Apartments, DZ 40–70 Euro. Mit Restaurant.

Monaco-Club, hinter der Brücke rechts; als Bar 6–21, als Nachtclub 21–3 Uhr.

Fischparties, in den zahlreichen Strandbars von Gornji Okrug, mit Livebands und viel Musik bis in die späte Nacht.

Strand **Okrug Gornji**, bekannt für seine Strandfeiern.
Zwei Kilometer weiter gibt es einen Strand, der wegen seiner Beliebtheit auch ›Copacabana‹ genannt wird, mit verschiedenen Bars (›Café del Mar‹, ›Aquarius‹) und einigen Restaurants, die bis spät in die Nacht geöffnet haben.

Trogir Diving Center, Pod Luku 1, Okrug Gornji, Tel./Fax 886299, www.trogirdivingcenter.com. 5 Boote, Ausflüge zu zahlreichen Tauchzielen bis nach Šolta.
Diving Santa Fumia, Okrug Gornji, Pod Luku 1, Tel. 886299. Öffnungszeiten von Ostern bis Oktober.

Insel Šolta

Trotz seiner Nähe zu Split wird Šolta touristisch nur langsam entdeckt und ist damit eine gute Adresse für einen ruhigeren Urlaub. Bekannt ist Šolta für seinen Honig, für den die Imker zahlreiche internationale Preise erhielten, aber auch für seinen Wein.

Kaum ein Ort in Dalmatien wurde so früh erwähnt wie Šolta. Im 4. Jahrhundert vor Christus sprach der griechische Schriftsteller Pseudoscyllax von der ›Nesos Olynthia‹, der ›Insel der unreifen Feige‹. Die Kroaten machten daraus Sulet. Nachdem die Italiener dann im 15. Jahrhundert begannen, das ›Š‹ weich auszusprechen, übernahmen die Bewohner die Aussprache und verballhornten den Namen zu Šolta; so wurde sie dann von den Italienern in die Karten eingetragen. Die Alten nennen tatsächlich die Insel heute noch ›Sulet‹.

Nach einer Legende lebte im 3. Jahrhundert vor Christus die Königin Teuta in einer Burg über der südlichen Bucht Senjska. Die Herrscherin über die Liburner an der Adria und zugleich Piratin wurde wie eine Göttin verehrt. Um sich ihrer Gunst zu versichern, werfen Fischer von Šolta heute noch nach dem Fang einen Fisch in jede Windrichtung ins Wasser, damit das Fischerglück nicht ausbleibt.

Im Lauf der Jahrhunderte bot die Insel Zuflucht vor Awaren und Türken, war aber auch ständigen Angriffen von Piraten und Venezianern ausgesetzt. Während des Zweiten Weltkriegs wurde die Insel fast vollständig evakuiert. Dann nahmen die Deutschen die Insel ein und bauten sie als Vorposten aus. Dennoch lieferten sich Partisanen und Faschisten auf der Insel einen erbitterten Kampf.

Grohote

Grohote und der kleine Hafenort **Rogač** bilden eine Einheit. Von der Anlegestelle Rogač führt die Straße hinauf nach Grohote, das auf einer Anhöhe liegt. Im Zentrum des Ortes ist noch ein Wehrturm mit einer Verteidigungsanlage aus dem 17. Jahrhundert erhalten. Auch Mauerreste, die einst das Dorf umgaben, sind erkennbar und vermitteln ein romantisches Bild.

Dem kleinen Dorf sieht man nicht an, dass es seit den 60ern ein Zentrum naiver Kunst ist. Protagonist war der Künstler Eugen Buktenica, der in der Straße, die gegenüber der Kirche in das Dorf führt, geboren wurde. Die Kunstwerke des Bauern und Fischers, der nur vier Dorfschulklassen besuchte, werden in allen großen Galerien der ganzen Welt ausgestellt. Als beherzter Gegner der Nazis hat er nebenbei zahlreiche Lieder gegen sie verfasst. Dafür wurde der tieffromme Mann von den deutschen Besatzern inhaftiert.

Buktenica hat zahlreiche Insulaner künstlerisch inspiriert, so dass auf der Insel eine Art Schule der naiven Kunst entstanden ist. Der Künstler starb 1997 in seinem Geburtshaus. Den Nachlass haben die Nachfahren von Buktenica dem Staat überlassen. Trotzdem bedurfte es einiger Eigeninitiative, um aus dem Ge-

Frühchristlicher Sarkophag auf dem Friedhof von Grohote

burtshaus 2013 eine kleine Gedenkstätte zu machen.

Die Kirche **Sv. Stjepan** dürfte eine der wenigen sein, die mit Motiven naiver Kunst ausgestattet ist. Neben der Kirche sind die Grundmauern eines Vorgängerbaus aus dem 6. oder 7. Jahrhundert zu sehen. Sie wurde einst von den Piraten aus Omiš zerstört.

In Grohote teilt sich die Straße, in westliche Richtung führt sie nach Maslinica, einen lauschigen Fischerhafen, der rings um die Festung einer venezianischen Familie aus dem 17. Jahrhundert entstanden ist. Heute befindet sich in der Festung das Hotel und Edelrestaurant ›Conte Alberti‹.

Nečujam

Der Name des auf östlicher Wegstrecke von Grohote gelegenen Ortes Nečujam huldigte einst der Stille, denn der Name bedeutet ›Ich hör nichts‹. Mit der Feriensiedlung und der Diskothek am Strand hat sich das geändert.

Bereits in der Renaissance wurde diese Bucht von Spliter Patriziern geschätzt. So hat der bedeutende Spliter Dichter Marko Marulić hier in jungen Jahren einige Zeit bei seinem Freund Dujam Balistrilić verbracht und soll wie ein Einsiedler gelebt haben. Daran, dass ihn ein anderer großer Dichter seiner Zeit, Petar Hektorović von der Insel Hvar, besuchte, erinnert eine kleine Stele im Hafen, die allerdings eher einem Poller ähnelt. Unweit der Stele liegt das Haus, in dem Marulić lebte. Darin ist das Büro der Turistička Zajednica untergebracht. Nečujam war einst beliebtes Wochenendparadies für die kommunistische Nomenklatura im Tito-Regime. Unter den Bäumen entlang der tiefeingeschnittenen Bucht duckt sich so manches Haus von Ex-Kommunisten aus Split, Zagreb oder Belgrad. Allerdings haben nach dem Krieg viele Serben ihre Anwesen aus Angst verkauft.

An der Hafenmole ist die **Ruine einer gotischen Kirche** aus dem 15. Jahrhundert zu sehen. Nur für Skipper zu erreichen sind **Reste einer alten römischen Fischzuchtanlage** auf der Westseite der Bucht. Sie geht auf Diokletian zurück, der von dort seinen Speiseplan um die Spezialitäten aus dem Meer erweitern ließ.

Links am Weg nach Gornje Selo befindet sich an einem Loch, das in eine tiefe Karsthöhle führt, das **Denkmal Rudina**. Es erinnert daran, dass Partisanen Faschisten und streng katholisch gläubige Einheimische lebendig in die mehrere Meter tiefe Höhle hinunterwarfen.

Stomorska

Der Hafen von Stomorska

Das in einer schmalen Bucht gelegene Stomorska ist das gemütlichste Hafendorf der Insel. Der ›Maria von den Pinien‹ geweiht, entstand das Dorf im 17. Jahrhundert mit kleinen Palazzi und einem Wehrturm. Die Seeleute aus Stomorska leben heute immer noch vom Fischfang, aber auch von der Fischzucht, die schlechte Fangquoten ausgleichen muss. Mit seiner Anlegestelle für Jachten in der kleinen und engen Bucht stellt sich das 400-Seelen-Dorf zunehmend auf den Marinatourismus ein.

Insel Šolta

Vorwahl: +385/21, **Postleitzahl:** 21431.
Turistička zajednica, Grohote, Podkuća 8, Grohote, Tel. 659220, mobil 091/2810850, www.visitsolta.com.
TZ Nečujam, Mažuranićevo šetalište 15B, direkt am Hafen, Tel. 650121.
TZ Stomorska, Riva Pelegrin 1, Tel. 658192.
Eine nette private Homepage ist www.eadria.com (dt.), mit Freizeitangeboten.
Post, Podkuća 4, Grohote; Riva Pelegrin 22, Stomorska.
Zagrebcka banka, Grohote; **Jadranska banka**, Stjepana Radića 60, Grohote.

Achtung: Die einzige Tankstelle ist in **Rogač** am Fähranleger, im Zweifelsfall besser dort nachtanken, bevor es auf die Insel geht. Im Notfall sind die Einheimischen in der Regel hilfsbereit.

Autofähre Split–Rogač; 5x tägl., Nebensaison 4x.

Martinis Marchi Heritage Hotel, Put Sv. Nikole 51, Maslinica, Tel. 572768, www.martinis-marchi.com; Suite 200–400 Euro. In einem alten Schloss, hat nur größere Einheiten, sehr geschmackvoll, mit Swimmingpool.
Apartmentkomplex Nečujam Center, Šetalište M. Marulića 1, Tel. 650149. Große Apartmentsiedlung.
Hotel in Stomorska, am Hafen. Mit Restaurant.
Privatunterkünfte unter www.eadria.com.

Camp Mido, Stomorska, Put Krušice 3, Tel. 658011. Mit Apartmentsiedlung, für Caravans nur schwer zugänglich.

Restaurant Nevera, an der Hafenmole von Stomorska.
Martinis Marchi, Put Svetog Nikole 51, Maslinica, Tel. mobil 098/344198. Frischer Fisch bestens zubereitet vom Grill, zahlreiche Weine.
Standarac, Kalebićeva 59, Gornje Selo, Tel. 658053.
Šišmiš, Maslinica, Uvala Šešula, Tel. 659086. Mit Bar und Cocktails, schöner Blick über die Bucht, frischer Fisch, Oktopus in Wein und Fleischgerichte, Peka.
Agroturism Kaštelanac, Duga gomila 7, 21432 Gornje Selo, Tel. 658109. Schöner Hof, mit vielen hausgemachten Produkten: Honig, Öl und Wein aus Dobričić-Trauben.

OPG Zlatko Blagaić, Od punte 3, Maslinica, Tel. 659202.

Olynthia, Ölmühle, Gornje Selo, Tel. mobil 099/6712603, www.olynthia.hr. Stellen preisgekröntes Olivenöl her, bieten eine Probierschule für Olivenöl an und erklären, worauf man achten muss – natürlich auch, um zu verkaufen.

Nečujam: Strände vor allem an der nördlichen Seite der Bucht.
Stomorska: Um das Kap herumgehen.
Grohote: Kleine Buchten gibt es auf der Südseite, sie sind aber nur nach längerer Wanderung oder mit einem Boot zu erreichen.

Wenige Liegeplätze befinden sich nahe der Orte:
Stomorska, im Dorfhafen.
Maslinica, hier allerdings sehr flach, Wasser nicht immer einheitlich tief.

Es gibt viele Wandermöglichkeiten, vor allem auf der Südseite der Insel, zum Beispiel von Grohote oder Gornje Selo. Auf der Insel ist leider kein Kartenmaterial erhältlich.

Einkaufen in allen Orten möglich, ein **größerer Supermarkt** befindet sich in Grohote auf der Südseite des Dorfes gegenüber dem Parkplatz.

Ambulanz, Podkuća 31., Tel. 112. Hubschrauber und ein Notfall-Schnellboot stehen zur Verfügung.
Apotheke, Gustirna 15, Tel. 654701.

Insel Vis

Mit 42 Kilometern Entfernung gehört die Insel zu denen, die am weitesten vom Festland entfernt liegen. Bis 1989 gab es keinen Tourismus auf der 90 Quadratmeter großen Insel Vis, denn bis dahin war sie militärisches Sperrgebiet der jugoslawischen Marine.
Bereits im 2. Jahrhundert vor Christus lobte der Historiker und Geograph Agatharchid aus Knidos, dass es auf der Welt keinen besseren Wein als den aus Vis gäbe. Auch James Joyce ließ sich Wein aus Vis kommen. Auf einer Fläche von 700 Hektar Fläche werden die rote Plavac- und die weiße Vugava-Traube angebaut. Die Reblaus, die nach dem Ersten Weltkrieg in Dalmatien die Weinberge vernichtete, hat auf Vis nie gewütet. Sehenswert sind die beiden Hauptorte der Insel, Vis-Stadt und Komiža, eine

Attraktion ist die südwestlich gelegene kleine Insel Biševo mit der Modra špilja, der blauen Grotte, die zu bestimmten Zeiten in einem sagenhaft blauen Licht erstrahlt.

Geschichte

Es ist kein Wunder, dass das Tito-Regime die Insel zum militärischen Sperrgebiet erklären ließ. Bereits 1943 setzten sich die Briten auf der Insel fest und versuchten, die Deutschen von hier aus vom Festland zu vertreiben. Im Juni 1944 flüchtete auch Josip Broz Tito nach Vis unter den Schutz der Briten, wo er sich in einer Höhle verschanzte, von der aus er erfolgreich bis Oktober 1944 seinen Partisanenkampf führte. Die Höhle ist heute noch zu besichtigen.

Von Vis aus das Festland zu erobern, hat eine lange Tradition. 397 vor Christus nahm der Syrakuser Tyrann Dionysios der Ältere den Illyrern die Insel ab und gründete auf ihr eine Kolonie, die er Issa nannte. Sein Sohn, Dionysios der Jüngere, kolonisierte von der Insel aus das Festland und gründete Tragurion (Trogir), Epetion (Stobreč bei Split), Aspalatos (Split), Korkyra Melaina (Korčula), Stari Grad (Hvar) und andere. Bis dahin hatten immerhin die Illyrer bereits ein kleines, von einem gewissen Ionius beherrschtes Gemeinwesen. Sie besiedelten Wallburgen und prägten eigene Münzen, wie Funde zeigen.

Im Kampf gegen die Illyrer besiegten die Römer von Vis aus die Piratin Teuta. Die Römer errichteten eine Kolonie mit den entsprechenden kulturellen Errungenschaften: Thermen, Amphitheater und Häuser mit schönen Mosaiken. Mit der Völkerwanderung wurde dies alles zerstört, später wurde die Insel vom byzantinischen Herrschern besetzt und kam dann 1420 wie ganz Dalmatien zu Venedig.

Auch im Kampf gegen Napoleon eroberte der Brite William Hoste 1811 zuerst die Insel und bekämpfte von dort aus die Besatzer auf dem Festland. Aus die-

Die Insel Vis

Küste bei Rogačić

ser Zeit rühren die Festungen und Forts der Engländer, die noch auf den Hügeln vor der Stadt Vis zu sehen sind. Das Felsenriff vor der Stadt Vis, auf dem der Leuchtturm steht, ist nach dem damaligen Befehlshaber Hoste benannt. Seit dieser Zeit trägt Vis auch den Beinamen ›Malta der Adria‹.

1866 verteidigten die Österreicher zwischen Vis und Hvar die östliche Adria gegen die Italiener und Preußen in der Seeschlacht von Lissa. Benannt nach der italienischen Bezeichnung für die Insel galt sie nach Trafalgar als die größte Seeschlacht des 19. Jahrhunderts. Sie ist legendär, weil Österreich unter Admiral Wilhelm von Tegethoff mit zu wenigen und veralteten Schiffen, aber mit der besseren Strategie die Übermacht der Italiener brechen konnte. Weil die Schiffe überwiegend mit Kroaten besetzt waren, feiern diese den Sieg als ihren eigenen. Einige Wracks befinden sich noch auf dem Meeresboden, sie liegen aber zu tief, um von Tauchern erforscht zu werden. Von 1918 bis 1920 war Vis noch einmal italienisch.

Durch seine Abgeschiedenheit und begünstigt durch die militärische Sperrzone ist die Entwicklung auf Vis stehengeblieben, auch die Sprache hat sich eigenständig entwickelt. Heute lebt Vis vom Weinanbau, der Fischerei und der wegen des milden Klimas möglichen Aufzucht von jungen Palmen. Noch bis vor einigen Jahren gab es auch hier, wie auf Hvar, Fischfabriken, die aber inzwischen geschlossen wurden. Heute versucht die Insel, Anschluss an das Touristikgeschehen zu bekommen.

Vis-Stadt

Die Fähre landet im Hafen, der mitten im alten Zentrum von Vis liegt. Er befindet sich in einem von vier Stadtteilen, die sich in einer langgestreckten Bucht ausbreiten. Verlässt man das Schiff nach rechts, gelangt man zur Halbinsel **Priovo**, auf der die Griechen einst ihr Machtzentrum errichteten. Heute ist allerdings davon auf den ersten Blick wenig zu sehen. Eindrucksvoll sind die Grundmauern der **römischen Thermen** mit ihren Mosaiken, die sich auf der linken Seite der Straße zur Halbinsel, nur wenige hundert Meter vom Anleger entfernt, präsentieren. Neben den Fußbodenverzierungen aus dem 2. Jahrhundert sind auch Reste eines Tempels erkennbar.

Auf der sich dahinter anschließenden Halbinsel Priovo hat sich einst ein römisches Theater befunden, heute steht hier ein **Franziskanerkloster.** Seine halbrunden Wirtschafts- und Klausurgebäude wurden auf die ehemalige Tribüne gebaut. Die Klosterkirche Sv. Jeronim wurde Anfang des 16. Jahrhunderts aus den Steinquadern des römischen Theaters gebaut. Auf der anderen Seite lässt sich vorbei an vielen Palästen zur Kirche **Mariä Himmelfahrt** schlendern, in der ein Polyptichon von Girolamo da Santacroce zu sehen ist.

Den Reichtum der griechischen Kultur auf Vis zeigt das **Museum**, das im Haus der Batterija untergebracht ist. Berühmt und eine Art Wahrzeichen ist ein Kopf der Artemis, der in Vis gefunden wurde, leider aber nur in Kopie ausgestellt wird. Das Original hat sich die Hauptstadt Zagreb angeeignet. Doch die Ausstellung mit Vasen, Amphoren und Bronzeminiaturen, antike Funde aus den Schiffswracks, die rund um die Insel geborgen wurden, ist auf jeden Fall lohnenswert.

Am Hafen von Vis

Vis-Stadt

Vorwahl: +385/21.
Postleitzahl: 21480.
Turistička zajednica, Šetalište stare Isse 5, Tel 717017, www.tz-vis.hr, www.croatianhistory.net/etf/vis.html.
Post, Obala Svetog Jurja 25. In der Nähe der Pfarrkirche Sv. Marija.
Privredna Banka und **Splitska Banka**, beide Obala Sv. Jurja.

Tankstelle in Vis-Stadt, nördlich vom Fähranleger. Bevor man auf Inseltour geht, sollte man volltanken, denn die Tankstelle in Komiža ist nicht immer geöffnet.

Autofähre Vis-Stadt–Split; 2–3x pro Tag, Katamaran 2–3x.
Ein Tagesausflug auf die Insel ist je nach Tag möglich.

Hotel Issa, Šetalište Apolonija Zanelle 5, Tel. 7111711124,711164, www.vis-hoteli.hr; 125 Zimmer, DZ 65–120 Euro. Veraltete Einrichtung, westlich der Bucht.

Tamaris, Obala Sv Jurja 30, Tel. 711350, 711443, www.vis-hoteli.hr; 25 Zimmer, DZ 110 Euro. In einem der edelsten Paläste der Stadt, direkt an der Riva.
San Georgio, Petra Hektorovića 2, Tel. 711362, www.hotelsangiorgiovis.com; DZ 120–165 Euro. Moderne Einrichtung, sehr geschmackvoll.
Pansion Dionis, Matije Gubca 1, Tel. 711963, www.dionis.hr; DZ 55–70 Euro. Einfache Zimmer am Hafen, Restaurant im Haus.
Privatunterkünfte auf www.tz-vis.hr.

Pojada, Don Cvjetka Marasovića 8, Tel. 711575. Östlich vom Hafen, in der ›zweiten Reihe‹. Ausgezeichnetes und schönes Restaurant unter Zitronen- und Orangenbäumen, innovativ zubereitete Fischgerichte, gehobene Preise.
Val, Don Cvjetka Marasovića 1, Tel. mobil 091/50820155, www.val.info-vis.net. Traditionelle Küche mit saisonabhängigen Gerichten, etwas teurer.
Restaurant Kaliopa, Vladimira Nazora 34, Tel. 711755, am Ostende des Ortes. Gutes Essen, schön gepflegter Garten.

Restaurant Vatrica, Obala kralja P. Krešimira IV 13, Tel. 711574, www.vatrica.hr. An der Ostseite von Vis, reichhaltige Fischplatten auf schlichten Holzbänken.
Buffet Vis, Obala Sv. Jurja bb, Tel. 711043. Am Ufer, nahe dem Hafen. Günstig und gut für einen Imbiss zwischendurch.

Vis organisiert jedes Jahr ein breitgefächertes Kulturprogramm, von Theater bis zum klassischen Konzert. In manchen Jahren wird die Schlacht von Lissa nachgespielt.

Scooter können an der Riva ausgeliehen werden.

Die Masse badet hinter der **Halbinsel Priovo** vor dem Hotel Issa.
Schöner Strand an der Ostseite beim Stadtteil **Lučica**.
Tipp: Mit einem gemieteten Boot die Strände am nordöstlichen Ufer zwischen den Felsen aufsuchen, etwas außerhalb von Vela Smokova Luka, im Norden der Insel über die Ostroute erreichbar.
Einsame Badebuchten gibt es vor allem auf der Ostseite der Insel, von **Podselje** etwa führen einige Wege zu Stränden an der Nordküste oder nach **Milna**.

Zwei Anlegestellen: Im **Stadthafen** nur wenige Muringleinen, Liegeplätze sind mit Strom und Wasser ausgestattet, allerdings ohne Sanitäranlagen.
Anlegestelle in Kut, Pier mit Wasser und Strom.

Tauchzentrum Dodoro Center, Trg Klapavica 1, Tel./Fax 711913, www.dodorodiving.com. Angeboten werden Touren zu Schiffswracks, Nachttauchen und Tauchgänge in der Blauen Grotte. Auch für Anfänger.
In der Bucht von Vis gibt es insgesamt sechs **Schiffswracks**, aber nur zwei davon lassen sich besichtigen: die ›Vassilos T.‹ und die ›Teti‹.

Schöne Wanderungen führen von **Kut** aus an die nordöstliche Küste, wo einsame Badebuchten zur Rast einladen.
In westliche Richtung bietet sich eine Wanderung vom Franziskanerkloster vorbei an einer ehemaligen Fortanlage zum Kap **Nv. Pošta** an.
Möglich ist auch eine längere Wanderung nach **Rogačić**, hier befinden sich die in den Berg gehauenen Unterstände für Kriegsschiffe.
Wegstrecken können in der Turistička zajednica erfragt werden, hier gibt es auch Karten.

Ambulanz, Poljana Sv. Duha 10, gegenüber der Kirche Sv. Duh, Tel. 711633.

Rundfahrt über die Insel

Die Insel kann man per Rundfahrt erkunden, denn die beiden Hauptorte an den entgegengesetzten Enden der Insel, Vis-Stadt und Komiža, sind durch eine westliche und eine östliche Route verbunden. Die westliche führt durch einen schroffen, gebirgigen Teil mit nur geringer Besiedelung, die östliche durch ein weites und fruchtbares Tal mit vielen Weinfeldern und kleinen romantischen Ortschaften.

Auf der östlichen Seite lässt sich vom fünf Kilometer entfernten **Rukovac** auf die Insel **Ravnik** übersetzen. Dort kann man sich in die weniger bekannte **Zelena špilja** fahren lassen, eine Höhle, die im Unterschied zur blauen Modra špilja leicht grün schimmert. Zur Karnevalzeit wird in Rukovac groß und noch sehr ursprünglich mit Fellverkleidungen gefeiert. Oben auf der Ebene, wo sich heute die Weingärten von Rokis Konoba anschließen, war im Zweiten Weltkrieg ein Flughafen der Royal Airforce. Weiter südlich folgt dann rechts der Ort **Žena glava** unterhalb des Bergrückens Hum. Darunter liegt die **Tito-Höhle** (Titova špilja), von der aus Josip Broz Tito als Partisanenführer seinen erfolgreichen Kampf geführt hat. Heute ist die Höhle zu besichtigen. Oberhalb auf dem Plateau lagen die Ausbildungscamps der Partisanen.

Die Straße nach Komiža führt um den Berg Hum herum, der mit seinen 585 Metern die höchste Erhebung der Insel ist.

✖ Podšpilje und Žena glava

In **Podšpilje** und **Žena glava**, unterhalb der Tito-Höhle, an der Hauptstraße zwischen Vis und Komiža haben sich einige Bauernhöfe und Weingüter für Gäste geöffnet.
Belotovo, Plisko Polje, Tel. 021/714062. Pol Murvu, Žena glava bb, Tel. 021/715002. Sehr schöne einheimische Gerichte, z.B. Pastičada, günstig.

Darko, Žena glava, Tel. mobil 072/17715034. Rustikal, mit Fleisch aus eigener Schlachtung auf dem Grill, gute Weine und Schnäpse.
Maxo, Žena glava, Tel. 021/715028 od. +385/21/98/1804475. Weingut außerhalb von Vis, mit einem schönen Plavac und gutem Essen.

Komiža

Nur wenige Hafenpromenaden sind so ursprünglich wie die von Komiža. Dichtgedrängt stehen die alten Häuser, und zum Teil ragen noch die Ruinen ins Meer. Das zweitgrößte Städtchen der Insel wurde im 12. Jahrhundert gegründet. Kaum besiedelt, erhielt sie bereits päpstlichen Besuch: Komižer Fischer zogen Papst Alexander III., der 1177 auf seiner Fahrt nach Venedig in Seenot geraten war, aus dem Meer.

Die Pfarrkirche **Sv. Marija** im Ort ist eng mit der Auffindung der einzigen Süßwasserquellen im Ort verbunden, zumindest der Legende nach. Einmal stahlen Piraten die eineinhalb Meter große Marienstatue aus dem Gotteshaus. Als auf der Flucht

Komiža und die Abtei Muster

ein Sturm aufkam, warfen sie die Figur über Bord. Dort, wo sie am Ufer ankam, sprudelte fortan eine Süßwasserquelle. Die Kirche wird deshalb auch ›Unsere Mutter von den Piraten‹ genannt. Sie enthält heute die älteste Kirchenorgel Dalmatiens aus dem Jahr 1670.

An der Promenade liegt das Restaurant **Jastožera**. Ursprünglich beherbergte das Gebäude eine Zuchtstation für Langusten, die ein italienischer Zöllner im 19. Jahrhundert gegründet hatte. Allerdings hatte der Jungunternehmer das Privatgeschäft aus der Staatskasse finanziert und war aufgeflogen. Der Zuchtbetrieb wurde verkauft und noch bis 2002 betrieben.

Am Ende der Promenade steht das **Kastell** mit Uhrturm, das als Quasi-Wahrzeichen des Ortes für die Souvenirs herhalten muss. Das 1585 gebaute Kastell beherbergt in seinen dicken Mauern heute das **Fischereimuseum**. Darin ist die letzte funktionierende Falkuša zu besichtigen. Dieser spezielle Schiffstyp, der in Korčula entwickelt wurde, konnte durch Rudervorrichtungen auch bei Windstille weiterfahren und war auf vielen dalmatinischen Inseln noch bis in die 1950er Jahre im Einsatz.

Trutzig über der Stadt wacht die ehemalige Benediktinerabtei **Muster**. Sie wurde im 13. Jahrhundert gegründet und entwickelte sich über die Jahrhunderte immer mehr zu einer Festung. Im 17. Jahrhundert wurde der Turm, dessen Wehrcharakter noch gut erkennbar ist, barockisiert.

Komiža

Vorwahl: +385/21. **Postleitzahl:** 21485. **Turistička zajednica**, Riva Sv. Mikule 2, Tel. 713455, www.tz-komiza.hr.

Busverbindung mehrfach am Tag nach Vis-Stadt, so dass die Fähren erreicht werden.

Hotel Biševo, Ribarska 72, Tel. 713752, www.hotel-bisevo.com.hr; 131 Betten, 5 Apartments, DZ 45–90 Euro. Der Hotelkomplex am nördlichen Ortsende besteht aus mehreren Gebäuden, einfache Zimmer, Kiesstrand.

Besser privat unterkommen: Auf der Website **www.tz-komiza.hr** gibt es zahlreiche Angebote mit Bildern von Zimmern, die einen Eindruck vermitteln.

Restaurant Jastožera, Gundulićeva 6. Schönes Ambiente, teurer, sehr gute Küche.

Pizzeria Hum, Riva sv. Mikule 9. Gute Pizzas und gefüllte Fischtaschen kommen hier auf den Tisch, das alles günstig.

Konoba Bako, Gundulićeva 1. Serviert werden Fisch- und Fleischgerichte auf einer erhöhten Terrasse.

Konoba Jidro, an der Riva, Tel. mobil 097/7111169.

Im Sommer finden auf Vis zahlreiche Kulturveranstaltungen statt: Tanz- und Ballettensembles vom Festland gastieren. Termine in der Turistička zajednica.

Strände befinden sich zu beiden Seiten des Ortes: Im Norden gibt es einen Kiesstrand, der Südstrand ist mit schattenspendenden Palmen bestanden und hat auch einen FKK-Strand.

Schöne Strände gibt es auch auf **Biševo**.

Schöne Wanderungen sind in den Norden der Insel möglich, zum Beispiel durch ein verwunschenes Tal in das nordwestliche Dorf **Oključna**, ein hübscher Bauernweiler mit einigen zerfallenen Hütten und wunderschönem Blick auf das Meer (auch mit dem Auto erreichbar).

Eine Wanderung nach **Dragodir** zum Kap (Rt.) **Barjaci** lohnt sich wegen der schönen Aussicht: Von Komiža die Promenade nach Westen weitergehen.

Die Besteigung des höchsten Berges **Hum** ist ebenfalls möglich, genaue Wege sollte man in der Turistička zajednica erfragen.

Man kann in der Nähe des Wehrturms anlegen, Versorgung mit Strom und Wasser möglich. Die Plätze werden früh vergeben, auch wer vor Anker geht, muss Liegegebühr entrichten.

Achtung: flaches Wasser im Stadthafen, an manchen Stellen herausstehende Felsen.

Issa Diving Center, Tel. 713651, mobil 091/201231, www.scubadiving.hr. Touren zu Schiffswracks, Nachttauchen und Tauchgänge in der Blauen Grotte.

Manta Diving Center, Tel. mobil 091/4477020, www.crodive.info. Kurse, Wrack- und Nachttauchen, Blaue Grotte.

Kleiner Supermarkt **Podrum**.
Wein gibt es bei **Roki's**, Plisko polje 17, Tel. 714004.

Medizinisches Zentrum, Tel. 713122.

Insel Biševo

Die Blaue Grotte auf der Ostseite der Insel ist die Attraktion dieser Insel. Biševo wird ansonsten von nicht einmal 20 Bewohnern besiedelt, die zum Teil auch Privatunterkünfte anbieten. Die Grotte ist nur mit dem Boot erreichbar (eintrittspflichtig).

Zwischen 9 und 12 Uhr steht die Sonne im Sommer so, dass sie die Höhle durch Lichtbrechungen in ein strahlendes Blau taucht. Die 24 Meter lange Höhle wurde erstmals 1884 von Baron Eugene von Ransonnet einem internationalen Publikum bekannt gemacht. Die Höhle, die an manchen Stellen bis zu 15 Meter hoch ist, hat zwei Eingänge, einer wurde künstlich erweitert, damit man durchfahren kann. Eine Überfahrt von Komiža kostet etwa 50 Kuna, es werden aber auch Passagen von Vis-Stadt angeboten.

Die Besiedelung der Insel wurde immer wieder unterbrochen. 1050 gründete der Spliter Priester Ivan Grlić hier ein Kloster, das er später den Dominikanern übergab, doch die Piratengefahr trieb die Mönche zurück nach Komiža.

Die Insel ist heute auch ein Badeparadies.

Insel Brač

Eine geologische Besonderheit hat die Insel Brač für den Tourismus bereits in den 30er Jahren attraktiv gemacht: das **Goldene Kap** (Zlatni Rt) im Süden der Insel. Bezeichnet wird damit eine Kiesstrandspitze bei Bol, die wie ein Horn in das Meer hineinragt und einen einzigartigen Badestrand bildet. Doch über die touristisch gut ausgelasteten Strände in Bol und in Supetar bietet die Insel noch viele unberührte Buchten und Ausflugsmöglichkeiten. Berühmt ist die Insel bis heute durch ihre Steinbrüche. In ihnen wird der weißeste Kalkstein der Welt gewonnen. Und gern wird damit geworben, dass er unter anderem im Weißen Haus in Washington verbaut wurde.

Weitere Höhepunkte sind die Skulpturen von Ivan Rendič, eine Höhle voller Fabelwesen bei Bol und viele lauschige Hafenorte. Das milde Klima der Insel lässt sie zu einem idealen Urlaubsziel werden.

256 Insel Brač

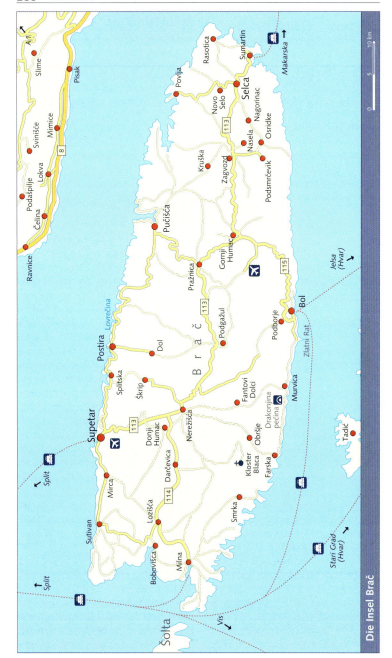

Geschichte

Brač sei eine ›Insel ohne Geschichte‹, schrieb einst der Dichter Vladimir Nazor (1876–1949), der auf ihr geboren wurde. Nein, einen eigenen geschichtlichen Weg hat sie nicht beschritten. Aber ohne sie hätte so einiges in der Geschichte nicht entstehen können.

Mit dem leuchtend weißen Stein lieferte Brač das Material für viele berühmte Bauten in der Welt, so sind die vier Frontsäulen am Weißen Haus aus dem weißen Sandstein, während die übrige Fassade immer wieder gestrichen werden muss, damit der Regierungssitz seinen Namen auch verdient. Doch das ist nur die Spitze der Bekanntheit. Schon die Römer wussten mit dem Weiß des Steines die Ästhetik ihrer Bauwerke in der ganzen Adria zu steigern, wie zum Beispiel beim Bau des Diokletianpalasts in Split. Später dann wurden die Kirchen in Šibenik und Trogir, zahlreiche venezianische Paläste, die Wiener Neue Hofburg, das Berliner Reichstagsgebäude, das Budapester Parlament und der Statthalterpalast in Triest daraus gebaut.

Der Stein von Brač ist auch bei Steinmetzen beliebt. Kurz nachdem er abgebaut wurde, ist er noch weich und leichter zu bearbeiten, später härtet er nach. Der Kalkstein prägt das Leben der Inselbewohner bis heute, und viele Privathäuser schmücken sich damit. Nicht zuletzt werden mit dem weißen Steinstaub die Dächer der Häuser abgedichtet, die dann leuchten, als wären sie mit Schnee bedeckt.

Mit diesem weißen Stein Kultur zu schaffen, hatte auch seine dunklen Seiten: In römischer Zeit mussten in den Steinbrüchen zahlreiche Sklaven schuften, unter Diokletian viele Christen als Zwangsarbeiter. Der Stein dürfte einige wenige sehr reich gemacht haben. In der ersten

Seit Jahrtausenden wird der berühmte Bračer Stein abgebaut

Hälfte des 1. Jahrtausends vor Christus hatten Illyrer im Hochtal der Insel den weißen Sandstein unter ihren Füßen, aber noch ohne von seinen Möglichkeiten zu wissen. Sie nannten die Insel ›Brindia‹ oder ›Brentista‹, was auf eine Bezeichnung für ›gehörntes Tier‹ zurückgeht. Es wird angenommen, dass auf der Insel Hirsche lebten oder die Menschen hier gut von Ziegen und Schafe leben konnten.

Im Laufe der Geschichte gelangten immer wieder Flüchtlinge nach Brač: Durch Awaren Vertriebene aus Salona, Flüchtlinge vor den Türken oder Auswanderer aus dem Neretva-Tal. Im Jahr 1078 erlaubte ein Privileg den Insulanern, mit den Bewohnern auf dem Festland Handel zu treiben, ohne Abgaben oder Steuern entrichten zu müssen. Der Handel, vor allem mit der Stadt Split, bescherte der Insel daraufhin viele Jahrhunderte lang Wohlstand.

Im Kampf gegen Napoleon wurde Brač 1806 für etwas mehr als ein Jahr russischer Flottenstützpunkt. Während des Zweiten Weltkrieges lieferten sich Par-

Im Hafen von Bol erinnerte ein Denkmal an die Arbeit der Fischer

tisanen und Faschisten, Italiener und Deutsche, heftige Kämpfe auf der Insel. Die Besatzer vergalten die Guerilla-Angriffe, indem sie Häuser anzündeten und zahlreiche Dörfer niederbrannten, so in Selca, Novo Selo, Gornji Humac, Pučišća, Praznica, Bol, Dračevica, Obrsvje and Dragovoda. Dennoch unterstützten die Bewohner die Partisanen.

Erst 1972 wurde die Insel an das Trinkwassernetz angeschlossen. Bis dahin hatten sich die Bewohner aus Zisternen versorgt, die Hotels waren von Wasserschiffen beliefert worden. Im Kanal zwischen Split und Brač dürfen Schiffe heute noch keinen zu großen Tiefgang haben, damit sie die Wasserleitung nicht beschädigen.

Insel Brač
Vorwahl: +385/21.
Turistička zajednica Splitsko-dalmatinske županije, Prilaz braće Kaliterna 10/I, Tel. 490032, www.dalmatia.hr/de/die-inselbrac. Agentur: www.bracinfo.com (mit zahlreichen Privatunterkünften, ebenfalls informativ: http://braconline.com.hr.

Autofähre Split–Supetar; 14x tägl., Nebensaison 9x.
Makarska–Sumartin; 4x tägl., Nebensaison 3x.

Anflug entweder über Split und dann übersetzen oder über den **Flughafen Brač** (BWK) nordöstlich von Bol, Tel. 559711, http://airport-brac.hr; internationaler Flugbetrieb nur Mai–Okt.
Der Flughafen wird von Express Airways (https://www.express-airways.de, ab Düsseldorf, Leipzig, Zürich, Malmö), Tyrolean Airways (ehemals Austrian Airlines, ab Graz, Linz, Wien, Buchung über Gruber Reisen/Graz, www.gruberreisen.at) und Croatia Airlines (ab Zagreb, Graz) angeflogen.

Supetar
Die Autofähre von Split landet in dem Hafenstädtchen Supetar, das seit 1827 Verwaltungsort der Insel ist. Supetar ist eigentlich eine Verballhornung von Sv. Petar. So hieß die Bucht, in der die Besiedelung während der Renaissance einen neuen Aufschwung nahm.

Die Römer hatten bereits eine Niederlassung auf der Halbinsel gebaut, auf der heute der berühmte Friedhof liegt. Dort sind noch frühchristliche Grabmäler zu sehen, römische Grüfte sind noch in Gebrauch. Doch in frühchristlicher Zeit vertrieben Piraten die Menschen aus dem Ort in das Hinterland, und die Siedlung verfiel. In der Renaissance baute so manche reiche Patrizierfamilie vom Festland in Supetar ihren Sommersitz. Heute leben in dem Ort zwei Drittel der Einwohner von Brač. Größter Sohn der Stadt ist der Bildhauer Ivan Rendić. Er wurde zwar am 27. August 1849 in Imotski geboren, wuchs aber in Supetar auf. Nach seinem Studium in Venedig und Triest hat er die kroatische

Bildhauerei in die Moderne geführt. Seine Skulpturen, die er überwiegend für Friedhöfe anfertigte, wirken fast expressionistisch. Rendić wurde zu Lebzeiten unterschätzt und hielt trotz des geringen Erfolges an seiner Idee fest, in Supetar eine Künstlerschule zu errichten. Er starb 1932 in einem Armenhospital. Heute sind 200 Werke bekannt, die über ganz Kroatien verteilt sind.

■ Stadtrundgang

Eine großzügige Treppe führt vom Stadthafen zur Pfarrkirche **Sv. Petar** hinauf. Der heutige Bau aus dem Jahr 1773 steht an der Stelle mehrerer Vorgängerbauten, links neben der Kirche sind sogar noch Reste eines altchristliches Mosaiks zu sehen, das wahrscheinlich aus dem 6. Jahrhundert stammt. Auf halber Treppe neben der Kirche ist ein unrenovierter **Renaissanceturm** zu sehen, über den wenig bekannt ist, nur, dass er aus dem 15. Jahrhundert stammen soll. In der Kirche befinden sich unter dem Altar die Gebeine des heiligen Viktor, die 1853 aus römischen Katakomben nach Supetar gebracht worden sein sollen. Etwas nördlich befindet sich in der **Bibliothek** ein kleiner Ausstellungsraum mit Skulpturen und Planskizzen von Ivan Rendić, vornehmlich Büsten, deren individueller Ausdruck berührt.

Fast wie ein Wahrzeichen der Stadt wird das weithin sichtbare **Mausoleum** auf dem Friedhof betrachtet. Den Bau in seiner charakteristischen Form schuf 1914 der ansonsten unbekannt gebliebene Künstler Toma Rosandić. Der sprang nach einem Streit ein: Eigentlich hätte Rendić das Mausoleum für die Familie Petrinović schaffen sollen. Doch kurzfristig wurde ihm der Auftrag entzogen, um ihn an Ivan Meštrović zu vergeben. Doch der hatte von der Geschichte erfahren und lehnte ab. Rosandić schuf ein Kunstwerk von hoher Symbolkraft, das den Bogen vom 19. Jahrhundert über den Jugendstil bis hin zu expressionistischen Anklängen spannt. Dabei orientierte er sich an Naturformen wie zum Beispiel Pinienzapfen und entdeckte gleichzeitig die byzantinische Architektur wieder.

Von Ivan Rendić sind mehrere kleinere Werke auf dem Friedhof zu sehen, unter anderem die ›Pietà‹ in Form von Grabplatten, nicht weit vom Eingang entfernt.

Supetar
Vorwahl: +385/21.
Postleitzahl: 21400.
Turistička zajednica, Porat 10, Tel. 630900, www.supetar.hr.
Post, Vlačica 13.
Privredna banka, Porat 9; **Splitska banka**, Vlačica 17; **Zagrebačka banka**, Hrvatskih velikana 62.

INA-Tankstelle, Mladena Vodanovića 1. Keine Tankstelle im Inneren der Insel, erst wieder in Bol.

Busbahnhof, Porat 12, Tel. 631357.

Osam, Vlačica 3, Tel. 552333, www.hotel-osam.com; DZ 100–180 Euro. Angenehm modernes Ambiente.
Hotel Britanida, Hrvatskih velikana 26, Tel. 631038; 30 Betten, DZ 60 Euro. Etwas altmodisch, aber sauber, mit Restaurant auf einer Terrasse.
Mandić, Vladimira Nazora 9, Tel. 630911; 38 Betten. Zentrale Lage.
Arthotel Bračka Perla, Put Vele Luke 53, Tel. 755530, www.brackaperla.com; DZ 40–50 Euro. Schöner Garten mit Swimmingpool.
Pension Palute, Put Pasika 16, Tel. 631541, pension_palute@dalmacija.net. Familiengeführt, mittlere Preisklasse.

Camp Babura, Hrvatskih velikana bb, 631634. 40 Wohnwagen-, 100 Zeltplätze.
Camp Supetar, Melešnica bb Ungünstige Lage und nachlässiges Personal.

Otok, Vlačica 9, Tel. 552333. Schönes, modernes Ambiente, internationale Küche.
Konoba Vinoteka, Jobova ulica 6, Tel. 630969. Fisch und Meeresfrüchte vom Grill, gute Wein- und Schnapskarte, schöne, modern-rustikale Atmosphäre.
Restaurant Dolac, Petra Jakšića 8. Britanida, Hrvatskih velikana 26. Restaurantbetrieb auf einer Terrasse, etwas feiner.
Restaurant Vrilo, am Vrilo-Strand. Grillküche mit Fleisch und Fischgerichten.
Bistro Žiža, Put Vele Luke 15. Kleine Gerichte mit immer frischen Zutaten.

Einige Strände gibt es auf der Westseite, sie sind aber nicht sehr sauber.
Wasservergnügungspark im Hotel ›Waterman Supetrus‹, Put Vele Luke 4. Tags für Kinder, abends mit Cocktails für Erwachsene.

Amber Divecenter, Vela Luka 10, Tel. 098/9227512. Anmeldung unter: www.amber-divecenter.com.

Poliklinik und Ambulanz, Vodanovića 24, Tel. 633104.
Apotheken: Puharić, Mladena Vodanovića 24, Tel. 757309; Škoko, Porat 25, Tel. 631714.

Postira

Der kleine Hafenort Postira hat mit seinen alten Palästen einiges an Flair zu bieten. In einem der Paläste ist der Schriftsteller und Politiker Vladimir Nazor geboren. An den Außenwänden des Hauses direkt an der Hafenmole sind zahlreiche Tafeln mit lateinischen Zitaten kroatischer Humanisten angebracht. Heute wird das Haus noch von einer alten Dame aus der Familie Nazor bewohnt. Die **Kirche** war einst eine Wehrkirche. An der Straße nach Pučišća sind in der Bucht Lovrečina die **Ruinen einer großen altchristlichen Basilika** aus dem 5. oder 6. Jahrhundert zu sehen. Sie gehörte später zu einem Benediktinerkloster, das im 11. Jahrhundert entstand.

Hafen und Zentrum von Pučišća

Postira
Vorwahl: +385/21, Postleitzahl: 21410.

Hotel Lipa, Porat 1, Tel. 599430, www.brac-hoteli.hr/de/hotel-lipa.php; DZ 80–190 Euro. Modernes Haus, das sich stilistisch schön einfügt. Mit Swimmingpool und Restaurant, direkt am Hafen.

Hotel Pastura, Vrilo 28, Tel. 740000, www.hotelpastura.hr; DZ 80–155 Euro. Modernes Hotel direkt am Meer, mit Internet, Swimmingpool und Fahrradausleihe.

Konoba Gusti Skoja, Dol 44. Etwas außerhalb in Dol, direkt am Wasser mit schönem Blick.
Restaurant Lovrečina. Mit Terrasse.

Restaurant des Hotels Lipa, Porat 1, Tel. 599430. Schöne Terrasse, moderne Küche, etwas teurer.
Bracera, Zastivanje 6, Tel. 634680. Fisch und Meeresfrüchte vom Grill, manchmal bei Musik.

Badestrände an den Enden des Ortes an weiterführenden Wegen, insbesondere an der Straße Richtung Pučišća, schöne Buchten sind **Lovrečina**, **Trstena** und **Česminova**.

Anlegen an den Innenseiten der Wellenbrecher oder am Ostufer, mit Strom und Wasserversorgung. Im Juli finden seit einigen Jahren Segelregatten statt.

Pučišća

Der Ort mit seinem natürlichen und tiefeingeschnittenen Hafen bietet eine malerische Kulisse aus Renaissance- und Barockpalästen, die im 15. Jahrhundert angelegt wurde. Sie zeigen den Reichtum dieses Ortes, denn Pučišća war seit der Zeit der Römer der Hafen für den Export des Bračer Steins in alle Welt.

Zu den Kunden der Steinabbauunternehmer zählten früher die Großen der Steinmetzkunst wie Juraj Dalmatinac und Nikola Firentinac. Andrija Aleši pachtete sogar selbst einen Steinbruch im nördlichen **Veselje**, in dem jetzt eine Steinmetzschule eingerichtet ist.

Heute befindet sich das größte Abbaugebiet am nordöstlichen Ausgang der Bucht, dessen weißer Steinbruch weit über die See leuchtet. Er gehört der Firma ›Jadrokamen‹, die zahlreiche weitere Steinbrüche auf der Insel führt.

1902 gründeten die Steinmetze in Pučišća eine erste Genossenschaft und 1906 eine Steinmetzschule, die bis heute junge Steinmetze nach der Tradition römischer Steinbearbeitung ausbildet. Für Besucher hat sie einen Ausstellungsraum mit beeindruckenden Arbeiten aus Generationen von Schülern eingerichtet. Die Venezianer errichteten im Hafen 13 **Wehrtürme**, die die Türken abwehren sollten, davon sind heute nur noch drei zu sehen. Während des Zweiten Weltkrieges haben Italiener die Stadt von Schiffen aus massiv beschossen, so dass sie teilweise niederbrannte.

Die Pfarrkirche **Sv. Jeronim** enthält zahlreiche Kunstwerke. Das Bild des Sv. Rok (heiliger Rochus) vom Eingang rechts wird der Schule von Palma dem Jüngeren zugeordnet. Anfang der 80er Jahre wurde es gestohlen und kam 1989 wieder zurück, nachdem es in einer deutschen Wohnung gefunden worden war. Seitdem hängt es wieder an seinem Platz. An der Wand neben dem Altar befindet sich die Ikone einer Schwarzen Madonna aus dem 18. Jahrhundert, die fast wie moderne Malerei anmutet. Sehr schön sind die modernen Fenster des bekannten kroatischen modernen Künstlers Vlaho Bukovac (→ S. 323), die die Eingangsseite und den Chor schmücken.

Einsame, felsige Küste mit Pinien auf der Nordseite der Insel Brač

Im Pfarramt der Kirche wird die berühmte Urkunde Povaljska listina von 1184 aufbewahrt. Sie ist das älteste in kroatischer Sprache formulierte und in Bosančica geschriebene Dokument. Sie wird für die östlich gelegene Gemeinde Povalja verwahrt, listet die Besitztümer der dortigen Abtei auf und überliefert einiges von den Lebensverhältnissen ihrer Zeit.

Pučišća

Vorwahl: +385/21.
Postleitzahl: 21412.
Turistička zajednica, Nova riva bb, am Hafen, Tel. 633555, www.tzo-pucisca.hr.
Post, Novo Riva 1, am Hafen, bei der TZ.
Splitska banka, am Hafen.

Hotel Palača Dešković, direkt am Hafen, Tel. 778240, www.palaca-deskovic.com; DZ 200–250 Euro. Haus der Familie des berühmten Bildhauers Branko Dešković (1883–1939), bietet Malkurse an und hat eine Bibliothek, obere Kategorie.
Günstige Übernachtungsmöglichkeiten nur in **Privatunterkünften**, Adressen auf www.tzo-pucisca.hr.

Lučica, Ivana Pavla II.1, Tel. 633262. Hübsches Restaurant am Hafen.
Fontana, Trg B. Deskovica 4, 633515. Fisch und Meeresfrüchte vom Grill.
Bašta Aquila, an der Mole. Kleine, nette Taverne mit kleinen Gerichten.

Steinmetzschule (Kamenoklesarska Škola), Nova riva bb, Tel. 633114. Für Individualreisende ist eine Besichtigung der Schule nur donnerstags möglich, kleine Gruppen können sich drei Tage vorher anmelden und bekommen dann eine individuelle Führung.

Sv. Jeronim; rund um den 30. Sept. Konzerte, Tanz und Ausstellungen.
Kultursommer, zehn Tage Juli–Sept. Klassische, Pop und Jazz-Konzerte, Ausstellungen, Theatervorstellungen, literarische Abende. Nähere Infos in der TZ.

Rund um Pučišća wurden zahlreiche Fahrradwege eingerichtet, die TZ hält eine Radkarte bereit.

Bucht Konopljikova: westlich, nicht leicht zu erreichen.

Ambulanz, Tel. 633104.

Sutivan

In den westlichen Teil der Insel führt die Straße nach Milna am Hafenstädtchen Sutivan vorbei. Mit seinen **Renaissancepalästen** und dem **Wehrturm** an der Uferpromenade hat der Ort eine würdevolle Ausstrahlung. Schön ist der **Palazzo des Dichters Jerolim Kavanjin** (1643–1714), über dessen Tür der Spruch ›Ostium non hostium‹ (Den Freunden, nicht den Feinden) prangt. Eine Steintafel aus jugoslawischer Zeit an seinem Haus besagt, dass die Partisanen dort während des Zweiten Weltkrieges ein Krankenhaus eingerichtet hatten. Hinter dem Ort befindet sich ein kleiner **Zoo** (Park Prirode).

Ložišća

In einem schmalen Tal reckt sich ein Kirchturm in die Höhe, der für die Häuser drumherum überdimensioniert wirkt. Der **Glockenturm** ist ein Werk von Ivan Rendić aus der Mitte des 19. Jahrhunderts. Der Künstler hat ihn im Auftrag reicher Gutsbesitzer gebaut, denen allerdings bald das Geld ausging. Ein Wiener Arzt, der aus Ložišća kam, finanzierte die Fertigstellung, unter der Bedingung, lebenslang mit Wein und Olivenöl beliefert zu werden. Angeblich hat auch Rendić vor der Monumentalität gewarnt, konnte sich aber nicht durchsetzen. Die für das Dorf ebenfalls übergroße **Kirche** war bereits 1820 entstanden.

Bobovišća

Bobovišća gibt es zweimal: einmal oberhalb am Berg liegend, und einmal am Meer mit der Zusatzbezeichnung ›na moru‹. Der stille kleine Hafen wurde zum Rückzugsort und zur Sommerfrische vieler Adliger und hat sich bis heute sein Flair bewahrt.

In **Bobovišća na moru** verbrachte der Dichter Vladimir Nazor seine Kindheit. Oberhalb seines Elternhauses baute er sich einen **Gedenkturm**, der ihn an seinen Aufenthalt in Griechenland erinnern sollte.

Von der Bucht **Vičja Luka** erzählen die Alten, dass dort unterirdische Höhlen in das Reich der Hexen führen.

Milna

Entstanden ist Milna mit dem Bau der Sommerresidenz der Adeligen Cerenić Ende des 16. Jahrhunderts, so dass der Ort immer schon der Sommerfrische gewidmet war. Mitte des 19. Jahrhunderts wurde in Milna eine Werft gegründet, auf der ein eigener Holzboottyp entwickelt wurde: die Braccera, die bald in der ganzen Adria zu finden war.

1806 kam es vor Milna zur Seeschlacht zwischen Franzosen und Russen. General Viesse de Marmont, französischer Oberbefehlshaber der Illyrischen Provinzen, wollte die Russen vor dem Hafenbecken überraschen, doch die Dörfler warnten die Russen mit Hilfe von Leuchtfeuern, so dass die Franzosen besiegt werden konnten. Dafür machte der russische Zar Milna für ein Jahr zum Verwaltungszentrum von Brač.

Ložišća mit dem Glockenturm von Ivan Rendić

Die **Barockkirche** wirkt harmonisch, die Marienstatue über dem Eingang von einem unbekannten Künstler scheint zu schweben. Der Turm ist mit Menschenköpfen verziert, sogenannten Mascarone, die Persönlichkeiten aus dem Dorfleben darstellen. In der Kirche sind die Plastiken neben dem Altar von Ivan Rendić. Die Sakristei, am Übergang von der Gotik zum Renaissancestil erbaut, war die einstige Privatkapelle der Ortsgründer. Nördlich der Kirche befindet sich ein weiterer repräsentativer Treppenaufgang zur **Loggia**. Hier erinnert heute auf einem Absatz ein **Denkmal an Ivan Bonačić Sargo** (1862–1920), der als junger Mann nach Chile auswanderte und dort durch den Handel mit Salpeter reich wurde. Er spendete 30 000 Dollar, damit sein Heimatdorf eine öffentliche Kanalisation und ein Stromnetz bekam.

Heute lebt Milna vom Tourismus und dem Fischfang, gleich neben der Marina befinden sich eine kleine Werft für Reparaturen an Kuttern und eine kleine Fischfabrik.

Milna
Vorwahl: +385/21.
Postleitzahl: 21405.

INA-Tankstelle, im Ort.

Hotel Illyrian Resort, Milna 1094, Tel. 636566, http://illyrianresort.com; Apartment 55–125 Euro. Schlichte, saubere und großzügige Apartments zu gehobenen Preisen.
Hotel La Baia Blu, Tel. 636116; 25 Zimmer, DZ 70 Euro. Einfach, schöne Terrassen.
Zahlreiche **Ferienwohnungen** am Ort.

Amfora, Elizabeta Lekšić. Schöner Ort direkt am Hafen.

Fontana, MB-Vičić. Mit Terrasse, gute Fischplatten.
OmO, Vlaška I, Tel. mobil 091/575 3865. Frischer, selbst gefangener Fisch, nette Chefs, gute Weinauswahl.

Wegen der geringen Stömung lieber benachbarte Buchten der südwestlichen Halbinsel aufsuchen, z. B. **Osibova**.

ACI Milna, Milna bb, Tel. 636306, 636366, www.aci-club.hr.
Marina Vlaška, Pantera bb, Tel. 636247.

Ein schönes Ziel ist das Kirchlein **Sv. Josip** in der Bucht Osibova. Wanderwege führen zur Südküste mit einsamen Buchten und sauberen Stränden.

Von Milna nach Bol

Die Straße zum heutigen Inselzentrum Bol führt durch alte Inselorte. Als das älteste Dorf der Insel gilt **Donji Humac**, das erstmals im 11. Jahrhundert erwähnt wurde. Vor der Pfarrkirche stehen Steinskulpturen, die bei internationalen Steinmetzkursen entstanden sind. Oberhalb der Kirche befindet sich die Steinmetzwerkstatt der Familie Jakšić, die der alten Tradition der Steinmetzkunst auf Brač wieder ein modernes Gepräge geben (www.drazen-jaksic.hr).

In der Kirche hat ein byzantinisches Fresco aus dem 13. Jahrhundert überdauert, weil ihm Wundertätigkeit zugesprochen wurde. Einer Legende zufolge fällt jedes Jahr am 20. Januar Tau auf das Bild.

Der kleine Ort **Nerežišća** wirkt heute eher verlassen, war aber über 800 Jahre, bis 1828, das Verwaltungszentrum der Insel. Der Hauptplatz mit romanischen und gotischen Fassaden ist eine Pause wert.

Die kleine Siedlung **Gornji Humac** liegt wunderschön an einem Hang und ist touristisch völlig unberührt. In seiner kleinen Friedhofskirche befinden sich

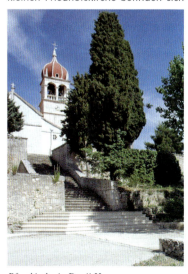

Pfarrkirche in Donji Humac

mehrere Reliefs aus dem 15. Jahrhundert, eines ist von Nikola Firentinac, ein weiteres wahrscheinlich von einem seiner Schüler. Das Dorf wird derzeit zu einem Ethno- und Ökodorf umgestaltet und hofft so, Touristen in die Inselmitte zu locken. Dazu wurde eine ethnologische Sammlung angelegt.

✕ Von Milna nach Bol

Konoba Tomić, Tel. 021/647242, www.konobatomic.com. Grillspezialitäten mit Fleisch aus eigener Züchtung, Lamm, Kalb, Huhn. Auch Übernachtungsmöglichkeiten auf dem Bauernhof, gehobene Preise.
Nono Ban, Landgasthaus mit Übernachtung, 1 km südlich von Gornij Humac, Tel. 021/647 233. Dalmatinisches vom Grill, eigener Wein und selbstgebackenes Brot.

Am 2. Juli wird die Schutzpatronin von Gornji Humac, Gospa Miraška, mit einem großen Dorffest gefeiert, am 6. Dezember der heilige Nikolaus (Schutzpatron der Seefahrer).

Wanderwege für trittsichere Wanderer von **Nerežišća aus zur Südküste**, vorbei am Kloster Blaca.
Ein weiterer Weg führt auf den **Vidova Gora**, dem mit 778 Metern höchsten Berg der Insel.
Wanderungen sind auch in die Bucht **Krušica** möglich, wo sich im Zweiten Weltkrieg ein Versteck für U-Boote befand.

Bol

Das **Zlatni Rt**, das Goldene Kap, war der Magnet, der die ersten Touristen auf die Insel Brač gelockt hat. Die feine Kiesstrandspitze, die wie ein Horn in das Meer hineinragt, verändert entsprechend der Meeresströmung ständig ihre Position. Seit 1920 sind die Touristen fasziniert von diesem Phänomen, das sich zum Baden so gut nutzen lässt. Heute ist der Ort das Ziel von Massen, an der Promenade kann es zur Saison ein ziemliches Geschiebe und Gedränge zwischen den Buden geben.
Weitere Attraktionen sind das **Dominikanerkloster** im Osten der Stadt, eine **Grotte** mit jahrhundertealten Drachendarstellungen und ein **Kloster**, das atemberaubend in ein enges Tal gebaut wurde und ein schönes Wanderziel bietet.

▲ *Die größte Attraktion von Bol: das Goldene Kap*

■ Geschichte

Bol ist der einzige Ort der Insel, der sich an der Südküste befindet und ist zugleich der einzige Ort, in dessen Nähe Süßwasserquellen entspringen. Ob das der Grund war, warum bereits Ende des 3. Jahrtausends Menschen hier siedelten, wird sich nicht einfach klären lassen. 1000 Jahre später kamen Illyrer und Römer in die Gegend, die sich auf dem Vidova Gora (Veitsberg) niederließen. Noch heute sagen die Einheimischen nicht, sie gehen ›nach‹, sondern ›auf‹ Bol, weil einst das Dorf auf dem Berg gemeint war.

Ab dem Mittelalter wechselten die Herrscher über die Insel. Vor der ersten Milleniumwende waren es sogar die Franken, im 11. Jahrhundert die Venezianer, darauf folgte eine Zeit unter dem kroatischen König Petar Krešimir IV. Im 12. Jahrhundert waren die Byzantiner dran und schließlich die Frankopanen. Dann wurde die Insel von den Seeräubern aus Omiš erobert, was den Bračer aber nicht recht war, weshalb sie die Venezianer holten, diese zu vertreiben. Doch die blieben nicht lang, und schließlich riss Dubrovnik die Insel an sich. Die Venezianer kamen zurück, als sie Dalmatien 1420 kauften und blieben dann bis 1797, wobei sie die Insel ziemlich ausbeuteten, bis die Österreicher übernahmen. Das napoleonische Intermezzo brachte immerhin die Abschaffung des Adels, viele Schulen und neue Straßen.

1475 siedelten sich die Dominikaner im Ort an, als sie die Halbinsel Glavica vom regierenden Fürsten geschenkt bekamen. Das zog Adelige an, deren Palazzi dem Ort heute noch Flair verleihen.

Um das Jahr 1800 war Bol ein wichtiger Hafen mit Reedereien, die 15 Schiffe auf den Weltmeeren Ware transortieren ließen. Deshalb gab es auch eine eigene Werft. Im Jahr 1903 taten sich die Weinbauern der Umgebung zusammen und gründeten eine Weinbaugenossenschaft.

Eisstand an der Promenade

■ Gang an der Promenade

Der romantische alte Hafen der Stadt ist von einigen schönen **Palazzi** umstanden, deren Stil bis in die Gotik zurückreicht. Das markanteste Gebäude am Hafen, das aussieht wie ein Kastell, ist das **Gebäude der Weinbaugenossenschaft**. Den dort produzierten Plavac bol sollte man unbedingt probieren, der Rotwein kann mit internationalen Standards durchaus mithalten und ist nicht einmal teuer.

Hinter der Weinbaugenossenschaft liegt die **Galerie Josip Botteris**, des landesweit bekannten modernen Künstlers, der der neuen (kirchlichen) Kunst wohltuende Impulse gibt. Ebenso ist die weiter östlich gelegene **Galerie Branko Dešković** schon wegen ihres schönen Palazzos zu empfehlen, sie zeigt Werke von Ivan Meštrović, Ivan Rendić und Ivo Dulčić. Der **Palazzo Vusić** ist einer der ältesten und hat noch einen Turm, der zum Schutz vor Piraten diente.

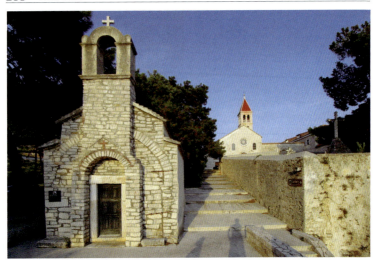

Das Dominikanerkloster von Bol

■ Dominikanerkloster

Ein viertelstündiger Spaziergang weiter Richtung Osten führt zur malerischen Anlage des Dominikanerklosters auf der Halbinsel **Glavica**, direkt am Meer. Bereits seit 1184 befand sich an dieser Stelle ein Palais, das dem Bischof von Hvar gehörte. Das 1475 erbaute Kloster ist schon wegen seiner Anlage am Meerufer sehenswert. Der **Klostergarten**, der treppenförmig zum Meer abfällt, mit seinem alten Baumbestand ist ein phantastischer Ruhepunkt. Die **Kirche**, ursprünglich als einschiffiger gotischer Andachtsraum für die Mönche errichtet, löste einen Streit mit der Gemeinde aus: Die Einwohner behaupteten, die Kirche sei auf dem Grundstück der Gemeinde gebaut. Deshalb fügten die Dominikaner nördlich ein Seitenschiff an, damit auch die Bevölkerung am Gottesdienst teilnehmen konnte. Berühmt ist die Klosterkirche für das Altarbild von Jacopo Tintoretto, das die Madonna mit dem Kinde im Kreis von Heiligen und einem Dominikanermönch darstellt. Zweifel an der Autorenschaft des berühmten Kunstwerkes werden im Klostermuseum zerstreut, wo die Kopie einer Zahlungsanweisung an den Künstler zu begutachten ist. Allerdings fehlt dem Bild ein wenig die Leichtigkeit, mit der Tintoretto sonst malte.

Bis zum letzten Krieg hing an der Stelle des Hauptaltars ein Gemälde von Josip Botteri. Es wurde aus unbekannten Gründen ausgewechselt und ist nun im Museum des Klosters zu sehen. Verblieben ist ein beeindruckender Kreuzweg von Botteri. Gleich hinter dem Eingang unter der Empore sind kleine Meisterwerke barocker Deckenmalkunst von Tripo Kokolja zu sehen. Die Szenen aus dem Leben des heiligen Domenikus, des Ordensgründers, entstanden im Jahr 1713.

Im **Museum** sind steinzeitliche Funde von der Insel ebenso wie alte wertvolle Inkunabeln und eine kleine Gemäldegalerie mit Meistern aus der venezianischen Schule bis zur Moderne ausgestellt.

Auf der westlichen Seite der Stadt führt ein Spazierweg durch ein Kiefernwäldchen zum Zlatni Rt, dem Goldenen Kap.

Bol
Vorwahl: +385/21.
Postleitzahl: 21420.
Turistička zajednica, Porat Bolskih Pomoraca bb, Tel. 635638, www.bol.hr.
Post, Uz pjacu 5.
Zagrebačka banka, Riva, an der Promenade; **Societe Generale-Splitska banka**, Frane Radića 16.

INA-Tankstelle, Vl. Nazora 3, schräg gegenüber der Wienbaugenossenschaft.

Mehrmals am Tag Busverbindungen nach Supetar zum Ableger der Fähre nach Split.

Airport Brač, nordöstlich von Bol, Tel. 559702, www.airport-brac.hr (auch auf englisch), siehe allgemeine Infos zu Brač, → S. 258.

Personenfähre Split-Bol-Jelsa (Hvar); ca. 4x tägl. Tagesausflüge nach Jelsa sind nicht möglich. Tagesausflüge nur von Bol nach Split, nicht aber von Split nach Bol möglich.

Taxistand, schräg gegenüber der Weinbaugenossenschaft.

Die **Hotels Elaphusa**, **Bonaca**, **Borak** gehören alle zur Bluesun-Gruppe, Tel. 635210, www.bluesunhotels.com.
Villa Giardino, Novi put 2, Tel. 635900, 635286, www.dalmacija.net/bol/villagiardino; DZ 100-110 Euro. Schöne, persönlich und stilvolll geführte Villa mit ebenso schönem Garten.
Bol Hotel, Hrvatskih domobrana 19, Tel. 635660; DZ 90-180 Euro. Schönes Designerhotel, Klimaanlage, WLAN, Kinderbetten und Wäscheservice.
Kaštil, Frane Radića 1, Tel. 635995, www.kastil.hr; DZ 80-140 Euro. Zimmer mit und ohne Balkon, klassisch schlicht und geschmackvoll, kinderfreundlich.
Villa Daniela, Domovinskog rata 54, Tel. 635959, www.villadaniela.com; DZ 50-130 Euro. Zimmer mit und ohne Balkon mit schöner Sicht, Swimmingpool.
Dominikanerkloster, Tel. 778000; DZ 60-80 Euro. Übernachtung zu günstigen Preisen, auch mit Verpflegung. Schlicht, für Reisende, die wenig Komfort erwarten und Ruhe suchen.

Kamp Zlatni Rt, 3 Min. Fußweg vom Zlatni Rt, Tel. mobil 091/5342946, http://bol-camping.com; 2 Pers./Auto/Zelt 20 Euro. Lauschig auf 5000 Quadratmetern unter Pinien, Sanitäranlagen sehr schlicht.
Kamp Meteor, Hrv. Domobrana 1, Tel. 635630, http://campmeteor.com; 2 Pers./Auto/Zelt 20 Euro. Zelten auf kleiner Fläche.
Kamp Njiva, Bračka Cesta, Tel. 635472, 2Pers./Auto/Zelt 11 Euro.Zelten unter Olivenbäumen auf Terrassen, einfache sanitäre Verhältnisse.
Kamp Mario, Gospoica 2, Tel. mobil 098/887496, http://kampmario-bol.com; ganzjährig geöffnet. Am Ortseingang mit Blick auf Bol, WLAN.

Konoba Gušt, Frane Radića. Direkt hinter dem Hotel ›Kaštil‹ nahe dem Hafen.
Konoba Mlin, Ante Starčevića 11, Tel. 635376. Gemütlich in alter Ölmühle, mit Fisch vom Grill, gute Weinkarte.
Konoba Mendula, Hrvatskih domobrana 7, Tel. mobil 091/5158593. Beim (weniger zu empfehlenden) Restaurant ›Laguna‹ die Treppen rauf. Dalmatinische Hausmannskost auf kleiner Terasse zu günstigen Preisen. Für jeden ist hier was dabei, Fisch vom Grill, Pizza, Salate.
Mali Raj, Tel. 635282. Etwas außerhalb hinter dem Goldenen Horn, sehr schön

ländlich-idyllisch, liebevoll zubereitete Fischtteller.
Jadranka, Zu Pjacu 9, Tel. mobil 091/2524264. Traditionelle damatinische Küche, auch Vegetarisches.

Nacht der Fischer; Ende Aug. Morgens um 5 Uhr wird ein 120 Meter langes Netz vor Zlatni Rt ausgelegt. Nachmittags gegen 17 Uhr wird es wieder eingeholt. Der Fisch, der sich dann in den Netzen befindet, wird öffentlich für alle gegrillt.

Stadthafen. Renoviert und erweitert, allerdings sind die Liegeplätze trotzdem rar.
Wassersportzentrum Big Blue, Podan Glavice 2, Tel. 635614, www.big-bluesport.hr. Am Zlatni Rt, mit Surfschule und Sea-Kayaking.

Nautic Center Bol, Familie Denis Barhanović, M. Marulic 3, Tel. 635367, www.nautic-center-bol.com, denis@bol.hr. Vermieten 20 Boote für Küstenfahrten.

Zahlreiche Taxi- und Ausflugsboote bieten von der Promenade aus **Touren entlang der Küste** an oder auch Ausfahrten zum morgendlichen Fischen. Es gibt auch Verbindungen bis unterhalb der **Drachenhöhle** oder zum **Kloster Blaca**. Ausflüge in die **Bucht Krušica**, wo im Zweiten Weltkrieg U-Boote lagen, werden ebenfalls angeboten.
Entlang der Küste sind wunderschöne **Wanderungen** nach Westen möglich, dabei können die Drachenhöhle oder das Kloster Blaca erwandert werden. Die reine Wegzeit zum Kloster beträgt etwa vier Stunden für Hin- und Rückweg. Feste Schuhe und ein ausreichender Wasservorrat sind für diese Wanderung unabdingbar.
Die TZ hat eine Karte für **Radtouren**.

Ambulanz, am Hafen, Porat bolskih pomoraca bb, Tel. 635112.
Apotheke, neben der Ambulanz.

Kloster Blaca

Die in einem engen Tal im Westen von Bol romantisch versteckte Einsiedelei Blaca erfüllt alle Träume vom abgeschiedenen Leben. Mittlerweile ist sie aber auch ein beliebtes Ausflugsziel.
Im 16. Jahrhundert gegründet, wurde das Kloster wegen seiner landwirtschaftlichen Tätigkeit nicht nur reich, sondern durch das Abschreiben und Verfassen glagolitischer Texte auch bald zu einem geistlichen Zentrum. Allerdings war das Leben hart: Der Abt legte die Arbeit für die einzelnen Mönche fest und teilte zweimal im Jahr Schuhe und Kleidung aus. Zu letztem Ruhm kam das Kloster durch Don Niko Miličević den Jüngeren, der als Astronom zahlreiche Artikel in ausländischen Fachzeitschriften verfasste

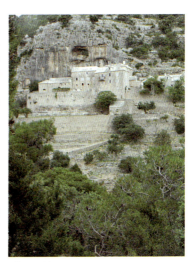
Kloster Blaca

und 1962 als letzter Mönch in diesem Kloster starb.
Heute ist das Kloster ein **Museum**, das an das karge Leben der Priester erinnert. Zu sehen sind außerdem eine der wenigen erhaltenen Originalküchen aus dem 18. Jahrhundert, eine Waffen- und Uhrensammlung und eine kleine Druckerei. Die **Kirche** wurde 1588 im Renaissancestil gebaut und später barockisiert; zwei Altarbilder, die aus der venezianischen Schule des 17. Jahrhunderts stammen, zeigen die Büßerin Maria Magdalena und die Samariterin am Brunnen.

> **Kloster Blaca**
> Das Kloster wird am Ufer entlang über **Murvica** erreicht, Dauer des Fußmarsches etwa 5 Std. Man kann sich auch mit dem **Taxiboot** ab Bol zur Aufstiegsstelle bringen lassen, dann sind es nur noch etwa 1,5 Std. Aufstieg bis zum Kloster. Von **Nerežišća** dauern Ab- und Aufstieg etwa 2 Std. Wer länger unterwegs sein will: Auf der Südseite lassen sich zahlreiche Wege auch zu schönen **Rundwanderwegen** kombinieren. Karte in der Turistička zajednica.

Murvica

Über Murvica wird nicht nur das Kloster Blaca erreicht, sondern auch die Drachenhöhle (Drakonjina pećina) oberhalb des Dorfes. Murvica war bereits bei den Römern ein beliebter Ort, sie nutzten den fruchtbaren Berghang mit seinen Quellen. Später wurden in der Umgebung zahlreiche Klöster und Einsiedeleien gegründet.

Eine der Einsiedeleien ist die **Drachenhöhle**. Ihre Wände zieren zahlreiche Reliefs mit Darstellungen von Drachen und anderen Fabelwesen. Die 20 Meter tiefe Höhle ist in vier Räume aufgeteilt, in der es eine kleine Kapelle, Vorratsräume, Wasserspeicher und Schlafnischen gab. Warum im 15. Jahrhundert einer der Einsiedler einen Meißel zur Hand nahm und die Wände des vorderen Bereiches so geheimnisvoll verzierte, ist bis heute unbekannt. In den Darstellungen vermischen sich biblische Motive aus der Offenbarung und altslawische Mythen. Außerdem entstand in dieser Höhle das erste glagolitisch geschriebene Messbuch der Insel, es ist heute im Museum des Dominikanerklosters zu sehen. Der Zugang zur Drachenhöhle ist nur mit Führer möglich, der einen Schlüssel hat, die Adresse hat die Turistička zajednica in Bol.

Selca

Selca liegt am Verkehrsknotenpunkt, über den sich der Osten der Insel erschließt. Im 17. Jahrhundert durch die Steinbrüche reich geworden, brachten im 19. Jahrhundert junge Leute panslawische Ideen in den Ort und errichteten das erste Denkmal Dalmatiens für Leo Tolstoi und ein weiteres für den Bauernführer Stjepan Radić. Während des Zweiten Weltkriegs brannten die Faschisten aus Vergeltung für Partisanenaktionen mehrfach Häuser und ganze Straßenzüge nieder.

Weithin erkennbar ist die monumentale **Christ-König-Kirche**, die 1919 von dem Österreicher Adolf Schlauf geplant wurde. Der Architekt, der eigentlich in der Zadarer Bauabteilung der Eisenbahn beschäftigt war, mischte gotischen Stil außen mit byzantinischem Stil innen. Dadurch wirkt die Kirche streng in den Himmel gerichtet und wohltuend offen zugleich. Alle Teile, ob Ornamente oder Steinfiguren, stammen von einheimischen Steinmetzen. Die drei Figuren an der Fassade stellen Christus, Method und Kyrill dar.

Im Chorraum ist eine Christusfigur von Ivan Meštrović zu sehen, die er aus Granathülsen des Zweiten Weltkrieges gießen ließ.

In einem **Statuenpark** östlich der Kirche befinden sich neben dem Leo-Tolstoi-Denkmal Plastiken von Franjo Tuđman, Hans-Dietrich Genscher und anderen. Besonders fallen in Selca die vielen weißen Steindächer auf. Diese traditionelle Deckweise besteht aus zementierten Steinplatten, die anschließend mit dem Staub aus den Steinbrüchen geweißt werden.

Selca

Turistička zajednica, Trg Stjepana Radića 5, Tel. 648209, www.touristboard-selca.com.
Post, Selačkih Iseljenika.

Restaurant Ruzmarin, Trg Stjepana Radića 15. Sehr guter Spießbraten.

Petrovac, Dujma Hrankovića 10, Tel. 622531. Dalmatinische Spezialitäten, gute Weinkarte.
Pizzerien Bonaca und **Perivoj**. Hier wird Pizza aus dem Holzofen serviert.

Ambulanz, Trg Stjepana Radića 2, Tel. 622177.

Novo Selo

Die Attraktion des Dorfes ist der **Künstlergarten** von Frane Antunjević. Wuchtige Formen, aber mit tiefer Bewegung, meißelt der Bildhauer in den weißen Stein. Vor der Kirche des Dorfes steht eine von Antunjević gestaltete überlebensgroße **Heiligenfigur des Sv. Antun**, Einsiedler und Heiliger der Haustiere. Obwohl eine lokale Berühmtheit, lebt Antunjević wie ein Einsiedler in seiner Hütte oberhalb des Figurengartens und ist auch manchmal etwas wunderlich. Er zeigt gern sein Atelier und hat auch ein paar Kleinode für Touristen, die nicht teuer und echte Souvenirs sind.

Povlja

Unter den Römern bereits ein vielfrequentierter Hafen, ist Povlja heute ein verschlafenes kleines Fischerdorf am östlichsten Arm einer schönen, weitverzweigten Bucht. Historisch bedeutsam ist es durch die in Bosančica verfasste Urkunde von 1184 aus dem Benediktinerkloster, das die Besitztümer der Umgebung aufzählt. Aus Povlja kamen viele Partisanen, die später unter Tito führende Positionen einnahmen, so auch der Leiter der Gefängnisinsel Goli Otok, auf der etwa 30 000 Inhaftierte Zwangsarbeit leisten mussten. Er verbringt heute unbehelligt seinen Ruhestand im Ort. Unten an der Hafenbucht befindet sich vor der ehemaligen Schule eine moderne **Skulptur des Ivan Povaljski**, des Ivan aus Povlje. Der im Volk wie ein Heiliger verehrte Ordensmann soll durch stundenlanges Beten die Pest vom Ort ferngehalten

Frane Antunjević in seiner Werkstatt

haben. Seine Gebeine wurden einst im **Kloster** oberhalb des Ortes aufbewahrt, dessen Ruine die eigentliche Sehenswürdigkeit des Ortes ist. Das Kloster stand an der Stelle der heutigen Pfarrkirche **Sv. Ivan**. Von dem Kloster, das einst auf den Resten eines römischen Tempels errichtet wurde, sind neben der heutigen Pfarrkirche nur noch Grundmauern und der Chor der Kirche zu sehen. Im Chor der alten Kirche diente eine taufbeckenähnliche Bodeneinlassung in Kreuzform als Aufbewahrungsort für die Reliquien des Klosters. Noch heute holen sich Gläubige mit Tüchern Feuchtigkeit aus dem Becken und erhoffen sich dadurch Heilung von Krankheiten. In der neuen Kirche gibt es rechts neben dem Chorraum ein Abbild der alten Urkunde von Povlja, die heute das Pfarramt von Pučišća aufbewahrt.

Povlja

Vorwahl: +385/21.
Turistička zajednica, im Hafen neben der Post, Tel. 639252.
Post, an der Spitze der Hafenbucht, das moderne Häuschen ist leicht erkennbar.

Hotel Galeb, nahe dem Hafen; 60 Zimmer. Mit Restaurant, Tennisplatz, Tauchclub und Bootsverleih.

Restaurant Galeb. Etwas gehobenes Ambiente, mit Terrasse.

Stara Uljara, am Ostufer des Hafens, www.neimtours.com. Schöne Atmosphäre in einer alten Ölmühle.
Gastionica, am Ostufer. Schlicht, dalmatinische Hausmannskost zu kleinen Preisen.

Luka, ziemlich weite Anfahrt über Selca und bei Zegvozd nach Osten auf einer Makadamstraße, toller Blick.

Adria Diving Povlja, Tel. mobil 091/9024924. Holländische Leitung, angeboten wird u.a. Wracktauchen.

Sumartin

Sumartin ist ein kleiner verschlafener Fährhafen, in dem die Autofähren von Makarska anlegen. Vor den Türken Geflüchtete aus Bosnien gründeten den Ort am 11. November 1646 und benannten ihn nach dem heiligen Martin. Weil die Obrigkeit Landbesitz nicht erlaubte, verlegten sich die Neuankömmlinge auf den Fischfang. Bis heute soll es hier die größte Anzahl an Booten je Einwohner auf der ganzen Insel geben. Die Bewohner sprechen als einzige Bevölkerungsgruppe auf der Insel noch ihren štokawischen Dialekt.

Die Franziskaner errichteten unter dem Guardian und landesweit bekannten Dichter Andrija Kačić-Miošić im Jahr 1747 das heute noch erhaltene **Kloster**.

Der kleine Hafen von Sumartin

Die Kirche wurde 1911 neu erbaut und weist eine überladene pseudobarocke Farbenpracht auf. Dabei gehen leider einzelne Werke wie die Mosaiken vom ersten Lehrer Ivan Meštrovićs und auch so manche gelungene Plastik unter. 1944 requirierten die Deutschen das Kloster und machten daraus ein Krankenhaus. Am Hafen unterhalb des Klosters gibt es eine Schiffswerft, in der Holzboote von Fischern oder kleine Holzjachten repariert werden. Hafen und Bucht von Sumartin sind heute noch nach den alten Besitzverhältnissen gegliedert und geben damit Einblick in das mittelalterliche Leben. Das Kloster wurde 1807 unter napoleonischer Herrschaft aufgelöst und seine Besitztümer verkauft.

 Sumartin

Vorwahl: +385/21.
Zuständig für Sumartin ist die **Turistička zajednica Selca**, → S. 272.

Konoba Bernardo, Sumartin, Tel. 648012. Eher einfache Küche.

Sumartin–Makarska; 4–5x tägl. Die Anlegestelle ist am Hafen mitten im Ort.

Ein schöner Weg führt am Meer entlang nach **Raostica**, in der Bucht bei den verlassenen Häusern lässt sich ungestört baden.

Insel Hvar

Die milden klimatischen Bedingungen im Südwesten der Insel haben Hvar früh zu einem Ziel für Touristen gemacht. Bereits 1868 wurde dazu die ›Hygienische Gesellschaft‹ in der Stadt Hvar gegründet. Die Stadt machte sich zunächst einen Namen als Luftkurort, dessen Klima Bronchitis- und Asthma-Kranken Erleichterung verschaffte. Dagegen ist die etwas rauhere und bergigere nordöstliche Spitze der Insel bis heute kaum vom Fremdenverkehr berührt. Hauptattraktionen sind die Hafenstädte Hvar, Stari Grad und Jelsa, viele einsame Buchten und im Juni und Juli die blühenden Lavendelfelder.

Geschichte

Es waren vor allem von außen kommende Mächte, die die Insel Hvar geprägt haben. Im 4. Jahrhundert vor Christus kamen die Griechen von den Ionischen Inseln über die See und errichteten die Stadt Pharos (griech. Leuchtturm, heute Stari Grad). Die einzige Kolonie, die nicht von Vis aus gegründet wurde, gab der Insel ihren Namen: Aus Pharos wurde Hvar, die Alten nennen ihre Insel heute noch For.

Zahlreiche archäologische Forschungen in den Höhlen der Insel belegen, dass es sogar in der Jungsteinzeit eine Hvarer Keramik und damit Kultur gegeben hat.

▲ *Hvar ist für seinen Lavendel berühmt*

Insel Hvar

Schöne Aussicht auf der Inseldurchfahrt

Dann kamen die Römer nach Hvar und unterstellten die Insel der Verwaltung von Salona. Die Römer verdrängten die Einheimischen aus den fruchtbaren Ebenen in den Ostteil der Insel. Damit erhielt der Ostteil eine Art ›Sibirienimage‹: Bis heute betrachten die Städter es eher als Makel, im Ostteil der Insel zu wohnen. Als die Venezianer 1420 die Insel besetzten, erlebte die Stadt Hvar mit ihrem Hafen einen großen Aufschwung. Viele Kirchen auf der Insel wurden dem heiligen Nikolaus geweiht, dem Schutzpatron der Seeleute. 1571 fielen die Türken in den südwestlichen Teil der Insel ein und richteten große Zerstörungen an. Erst in Jelsa wurden sie in die Flucht geschlagen. Mit der Einführung der Dampfschiffe unter Österreich-Ungarn, die in den Häfen Hvar und Jelsa nicht landen konnten, verlor die Insel ihre wirtschaftliche Basis und wurde zur Provinz.

Der Lavendel, der auf keiner anderen dalmatinischen Insel angebaut wird, kam 1938 nach Hvar. Erst in den 30er Jahren wurden befestigte Straßen zwischen den Inselstädten gebaut, bis dahin fuhren manche von Stari grad nach Hvar mit der Fähre über Split, um sich einen Acht-Stunden-Ritt auf dem Esel zu ersparen.

Insel Hvar

Vorwahl: +385/21, **Postleitzahl**: 21450.
Turistička zajednica Hvar, Trg Svjetog Stjepana 42, Hvar, Tel. 741059, www.tzhvar.hr. Am Hauptplatz, freundlich und sehr professionell. Privatunterkünfte für die ganze Insel unter www.hvarinfo.com.

Autofähre Split–Stari Grad (etwas außerhalb); 7x tägl., Nebensaison 4x. Tagesausflüge von Split möglich.

Autofähre Drvenik–Sućuraj (Ostküste der Insel); 7x tägl., Nebensaison 3x.

Es gibt viele Möglichkeiten für Radtouren, Infos unter www.croatiabike.com.

Zahlreiche Wanderwege führen zu Bergspitzen, wie dem **Sv. Nikola** oder **Sv. Ante** mit schönem Blick. Von Jelsa aus geführte Kräuterwanderungen.

Hvar-Stadt

Die Szenerie dieser Stadt vom Wasser aus mit dem großen Bogen des Arsenals vorn, dem großen Platz daneben und der Turm der Kirche **Sv. Stjepan** hinten ist unverwechselbar. Inzwischen landen am Hafen Menschen aus vielen Ländern an, die Reichen und Schönen auf ihren Jachten ebenso wie die Bustouristen. Sehenswert sind der Hauptplatz mit der Stephanskirche, die **Festung** über der Stadt und das **Franziskanerkloster**.

■ Geschichte

Als die Venezianer Hvar für Zwischenstops ihrer Handelsschiffe nutzten, begann der Aufstieg des Hafens, später stellten Reeder sogar ihre eigenen Flotten auf.
Hvar hat eine lange Theatertradition: Im 14. Jahrhundert wurde damit begonnen, religiöse Stücke aufzuführen, zunächst vor der Kathedrale, dann in einer extra errichteten Spielstätte, wo das Theater in der Renaissance verweltlichte.
Als bei dem Angriff der Türken 1571 ein Pulvermagazin explodierte, brannte die gesamte Stadt ab. Sie wurde im Renaissancestil erneut aufgebaut und hat daher ihr heute einheitliches Aussehen. Nach der Gründung der ›Hygienischen Gesellschaft‹ 1868 konnte sich bald ein gehobener Tourismus etablieren, der mit der Eröffnung des Hotels ›Zarin Elisabeth‹ (heute Hotel ›The Palace‹) 1899 das passende Hotel bekam.
Heute streitet sich die Stadt um die Zukunft im Tourismus. Während die eine Lobby die Jugend in die Stadt mit mehr Erlebnis- und Feiertourismus locken will (gut für die Gastwirte), fordert die andere Fraktion einen gehobenen Tourismus (gut für die Hoteliers). Mit ihrem Werbegag, im Winter Übernachtungskosten nicht zu berechnen, sobald das Thermometer auf den Nullpunkt fällt, hat die Stadt in bescheidenem Maße den Fremdenverkehr auf das restliche Jahr ausdehnen können.

■ Trg Sv. Stjepana

Am großzügig gestalteten, zentralen Platz, Trg Sv. Stjepana, befinden sich das Arsenal und die Renaissancekathedrale Sv. Stjepan. Das **Arsenal** am Hafen wurde nach dem Brand im Jahr 1571 in langer Bauzeit von 1579 bis 1611 neu errichtet. Der neue Bau erlaubte auch Kriegsgaleeren die Einfahrt.
Über dem Arsenal entstand 1612 das erste kommunale **Theater** in Europa. Nach langer Bauzeit und Zuständigkeitsgerangel ist das Theater frisch renoviert. Heute finden darin Proben, Aufführungen und Ausstellungen statt.

Arsenal und Sv. Stjepan in Hvar-Stadt

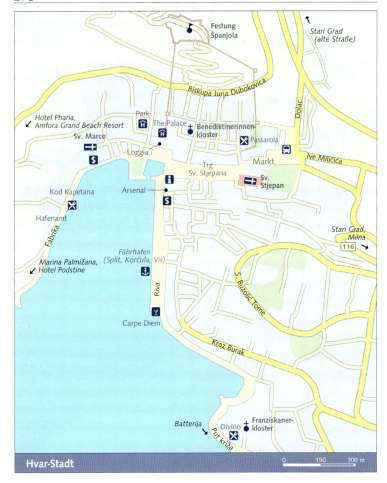

Hvar-Stadt

■ **Kirche Sv. Stjepan**

Die Pfarrkirche Sv. Stjepan wurde Ende des 16. Jahrhunderts errichtet. Beeindruckend sind die modernen **Bronzetüren** von Kužma Kovačić, einem Franziskanermönch, mit Darstellungen, die lokale Heiligenlegenden der Inseln mit Szenen aus dem Leben Jesu in Bezug setzen. Gleich links nach dem Betreten der Kirche ist eine Geißelung Christi, die Kopie eines Werkes von Juraj Dalmatinac, zu sehen. Der Altar daneben zeigt in seiner Mitte die älteste Ikone der Stadt. Das Bild im Hauptaltar, das den heiligen Stephan und über ihm Maria darstellt, malte Palma der Jüngere 1626.

An der Nordseite der Kathedrale befindet sich der heutige **Bischofspalast** mit dem **Museum kirchlicher Kunst**.

■ **Festung Španjola**

In nördliche Richtung gelangt man in etwa einer halben Stunde Aufstieg zum schönsten Aussichtspunkt der Stadt, der Festung

Španiola. Sie wurde 1557 im Auftrag der Venezianer an der Stelle eines mittelalterlichen Kastells von spanischen Söldnern gebaut, daher der Name. Anfang des 19. Jahrhunderts machten die Österreicher eine Kaserne daraus. Dahinter befindet sich eine weitere Festung aus napoleonischer Zeit, die aber nicht zu besichtigen ist. Dort sind ein Observatorium und eine Wetterstation untergebracht.

Im Stadtteil **Sv. Marak** unterhalb der Festung haben sich in früheren Zeiten die kleineren Handwerker und die ärmere Bevölkerung niedergelassen. In der Mitte des Stadtteils befindet sich ein halbzerstörtes **Dominikanerkloster,** dessen schöner Turm noch die Altstadt überragt. Heute ist in den übriggebliebenen Räumlichkeiten ein **Museum** untergebracht. Gezeigt werden Funde aus der Umgebung sowie aus den Höhlen der Insel. Darin sind unter anderem 19 000 Jahre alte Keramikreste der Hvar-Kultur zu sehen, die in den Höhlen auf der Südostseite der Insel ausgegraben wurden. Außerdem befinden sich im Hof römische Grabstelen und beeindruckende Plastiken von Künstlern der 1920er Jahre.

■ Franziskanerkloster

Entlang der Uferpromenade auf der anderen Seite der Stadt liegt das Franziskanerkloster. Berühmt ist das zwischen 1461 und 1489 gebaute Kloster vor allem wegen der zahlreichen **Gemälde** in der Kirche und dem angeschlossenem Museum. Die Mariendarstellung in der Lünette über dem Eingang zur Kirche ist von Nikola Firentinac. Auf dem Hauptaltar befindet sich ein Polyptichon von Francesco da Santacroce. Dieses sowie zwei weitere Polyptichen unterhalb der Sängertribüne zählen zu den wichtigsten Werken des Künstlers. Unter der Erde vor dem Hauptaltar ist der Dichter Hanibal Lučić begraben.

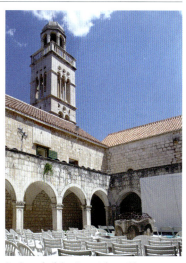

Im Innenhof des Franziskanerklosters

Im Kirchraum für die Gemeinde zeigen die sechs Bilder oberhalb der Tribüne eine Passion Christi, gefertigt von einem einheimischen Multitalent, dem Organisten und Lustspieldichter Martin Benetović. In dem Raum links daneben ist eine dramatische und in dunklen Farben gemalte Kreuzigung Christi von Leandro Bassano zu sehen und am Seitenaltar eine Stigmatisierung des heiligen Franziskus, die Palma der Jüngere fertigte.

Auf der anderen Seite des Kreuzgangs, dessen Innenhof heute für Aufführungen genutzt wird, liegt das **Museum**. Hauptsehenswürdigkeit ist die übergroße Darstellung des heiligen Abendmahls von einem unbekannten Künstler im ehemaligen Refektorium. Angeblich sollen ihn die Franziskaner aus Seenot gerettet und wieder gesundgepflegt haben. Aus Dankbarkeit schenkte er den Mönchen dieses Gemälde, das an Lebendigkeit und Detailtreue seinesgleichen sucht. Der Legende nach soll Matteo Rosalli (1579–1651) der Künstler sein, aber auch Matija Pončun oder einer aus der Schule Palma des Jüngeren sind im Gespräch bei den Fachleuten. Das Kürzel ›MA‹ unten rechts lässt Raum für Spekulationen. Interessant ist, dass das Licht von zwei verschiedenen Seiten die Szene beleuchtet. Die reichen Speisen auf dem Tisch, die mehr als nur Wein und Brot darstellen, symbolisieren das Parardies. In der Tischdecke ist ein Kopf zu sehen, das an das Schweißtuch Christi mahnt.

Außerdem sind im Museum Werke von Ivan Meštrović und zahlreiche andere große Kunstwerke zu sehen. In der archäologischen Sammlung sind Funde aus der Zeit der Römer ausgestellt und ein erstes Uhrwerk, das man erst spät im Kloster wiederentdeckt hat. Angeblich hat ein Mönch bereits im 17. Jahrhundert versucht, eine Uhr zu bauen.

Durch das Museum kommt man auch in den schönen **Klostergarten**, wo zahlreiche Metallstangen die Äste einer 500 Jahre alten Zypresse stützen und man die Ruhe des Gartens mit Blick auf das Meer genießen kann.

Geht man Richtung Innenstadt zurück, empfiehlt sich ein Gang durch die Gassen oberhalb der Uferpromenade. Dort haben einige lokale Berühmtheiten gewohnt, zum Beispiel Ivan Vučetić, ein Polizeioffizier, der als erster den Fingerabdruck für die Polizeiarbeit nutzbar machte.

Hvar-Stadt

Vorwahl: +385/21.
Postleitzahl: 21450.
Turistička zajednica, Trg Sv. Stjepana, Hvar, Tel. 741059, www.tzhvar.hr.
Privredna banka, Trg Sv. Stjepana bb;
Splitsko-dalmatinska banka, Riva bb;
Zagrebačka banka, Riva.

Hotel The Palace, Trg Svetog Stjepana, Tel. 741966, www.suncanihvar.com; DZ 80/130/240 Euro. In diesem Hotel begann der Tourismus auf der Insel, das Haus wirbt damit, Königin Elisabeth von Österreich (1837-1898) habe es persönlich entworfen, es müsste dann aber erst nach ihrem Tod fertig geworden sein, da es von 1903 ist. Heute gehört es zur Gruppe Suncanihvar. Je nach Größe der Räume sind die Preise unterschiedlich, sauber, keine Klimaanlage, aber renovierungsbedürftig, etwas für Nostalgiker.
Amfora Grand Beach Resort; DZ 105/160-242/335 Euro, www.suncanihvar.com. In einer Bucht westlich der Altstadt, mit großem Pool.
Hotel Park, Bankete bb, Tel. 718337; einfaches DZ 90-245 Euro. Wenn schon luxuriös, dann so: Nah an der Innenstadt, große Zimmer mit Klimaanlage, Safe, WLAN und Badewanne; Agentur für Aktivitäten und Ausflüge.
Pharia, Majerovica bb, Tel. 778080, www.orvas-hotels.com; DZ 60-130 Euro. Westlich der Altstadt.
Villa Tudor, etwas außerhalb bei Milna, Tel. 745000, www.hvar-tudor.com; Apartment 40 Euro. Sportmöglichkeiten am Haus, freundliches Personal.
Podstine, Put Podstina 11, www.podstine.com; DZ 125-200. Nicht weit vom Zentrum, mit Wellnesszentrum, eigener Zugang zum Strand.
Viele günstige **Privatunterkünfte** unter www.hvarinfo.com.

Camp Vira, Vira bb, Tel. 718063, www.campingkroatienhvar.com; hochpreisig, 2 Pers./Auto/Zelt ca. 30-40 Euro. 4 km nordwestlich der Stadt Hvar in einem Pinienwald, moderne Ausstattung, eigener Strand.
Autocamp Mala Milna, Mala Milna bb, Tel. 745027. Etwas außerhalb in Milna, klein, schlicht, aber ordentlich.
Paklina, Tel. 767092, mobil 091/5180203, ivo.ivankovic1@st.t-com.hr; ca. 10 Euro. Einfacher Platz, außerhalb

in Ivan Dolac auf der Südseite von Hvar, mit ruhigem Strand.

Restaurant Kod Kapetana, Fabrika bb, Tel. 742230. Traditionsreiches Lokal an der Uferpromenade, gutes Niveau.
Divino, Put Križa 1, 717541. Eigentlich ein Weinlokal, aber auch gute mediterrane Küche in schöner Atmosphäre am Meer, die guten Weine haben ihren Preis.
Zlatna školjka, Petra Hektorovića 8, Tel. mobil 098/1688797. Innen geschmackvolle Einrichtung, moderne internationale Küche, aber auch Traditionelles, Weine etwas teurer.
Palmižana, Meneghello, nahe der Marina. Fisch direkt aus dem Netz, auch Muscheln oder Steaks, schönes Ambiente, aber überlaufen.
Passarola, Doktora Mate Miličića 10, Tel. 717374. Moderne dalmatinische Küche, aber auch traditionelle Gerichte, schöner Innenhof aus Bračer Stein, Preise akzeptabel.
Paradise Garden, Bukainka bb, Tel. 742 066. Empfehlenswert, aber versteckt, vor der Kirche Sv. Stjepan links in der kleinen Gasse.
Kod Barba Božjeg, etwas außerhalb in Milna. Einheimische Küche auf gemütlicher Terrasse mit Blick auf den Hafen.

Museum des Benediktinerinnenklosters, ul. Matija Ivanića 13 (oberhalb des Stadtpalasts Hektorović). Die seit 1664 ansässigen Benediktinerinnen stellen seit etwa 120 Jahren Spitzen aus Agavenfasern her, die im Museum ausgestellt sind. Diese Arbeit wurde 2009 in die Liste des immateriellen Weltkulturerbes der UNESCO aufgenommen.

Im Sommer findet ein umfangreiches Kultur- und Partyprogramm auf dem Trg Svetog Stjepana statt.

Strände an der **Südseite der Stadt**, unterhalb der Batterija.
Tipp: Von Brusje zu einsamen Buchten hinunterwandern.
Unterhalb des Arsenals Schiffe ausleihen und zu den zerklüfteten **Pakleni Otoci**, den vorgelagerten Inseln, fahren. Dort in einsamen Buchten baden.
Rebekkas Tipp: Im kleinen Hafen **Križna Luka** auf der Südseite baden.

Stadthafen: Schnell überlaufen, anlegen an Murings, da im Hafen Schwell entstehen kann.
ACI Marina Palmižana, Tel. 744995, mobil 099/470039, www.aci-club.hr. Etwas außerhalb, sauber.
Hafenamt, Tel. 741007, www.jadroagent.hr.

Ausflüge zu den **Pakleni-Inseln** mit dem Taxi Boot, dort ist Baden möglich, z.B. in der Bucht **Jerolim**, inoffiziell die Bucht der Narturliebhaber. Schnell erreicht wird die Bucht **Stipanska**, mit Bar und Partystimmung. Tages-Bootsausflüge sind auch nach **Vis** möglich, zur **Blauen Grotte** (je nach Wetter, in der TZ fragen).
Wanderwege werden zunehmend ausgeschildert, welche aktuell begehbar sind, weiß die TZ.
Abenteuerausflüge unter www.hvar-adventure.com.

Marinesa Dinko Petrić, Križna luka, Tel. 741792, dinko.petric@st.htnet.hr.
Diving Center Viking, Podstine bb, Tel. 742529, www.viking-diving.com. Team mit vier Leuten, unter anderem eine Deutsche.

Ambulanz, am Trg Svetog Stjepana, Tel. 743103, 717099, dort auch Apotheke.

Von Hvar nach Stari Grad

Zwei Strecken verbinden Hvar und Stari Grad: Die neue Nationalstraße 116 ist schneller, die alte Strecke ist landschaftlich schöner. Die alte Straße führt vorbei an kleinen Lavendelfeldern über **Brusje**, ein Dorf, das Anfang des 16. Jahrhunderts von Hirten gegründet wurde. Großer Sohn des Dorfes ist der moderne Maler Ivo Dulčić, von dem in der Pfarrkirche einige Gemälde zu sehen sind. Auf dem Weg nach Stari Grad kommt man an diversen Weingütern vorbei.

Wer die neue Strecke fährt, kann kurz vor dem Tunnel rechts nach **Nedelja** abbiegen, einem schönen Ort an der Küste, wo es sich gut baden lässt. In der Nähe gibt es Höhlen, in denen man steinzeitliche Ausgrgabungen gemacht hat (nicht zu besichtigen).

Stari Grad

Gegenüber Hvar mit seinen Touristen auf der Suche nach Unterhaltung wirkt Stari Grad eher gelassen. Die wenig herausgeputzte Stadt ist heute auch der Rückzugsort für Künstler, und so gibt es in ihr manche Ausstellung moderner Maler. Sehenswert ist das Zeugnis einer einzigartigen Renaissancebaukunst, der **Palast des Petar Hektorović**.

■ Geschichte

Noch bis 1948 war Stari Grad der größte Ort der Insel, dann lief Hvar ihm den Rang ab. Ihren heutigen Namen erhielt sie 1205, zunächst auf Latein: ›Civitas vetus‹, übersetzt ›Alte Stadt‹ – kroatisch: Stari Grad. Tatsächlich gilt sie als die älteste Stadt der Insel.

Belegt ist, dass griechische Kolonisten von den Ionischen Inseln 384 vor Christus, sie im Jahr der 99. Olympischen Spiele, gründet hat. Sie nannten sie Pharos (=Leuchtturm), später übertrug sich der Name auf die ganze Insel (heute: Hvar).

Belegt ist auch, dass die Illyrer vom Festland aus versucht hatten, die Griechen zu vertreiben, was ihnen aber nicht gelang. Aber 219 vor Christus wurde Pharos von den Römern dann zerstört und wieder neu aufgebaut. 1278 wurde sie zum Bischofssitz.

▲ *Im Hafen von Stari Grad*

Heute lebt die Stadt vom Tourismus und vom Wein: Stari Grads größte Weinkellerei hat eine Kapazität von 30 000 Litern.

■ Dominikanerkloster

Bereits von der Zufahrtstraße ist der festungsartige Komplex des Dominikanerklosters sichtbar. Auch für Touristen ist es heute nicht leicht, die Festung zu stürmen, nur kurze Öffnungszeiten lassen einen Blick hinter die Mauern der imposanten Wehranlage mit Teilen eines Kreuzganges zu. Im schön gestalteten **Museum** sind griechische Stelen und Steintafeln mit Textfragmenten zu sehen sowie das älteste Gesangbuch Kroatiens. Außerdem sind eine Darstellung des Nikodemus, der in der Figur des Petar Hektorović gemalt worden sein soll, und eine Beweinung Christi des venezianischen Malers Jacopo Tintoretto ausgestellt.

■ Kirche Sv. Ivan

Nicht weit vom Kloster entfernt liegt die kleine Kirche Sv. Ivan aus dem 5. oder 6. Jahrhundert. Teile ihrer Wände bestehen aus der ehemaligen griechischen Stadtmauer. Das durch seine Schlichtheit beeindruckende Kirchlein gilt als erste Bischofskirche von Hvar. An der Nordseite des Chores ist ein **römisches Mosaik** zu sehen, das bei Straßenbauarbeiten gefunden wurde und einen Vogel auf einem Ast zeigt.

■ Hektorović-Palast

Im Zentrum des Ortes ist der Renaissancepalast des Humanisten Petar Hektorović (1487–1572) die Hauptattraktion. Er gehört heute einer Erbengemeinschaft, die in der Saison einen Einlass gegen Eintritt organisieren, im übrigen Jahr kann man einen der Hausbewohner herausklingeln.

Hektorović, Sohn aus reicher Familie, lebte hier ein zurückgezogenes Dichter-

Im Hektorović-Palast

leben. Von ihm sind nur zwei Reisen bekannt, für die er das Anwesen verließ, ansonsten reisten seine Schriften durch die Welt. An dem Palazzo baute er 40 Jahre und schrieb darin sein wichtigstes Werk, das auf einer Reise mit Fischern entstand: ›Ribanje i ribarsko prigovaranje‹ (Gespräche von Fischfang und Fischern). Zu seiner Zeit ein Bestseller, ist es heute eine Art Nationalepos. Darin schildert Hektorović das Alltagsleben der Fischer und notiert ihre Lieder.

Mittelpunkt des Anwesens ist ein **Innenhof** in der Art eines Kreuzganges, der um einen Fischteich angelegt wurde. Über ein kompliziertes System unter der Mauer wird der Teich mit Wasser aus einem kleinen Bach von außen gespeist. In dem Teich hat Hektorivić Meeräschen gezüchtet, und auch heute tummeln sich diese Fische im Wasser.

Überall, wo der Blick hinfällt, hat der einstige Hausherr lateinische Sinnsprüche anbringen lassen. Außerdem war dieser Palazzo der erste mit einer Toilette. Ein Spruch über ihrem Eingang lautet: ›Wenn Du Dich erkennst, warum überhebst Du Dich?‹

Heute gehört der Palast acht Familien, von denen eine im Haus ständig lebt. Das Gebäude wird zwar als Kulturdenkmal behandelt, aber vom Staat nicht gefördert. Deshalb befindet er sich in schlechtem Zustand.

Stari Grad
Vorwahl: +385/21, **Postleitzahl:** 21460.
Turistička zajednica, Obala F. Tuđmana bb, Tel./Fax 765763, www.stari-grad-faros.hr, tzg-stari-grad@st.t-com.hr.
Post, Ulica Braće Biancini 2.
Splitska banka, Riva bb.

Die Großhotels gehören zu einer Kette, der Hoteli Helios, http://heliosfaros.eu, unter anderem die Häuser:
Arkada und **Lavanda**, Tel. 306306; beide jeweils DZ 90–140 Euro. Riesige Hotelanlage, mit Swimimingpool, einfach.
Jurjevac, Njiva bb, http://heliosfaros.eu, Tel. 765843; ab 40 Euro. Bungalowsiedlung, klein und nicht immer sauber.
Hostel Sunce, Zagrebačka 10, Tel. 765402; B&B 15–20 Euro. Bunte und saubere Herberge.
Auch das **Dominikanerkloster** bietet einfache Unterkünfte.

Ansonsten gibt es zahlreiche **Ferienwohnungen**, sehr transparent auf dem Portal: www.hvar-starigrad.eu.

Camp Jurjevac, Njiva bb, Tel. 765843; 2 Pers./Auto/Zelt 14–17 Euro. Gehört ebenfalls zu den ›Hoteli Helios‹.

Konoba Stari Mlin, Petra Kuničića 3, Tel. mobil 091/6014510. Deftige dalmatinische Küche.
Konoba San Roko. In einem alten Weinkeller, Gerichte am offenen Grill.
Zvijezda mora, Trg Petra Zoranića. Schönes Ambiente im Weinkeller.

Ambulanz, Obala žrtava rata bb, Tel. 765181.
Apotheka Tovernić, Obala žrtava rata 6, Tel. 718235.

Vrboska
Die kleine Bucht von Vrboska schlängelt sich in das Landesinnere. An der Spitze der Bucht beginnt ein fruchtbares Tal, das sich bis Stari Grad hinzieht und schon von den Römern besiedelt war. Eingerichtet wurde der kleine Hafen 1468 von dem Großreeder Matija Ivanić. Nach dem Türkeneinfall errichtete man oberhalb des Hafens eine Wehrkirche. In der Pfarrkirche **Sv. Stjepan** befindet sich neben einer alten Ikone ein schönes dreiteiliges Gemälde von Francesco da Santacroce. Die Nordwand der Kirche war ursprünglich ein Teil der alten griechischen Stadtmauer, ebenso wie der Turm aus bereits von Griechen behauenen Steinen besteht.

Unten am Hafen steht noch eine Fischfabrik aus dem 19. Jahrhundert, in der

Netzknüpfer in Vrboska

bis zu ihrer Schließung 1970 Sardinen in Dosen eingelegt und verpackt wurden. Noch heute sind eingelegte Sardinen im Ort eine Delikatesse. Wie in der Fabrik gearbeitet wurde, ist auf der gegenüberliegenden Seite in einem liebevoll eingerichteten **Fischereimuseum** zu sehen, das viele Geräte aus der ehemaligen Produktionsstätte zeigt. Es dokumentiert aber auch eindrucksvoll die Entwicklung des Fischfangs. Auf der kleinen Insel im Hafen wurden früher die Partisanen geehrt, heute ist das Denkmal abmontiert.

Vrboska

Vorwahl: +385/21.
Postleitzahl: 21463.
Turistička zajednica, bei der Brücke, Tel. 774137, www.tz-vrboska.hr.

Hotel Adratic, Tel. 774039, www.vrboska-hotel.com; DZ 70–100 Euro. In einem Kiefernwald, 1,5 km vom Zentrum entfernt, mit Tauchzentrum.

Konoba Lem, in der Hafenbucht, Tel. 774012. Fischspezialitäten, auf Wunsch gegrilltes Lamm, Pizza.
Trica Gardelin, U. O. Gardelin, Tel. 774071. Terrasse mit Blick auf den Hafen, frische und gut zubereitete Fischgerichte.

Fischernacht; Anfang Aug. Fischspezialitäten und mehr.
Weinmesse; letzte Augustwoche. Infos bei der Turistička zajednica.

Lusić, in der Bucht Mudri Dolac; 2 Pers./Auto/Zelt 12–14 Euro. Einfach und ruhig.
Camp Nudist, Tel. mobil 091/2611126; 2 Pers./Auto/Zelt: 18–22 Euro. Wie der Name sagt, Campingplatz für FKK-Freunde.

ACI Vrboska, Vrboska bb, 21463 Vrboska, Tel. 774018, www.aci-club.hr, m.vrboska@aci-club.hr.
Auch im Stadthafen kann man gut festmachen.

Jelsa

Jelsa steht trotz guter Infrastruktur im Schatten von Hvar und Stari Grad. Die Stadt mit ihrem malerischen und großzügigen Hafen und zahlreichen Renaissancepalästen entstand als Anlegestelle für das Dorf Pitve. Als die Türken 1571 einfielen, konnte die festungsartige Pfarrkirche **Sveti Fabijan i Sebstijan** als letzte Bastion dem Türkeneinfall auf Hvar standhalten. Wahrscheinlich trafen hier die Verzweifelten auf Siegestrunkene.
Bis vor wenigen Jahrzehnten war Jelsa wichtigster Süßwasserlieferant für die ganze Insel. An der Spitze des Hafens, dort, wo heute der Park ist, entsprang eine Süßwasserquelle, die über viele Jahrhunderte die Landwirtschaft aufrechterhalten hat. Erst seit den 1970er Jahren, mit dem aufkommenden Tourismus, wird die Insel über eine Wasserleitung vom Festland versorgt.
Mit dem Kapitän Niko Duboković, dessen von Ivan Rendić gestaltetes Denkmal sich im Park befindet, stieg die Stadt zur ernsthaften Konkurrenz von Hvar auf. Der 1834 geborene Reeder hatte im 19. Jahrhundert eine der größten Segelschiff-Flotten in Dalmatien aufgebaut, die auf dem ganzen Mittelmeer verkehrte. Der Reeder wurde außerdem Banker, Industrieller und Politiker und sah im aufkommenden Tourismus bereits eine neue Geldquelle entstehen. 1911 entstand das ›Jadran‹, das als erstes großes Hotel bereits hochrangige Gäste empfing. Wer die romantischen Ecken der Stadt entdecken will, muss von der Hafen-

Die kleine Kapelle Sv. Ivan

promenade in die kleinen und dunklen Gassen dahinter abbiegen. Einer der schönsten Orte ist der Platz mit der achteckigen Kapelle **Sv. Ivan** aus dem 17. Jahrhundert.

Jelsa

Vorwahl: +385/21.
Turistička zajednica Općine Jelsa, Riva bb, an der nördlichen Stirnseite des Hafens, Tel. 761017, www.tzjelsa.hr.
Post, Stossmayerovo Šet. bb.
Privredna Banka Zagreb, Trg hrv. narodnog preporoda bb; **Splitska Banka**, Trg Tome Gamulina bb.

Hotel Jadran, Tel. 761026; 109 Zimmer. 1909 gegründet, hat wenig von seinem alten Charme behalten, gehört heute zur Hotelsiedlung ›Fontana‹. Dazu gehören außerdem die Hotels ›Fontana‹ und ›Pinus‹ auf der Nordseite des Hafens, direkt am Meer.
Viele **Privatunterkünfte** informativ präsentiert auf der Seite www.tzjelsa.hr.

Ausflüge ab Jelsa

Von Jelsa lässt sich die Südküste entdecken. Über Pitve führt die Straße durch einen Tunnel nach **Zavala**, einen kleinen Küstenort mit hübschen Stränden. Von Zavala kann man sich auf die Insel **Šćedro** mit ihren illyrischen Grabhügeln und einsamen Stränden übersetzen lassen. Oberhalb von **Sv. Nidelja** (heiliger Sonntag) befindet sich eine Höhle, in der einst ein Augustinerkloster existierte.

Ein weitere Ausflugsmöglichkeit bietet sich zur berühmten Höhle **Grapčeva špilja** an, die abseits der Inselmagistrale (Richtung Sućuraj) von **Humac** zu erreichen ist. Etwa 45 Wanderminuten entfernt und 239 Meter über dem Meeresspiegel liegt der ehemalige Unterschlupf, den Steinzeitmenschen vor 19 000 Jahren genutzt haben. Die Höhle kann allerdings nur mit einem Führer besichtigt werden, Führungen finden nur in der Hauptsaison von Humac aus statt, Informationen bei der Turistička zajednica Općine Jelsa.

Campingplatz Holiday, Mala banda bb, Tel. 761140; 2 Personen mit Zelt 15 Euro. Etwa 800 Meter von Jelsa entfernt, direkt am Meer.
Grebišće, ca. 1,5 km von Jelsa entfernt; 2 Pers./Auto/Zelt 25–30 Euro. 3 Hektar großer Platz, auf Terrassen inmitten eines Pinienwaldes gelegen.
Camp Mina (gleicher Betreiber wie ›Nudist‹ in Vrboska), Riva; 2 Pers./Auto/Zelt 15 Euro. Camping unter Pinien in Strandnähe.

Restaurants sind zahlreich:
Taverna Arsenal. Spezialität sind frische Fischgerichte.
Gastionica Dominko. Bei Regen sitzt man gemütlich im Kellergewölbe, sonst drau-

ßen. Sehr persönliche Rezepte aus einheimischer Küche.
Konoba Vrisnik, Vrisnik 5, Tel. 768016. Etwas außerhalb in Vrisnik, Spezialität ist grillter Fisch, aber auch Fleischgerichte, humorvoller Familienbetrieb auf einem Bauernhof.

Am Gründonnerstag beginnt in Jelsa eine berühmte **Kreuzesprozession**, die an fünf weiteren Orten vorbeiführt: Pitve, Vrisnik, Svirče, Vrbanj und Vrboska. An diesen Orten starten ebenfalls Prozessionen, so dass in acht Stunden 25 Kilometer zurückgelegt werden. Dabei erklingen Gesänge aus dem 15. Jahrhundert, als die Prozession ins Leben gerufen wurde.

Baden außerhalb des Hafens, entlang der Ostküste Richtung Campingplätze, an der Westküste.
An der Südküste der Insel gibt es einsame Buchten, bei **Zavala** oder ganz im Westen beim kleinen Weiler **Mudri Dolac**.

Im **Stadthafen** gibt es 40 Ankerplätze mit Wasser und Strom.

Sućuraj

Die lange Ostspitze von Hvar gilt den Bewohnern als rückständiges und ärmliches Hinterland. Deswegen ist dieser Teil der Insel kaum besiedelt und ideal für Naturliebhaber. Schöne Badebuchten sind von der Straße beschildert. Die Straße über die Insel ist in keinem guten Zustand und ziemlich eng.
An der östlichen Inselspitze befindet sich der kleine Fährort Sućuraj. Heute lebt er vor allem vom Durchgangsverkehr und seinem hübschen kleinen Hafen. 1331 erhielt die Siedlung ihren Namen nach der Kirche Sv. Juraj, der Name wurde zu Sućuraj verkürzt. Sućuraj wurde dreimal in seiner Geschichte von Piraten niedergebrannt und mehrfach von Türken überfallen. Dabei wurden viele Einwohner als Sklaven verschleppt.
In der Friedhofsmauer befindet sich neben dem Eingang eine alte Inschrift in Bosančica. Sie bezeugt, dass die Bewohner schließlich die Osmanen besiegen

Im Hafen von Sućuraj

konnten und in einer spektakulären Aktion von Türken gefangene Bewohner befreiten. Um sich vor den Gefahren von See her zu schützen, bauten die Bewohner ihre Häuser wie Festungen um einen Hof und dicht aneinander angeschlossen. Zudem wurden sie mit hohen Toreinfahrten versehen. Solche Häuser gibt es nur noch wenige im Ort.

Sućuraj

Vorwahl: +385/21.
Turistička zajednica, direkt neben dem Hafen auf der Nordseite, Tel. 717288, www.sucuraj.com.
Post, auf dem kleinen Platz auf der Nordseite des Hafens.
EC-Automat am Fähranleger.

Autofähre Sućuraj–Drvenik; 11x, Nebensaison 6x pro Tag.

Hotel Trpimir, an der Spitze des Hafens, Tel. 773224. Schlichtes Haus.

Gegenüber der Kirche liegt ein **Franziskanerkloster**, in dem erst seit 1990 wieder Franziskaner aus Bosnien leben. Die ursprünglich im 16. Jahrhundert als Augustinerkloster gegründete Anlage wurde während des Zweiten Weltkriegs zerbombt. Nach ihrem Wiederaufbau dient sie jetzt als Erholungsheim für Franziskaner aus Bosnien und Herzegowina.

Privatunterkünfte übersichtlich und informativ auf der Seite der TZ, www.sucuraj.com.

Camp Mlaska, Tel. 425661, www.mlaska.com; 2 Pers. mit Zelt 16–22 Euro. Auf der Hauptstraße 3,5 km inseleinwärts an der Nordküste.

Strände beim Campingplatz Mlaska auf der Nordseite oder an der südlichen Stadtseite an der Küste entlang.

Ambulanz, 773210.

Von Split nach Ploče

Dieser Abschnitt auf der Küstenmagistrale gehört zu den schönsten. Ins besondere die Schlucht der Cetina-Mündung bei Omiš und die steil aufragenden Gebirge der Makarska-Riviera sind ein Erlebnis. Im Mittelalter regierten hier über Jahrhunderte Seeräuber und Piraten.

Jesenice

Jesenice ist eines von vielen typischen Straßendörfern südlich von Split, an denen man gern vorbeirauscht. Früher war das durchaus beabsichtigt: In den vom Meer aufsteigenden Bergen versteckten sich die Bewohner vor den Piraten. Heute sind viele Häuser verlassen; in den 60er und 70er Jahren gingen viele Menschen als Gastarbeiter nach Deutschland.

Weiter oben, noch über dem verfallenen Dorf **Zeljoviće**, befindet sich eine zugemauerte **Höhle**. Dort sollen sich während des Zweiten Weltkrieges Partisanen versteckt haben, zuletzt harrten zwei dort aus: einer aus dem Dorf und einer aus Split. Italienische Besatzungssoldaten entdeckten und erschossen sie. Am letzten Haus, heute eine Ruine, erinnert eine Tafel an eine Division von Partisanen, die dort in den Bergen ihre Stellung gehalten haben soll. Von der Höhle hat man einen wunderbaren Blick auf die Riviera. Unterhalb der Höhle führt ein markierter Wanderweg am Fels entlang.

Omiš

Achtung, kurz vor Einfahrt nach Omiš betritt man Piratengebiet. Jedenfalls vor 1444 hätte eine Warnung an fremde Reisende so gelautet. Vom 9. Jahrhundert bis zur Eroberung durch Venedig 1444 war Omiš ein richtiges Piratennest. Sie siedelten an der Küste bis hinunter zum Neretva-Delta und brachten auch die Mächtigen in Rom bis in den Vatikan zum Zittern.

Die Felsen, die steil neben der Cetina aufragen und die Mündung zu einer faszinierenden Szenerie werden lassen, wussten die Piraten zu nutzen. Im 13. Jahrhundert bauten sie auf den Felsen die kleine Festung **Peovica** oberhalb des Stadtteils Funtuna. Später, im 16. oder 17. Jahrhundert, errichteten die Venetianer eine weitere Wehranlage, die **Fortica**. Seit kurzem führt eine Seilbahn dort hinauf. In engen, malerischen Gassen innerhalb einer starken Befestigung bewältigten die Piraten ihren Alltag und gingen zur Messe. Über einem Haus, das heute ›kuća sretnog čovjeka‹, ›Haus eines glücklichen Mannes‹, genannt wird, prangt ein Spruch aus dem 15. Jahrhundert, als die Piratenzeit gerade zu Ende gegangen war: ›Ich danke Dir, Herr, dass ich auf dieser Welt war‹. Man hatte also auch damals seinen Spaß.

Am nordwestlichen Cetina-Ufer, an dem heute die Betonburgen stehen, ist eine der wenigen vollständig erhaltenen frühchristlichen Kirchen zu sehen. Die einschiffige Kirche **Sv. Petar** aus dem 10. Jahrhundert mit ihren schönen Doppelrundbögen hat sogar noch die Kuppel auf der Mitte des Daches bewahrt, die bei den meisten aus dieser Zeit durch den Glockenturm ersetzt wurde. 1750 wurde neben der Kirche ein Glagolica-Seminar gegründet, das bis 1879 existierte. Es entwickelte sich zu einem wichtigen Zentrum, das die Tradition der kroatischen Schriftsprache bewahrte.

Beim östlichen Stadttor befindet sich das **Städtische Museum**, in dem es noch einige Zeugnisse aus der großen Zeit von Omiš zu sehen gibt wie Urkunden der führenden Familie Kačić. Aber auch der Kopf einer Marmorstatue aus griechischer Zeit ist zu besichtigen. Leider ist das Museum nur selten besetzt und offen.

Wenn man aus dem Tor hinausgeht, folgt bald das **Franziskanerkloster**. Es wurde 1716 gegründet, als bosnische Brüder auf der Flucht vor den Osmanen an der Küste landeten. Sie brachten liturgische Silbergegenstände mit, die zusammen mit Gemälden und der wertvollen Bibliothek, auf die die Franziskaner stolz sind, ausgestellt werden. Eine schöne, moderne Statue am Eingang zeigt Stjepan Vrlić (1677–1742), der die Flüchtlinge anführte.

Das Städtchen Omiš vor beeindruckender Kulisse

Omiš
Vorwahl: +385/21.
Postleitzahl: 21310.
Turistička zajednica, Trg kneza Mislava bb, Tel. 861350 www.tz-omis.hr.
Post, Fošal 1.
Splitska banka, Vuvkovarska 8.
Privredna banka, Fošal 1.
Zagrebačka banka, Četvrt vrilo bb.

Plaža, Trg kralja Tomislava 6, www.hotelplaza.hr; DZ 130–160 Euro. Sehr elegantes Haus, mit Restaurant, Wellness- und Fitness-Bereich, WLAN, innenstadtnah.
Boutique Hotel Villa Dvor, Mosorska 13, Tel. 863444, www.hotel-villadvor.hr; DZ 110–135 Euro. Auf einem Hügel über der Altstadt, Restaurant und WLAN.
Diadem, Četvrt Ribnjak 17, Tel. 430800, www.hoteldiadem.com; DZ 65–90 Euro, modernes Haus mit großzügigen, modern eingerichteten Apartments, WLAN, Minibar, große Bäder, am Eingang der Stadt von Norden kommend.
Eine Agentur, die günstige Hotels und Privatwohnungen vermittelt, ist **Ružmarin**, www.ruzmarin.hr, Zimmer auch auf www.tz-omis.hr.

Camp Galeb, Vukovarska bb, Tel. 864430, www.kamp.galeb.hr; 2 Pers./Auto/Zelt 25–30 Euro. Massenbetrieb.
Autocamp Sirena, Četvrt vrlo 10, Tel. 862415, www.autocamp-sirena.com; 2 Pers./Auto/Zelt 20–22 Euro. Außerhalb am Meer, mit kleinem Restaurant, Computerraum, Animation.

Goldcode, im Hotel Damiani, Tel. 35557. Moderne dalmatinische Küche, edel und nicht ganz billig.
Radmanove Mlinice, Kanjon Cetine, Omiš, Tel. 862073. Etwas außerhalb im Cetina-Tal, aber sehr gemütlich, dalmatinische Küche zu vernünftigen Preisen.
Konoba Milo. Abwechslungsreiche Fischgerichte. Plätze zum Draußensitzen, guter Durchschnitt.
Pizzeria Brguja, Matije Gupca 6. Restoran Pod Odrnom, Ivana Katušica 3. Auch mit Fischauswahl.

Klapasingen; jedes Wochenende.
Stadtfest; 2. August.
Im Sommer **Dino-Park**.
Piratenfest; Anfang Aug. Ein ganzes Wochenende, ein echtes Piratenschiff fährt vor, und auf See wird eine Piratenschlacht nachgestellt. Außerdem Piratenzüge durch die Stadt und viele Unterhaltungsspiele.

Mountainbiken: Fahrräder können bei Agenturen (Agentur ›Slap‹) ausgeliehen werden. Mountainbike-Touren ins Hinterland sind sehr gut möglich. Tourenvorschläge in der TZ Omiš.

Baden im Hafen ist nicht zu empfehlen, besser nach Südosten herausfahren, zum Beispiel nach **Stanići** oder nach **Velika Luka**.

Omiš ist das Paradies für den Aktivurlaub. **Wanderungen** im Cetina-Tal, **Freeclimbing** an den Felsformationen, Karten und Infos gibt es bei der Turistižka zajednica.
Raftingtouren auf der Cetina: SunDance, Tel. mobil 095/9032067, www.sundance-omis.com, oder in einer der Agenturen.

Tauchschule Almissa, Mala Luka, Tel. 862413.
Omersclub, beim Hotel ›Ruskamen‹, Tel. mobil 091/5185400, www.divessi.com.

Ambulanz, Put Mlije 2, Tel. 757080,
Apotheke, Fošal 3, Tel. 757800, oder Glagoljaška 3.

Piraten und Seeräuber

Die Piraterie hatte bereits eine lange Tradition an der Adria: Ab dem 2. Jahrhundert vor Christus verlegten sich die Illyrer bereits auf Plünderfahrten gegen römische und griechische Handelsschiffe. Mit ihren Liburnen, dem wendigsten Schiffstyp ihrer Zeit, jagten sie den Händlern über Jahrhunderte die Waren ab. Erst nach vielen Feldzügen besiegte Pompejus mit einer Flotte von 500 Schiffen die Illyrer.

Durch den Handel mit Konstantinopel, das seine Waren aus dem fernen Osten und auch aus Russland bis hinauf aus dem Baltikum bezog, wurden die Transporte immer wertvoller. Vor allem Bernstein, der im Baltikum abgebaut wurde, war lange auch in Italien in Mode und galt als kostbarer Rohstoff, dem man auch gesundheitliche Wirkung nachsagte.

Die Piraten überfielen die Transporte, die durch die Adria gingen, um die karge Lebenslage zu verbessern. Sie setzten sich zunächst in den Sümpfen des Neretva-Deltas fest. Für das aufstrebende Venedig wurden sie zu einer solchen Plage, dass es 830 freie Durchfahrt gegen Tributzahlungen mit den Piratenfürsten aushandelte. Trotzdem überfielen die Seeräuber die Schiffe fröhlich weiter.

Als Venedig 887 sogar seine Strafexpedition unter dem Dogen Pietro Candiano verlor, wurden die Freibeuter eine feste Machtgröße, die von unterschiedlichen Adeligen beherrscht wurden. Auch die hochangesehene Familie Šubić, die im 14. Jahrhundert in den Besitz von Omiš kamen, waren sich nicht zu fein, um das Freibeutertum weiter gewähren zu lassen.

Erst als Dalmatien 1420 an Venedig fiel und die Serenissima ihre Herrschaft ab 1447 auch in Omiš ausübte, konnte sie das Piratenproblem entschärfen; in den Griff bekam sie es nicht. Sie änderte ihre Strategie: Angesichts der zunehmenden Türkengefahr verbündete sie sich sogar mit den Piraten. Auch für die übrigen Bewohner der Adria waren die Seeräuber eine Plage, da sie Dörfer und Felder überfielen und Menschen versklavten. Aber auch manche venezianische Schiffbesatzung raubte sich den Proviant von den Feldern der Bauern.

Die Geschichte als Touristenspaß: Piratenfest in Makarska

Gata

Während in Omiš die Piraten die See absicherten, entwickelte sich dahinter in der Poljica eine mittelalterliche Demokratie. Im Westen durch den Fluss Žrnovnica und im Osten durch die Cetina begrenzt, ist das Gebiet gerade einmal 250 Qudratkilometer groß. Eine wunderschöne Straße führt in das stille Hochtal. In **Poljica** gab es seit der Renaissance zwar auch einen regierenden Fürsten, doch der wurde alljährlich am Tag des heiligen Georg in einer Bauernversammlung am Fuße des Berges Gradac in Gata gewählt. Die Bewohner der zwölf Bauerndörfer trafen die wichtigen Entscheidungen in regelmäßigen Volksversammlungen selbst. Als Grundlage dazu diente ein Gesetzbuch, das im 15. Jahrhundert in Glagolica verfasst wurde und das eine Art Verfassung für die Bauerndemokratie darstellte. Es ist heute im Museum von Omiš ausgestellt. Sie verhandelten geschickt: So erkannte die Republik die Oberhoheit der Venezianer an, den Türken zahlten sie Tribut. Ironie der Geschichte: Erst der Revolutionär Napoleon beendete diese Demokratie.

In Gata befindet sich neben der **Pfarrkirche** noch ein kleines **Museum**, das an das Leben in der Poljica erinnert. So ist unter anderem der repräsentative Mantel ausgestellt, den der gerade regierende Fürst trug. Im Dorf hat auch die Familie des heiligen Leopold Mandić gelebt. Der Kapuziner mit dem langen weißen Bart ist einer der beliebtesten kroatischen Heiligen, sein Bild hängt in vielen kroatischen Kirchen.

Brela und Baška Voda

An der Magistrale von Omiš aus in südliche Richtung erhebt sich steil das Biokovo-Gebirge bis auf fast 1400 Meter. Lange, helle und feine Kieselstrände ziehen sich über Kilometer an der Küste von Brela und Baška Voda entlang. Seit Anfang des 20. Jahrhunderts hat hier Badetourismus für Familien seine lange Tradition.

Das in den Bergen gelegene **Gornji Brela** zu besuchen lohnt sich, hinter dem Ort sind noch die Reste der türkischen Festung **Herzegova utvrda** zu sehen. Im Seeort Baška Voda erinnern die **Ruinen einer byzantinischen Festung** aus dem 7. Jahrhundert an eine lange Vergangenheit. Eine kleine archäologische Sammlung dokumentiert das Leben an dieser Küste. Bereits in den 30er Jahren bauten die Brüder Sikavica das erste Hotel mit dem Namen ›Slavija‹. Es erhielt 1936 in London einen Preis für seine Servicequalität.

> **Brela und Baška Voda**
> **Vorwahl**: +385/21.
> **Turistička zajednica**, Kneza Domagoja b.b, Brela, Tel. 618455, www.brela.hr.
> **Turistička zajednica** opčine, Obala Sv. Nikole 31, Baškavoda, Tel. 620713, www.baskavoda.hr.

In Grabovac, 25 Kilometer im Landesinneren hat ein privates Jagdmuseum auf einem **Familienbauernhof** geöffnet, angeschlossen ist ein kleiner Zoo mit über 260 Tieren.

Makarska

Makarska heißt der zentrale Ort, der dem ganzen Küstenabschnitt seinen Namen gab. Heute lebt die Stadt hauptsächlich vom Sport- und Nautiktourismus.

Der Reiseschriftsteller Alberto Fortis schrieb bereits im 18. Jahrhundert, Makarska sei die einzige dalmatinische Stadt ohne geschichtliche Denkmäler. Das ist sie in gewisser Weise bis heute. Im Zwei-

Blick auf Makarska von der Halbinsel im Zentrum

ten Weltkrieg wurden auch die wenigen verbliebenen Zeugnisse schwer bombardiert und beschädigt. Denn in dem Ort hatten sich die deutschen Truppen verschanzt, nicht weit entfernt hatten sie sogar einen Unterschlupf für Kanonenboote in den Fels der Küste gehauen. Heute können am Hafen Boote gemietet werden, die dorthin fahren.

Fortis bezieht sich aber auf die vielen Schlachten, die viel früher stattgefunden hatten. So, als die Piraten 887 vor der heutigen Stadt den venezianischen Dogen Pietro Candiano besiegten, dessen Kopf sie auf einen Spieß steckten und an der Riva von Makarska zur Schau stellten. Als Makarska 1499 in türkische Hand fiel, kam es immer wieder zu Kämpfen mit Venedig, bis die Serenissmia 1684 den Küstenabschnitt zurückeroberte. Inzwischen gibt es in Makarska mit 900 000 Übernachtungen mehr Touristen als vor dem letzten Krieg. Die meisten Gäste kommen aus Polen, Bosnien, Tschechien und der Slowakei, aber auch aus Italien und Deutschland. Dafür tut die Stadt einiges. Im Sommer finden täglich Konzerte auf der Riva statt. Es gibt zwei Flugplätze im Gebirge, von denen aus Paragliding betrieben werden kann. Und auch der Ski-Tourismus auf dem höchsten Berg Sv. Jure wird gefördert.

■ **Ein Rundgang**

Entspannend ist es, an der breiten Riva entlang zu schlendern. Auf einer fast unbebauten Halbinsel befindet sich ein **Park**. Darin steht eine lebensgroße Petrusstatue, dem Schutzheiligen von Makarska. Sie wurde von Tomislav Kršnjavi gefertigt. Am Ostende ist eine kleine **Grotte** zu besichtigen.

Der zentrale und großzügig gestaltete Platz der Stadt ist der **Kačićev trg**, in dessen Mitte ein Denkmal für Andrija Kačić-Miošić steht. Der 1704 im nahen Brist geborene Franziskanerpater und Guardian war Brüder Grimm und Clemens von Brentano in einer Person. Er sammelte die Volksgeschichten und -lieder seiner Heimat. Auf dem Höhepunkt seiner Karriere war der Professor päpstlicher Legat für Dalmatien, Bosnien und Herzegowina.

Strand an der Makarska Riviera

Oberhalb des östlichen Endes der Riva liegt das **Franziskanerkloster** an der Ausfallstraße. Es wurde im 16. Jahrhundert für den Orden gebaut, der seit 1502 am Ort ist. Heute leben hier vor allem Schwestern, die zum Teil Bildungsaufgaben wahrnehmen. In einem kellerartigen Gewölbe befindet sich seit 1963 ein **Malakologisches Museum**, die wohl größte Muschelsammlung der Welt. Den Schlüssel dazu gibt es im Kloster.

Makarska

Vorwahl: +385/21.
Postleitzahl: 21300
Turistička zajednica Grada Makarske, Obala kralja Tomislava 16, Tel. 612002, www.makarska-info.hr. Sehr engagiertes Team.
Post, Trg 4. Svibinja 533 1.
Splitska banka und **Privredna banka**, beide Obala kralja Tomislava.

Autofähre Makarska–Sumartin (Brač); 5x tägl., Nebensaison 4x.

Biokovo, Obala kralja Tomislava bb., Tel. 615244, www.hotelbiokovo.com; DZ 200 Euro. Am Hafen, gehobene Preisklasse.
Bonaca, Kralja Petra Krešimira IV bb, Tel. 615574, http://hotelbonaca.net (kr.); DZ mit HP 60–85 Euro, nur wochenweise. Einfach und günstig.
Porin, Marineta 2, Tel. 613744, DZ 80–190 Euro. Kleines Hotel direkt an der Riva, das im 19. Jahrhundert im Stil der Neorenaissance gebaut wurde. Die sieben Zimmer sind mit Klimaanlage, WLAN und Mini-Bar ausgestattet, außerdem gibt es eine Waschmaschine und Bügeleisen. Es könnte aber an Riva ziemlich laut werden.
Palma, Kralja Petra Krešimira IV. br. 13, Tel. 610824, www.hotel-palma.com.hr; DZ 75–120 Euro. Einfaches Hotel, ordentlich, sauber, kühl.
Maritimo, Put Cvitačka 2a, Tel. 619900, www.hotel-maritimo.hr; DZ 45–75 Euro. Neu eröffnet, modern, aber Traditionellem verhaftet. Zimmer einfach, aber neu eingerichtet, nahe am Strand, 1 km zum Zentrum.
Zahlreiche **Privatunterkünfte** gut sortiert auf der Website www.makarska-info.hr.

Kamp Jure, Ivana Gorana Kovačića bb, Tel. 616063, www.kamp-jure.com; 2 Pers./Auto/Zelt 25–35 Euro, große Anlage unter Pinienbäumen, auch mit Mobilehomes und Mietkarawans, Tennisplätze, eigener Strand.
Camp Podgora, südliche Ausfallstraße.

Zahlreiche Restaurants an der Riva.
Ivo, Ante Starčevića 41, Tel. 611257. Fischgerichte zu guten Preisen in schlichtmodernen Atmosphäre.
Mirakul, Kralja Zvonimira 3A, Tel. 611911. Italienische und dalmatinische Küche, gutes Preis-Leistungsverhältnis.
Peškera, Kralja Zvonimira 7, Tel. 613028. Mediterrane und traditionelle Küche zu günstigen Preisen.
Jež, Kralja Petra Krešimira IV 90. Traditionelle dalmatinische Küche.
Restaurant Susvid, beim Hauptplatz. Grillgerichte, schönes Ambiente innen und auf der Terrasse.
Restaurant Riva, Obala Kralja Tomislava 6. Gute Fischgerichte.

Piratennacht; im Sommer. Wöchentlich großes Fest auf der Riva, mit Animation und Spiel, Einheimische bieten an Tischen lokale Spezialitäten und Getränke an.
Karneval, im Febr.; im Juli für die Touristen.
Jazzfest; im August.

Wanderungen im Biokovo-Gebirge.

Krankenhaus: Stjepana Ivičevića 2, Tel. 616061, 616300.

Biokovo-Gebirge

Seit 1981 ist das Biokovo-Gebirge zwar kein National-, aber ein Naturpark. Im Zentrum des knapp 20 000 Hektar großen Parks steht der 1762 Meter hohe Berg **Sv. Juraj**, er ist der zweithöchste Berg in Kroatien. Benannt wurde er nach einer Kapelle, die noch bis 1964 auf dem Berg stand und dann wegen des Baus eines Funkturms weiter nach unten verlagert wurde. Am 3. August jeden Jahres findet eine Wallfahrt auf den Berg hinauf statt. Der Sv. Juraj kann erwandert oder auch über eine Bergstraße mit dem Auto erreicht werden, auf der man eine geringe Maut entrichten muss. Von oben hat man einen herrlichen Blick über die Küstenregion und das Meer. Im Winter kann auf dem Berg an bestimmten Stellen Ski gefahren werden.

Wer den Berg erwandern will, sollte wegen der schnell aufkommenden Hitze früh losgehen und genug zu trinken dabeihaben. In Makarska gibt es zwar auch eine Bergwacht, aber Tote am Berg kommen immer wieder vor.

Oberhalb des Dorfes **Kotišina** gibt es einen **Botanischen Garten**, der zeigt, welche Artenvielfalt es im Biokovo-Gebirge gibt, trotz des bereits auf geringer Höhe einsetzenden Karsts.

Die englische Version der Website www.biokovo.com und die Seite www.biokovo.net halten Angebote zu Wander- und Raftingtouren bereit. In der Turistička Zajednica ist eine sehr genaue Wanderkarte erhältlich, die von den Rettern vor Ort nach GPS-Daten erstellt wurde, um bestmögliche Sicherheit beim Wandern geben zu können.

Abstecher nach Imotski

Ein lohnendes Ziel im Hinterland der Makarska-Riviera ist Imotski, nicht weit zur Grenze nach Bosnien und Herzegowina. Zunächst führt die Fahrt durch rauhe Karstlandschaft, um im überraschend grünen Imotski-Tal zu enden.

Steil erheben sich die Berge des Biokovo hinter Makarska

Imotski wartet mit dem Naturschauspiel eines roten und blauen **Karstsees** auf. Auf dem Weg sind am Ende des Dorfes Lovreć am Rande eines alten, verwahrlosten Friedhofs und links entlang der Straße große Steindenkmäler mit archaischen Zeichen zu sehen. Diese **Stećci** genannten Grabsteine aus dem Mittelalter stammen von Bogumilen, einer Glaubensgemeinschaft, die vor allem in Bosnien siedelte und im 13. bis 15. Jahrhundert sehr einflussreich war. Sie wurde brutal von der katholischen Kirche verfolgt. Heute ist wenig über ihre Totenriten und die Symbolik bekannt.

Schon früh haben Menschen hier ihre Spuren hinterlassen: So wurden Funde aus der Jungsteinzeit gemacht. Zu besichtigen sind heute auch Spuren der Römer, zum Beispiel von Wasserleitungen, Gräbern und Grundmauern, sogar eine Götterfigur wurde gefunden. Zunehmend wurde die strategische Bedeutung bewusst, und so tauchte der Ort auch in der Liste des Porphyrogennetos im 10. Jahrhundert erstmals auf. Obwohl die Osmanen nach einer wechselnden Oberhoheit von 1493 bis 1717 in Imotski herrschten, ist davon nichts mehr zu sehen. Erst danach kam es wie schon das übrige Dalmatien zu Venedig. Nach der Rückeroberung beseitigten die Christen alle türkischen Spuren.

Mit der Übernahme befestigten die Österreicher die Stadt. Ihre Grenze verlief etwa entlang der heutigen nach Bosnien. Heute lebt die 4700-Einwohnerstadt hauptsächlich vom kleinen Grenzhandel mit dem Nachbarland. Aber auch die Übernachtungen sind 2014 um 34 Prozent gestiegen, mehr als 10 000 Übernachtungen wurden gezählt, so dass sich die Stadt Hoffnungen auf ein zunehmendes Tourismusgeschäft macht.

■ **Stadtrundgang**

Unterhalb der Stadt befindet sich das **Franziskanerkloster**, das 1738 errichtet wurde. Dessen Kirche wurde 1995 mit Glasfenstern des modernen Künstlers Josip Botteri ausgestattet. Das Kloster beherbergt auch ein **Museum** mit Gemälden aus allen Jahrhunderten, Funden aus illyrischer und römischer Zeit und einige Schätzen aus der Klosterbibliothek. Die Innenstadt ist schön restauriert und erstrahlt im k. u. k. Glanz. Im Zentrum befindet sich ein **Denkmal für Tin Ujević** (1891–1955) von Ivan Rendić. Der Schriftsteller wurde im nahen Vrgorac geboren und gilt als einer der größten kroatischen Schriftsteller der Moderne. In Zeiten der Ustaša-Regierung hat sich der Franziskanerpater für den befreundeten jüdischen Enzyklopädisten Manko Berman sowie zwei jüdische Schwestern eingesetzt. Er konnte ihre Deportation in das Konzentrationslager Jasenovac verhindern. Dafür wurde ihm von der israelischen Gedenkstätte Yad Vashem der Titel ›Gerechter unter den Völkern‹ verliehen. Ujević hat sich sehr um die die lexikografische Arbeit im Land verdient gemacht, es ist sogar ein Preis nach ihm benannt.

▲ *Stećci in Lovreć*

Am Ende der Fußgängerzone schließt sich im tiefen Gebirgskrater der **Blaue See** an. Die strahlend blaue Farbe des Wassers in dem elliptischen Trichter gab dem See, der durch eine eingebrochene Höhle entstand, den Namen. Im Laufe des Jahres schwankt der Wasserspiegel des Sees um bis zu 70 Meter, weil das Wasser durch unterirdische Verbindungen mit Quellen an anderen Stellen verbunden ist. Im Sommer kann es sogar passieren, dass das Wasser ganz versickert. Dann werden Fußballspiele auf dem Grund abgehalten. Ansonsten kann im kühlen Blauen See auch gebadet werden, manchmal finden Sprungwettbewerbe von den Felsen statt. Nördlich liegt die **Burgruine** von Imotski. Vor dem Eingang der Burg steht ein Denkmal für etwa 120 junge Männer, die im letzten Krieg gefallen sind. Von den Mauern hat man noch einmal einen schönen Blick auf den See, die Stadt und das ganze Tal.

Östlich der Stadt, an der Straße Richtung Postranje, liegt der **Rote See**. Ein Mineral verleiht den Wänden des Sees eine rote Färbung. Mit einem Durchmesser von 200 und einer Tiefe von 500 Metern wirkt der See wie ein runder Brunnen. Er ist seit 1969 als Naturdenkmal geschützt.

Der Rote See

Die Seen sind Ausgangspunkt zahlreicher Legenden. Eine davon, die sich um das Grab einer türkischen Frau am Blauen See rankt, wurde sogar von Johann Gottfried Herder und Johann Wolfgang von Goethe aufgenommen. Goethe übersetzte den ›Klagegesang von der edlen Frauen des Asan Aga‹ ins Deutsche.

Imotski

Vorwahl: +385/21, **Postleitzahl**: 21260.
Turistička zajednica, Jezeranska bb, Tel. 842221 od. mobil 091/1888700, www.tz-imotski.hr (wenig auf dt. oder engl.).

Hotel Venezia, A. Brune Bušića bb, Tel. 671000, www.hotel-venezia.hr (kr.). Schlichtes, sauberes Hotel.
Imota, Stjepana Radića 15, Tel. 841700. Sehr schlicht, liegt als einziges in der Innenstadt.
Ružin dvor, Vinjani Gornji, Tel. mobil 091/9766378, www.ruzin-dvor.com. Landgasthof mit Übernachtungsmöglichkeiten

Konoba Perla, Ante Starčevića 16. Typische Konoba-Atmosphäre mit einfacher dalmatinischer Hausmannskost.
Konoba Grbavac, Glavina Donja, in der alten Mühle gegenüber vom Hotel ›Zdilar‹. Schönes Ambiente mit Blick auf das Tal, Bootsverleih.

Kreuzprozessionen in historischen Kostümen, Karfreitag in der Pfarrkirche.

Ärztehaus, Dr. Josipa Mladinova 20, Tel. 842052.

Drvenik

So klein und unscheinbar der Ort wirkt, so bedeutsam ist er doch für Touristen. Denn hier liegt der Fährhafen für den Trajekt nach Sućuraj auf Hvar und nach Korčula. Etwas oberhalb, östlich von Selo, befinden sich die **Ruinen der Festung Drvenik**, die während der Auseinandersetzungen mit den Osmanen entstanden war.

Drvenik

Vorwahl: +385/21.
Turistička zajednica, Donja Vala 241, Tel. 628200, www.drvenik.hr; nur in der Saison geöffnet.
Ansonsten **Turistička zajednica Gradac**, Stjepana Radića 1, Tel. 697511, 697375, www.gradac.hr.

Autofähre **Drvenik–Sućuraj**; 11x tägl., Nebensaison 6x.
Fähre **Drvenik–Dominiče** (Korčula); 3x tägl., Nebensaison 1–2x.

Villa Nada, Donja Vala 189, Tel. 098/453343, http://dalmatia-villanada.com; DZ 100 Euro. An der Einfahrt zum Hafen, ordentlich, mit einfacher Pizzeria.
Restaurant-Pension Adria, Gornja Vala 6, Tel. 628173; 20 Zimmer. Blick auf das Meer, Terrasse zum Strand, schlichte Küche.

Zaostrog

Eine parkähnliche Landschaft erwartet den Besucher, flache Strände eignen sich für den Familienurlaub mit Kindern. Längst ist der Ort in der Hauptsaison überlastet. Aber wer dem aufgetakelten Tourismus entfliehen will, ist hier genau richtig.

Schon zu Zeiten der Illyrer wurde der Bucht besondere Heilkräfte zugesprochen. Denn in ihr vermischen sich unterirdische Quellen und das Meerwasser. Nach einer Legende soll die Piratenkönigin Teuta hier regelmäßig gebadet haben. Das Wasser habe sich heilkräftig auf die Libido ausgewirkt, heißt es. Eine besondere Sehenswürdigkeit ist das **Franziskanerkloster**, das der Bettelorden 1468 von den Augustinern übernahm. In ihm verbrachte Andrija Kačić-Miošić seinen Lebensabend. Ivan Meštrović goss eine lebensgroße Bronzeplastik von ihm, die sich im Eingang zur Klausur des Klosters befindet. Weil Kačić-Miošić wie Brentano Volkslieder der Umgebung aufschrieb, hat ihn Meštrović mit einer Laute dargestellt, nicht als strengen Guardian und Kirchenpolitiker, der er auch war. Am Portal der Kirche befindet sich eine alte Inschrift in Bosančica. Von der nachträglich barockisierten Kirche des Klosters kommt man direkt in den kleinen, mit Zitruspflanzen bewachsenen Kreuzgang. Der **Renaissance-Innenhof** gilt als einer der schönsten in Dalmatien. Die Attraktion für große und kleine Kinder ist der **Bonbon-Baum** in der Mitte des Klostergartens. Der wahrscheinlich von Seefahrern aus China mitgebrachte Baum lässt zweigförmige Früchte wachsen, die wie eine Mischung aus Feigen und Datteln schmecken.

Denkmal für Andrija Kačić-Miošić im Kloster von Zaostrog

Im Kloster befindet sich ein kleines **Museum** mit ausgesuchten Kunstwerken von der Renaissance bis in die Moderne. Unter anderem hängt hier das einzige Gemälde, auf dem ein Dalmatiner-Hund zu sehen ist, auf einer Abendmahlsdarstellung aus dem 18. Jahrhundert. Vor allem sind eine große Zahl an Arbeiten von Mladen Veža ausgestellt, einem modernen Künstler aus dem nahen Brist, der mit lokalen Motiven landesweit bekannt geworden ist. Heute leben noch fünf Patres im Kloster. Sie vermieten auch Zimmer an Gäste.

Zaostrog
Vorwahl: +385/21.
Vertreten durch die **Turistička zajednica** Gradac, Stjepana Radića 1, Tel. 697511, 697375, www.gradac.hr.

In Zaostrog sollte man auf **Privatunterkünfte** ausweichen, z.B. unter www.gradac.hr auf accomodation (die Auswahl auf Englisch ist größer!).

Brist

Brist ist ein kleines Fischerdorf, das vor allem wegen zwei seiner Söhne bekannt ist: Andrija Kačić-Miošić und Mladen Veža. Der Franziskaner Kačić-Miošić wurde 1704 in dem Ort geboren, ihn ehrten die Bewohner 1870 mit einer Büste des jungen Ivan Meštrović vor der Kirche Sv. Ante. Auch das Geburtshaus des Franziskaners neben der Kirche Sv. Margarite ist noch erhalten.

Der zweite Sohn des Dorfes, Mladen Veža, ein im ganzen Land bekannter moderner Künstler, wohnt noch in den Sommermonaten in dem kleinen Ort. Von ihm ist ein Mosaik in der ulica Slakovac zu sehen.

Ploče
Vorwahl: +385/20.
Turistička zajednica Dubrovačko Neretvanske Županije, Cvijete Zuzoric 1/1, 20000 Dubrovnik, Tel. 324999, www.visitdubrovnik.hr.
Gegenüber dem Ableger im Hafen befinden sich Reiseagenturen und andere touristische Büros. Ebenfalls hier befindet sich die Kartenverkaufsstelle der Jadrolinija.

Autocamp Dalmacija; 2 Pers./Auto/Zelt 10–15 Euro. Unter Olivenbäumen, mit eher durchschnittlichem Komfort, mit Restaurant.

Zaostrog lockt mit einem breiten Sportangebot: Tennis, Paragliding, Klettern, Berwandern, Mountainbiking, Windsurfen, Tauchen und Trekking sind möglich.

Ploče

Die Stadt Ploče ist, wenn man von Norden Richtung Dubrovnik fährt, die erste größere Stadt der Verwaltungseinheit Županije Dubrovnik. 1937 entstand in dem kleinen Ort ein moderner Hafen, der für das Neretva-Delta die Überseeschiffe aufnehmen sollte. Heute werden 85 Prozent des Warenverkehrs mit Bosnien und Herzegowina abgewickelt. Per Bahn landen Erze, Bauxit und Holz aus dem nördlich gelegenen Nachbarland für den Export an. In der 10 000-Einwohner-Stadt überwiegen mehrstöckige Plattenbauten um den Hafen. Heute ist Ploče als Fährhafen wichtig, von hier fahren die Schiffe nach Trpanj (Pelješac) ab.

Autofähre Ploče–Trpanj (Pelješac); 8x, Nebensaison 6x.

Hotel Bebić, Kralja Petra Krešimira IV, Tel. 676400, www.hotel-bebic.hr; 40 Zimmer, 6 Apartments, DZ 70 Euro. Am Hafen, etwas für die Freunde des sozialistischen Charmes, mit Nachtbar und Fitnessraum.

Freiheit so wunderbar, köstlich und liebenswert, Gabe, in der, fürwahr, Gott alle Schätze beschert. Wahrhaftiger Ursprungsquell jeglicher Ruhmestat, einziges Schmuckjuwel unserer Heimatstatt! Kein Gut noch Geld der Welt, kein Opfer, Tod noch Leid kann zählen als Entgelt für deine Herrlichkeit!

Ivo Frane Gundulić (1589–1638), Die befreite Dubrava (aus dem Epos ›Dubrava‹, Übersetzung: Ina Broda)

DUBROVNIK UND UMGEBUNG

Blick auf die Altstadt von Dubrovnik

Dubrovnik

Dubrovnik ist nicht nur eine Stadt, Dubrovnik ist ein Symbol. Dubrovnik ist die Werbe-Ikone für den Tourismus in Kroatien und sie ist Sinnbild für die alte Kultur an der Adriaküste. Ihre reiche Architektur aus fast allen Epochen, die engen und romantischen Gässchen, die Lage der dicken Bastionen am Meer haben sie zu einem Freilichtmuseum gemacht. Für Kroaten bedeutet Dubrovnik noch etwas anderes. Für sie ist die Stadt ein Symbol für die Freiheit, die das übrige Land nie hatte. Denn Dubrovnik hat es geschafft, über die längste Zeit ihrer Geschichte ein selbständiger Stadtstaat zu bleiben, auch wenn das teuer erkauft war.

Highlights sind die breite Stadtmauer, der Stradun und die Altstadt mit den vielen Gässchen und Treppen, das Franziskaner- und das Dominikanerkloster und die Kathedrale. Eine weiterer Anstieg der Touristenzahlen wird durch Filmfans erwartet: Die fünfte Staffel der erfolgreichen US-Serie ›Game of Thrones‹ wurde in Dubrovnik gedreht.

Geschichte

Schon von weitem beeindrucken die historischen Mauern und Türme. Solche mittelalterlichen Befestigungen gibt es nicht mehr viele in Europa, und auch in Kroatien ist sie einmalig. Doch das täuscht nicht darüber hinweg, dass die Stadt unter dem Berg Srđ immer verletzlich war. Sie verstand es in ihrer Geschichte, sich nicht allein auf die Mauern zu verlassen, sondern sie nach vorn mit politischen Mitteln zu verteidigen.

Die Geschichte der Stadt begann mit einer Flucht. Als die Awaren im 6. Jahrhundert an die Küste drangen, zerstörten sie auch das bis dahin von Byzanz beherrschte Epidaurum, das heutige Cavtat. Die Bewohner flüchteten an die Stelle, auf der heute die Altstadt von Dubrovnik liegt. Damals war das noch eine Insel, die wahrscheinlich an der Stelle vom Festland getrennt war, wo die heute zentrale Straße, der Stradun, verläuft. Die Insel hieß Lausa, woher wahrscheinlich auch der noch bis ins 20. Jahrhundert gebräuchliche Name für Dubrovnik ›Ragusa‹ herkam.

Ausgrabungen unter der heutigen Kathedrale belegen jedenfalls den Bau einer Kirche im 6. Jahrhundert, die fast so groß war wie die heutige Kathedrale. Es wird angenommen, dass die Flüchtlinge auf Slawen trafen, die kurz zuvor unter dem Berg Srđ eine Siedlung in dem dort bis dahin existierenden Wald errichtet haben, kroatisch dubrava (=Hain). Die Ankömmlinge missionierten mit der Unterstützung von Konstantinopel die Slawen, die Slawen bestimmten über Sprache und Wirtschaft und slawisierten die Neuankömmlinge.

▲ *Am Hafen von Dubrovnik*

Geschichte

■ Das Mittelalter

Im Mittelalter konnte die Stadt bereits einen bescheidenen Seehandel mit leistungsfähigen Schiffen entwickeln, war aber vielfach feindlichen Angriffen ausgesetzt: den Arabern 866, dem Heer des mazedonischen Königs Sammilo im 10. Jahrhundert, den Normannen 1081. Im 13. Jahrhundert übernahmen sogar für 150 Jahre die Venezianer die Herrschaft über die Stadt. Denn diese sahen den Aufstieg Dubrovniks mit Unbehagen. Im 11. Jahrhundert hatte Dubrovnik erfolgreich an der Seite von Byzanz gegen die Sarazenen gefochten und etablierte sich zu einer Größe.

Dubrovnik profitierte vor allem vom Handel mit Waren aus dem Hinterland. Um diesen zu sichern, schloss die Stadt zahlreiche Verträge mit den bosnischen, ungarischen und serbischen Herrschern, aber auch mit Byzanz. Später erzielte sie in Rom die Erlaubnis, auch mit den heranziehenden Osmanen Handel treiben zu dürfen und verbündete sich mit Pisa gegen Venedig. Die Adriastadt unterhielt diplomatische Vertretungen in viele Machtzentren, war gut informiert und ließ auch die Informationen zu ihren Gunsten kreisen. 1358 konnte sich Dubrovnik mit dem Frieden von Zadar für lange Zeit von Venedig lossagen.

Gasse in der Altstadt

■ Der Aufschwung

Im späten Mittelalter war Dubrovnik nicht nur zur Handelsmacht, sondern die Mächtigen entwickelten sich auch zu den Fuggern auf dem Balkan weiter: Sie waren Kreditgeber für die Herrscher im Hinterland, kauften Bergwerke und verschafften sich Sonderrechte. Als die Stadtoberen zwischen Serbien und Bosnien im Streit um Pelješac verhandeln sollten, war das Ergebnis, dass die reichen Salinen bei Ston 1333 unter die Obhut von Dubrovnik kamen und die Stadt durch das weiße Gold einen weiteren wirtschaftlichen Aufschwung nehmen konnte.

Durch den Reichtum blühten Wissenschaft, Literatur und Kunst auf. Die Stadt

Der venezianische Karneval spielt noch immer eine Rolle in Dubrovnik

Blick auf die Kirche des Franziskanerklosters

bekam ihr heutiges Gepräge. 1301 gab es einen ersten ärztlichen Dienst und 1317 die erste Apotheke, ab 1347 spezielle Unterkünfte für arme und schwache Menschen und seit 1432 ein Findelhaus für Waisenkinder. Im 15. Jahrhundert wurde auf dem Stadtgebiet die Sklaverei verboten, und 1436 erhielt die Stadt eine Wasserleitung, die heute zum Teil noch genutzt wird.

Die Flotte Dubrovniks war im 16. Jahrhundert nicht die drittgrößte der Welt. Die Stadt handelte nicht nur mit Rohstoffen, sondern stieg auch in weiterverarbeitende Industrien ein: Manufakturen für die Tuchherstellung, Metallgießereien und andere entstanden auf dem Stadtgebiet. Dabei half das Know-how von Einwanderern aus Frankreich, Deutschland und Italien.

■ Die Krise

Doch mit der Entdeckung der neuen Kontinente im Westen verlagerten sich ab dem 16. Jahrhundert langsam die Handelsströme. Als dann noch ein Erdbeben 1667 die Stadt zerstörte, war die einst mächtige Handelsstadt auf Jahrzehnte geschwächt. Die Flotte verringerte sich auf ein Drittel.

Nachdem ein erneuter Konflikt mit Venedig beigelegt werden konnte, bei dem die Serenissima das Hinterland besetzt und die Stadt von ihren Rohstoffen abgeschnitten hatte, versicherte sich Dubrovnik sogar des Schutzes der Türken. Dank eines Abkommens mit Österreich-Ungarn konnte Dubrovnik den Osmanen das Recht einräumen, an der Stelle des heutigen Neum einen Küstenabschnitt zu besetzen. Diesen muss man bis heute als einen Teil von Bosnien und Herzegowina queren, wenn man nach Dubrovnik fahren will.

Im 18. Jahrhundert kam es noch einmal zu einer Blüte im Seehandel, der allerdings aus dem Unternehmergeist des Bürgertums entstand. Doch der Adel wollte keine Privilegien abgeben. Dabei kam es zu Spannungen in der Stadt, die 1799 in einem Aufstand von Konvali ihren Höhepunkt fanden. Die Österreicher schlugen ihn schließlich nieder.

■ Neuzeitliches Erwachen

Erst seit der Eroberung durch Napoleon teilt Dubrovnik die Geschichte mit Dalmatien. Mit den Franzosen wurden Verwaltungsreformen eingeführt, die dem Bürgertum mehr Freiheiten sicherten. Im Zweiten Weltkrieg kamen die Italiener noch einmal zurück, und später besetzten die Deutschen die Stadt kurzzeitig, bis sie von Titos Partisanen am 18. Oktober 1944 befreit wurde.

Beim Zerfall Jugoslawiens kesselte die Armee Rest-Jugoslawiens 1991/92 die Stadt ein. Von den Bergen wurde Dubrovnik mit Granaten beschossen, vom Meer her als eine der wenigen Städte mit Kriegsschiffen angegriffen. Drei Monate saßen die Menschen in unteren Teilen ihrer Gebäude und waren vom Rest der Welt abgeschnitten.

Geschichte

Viele zählten die Einschläge und kamen zu unterschiedlichen Ergebnissen. Zwischen 400 und 3000 schwanken die Zahlen. Sicher ist, dass sie 144 Menschen das Leben kosteten und zu Schäden an über 80 Prozent der Häuser und Bauwerke der Stadt geführt haben. An manchen, wie an der Kathedrale, sind die Einschläge noch zu sehen, wenn die Sonne von der Seite über die Wand scheint.

■ Dubrovnik heute

Nach dem Krieg haben die Dubrovniker an viele Häuser Tafeln gehängt, die die Schäden und Verletzungen auflisteten, die der Stadt angetan worden waren; trotzdem sie unter dem Schutz der UNESCO stand und auch trotz ihrer Mauern. 2009 wurden zehn Offiziere der jugoslawischen Armee wegen der Bombardierung angeklagt. Doch nachdem heute die Spuren weitgehend beseitigt sind, erinnern nur noch Gespräche an die Zeit. Viele Tafeln wurden wieder abgeschraubt, vielleicht auch, weil sie einen unbeschwerten Tourismus auf der Suche nach romantischen Stadtbildern irritieren könnten. An die zwei Millionen Besucher werden pro Jahr wieder in der Stadt gezählt. Die Stadt bietet mehr als eine heiles Stadtbild aus der Renaissance, nämlich ein kulturelles Zeugnis, mit starken Mauern und mit Bündnissen ohne Ansehen der Person mehr Jahre des Friedens in relativer Freiheit erreicht zu haben als so manch andere Region an der Adria.

Im Sommer kann es voll werden in der Stadt. Sie ist mit dem Zustrom in den Spitzenzeiten überlastet. Parkplätze werden knapp, wer Glück hat, findet einen auf der Parkfläche an der Ulica Iza grada oder man sucht sich eine Abstellmöglichkeit in den Wohngebieten vor oder über der Altstadt.

Wenn drei Kreuzfahrtschiffe à 10 000 Gäste ankommen, dann wird es auch in den schmalen Gassen eng und das babylonische Sprachwirrwarr fühlbar.

Dubrovnik

Die Stadtbefestigung

Die Stadt lässt sich von verschiedenen Seiten betreten. Die meisten Besucher kommen durch das Pile-Tor im Westen der Stadt oder durch die Revelin-Festung im Osten. An beiden Toren kommt der Besucher hinter dem Durchgang über eine Treppe nach der Entrichtung des Eintrittsobolus' direkt auf die Stadtmauer. Sie sollte man im Sommer nur mit ausreichend Wasser und einer Kopfbedeckung betreten. Die Laufrichtung ist seit einigen Jahren gegen den Uhrzeigersinn festgeschrieben.

■ Pile-Tor

Seit 972 betreten die Menschen durch das westliche, heute Pile-Tor genannte Tor die Stadt. Seitdem jedenfalls ist hier sogar eine eigene Burg belegt, die aber immer wieder umgebaut wurde. Über dem Eingang befindet sich eine Statue von Ivan Meštrović, die den Schutzheiligen der Stadt, Sveti Vlaho (heiliger Blasius), gleichzeitig das zentrale Wappenmotiv, darstellt.

■ Bokar-Festung

Als Eckverstärkung nach Südwesten folgt die Bokar-Festung. Über 100 Jahre wurde an der Verteidigungsanlage gebaut, bevor sie 1570 fertiggestellt wurde. Vom Bokar-Turm wurden Schießübungen veranstaltet, um die Reichweite von Kanonen zu testen.

■ Lovrijenac-Festung

Vom Bokar-Turm aus zu sehen, aber nicht zu erreichen, ist die vorgelagerte Lovrijenac-Festung. Bereits im 9. Jahrhundert soll es dort eine erste Verteidigungsanlage gegeben haben. Doch erst aus dem 14. Jahrhundert sind Baupläne bekannt. Die Festung trägt eine berühmte Inschrift, die das Motto der Stadt sein könnte: ›Non Bene Pro Toto

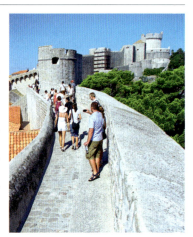

Die Stadtmauer vor der Minčeta-Festung

Libertas Venditur Auro‹: Für alles Geld in der Welt werden wir unsere Freiheit nicht verkaufen.

■ Festung Mrtvo zvono

Auf dem weiteren Weg zum Turm Mrtvo zvono stand früher auf einem Vorsprung eine Mühle, die mittels Seewind das Getreide zu Mehl zerrieb. Die Festung Mrtvo zvono (=Totengeläut) heißt auch Sv. Petar nach der Friedhofskirche in der Nähe, in der immer die Totenglocke erschall. Sie wurde zu Anfang des 16. Jahrhunderts nach einem Entwurf des Dubrovniker Baumeisters Paskoje Miličević gebaut und hatte die meisten Kanonenscharten, um Angriffe von der Seeseite zu erwidern.

■ Johannes-Festung

Die folgende Festung an der Südostecke ist dem heiligen Johannes (Sv. Ivan) geweiht. Diese war der wichtigste Stützpunkt für die Hafenverteidigung zur See hin. An ihr wurde ab 1346 über 200 Jahre immer wieder gebaut. Zwischen der Johannes- und der Lukas-Festung, die an der Nordseite des Hafens zu sehen ist, spannte man vor dem 15. Jahrhundert eine Kette, um den Ankerplatz zu verriegeln. Später platzieren die Stadtväter den heute noch sichtbaren Wellenbrecher **Kaše** vor den Hafen.

In dem ursprünglich aus zwei Bauwerken zusammengeschlossenen Fort sind heute Museen untergebracht: das **Marinemuseum** und ein **Aquarium**. Auch diese Festung wird für die Sommerspiele genutzt.

■ Lukas-Festung

Auf dem weiteren Weg muss man kurz von der Mauer runter und ein Stück auf der Straße entlanglaufen, kurz vor der Lukas-Festung geht es wieder nach oben. Sie entstand im 13. Jahrhundert und gehört damit zum ältesten Teil der Wehranlage, der noch erhalten sind.

■ Revelin-Festung

Von der Lukas-Festung sieht man zur Revelin-Festung an der Nordost-Seite der Mauer hinüber. Sie wurde 1583 bis 1594 in einer Zeit der akuten Bedrohung durch Venedig nach dem Entwurf des spanischen Architekten Antonio Ferramolino errichtet. Durch eine Brücke ist sie mit dem Ploče-Tor verbunden. Die Festung ist so groß, dass in ihr auch Ratssitzungen stattfanden und der Schatz der Stadt gelagert wurde. Heute wird der Raum auch für Konzerte genutzt. Eine ausladende Terrasse davor bietet einen wunderschönen Blick auf den Hafen und wird während der Sommerfestspiele als Bühne genutzt.

■ Minčeta-Festung

An der nordwestlichen Ecke der Wehranlage befindet sich die Minčeta-Festung, heute das Wahrzeichen der Stadt. Charakteristisch ist der nach der Adelsfamilie Menčetić benannte Turm wegen des runden Aufsatzes. Die Festung wurde ab 1319 in verschiedenen Phasen errichtet, zunächst als viereckige Verteidigungsanlage. Nach dem Fall von Konstantinopel 1453 beschloss man einen runden Bau, den 1461 Michelozzo di Bartolomeo aus Florenz begann und Juraj Dalmatinac noch einmal umplante und zu Ende führte. Der Turm war nicht nur eine ästhetische Verbesserung,

Über den Dächern von Dubrovnik

Durchblick zum Stradun in Dubrovnik

sondern auch eine militärische, denn er galt zu seiner Zeit als uneinnehm- und unzerstörbar.

Der Stradun

Hinter dem Pile-Tor beginnt die große Prachtstraße, der Stradun. Sie war einst ein Kanal und machte somit die heute seezugewandte Seite der Stadt zur Insel. Der Stradun ist seit Jahrhunderten Flaniermeile für Millionen von Menschen, wobei das Pflaster so glattgeschliffen wurde, dass es bei kurzen Regenfällen zur Gefahr werden kann. Am Stradun liegen die teuersten Geschäfte der Stadt, aber auch eine urige kleine Buchhandlung.

■ Großer Onofriobrunnen

Gleich hinter dem Tor befindet sich der Große Onofriobrunnen, der ab 1438 Endpunkt einer zwölf Kilometer langen Wasserleitung war. Beim großen Erdbeben 1667 wurde die Dekoration des sechzehneckigen Brunnens zerstört. 1992 wurde der Brunnen durch Granatenbeschuss der Serben schwer beschädigt. Nach dem Krieg wurde er nach alten Vorlagen seines Erbauers Onofrio della Cava wieder aufgebaut.

■ Sv. Špas

Auf der anderen Seite des Stradun liegt die Kirche Sv. Špas. Sie ist eine der wenigen Bauten, die bei dem Erdbeben 1667 nicht beschädigt wurden. Ihr Erbauer Petar Andrijić führte mit ihr den Renaissance-Baustil in die Stadt ein. Während das Tor noch die gotische Spitzbogen aufweist, atmet der kleeblattförmige Giebel schon den Renaissance-Stil. Die Kirche wurde zum Vorbild für zahlreiche Bauten in Dalmatien, wie zum Beispiel der Kathedrale von Hvar. In der Kirche wird nur noch einmal im Jahr Gottesdienst gefeiert, ansonsten wird sie überwiegend als Ausstellungsraum genutzt.

■ Franziskanerkloster

Gleich im Anschluss daran befindet sich das Franziskanerkloster, das man zwischen den beiden Gebäuden betritt und dessen Kreuzgang eine der Hauptsehenswürdigkeiten der Stadt ist. Der Kreuzgang scheint das Lebenswerk des Mihoje Brajkov aus Bar zu sein, der damit ab 1317 im spätromanischen Stil begann. Keine Säule gleicht der anderen, jedes Kapitell hat sein eigenes Tier- oder Pflanzenmotiv.

Die Lünette des spätgotischen Südportals zur Kirche gilt als eine der schönsten in Dalmatien. Sie zeigt eine Maria mit Jesus auf dem Schoß, darüber Gottvater und im Hintergrund den heiligen Hieronymus, einen der Schutzheiligen Dalmatiens. In der Kirche befindet sich das Grab des Dubrovniker Dichters Ivo Frane Gundulić (1589–1638, → Zitat S. 300). Die **Museumssammlung** bewahrt die Ausstattung der berühmten Apotheke aus dem 15. Jahrhundert auf, die die älteste in Dalmatien ist. Außerdem sind einige alte byzantinische Ikonen zu sehen, Inkunabeln aus dem 15. Jahrhundert und aus derselben Zeit Bilder italienischer und Dubrovniker Maler.

■ Rolandsäule

Gegenüber dem Sponza-Palast, in der Mitte des Luža-Platzes, steht die Rolandsäule. Dass der ursprünglich karolingische, das heißt westliche Rolandmythos an die Adria kam, ist den vielen Kontakten der Diplomaten aus Dubrovnik auch nach Italien und Nordeuropa zu verdanken.

Die von Bonino da Milano 1418 geschaffene Rolandsäule war ein Versammlungsort für die Städter, um Nachrichten oder Urteile aller Art zu erfahren, die hier verlesen wurden. Am Ellenbogen des Rolands konnte Maß genommen werden. Die Länge der Dubrovniker Elle ist am Säulensockel noch einmal eingemeißelt: Sie betrug 51,2 Zentimeter. Im Krieg 1991 bis 1995 wurde der Roland mit einem dicken Bretterverschlag umgeben, um ihn zu schützen.

■ Jüdisches Viertel

Links in der Žudioska ulica, Judenstraße, begann das jüdische Viertel der Stadt. Genauer gesagt, war auch dies hier ein Ghetto, das abends bei Anbruch der Dunkelheit abgeschlossen und morgens wieder geöffnet wurde. Die größte Zahl der Juden kamen als Flüchtlinge Ende des 15., Anfang des 16. Jahrhunderts aus Spanien in die Stadt. Einige der sogenannten sephardischen Juden zogen weiter, weil sie sich unter osmanischer Herrschaft sicherer fühlten, andere blieben. Sie integrierten sich bald als Händler, aber auch als Versicherer für die Schiffseigner, als Reeder, als Ärzte und Wissenschaftler und nicht zuletzt als Dichter.

Trotzdem kam es 1502 und 1622 nach Verdächtigungen Unschuldiger zu zwei schlimmen Pogromen, bei denen jeweils ein Großteil der Juden die Stadt verließ. Unter Napoleon wurden sie erstmals freie Bürger der Stadt. Ab 1941 errichteten die italienischen Faschisten Konzentrationslager im Hafen Gruž. 1700 Juden wurden nach Rab gebracht, nur 24 konnten sich in den Untergrund absetzen und kämpften auf Seiten der Partisanen.

Nur ein schmaler Hauseingang in der Straße zeigt an, dass in einem der schönen Palazzi von 1408 eine **Synagoge** untergebracht ist (Besichtigung Mai–Nov. Mo–Fr 10–20 Uhr). Auch wenn sie innen nicht größer wirkt als ein Wohnzimmer, gehört sie zu den ältesten jüdischen Bethäusern Europas. Derzeit leben 45 Juden in der Stadt.

1492 brachten weitere Zuwanderer eine Tora-Rolle aus Spanien mit. Ein alter maurischer Teppich in der Synagoge soll ein Geschenk der Königin Isabella an ihren jüdischen Arzt gewesen sein. Dies und andere Gegenstände aus dem Glaubensleben sind in einem kleinen **Museum** zu sehen. 1991 bekam auch die Synagoge einen Treffer, doch mit internationaler Unterstützung konnte das Haus wieder repariert werden.

■ Kirche Sv. Vlaho

Auf der Südseite des Platzes befindet sich die Kirche Sv. Vlaho, die Blasiuskirche. Der barocke Bau enthält die berühmte, aus Silber und Gold geschmiedete Statue des heiligen Blasius aus dem 15. Jahrhundert. Historisch bedeutsam ist, dass sie ein Modell der Stadt in der Hand hält, das zeigt, wie sie vor dem Erdbeben ausgesehen hat.

■ Tor Luža zvonara

Schräg gegenüber befindet sich seit 1436 das Tor Luža zvonara mit einem Glockenspiel, das einst die Ratsherren zu ihren Sitzungen rief. Das heutige Gebäude ist

▲ *In der Synagoge*

Der Sponza-Palast

eine Nachbildung. Es enthielt das erste Schlagwerk der Stadt, bei dem mechanisch gesteuerte Figuren aus dem Turm traten, um jede Stunde die Glocken zu schlagen. Die waren erst aus Holz, später aus Kupfer. Weil das Material bald grün anlief, wurden sie die ›Zelenci‹ (die Grünen) genannt. Die Originale sind heute im Museum im Rektorenpalast aufbewahrt.

■ Sponza-Palast

Von der Kirche Sv. Vlaho blickt man auf den Sponza-Palast. Er ist einer der wenigen, der über das Erdbeben hinaus noch die venezianische Gotik in seinen oberen Fenstern erhalten hat. Im Palast waren einst Zollamt, Münzanstalt und Bankhaus zusammen untergebracht, hier war somit die Drehscheibe des Geldes in Dubrovnik. Erbaut wurde er 1506 bis 1522. Die Engel-Medaillons sind aus französischer Schule. Berühmt ist das Haus für seine Inschrift, die offenbar Zweifel ausräumen sollte: ›Fallere nostra vetant et falli pondera/meque pondero dum merces/ponderat ipse deus.‹ (›Es ist uns verboten zu betrügen und falsch zu wiegen, und wenn ich die Waren wiege, wiegt mit mir Gott selbst‹).

■ Dominikanerkloster

Durch das Tor Luža zvonara läuft man auf das monumentale, 1315 erbaute Dominikanerkloster zu. Der 1456 errichtete **Kreuzgang** mit seinen hohen dreiteiligen Bögen im Stil der Spätromanik und seinen hohen gotischen Kreuzrippengewölben ist der prachtvollste in Dalmatien. Das Kloster hat nicht nur eine umfangreiche **Bibliothek**, sondern besitzt auch eine Sammlung wertvoller **Kunstschätze**: Goldschmiedearbeiten und die wichtigsten Werke der Dubrovniker Malerschule vom 15. bis zum 19. Jahrhundert, zum Beispiel von Vlaho Bukovac und Ivo Dulčić.

Das wohl prominenteste Kunstwerk in der großen Kirche des Predigerordens ist ein Bild von Tizian aus dem Jahr 1554, das die heilige Maria Magdalena zeigt

Der spätromanische Kreuzgang im Dominikanerkloster

und links in einem Seitenaltar zu sehen ist. In einer Nische des Chores auf der Südseite befindet sich eine Pietà von Ivan Meštrović. Außerdem ist in der Kirche ein Gemälde aus dem Jahr 1911 von Vlaho Bukovac zu sehen, das die Wunder des heiligen Domenicus darstellt.

■ Rektorenpalast

Zurück in der Innenstadt, befindet sich auf der Straße Prid dvorum, der Fortsetzung des Stradun nach Süden, der **Kleine Onofriobrunnen**, ein Kleinod unbeschwerter Renaissancekunst. Der Erbauer, Onofrio Giordano della Cava, hat auch zwei Häuser weiter in südlicher Richtung den Rektorenpalast gebaut.

Im Palast residierte der kleine Rat, der innerste Zirkel der vom Adel getragenen Macht, der die Geschicke des Stadtstaates steuerte und die offiziellen Besuche empfing. Das Machtzentrum des Stadtstaates hatte eine ganz eigene Mechanik. Die Adeligen, die viel von gegenseitiger Kontrolle hielten, wollten einen Alleinherrscher über die Stadt verhindern. Deshalb entwickelten sie ein System aus einem großen Rat der Adeligen. Dieser wählte für ein Jahr einen Senat, dem 45 Mitglieder angehörten. Unter diesen wurde über 13 Adelige abge-

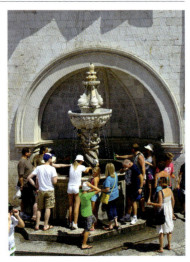

Erfrischung am Kleinen Onofriobrunnen

stimmt, die den kleinen Rat bildeten. Dieser innere Kreis bestimmte für ein Jahr einen Rektor. Ein Rektor musste in dieser Zeit mit seiner Familie isoliert im Rektorenpalast leben, damit er den Lobbyisten von außen nicht ausgesetzt sein konnte und seine Entscheidungen ohne Beeinflussung traf.

Der ursprünglich rein gotische Palast wurde nach dem Erdbeben originalgetreu wieder aufgebaut, allerdings mit einer neuen, im Stil der Renaissance entworfenen Vorhalle. Heute befindet sich im Palast ein **Museum**. Der Innenhof wird wegen seiner Akustik bei Kammermusikaufführungen geschätzt.

Im Gang zwischen den Säulen des Palastes befindet sich eine Tafel, die die Legende des Aeskulap herzählt. Sie behauptet, der Gott der Ärzte stamme aus dem nahen Epidaurum (heute Cavtat). Im Museum werden viele Gegenstände aus der Geschichte der Stadt ausgestellt: Möbel, Rüstungen, Geldmünzen, die Zelenci und vieles mehr. Schätze weist auch die Gemäldesammlung auf, mit Werken

Im Rektorenpalast lebte der auf ein Jahr gewählte Fürst

von Jacopo Tintoretto und anderen italienischen Meistern. Besondere Beachtung sollte man den Werken der Dubrovniker Schule widmen, deren Gemälde nur in Dubrovnik vertreten sind.

■ Kathedrale

Die Kathedrale, die nach dem Erdbeben 1667 als dreischiffige barocke Basilika ›neu‹ entstand, ist der Auferstehung Mariens (Uznesenje Marijino) gewidmet. Projektiert vom römischen Baumeister und Architekten Andea Buffalini, ist sie im Stil des italienischen Hochbarocks ausgestattet. 1979 fand man unter dem Boden der Kathedrale mannshohe Mauern einer Kirche aus dem 6. Jahrhundert, an denen sogar noch Fresken freigelegt werden konnten.

Die Kathedrale

Wohltuend schlicht ist die Gestaltung des Altarraums mit einem Triptychon, dessen mittleres Bild von Tizian stammt und die Himmelfahrt Mariens darstellt, während die beiden anderen seiner Werkstatt zugerechnet werden.

Besonders stolz sind die Bürger von Dubrovnik auf die **Reliquiensammlung**, die in einem eigenen Raum an der Südseite des Chors zu sehen ist. Sie enthält nur einen Teil dessen, was nach dem Erdbeben gerettet werden konnte. Wichtigstes Stück der Sammlung ist ein Teil der Schädeldecke vom heiligen Blasius, der im 12. Jahrhundert in Gold gefasst wurde. Daneben sind zahlreiche byzantinische Arbeiten aus dem 11. und 12. Jahrhundert und alte Fresken aus römischer und byzantinischer Zeit zu sehen. Beachtenswert sind die Tafeln eines modernen Kreuzwegs an den Säulen, die 2007 von Miša Baričević gefertigt wurden.

■ Museum für moderne Kunst

Schräg gegenüber dem Eingang zur Kathedrale befindet sich seit jüngstem ein Museum für moderne Kunst (Galerie Dulčić Masle Pulitika). Im Eingang wird des US-Journalisten Ronald Brown gedacht, der im letzten Krieg bei seiner Berichterstattung umgekommen ist. Die Galerie zeigt die Arbeiten Dubrovniker Maler seit dem 19. Jahrhundert. So sind Bilder von Vlaho Bukovac über den Franziskaner Celestin Mato Medović bis hin zu Đuro Pulitika zu sehen. Dabei können durchaus Entdeckungen gemacht werden.

■ Sv. Ignacija

An der Südseite des Platzes befindet sich der repräsentative Treppenaufgang zur Jesuitenkirche Sv. Ignacija. Dieser wurde 1738 nach römischem Vorbild gebaut und ist der wohl prachtvollste in Kroatien. Die von 1669 bis 1725 errichtete Kirche soll die erste Jesuitenkirche außerhalb Roms gewesen sein. Auch innen ist sie mit ihren groß angelegten Fresken des spanischen Malers Gaetano Garcia ein Monument der Gegenreformation. Die Fassade wurde wegweisend für die weiteren Fassaden von Jesuitenkirchen in Dalmatien.

Treppe zur Jesuitenkirche

■ Moschee

Dubrovnik ist heute die einzige Stadt in Dalmatien, die allen Religionen auf dem Balkan ein Gotteshaus zugesteht. Wenn man unterhalb der Ignatiuskirche erst links und dann rechts in der Ulica Miha Pracata geht, findet man eine kleine Moschee für die islamischen Einwohner der Stadt. Sie ist in einem großen Wohnkomplex mit schönem Treppenaufgang versteckt.

Unbekannt ist, wann die ersten Moslems nach Dubrovnik kamen. In den dreißiger Jahren des 20. Jahrhunderts lebten 30 Familien in der Stadt. Seit 1934 haben sie einen eigenen Imam. Heute leben 3500 Gläubige in 1100 Familien in der Stadt.

■ Serbisch-orthodoxe Kirche

Von der Mosche rechts in die Straße Od Puča läuft man an der unübersehbaren orthodoxen Kirche vorbei. Sie ist ein später Bau, den die serbischen Gläubigen errichtet haben. Durch die diplomatischen und Handelsbeziehungen waren Orthodoxe Teil der Stadt, denn bereits Byzanz hatte früher die Stad tregiert, und im Mittelalter waren die serbischen Könige oft zu Gast in Dubrovnik. Eine richtige Kirche wurde aber erst 1790 außerhalb der Stadt errichtet. Erst 1830 ehielt die Gemeinde die Baugenehmigung für ein Gotteshaus innerhalb der Stadtmauern, die dann 1865 entstand.

Neben der Kirche befindet sich ein kleines **Museum** mit wirklichen Kleinodien orthodoxer Kunst aus den unterschiedlichsten Jahrhunderten. 50 Ikonen (unter anderem eine Kalenderikone) mit zum Teil seltenen Darstellungsweisen aus Russland, Kreta, Byzanz und aus Griechenland.

ℹ️ Dubrovnik

Vorwahl: +385/20.
Postleitzahl: 20000.
Turistička zajednica, Brsalje 5, Tel. 323887, 323888, 3238879; Obala S. Radića 32, Tel. 417983; Šetalište kralja Zvonimira 25, Tel. 437460, www.tz-dubrovnik.hr.
Hauptpost, Vukovarska 1; Lapad, Miljenka Bratosa 21; Altstadt, Široka 8.
Privredna Banka, Obala Sa. Radića 8.
Raiffeisenbank Austria, Zagrebačka banka, Erste & Steiermärkische Bank d.d., alle in der Vukovarska.

Netcafé, Prijeko 21. Klimatisiert, Highspeed-DSL, drucken, kopieren, scannen, faxen und vieles mehr.

Stadtbusse am Piletor, Brsalje 2.
Überlandbusse, Busbahnhof Obala Pape Ivana Pavla II; Libertas Dubrovnik, Vukovarska 42, Tel. 357020, www.libertasdubrovnik.hr. Verbindungen in alle großen Städte Kroatiens mehrmals täglich.
Eurolines-Busse (www.eurolines.com) steuern Dubrovnik europaweit an. Der Montenegro-Express verbindet mehrmals

täglich Dubrovnik mit Herceg Novi (Montenegro).

Flughafen (CBV), 18 km südöstlich der Stadt, www.airport-dubrovnik.hr. Der Flughafen wird von Croatia Airlines, Easyjet, Germanwings, Lufthansa und Austrian Airlines angesteuert. Direkte Flüge bestehen zu den Flughäfen Berlin-Schönefeld, Berlin-Tegel, Köln/Bonn, Düsseldorf, Frankfurt, Hamburg, Hannover, München, Stuttgart, Wien, Genf, Zürich. Busverbindung ins Stadtzentrum (20 Min. Fahrzeit).
Übrigens: Unter dem Flughafen befindet sich eine **Grotte** (Đurovića špilja), die man neuerdings besichtigen kann, Gruppen von 10 Personen können sich dort zur Weinprobe anmelden.

Autofähre Dubrovnik–Bari (Italien); 4–5x wöchentlich, nie Di, Nebensaison 2–3x wöchentlich.
Autofähre Dubrovnik–Suđurađ (auf Šipan, über Lopud und Koločep); 4x tägl. Jadrolinija, Tel. 418000, www.jadrolinija.hr.

Taxistand, am Busbahnhof am Piletor, Brsalje, Tel. 0800/1441 oder 0800/0970 (Grundgebühr 25 Kuna, 8 Kuna/km, Gepäckstück 2 Kuna).

Wer mit dem Auto unterwegs ist, kann auch gut auf günstigere Hotels oder Privatunterkünfte in der Umgebung ausweichen.
Villa Dubrovnik, Vlaha Bukovca 6, östlich der Altstadt, Tel. 422933, www.villa-dubrovnik.hr; 48 Zimmer, 6 Apartments; DZ ab 400 Euro. Anspruchsvolles Hotel in ruhiger Lage, mit eigenem Strand.
Hotel Hilton Imperial, Marijana Blažića 2, Tel. 320320, www.hilton.de/dubrovnik; DZ 135 Euro. Edelhotel.
Grand Villa Argentina, Put Frana Supila 14, Tel. 440555, www.gva.hr; DZ 205–295 Euro. Legendäres Traditionshotel, das seit den 1920er Jahren besteht, Luxusklasse mit Wellnessbereich und Swimmingpool am Meer, nicht weit vom Ploče-Tor.
Lapad, Lapadska obala 37, Tel. 432922, www.hotel-lapad.hr; 166 Zimmer, DZ 130–185 Euro (Frühbucherrabatte möglich). Mondänes Jahrhundertwendebauwerk, im nördlichen Stadtteil Babin kuk, 3 km von der Innenstadt entfernt. Klimaanlage, Fernsehen im Zimmer, eigener Pool, rollstuhlgerecht.
Aquarius, Mata Vodopića 4a, Tel. 456112; DZ ab 120 Euro. Schlichtes Haus, 20 klassisch-stilvolle Zimmer, Bar, Restaurant, Internet, Waschmöglichkeiten und Bügelservice. 350 Meter zum Strand, Garten.
Sumratin, Šetalište Kralja Zvonimira 31, Tel. 436333, www.hotels-sumratin.com; 44 Zimmer, DZ 110 Euro. Bau aus den 20er Jahren in Babin Kuk, Parkplatz, Restaurant und Bar. Sehr schlicht, schöner Garten.
Petka, Obala Stjepana Radića 38, Tel. 410500, www.hotelpetka.hr; 104 Zimmer, DZ 100 Euro. In der Nähe der Fähranlagen an der Durchgangsstraße, etwa 4–5 km von der Innenstadt entfernt. Renovierter Betonkasten aus jugoslawischer Zeit im Stadtteil Gruž, Zimmer meist mit Balkon, klimatisiert mit Dusche und WC, Satelliten-TV, Mini-Bar; Restaurant. Gepflegt, guter Service.
Hotel R., Alberta Hallera 2, Tel. 333210, www.hotel-r.hr; DZ 85–150 Euro. Schlichtes Bed & Breakfast-Hotel in Lapad, mit Klimaanlage und Internetzugang, 15 Gehminuten von der Innenstadt entfernt.
Villa Antea, Iva Dulčića 24, im Wohngebiet Babin Kuk, www.villa-antea.hr; Apartment 85–145 Euro. Jedes der Apartments verfügt über eine Terrasse und Klimaanlage.
Lero, Iva Vojnovića 14, Tel. 341333, www.hotel-lero.hr; DZ 80–90 Euro.

Schlicht, etwas außerhalb Richtung Lapad (5 Min. Busfahrt zur Innenstadt).
Micika, Mate Vodopića 10, Tel. 437332, www.vilamicika.hr; 7 Zimmer, DZ 45–55 Euro. Kleines einfaches Privathotel, zwischen den Stadtteilen Lapad und Babin kuk gelegen, kein Restaurant.
Villa Katarina, Janska 30, 20232 Slano/Banići, Tel. 871489. Ca. 40 km außerhalb, einfaches Hotel, aber sauber und mit sehr freundlichen Inhabern. 5 Min. vom Strand entfernt, mit Swimmingpool und mit kleinem Gasthaus, sehr ruhig.

Die ganze Stadt ist voll von Restaurants, in fast jeder Straße ist eines. Eher mal in den Seitengassen schauen, da geben sich einzelne immer noch Mühe.
Fischrestaurant Lokanda Pescarija, Na Ponti bb, Tel. 324750. Am Hafen der Altstadt. Schönes Panorama, wenige Gerichte, dafür gut, evtl. vorbestellen.
Konoba Rozario, Prijeko 2, Hausmannskost in familiärer Atmosphäre.
Domino, Od Domina 6. Steakhaus im urigen Kellergewölbe, auch mit Plätzen draußen. Mit Fischangebot, gutes Preis-Leistungsverhältnis.
Oyster&Sushi Bar Bota, Od Pustijerne bb, Tel. 324034. Kombiniert japanische und dalmatinische Küche, gutes Preis-Leistungsverhältnis.
Ragusa 2, Zamanjina 12, Tel. 321203. Internationale und mediterrane Küche, insbesondere Meeresfrüchte, Austern, Preise niveauvoll.
Proto, Široka ulica 1, www.esculap-teo.hr. Gehobenes Fischrestaurant, mit Auszeichnung.
Atlas Club Nautika, zwischen Fort Bokar und Fort Lovrjenac, www.esculapteo.hr. Renommiertes Restaurant in hübscher Lage.
Nishta, Prijeko bb, für Leute mit vegetarischem Appetit.
Magellan, Iva Vojnovića 7a, Tel. 333594. Für alle, die mal nicht in der Altstadt essen möchten, im westlichen Stadtteil Montovjerna (Richtung Lapad). Mittelmeergerichte, gute Fischküche.

Lapidarium, in der Festung Bokar. Sammlung von Fragmenten antiker und neuerer Architektur.
Stadtmuseum, im Rektorenpalast, Pred dvorom 3, Tel. 321497, www.dumus.hr.
Museum im Franziskanerkloster, Placa 2, Tel. 321410.
Schifffahrtsmuseum, in der Festung Sv. Ivan, Tvrđava svetog Ivana, Tel. 323904; Di-So 9-18, Winter 9-16 Uhr.
Museum in der Synagoge, Žudioska 5, Tel. 321028.
Galerie Dulčić Masle Pulitika (Museum für moderne Kunst), Držićeva poljana 1, http://ugdubrovnik.hr; 9-20 Uhr, Anmeldung zu Führungen Tel. 323172.

Fest des Stadtheiligen Sv. Vlaho; 15. Feb. Das Fest des Stadtpatrons ist Teil des immateriellen UNESCO-Weltkulturerbes.
Dubrovniker Sommerfestival; 10. Juli–25. Aug. Konzerte mit Stardirigenten aus aller Welt.

Stadtstrände am alten Hafen, nicht unbedingt zu empfehlen. Für das schnelle Bad in der Stadt empfiehlt sich der Durchgang durch die Mauer in der Straße **Od Margarite** (Buža 2), dort gibt es auch eine kleine Bar.
Zum Baden besser auf die vorgelagerten **Elaphitischen Inseln** oder auf die Insel **Lokrum** fahren (im Sommer stündlich Fähren ab Stadthafen).
Einheimische baden in der **Župa Dubrovačka** vor Srebreno und Mlini.

Besuch der **Grotte von Đurovic** unter dem Flughafen. In die 150 Meter tiefe Höhle werden Führungen angeboten. Die Höhle wurde schon in der Steinzeit bewohnt. diente späteren Bewohnern als Wasserreservoir und auch noch 1991 als Schutzbunker. Infos in der Turistička zajednica.

Aquarius Diving Dubrovnik, Robert Znaor und Ivo Gale, Tel. 098/229572, www.dubrovnik-diving.com. In Mlini, fährt 25 Tauchplätze an, Boot für 30 Taucher.

Insel Lokrum

Viele Patrizier aus Dubrovnik haben auf der Insel Lokrum ihre Sommer- und Wochenendhäuser gebaut. Deshalb gehört die 700 Meter südlich vom Hafen gelegene Insel heute zum Stadtgebiet und nicht zu den Elaphitischen Inseln. Auf der 91 Meter hohen Anhöhe haben die Franzosen unter Napoleon ein **Fort** errichtet. Im Süden befindet sich ein **Salzsee** und nicht weit davon entfernt ein neogotisches **Schloss**, das Erzherzog Maximilian von Habsburg 1858 zusammen mit dem naheliegenden Park erbauen ließ. Es steht auf den Resten eines ehemaligen Benediktinerklosters, das im 11. Jahrhundert errichtet wurde. Im letzten Krieg wurde das Schloss schwer beschädigt.

Die Elaphitischen Inseln

Dreizehn Inseln und Eilande bilden vor Dubrovnik den Archipel der Elaphitischen Inseln: Koločep, Lopud, Ruda, Šipan, Jakljan, Olipa, Tajan, Crkvina, Goleč, Kosmeč, Mišnjak, Daksa, Sv. Andrija. Die Inseln sind für ihre ruhigen und einigermaßen sauberen Badebuchten bekannt. Als die Griechen sie entdeckten, waren die Hirsche die heimlichen Herrscher auf den Inseln, deshalb nannten sie die Inseln nach ihnen: elaphos = Hirsch.

■ Koločep

Die Insel Koločep ist für ihre vielen kleinen Kirchlein bekannt. Sie wurde bereits von Illyrern und dann von Römern bewohnt, die sie Calaphodia nannten. Im

Allgemeines Krankenhaus, Roka Mišetica bb (Stadtteil Lapad), Tel. 431777.
Apotheken: Ljekarna Dubrovnik, Obala pape Ivana Pavla II 9; Ljekarna kod Male Brace, Placa 30; Ljekarna Lapad, M. Vodopića 30; Ljekarna Čebulc, I. Metohijska 4, Tel. 313370.

15. Jahrhundert konnte sich in Gornje Čelo eine kleine Schiffswerft etablieren, und schließlich wurde der Hafen Stützpunkt für eine Handelsflotte von 65 Schiffen. 1571 eroberten und zerstörten die Türken die Insel.
Heute ist in **Gornje Čelo** noch die frühchristliche Kirche **Sv. Antun** zu sehen. Bereits nach dem Ersten Weltkrieg wurde die Insel für den Tourismus entdeckt. **Donje Čelo** war bereits zur Zeit der Römer ein beliebter Siedlungsplatz, viele römische Skulpturen und Fragmente frühchristlicher Ornamentik wurden hier ausgegraben. Sie sind an der Wand der Pfarrkirche aus dem 13. Jahrhundert zu sehen.

■ Lopud

Lopud ist die einzige Insel mit einer Süßwasserquelle. Die zentrale Ortschaft **Lopud** wird wegen der schönen Strände gern angesteuert. Die Hafenpromenade mit ihren alten Palazzi Dubrovniker Adeliger ist ein romantischer Traum.
Dominiert wird die Stadt vom Turm der **Franziskanerkirche**. Das Kloster wurde zu einer Festung verstärkt, die vor Piraten Schutz bot. 1808 wurde das Kloster unter napoleonischer Herrschaft aufgelöst. Hübsch ist die romanische **Sv.-Marija-od-Špilice-Kirche** mit ihrem schön geschnitzten Chorgestühl.
Eine Reihe von Kunstschätzen ist in der **Gospa-od-Sunja-Kirche** zu sehen, unter anderem ein Altarbild von Palma dem Älteren.

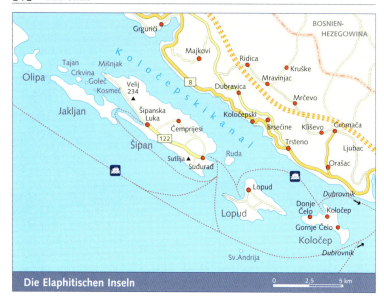

Die Elaphitischen Inseln

■ Šipan

Die größte Insel der Elaphiten ist Šipan. Einst soll es 30 Kirchen auf der Insel gegeben haben, 15 sind es heute noch. Šipan ist die am wenigsten frequentierte Insel. Weltgeschichte spielte sich zur Zeit der Römer vor der Insel ab, als 47 nach Christus in ihrer Nähe Cäsar und Pompejus aufeinandertrafen und die Macht um Rom ausfochten. Auf dem Berg **Sutlija** sind noch mehrere tausend Jahre alte **Trockenmauern der Illyrer** erhalten. Der höchste Berg ist aber mit 234 Metern der **Velij Vrh**. Das Inselzentrum **Šipanska Luka** im Nordwesten war bereits für die Römer ein idealer Punkt für eine Siedlung, wie eine villa rustica beweist. Hier hatten die Dubrovniker Bischöfe ihre Sommerresidenz.

Auf der Insel herrscht ein besonderes subtropisches Klima, so dass sie im Sommer nie wegen anhaltender Trockenheit braun wird. Noch zu sozialistischen Zeiten sollen hier 350 000 Olivenbäume gestanden haben. Bisher war der Ansturm der Touristen auf der Insel eher zurückhaltend, doch gerade deshalb entdecken Prominente sie. Angeblich soll hier der ehemalige russische Präsident Dimitrij Medwedew eine Villa mit Landeplatz besitzen. Im Hafen liegt die Yacht von Tito, ein Tragflügelboot, das jetzt als Taxiboot angeheuert werden und mit dem man sich nach Dubrovnik fahren lassen kann.

Strand auf der Insel Lopud

Elaphitische Inseln
Vorwahl: +385/20, **Postleitzahl**: 20000.
Turistička zajednica Dubrovačko Neretvanske Županije, Cvijete Zuzorić 1/2, Tel. 324999, www.visitdubrovnik.hr.

Nur Šipan, Lopud und Koločep werden von Dubrovnik angefahren, nur 2-3x täglich, eine genaue Planung ist nötig.

Villa Vilina, Lopud, www.villa-vilina.hr; DZ 125–195 Euro. Gegenüber der Anlegestelle, mit Restaurant und Meerblick.

Das Haus ist seit 1792 in Familienbesitz und wurde in die Liste der ›Exclusive Island Hotels and Resorts‹ aufgenommen.
Hotel Šipan, Šipanska luka, Tel. 361901, www.hotel-sipan.de; DZ 50–90 Euro. Unübersehbar in der Hafenbucht; sehr geschmackvoll umgebaute Olivenfabrik.
Hotel Božica, Suđurađ 13, 1d, Šipan, Tel. 325400; DZ 60–145 Euro. Mit Meerblick und Pool.
Kalamota Island Resort (ehemals Villa Koločep), Koločep, Donje Čelo bb, an der westlichen Seite, Tel. 312150, www.kalamotaislandresort.com; DZ 300 Euro. Kinderfreie All-Inclusive-Anlage.

Cavtat

Im Scheitelpunkt zweier Landzungen, die von oben aussehen, als bildeten sie ein Hufeisen, liegt Cavtat. Der kleine Hafen inmitten von Hainen mit Zypressen und Zitrusfrüchten hat mit seiner geschlossenen Front von Renaissancepalästen an einer frisch renovierten Uferpromenade ein unverwechselbares Flair.
Höhepunkte einer Besichtigung sind ein **Mausoleum von Ivan Meštrović**, die **Franziskanerkirche** und das **Geburtshaus des Malers Vlaho Bukovac**.

■ Geschichte

Wahrscheinlich kommt der Name für die Stadt von Civitas Vetus, doch romantischer ist die Legende um die Königstochter Cavtislava. König Kordun und seine Gemahlin Amrusa wollten sie demjenigen zur Frau geben, der es als erster schaffen würde, entweder eine Stadtmauer, ein Aquädukt, ein großes Heiligtum zu errichten oder ein Schiff voll Seide in die Stadt zu bringen. Als erster war der Adlige Vrsanin mit einem Aquädukt fertig. Am großen Tag der Einweihung sollte die Königstochter aus einer goldenen Schale den ersten Schluck des herangeleiteten Wassers nehmen. Da fiel eine Eidechse in ihren Schoß, wodurch die Dame einen Herzanfall bekam und starb. In Erinnerung an die schöne Prinzessin wurde die Stadt Cavtat genannt. Tatsächlich trug sie bis in das Mittelalter den Namen, den griechische Siedler ihr gegeben hatten: Epidaurum. Kaiser Augustus eroberte die Doppelhalbinsel 47 vor Christus. Unterhalb vom Hotel ›Croatia‹ sind Reste eines römischen Theaters zu sehen, das Ruinenfeld dehnt sich bis weit in das Meer aus. Im Mittelalter stand die Stadt unter byzantinischer Herrschaft und wurde 530 Bischofssitz. Kurz danach kamen die Awaren und vertrieben die Bewohner. Später kam die Stadt zu Dubrovnik und blieb es mit einer Unterbrechung zwischen 1303 und 1427, als sie serbisch beherrscht war. In jugoslawischer Zeit war der Ort Sommersitz vieler serbischer Intellektueller. Die meisten verkauften nach dem Krieg von 1991 bis 1995 ihre Häuser. Während des Krieges war Cavtat von serbischen Einheiten besetzt, und die kroatische Bevölkerung wurde in Sicherheit gebracht. Die Serben zerstörten wenig an der historischen Substanz, plünderten aber alles, auch den legendären Weinkeller des Hotels ›Croatia‹. Ihm trauerten die Stadtoberen lange nach.

Die Bucht von Cavtat, im Vordergrund die Ruinen des römischen Amphitheaters

■ Fürstenhof

Die Stadt hat einen symmetrischen, fast planvollen Grundriss. Im rechten Winkel von der Uferpromenade führen in regelmäßigen Abständen malerische kleine Gässchen den Hang hinauf. Die meisten Sehenswürdigkeiten finden sich aber am Hafen. Eines der ersten Gebäude am Hafen ist der **Fürstenhof**, der Knežev Dvor. Von dort regierte der Statthalter von Dubrovnik die Stadt. Heute ist darin ein **Museum** mit der beeindruckenden Sammlung von Baltazar Bogišić eingerichtet. Der Jurist und Wissenschaftler, der mit 41 Jahren nach Paris gezogen war, hat neben Büchern die größte kroatische Münzsammlung zusammengetragen.

Augenfällig ist vor allem die Grafiksammlung mit über 8000 Blättern, darunter Arbeiten von Lukas Cranach dem Jüngeren, Andrija Medulić und einigen italienischen Meistern. Außerdem befinden sich über 10 000 Briefe von Persönlichkeiten der Zeit im Besitz der Sammlung. Sie ist heute Teil der Kroatischen Akademie der Wissenschaft und Kunst.

■ Kirche Sv. Nikola

Weiter an der Uferpromenade entlang, kommt als nächstes markantes Gebäude die Kirche Sv. Nikola mit vier **Gemälden von Vlaho Bukovac** (1855–1922). Die Bilder von Bukovac oberhalb des Altars stellen in einer ungewöhnlichen Form von vier Viertelkreisen je einen Evangelisten dar. Beachtenswert ist die Darstellung des Matthäus als arabischer Scheich mit einem Totenschädel in der Hand und die Darstellung des Johannes mit seinem Sinnbild, dem Adler, der eine Schlange, Symbol für die Ursünde, frisst.

■ Geburtshaus von Vlaho Bukovac

Wenige Straßen weiter führt die Bogišićeva zum Geburtshaus von Bukovac hinauf. Bukovac hat als 17-jähriger das Haus vollständig ausgemalt. Im Gebäude hängen zahlreiche Bilder aus verschiedenen Schaffensperioden.

Bukovac gehört sicher zu den großen Malern Kroatiens, der westeuropäische Entwicklungen in das Land gebracht hat. Später baute er sein Elternhaus zum Atelier um.

Matthäus als Scheich, Kirche Sv. Nikola

■ **Franziskanerkloster**

Die Promenade entlang des besiedelten Teils der Altstadt schließt mit dem Franziskanerkloster ab. Vor der Kirche steht das Denkmal des Politikers Frano Supilo (1870–1917), der sich gegen die Mehrheiten für die Selbständigkeit Kroa-tiens eingesetzt hatte.

In der Kirche ist das **Polyptichon von Lovrin Dobričević** (16. Jahrhundert) zu sehen. Es zeigt im Zentrum Sv. Mihovil mit der Seelenwaage, zusammen mit Johannes, dem Täufer, dem heiligen Nikolaus und Franziskus. Die vielen kleinen Szenen und Heiligen auf dem Altar, insbesondere im Fries, machen ihn zu einem Kleinod. Über dem Chor befindet sich ein Fresco von Vlaho Bukovac, eine Darstellung Mariens, die über die Stadt Cavtat wacht. Sehenswert ist auch der **Renaissance-Kreuzgang** aus dem Jahr 1483. Heute vermietet das Kloster Zimmer an Feriengäste.

■ **Račić-Mausoleum**

Hinter dem Franziskanerkloster führt ein Weg den kleinen Berg hinauf. Oben befindet sich der Friedhof mit dem berühmten Mausoleum der Reederfamilie Račić von Ivan Meštrović.

In zweijähriger Arbeit errichtete es der Bildhauer ab 1920 an der Stelle einer kleinen Rochus-Kirche (Pestheiliger) aus dem 15. Jahrhundert. Seine erhöhte Lage erlaubt einen wunderschönen Blick über das Meer und die Küste. Die Familie war 1918 an der spanischen Grippe gestorben.

An den Eingang des architektonisch streng gestalteten Gebäudes hat Meštrović große Engelsfiguren gestellt, die wie Wächter vor dem Grab stehen. Innen ist jedem der vier Verstorbenen ein Altar und an den Vierungspfeilern ein Engel gewidmet, die in meisterhaft expressivem Jugendstil die Trauer ausdrücken.

Die Tür trägt archaisch anmutende Darstellungen der Sternzeichen.

Engelsfigur von Meštrović im Račić-Mausoleum

Sternzeichen an der Tür des Račić-Mausoleums

Cavtat
Vorwahl: +385/20, **Postleitzahl**: 20210.
Turistička zajednica, Tiha 3, Tel. 479025, www.tzcavtat-konavle.hr. An der nördlichen Hafenmole.
Post, Trumbičev put 10.
OTP banka, Trumbičev put 7.
Privredna banka, Put od Cavtata 4.
Internetcafé in der Caffe bar Ancora, Obala A. Stačevića 22.

Hotel Croatia, Frankopanska 10, Tel. 475555, 478055, www.hoteli-croatia.hr; DZ 130–210 Euro. Edel restauriertes Hotel aus kommunistischen Zeiten, von der Terrasse schöner Blick auf die Altstadt.
Hotel Castelletto, Frana Laureana 22, Tel. 479547, www.dubrovnikexperience.com; DZ 85–105 Euro (inkl. Flughafentransfer). Familiengeführtes Hotel, Mini-Pool, Restaurant mit Grill und Gemüse aus heimischen Gärten.
Hotel Major, Uskoplje bb, Tel. 773600; DZ 60–150 Euro. Mit kleinem Pool und Restaurant, etwas außerhalb in den Bergen mit weitem Blick.

Restaurant Domižana, Žal 2, Tel. 471344. Meerblick, Fisch und Fleischgerichte.

Leut, Trumbičev put 11, Tel. 478477. Beim Eingang zur Altstadt, Terrasse unter Pinien mit Meerblick, Fischgerichte.
Ivan, Tiha. Abseits der Altstadt, günstige Hausmannskost.
Galija, Vuličevićeva 1, Tel. 478566. Mediterrane Küche mit hausgemachten Nudeln, schöne Atmosphäre in der Nähe des Franziskanerklosters.
Koračeva Kuća, Gruda 155, Tel. 791557. Etwas außerhalb, tolles Ambiente in einem alten Bauernhaus, netter Service.

In der Region um Cavtat werden hauptsächlich die Trauben Plavac, Rukatac, Dubrovačka und Malvasija angebaut.
Für eine Degustation lohnt es sich, nach Komaji zu fahren und sich zur **Weinkellerei Crvik** durchzufragen.

Zahlreiche Badestellen gibt es auf der Halbinsel, einen FKK-Strand auf der Südseite des Hotels ›Croatia‹.

Poliklinik (Tel. 478683) und **Ambulanta Cavtat** (Tel. 478001), beide Put od Cavtata.
Apotheke Mišković, Trumbičev put 2.

Vlaho Bukovac

Die Biografie des am 4. Juli 1855 geborenen Vlaho Bukovac ist typisch für seine Zeit. Er wurde in arme Verhältnisse unter dem Namen Faggioni geboren, denn sein Vater war Italiener; seine Mutter stammte aus Dubrovnik. Er übersetzte später seinen Namen über das Wort faggio (= Buche) in Bukovac.

Vlaho wurde seinem Onkel in die USA mitgegeben, der vier Jahre später bereits starb. 16-jährig heuerte er in Dubrovnik auf einem Schiff an und verdingte sich 1873 zusammen mit seinem Bruder in Peru als Zeichner, bevor er ein Jahr später nach Kalifornien ging.

Zurück in Dalmatien, legte er dem einflussreichen Erzbischof Josip Strossmayer ein Bild von einem türkischen Harem vor und konnte ihn damit überzeugen, einen Sponsor zu finden, der ihm ein Kunststudium finanzierte.

1877 ging Bukovac nach Paris, wo er drei Jahre an der Académie Française lernte und insgesamt 16 Jahre blieb. In der französischen Hauptstadt und in England schlug er sich als Portraitmaler durch und wandelte sich zum Impressionisten.

Schließlich schloss er sich in Prag der Wiener Sezession an und wurde Professor für Kunst. Er starb kurz nach seinem 67. Geburtstag am 23. April 1922.

Bukovac hinterließ 400 Portraits und 150 Gemälde. Charakteristisch für seine Werke ist sein fast durchsichtiger Stil, die Figuren wirken zwar sehr lebendig, aber zugleich auch zart und zerbrechlich wie Glas. Diese Darstellungsweise verleiht bereits den Werken der Frühphase eine Leichtigkeit und Klarheit, die seiner Kunst einen einzigartigen Platz zuweist.

Vlaho Bukovac, Selbstbildnisse mit 17 Jahren und auf dem Höhepunkt seiner Karriere

Neretva-Delta

Das breite Tal des Neretva-Unterlaufes scheint wenig mit Badetourismus des übrigen Dalmatiens zu tun zu haben. Die intensiv genutzte Agrarlandschaft auf einer Fläche von 20 000 Hektar hat jedoch ihren eigenen Reiz. Hunderte künstliche Wassergräben, die das Delta durchziehen, zeugen von einer einzigartigen Anbaulandschaft. Auf Grund der klimatischen Bedingungen können drei Ernten pro Jahr eingebracht werden. Zahlreiche Sorten von Apfelsinen, Mandarinen und Zitronen kann man dort entdecken. Außerdem wachsen Kiwis und Melonen, und es wird sogar Reis angebaut.

Seit dem Krieg verfallen zahlreiche Industriebetriebe, was dem Tal zusätzlich einen morbiden Charme verleiht. In der Region wurde der Film ›Schlacht an der Neretva‹ gedreht, eine jugoslawisch-deutsch-italienische Koproduktion mit großer Besetzung: Yul Brynner, Hardy Krüger, Orson Welles und Curd Jürgens. Derzeit bemühen sich einige Gruppen, das Neretva-Delta zu einem Naturpark werden zu lassen. Doch die Interessen der Landwirtschaftslobby sprechen dagegen. Erst fünf kleine, abseits gelegene Abschnitte sind bis heute geschützt. Im Delta gedeiht eine Vielzahl von seltenen Pflanzenarten, besonders dort, wo sich Flus-s- und Meerwasser mischen. Die Einheimischen werben stolz damit, dass um die 300 Vogelarten im Delta gezählt worden sein sollen. In Metković gibt es ein ornithologisches Museum, das die Arten zeigt. Allerdings haben Untersuchungen ergeben, dass die Zahl der Arten und Tiere abnimmt. Dennoch kommt langsam ein Agro- und Naturtourismus in Gang. Dazu wurden auf der Grundlage traditioneller Transportboote eigene Boote entwickelt. Auf einer sogenannten ›Lađa‹ kann man in kleinen Gruppen auf Safari durch die Kanäle gehen. Leihen kann man solche Boote in Vid, am Hotel ›Đuđa & Mate‹. An der Straße nach Metković befindet sich auf freier Strecke die ›Villa Neretva‹, www.hotel-villa-neretva.com. Auch von dort werden Safaris angeboten. Tipp: Seit einiger Zeit

Mit den Lađa-Booten lässt sich das Delta erkunden

können Touristen auf zwei- bis dreitägigen Ausflügen bei der Apfelsinenernte mithelfen. Erfahrene Pflücker zeigen den Umgang mit dem richtigen Werkzeug, dazu gibt es Musik und am Abend ein festliches Mahl. Info: Turistička Zajednica Metković, www.metkovic.hr.

Geschichte

Erst mit der Begradigung des Flusses und dem Ausbau von größeren Häfen begann 1890 die ausgedehnte landwirtschaftliche Nutzung des Neretvadeltas. Dass bereits die Randgebiete früh für ihre Fruchtbarkeit geschätzt wurden, zeigt die Ausgrabung der römischen Stadt Narona in der Nähe des heutigen Vid nördlich von Metković.

Melonenfeld im Neretva-Delta

Danach wurde das Sumpfgebiet ein ideales Versteck für Piraten, die darin ihren Verfolgern entwischen konnten. In diesem von Mücken bevölkerten und malariaverseuchten Delta gründeten die Piraten im 9. Jahrhundert eine Herrschaft, die sich im Lauf von 600 Jahren bis nach Omiš ausdehnte.

Nach ihrem Sieg über den Dogen Pietro Candiano 887 festigten die Seeräuber ihre Macht, die Clanführer etablierten sich zu anerkannten Feudalherren. Nach Berichten aus dem 13. Jahrhundert ging es bei den Seeräubern nicht zimperlich zu. Darin wird von Sklavenhaltung und -handel berichtet. Menschen wurden aus dem Hinterland verschleppt und bis an die afrikanische Nordküste verkauft. Ab 1490 besetzten die Türken das Tal für 200 Jahre. Über viele Jahrhunderte legten die Menschen die Sümpfe nach und nach trocken und gewannen den fruchtbarsten Boden Dalmatiens. Mit dem Ausbau des Hafens in Metković und vor allem dem Bau der Eisenbahn im 19. Jahrhundert wurde das Delta zur Drehscheibe im Handel mit dem Hinterland. 1937 wurde zusätzlich der moderne Hafen in Ploče eingerichtet, der größere Frachter aufnehmen konnte. Unter kommunistischer Herrschaft beschäftigte eine Großmarkthalle in Metković 2500 Arbeiter, die den Export der Früchte in die ganze Welt abwickelten. Die Halle ist heute stillgelegt, ebenso wie diverse Plastik- und Textilfabriken. Nun versuchen viele Bauern den Handel mit Früchten, Mandarinenschnaps und Honig auf eigene Faust und bieten ihre Erzeugnisse am Straßenrand Touristen an. Sie bereiten sich auf einen möglichen Beitritt Kroatiens zur Europäischen Union vor und versuchen sich mit immer neuen Anbauflächen und Gewächshäusern einen möglichst guten Start zu sichern.

Opuzen

Oberhalb von Opuzen zieht eine **Burgruine** den Blick an: Reste einer Festung, die 1499 von den Türken besetzt und nach der Eroberung von den Venezianern zuletzt 1686 erneuert wurde. Die Besatzer vom Lido nannten sie Fort Opus, was der Stadt den Namen Opuzen einbrachte. Von der Burgruine hat man einen schönen Blick über das ganze Delta.

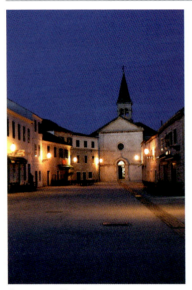
Opuzen am Abend

Das 1333 erstmals unter dem Namen ›Posrednica‹ erwähnte Opuzen war der Ausgangsort für den Handel mit Sklaven, ein Geschäft, an dem auch Dubrovniker Händler verdienten.

Über Brücken geht es in die Altstadt. Um den zentralen Platz stehen eher gedrungen wirkende Palazzi und Häuser der ehemaligen Freibeuter. An der Nordseite des Platzes ragt seit dem 18. Jahrhundert die Kirche **Sv. Stjepan** auf. Zuvor hatte an dieser Stelle eine alte Holzkirche gestanden. Im Inneren der Kirche ist die Darstellung des heiligen Stephan erwähnenswert, der von Türken gesteinigt wird, was sachlich falsch, aber eine Interpretation der lokalen Verhältnisse ist (Bild → S. 35).

Opuzen ist ein beliebtes Ziel von Sportfischern, im Ort werden Aale als Spezialität angeboten.

Opuzen

Vorwahl: +385/20, **Postleitzahl**: 20355.
Turistička zajednica, Trg kralja Tomislava 1, Tel. 671651, www.visitdubrovnik.hr, turistickazajednica.opuzen@gmail.com.

Hotel Merlot, Podgradina bb, Tel. 410600, www.hotelmerlot.com.hr; 16 Zimmer und 1 Apartment, DZ 70–80 Euro. Mit Restaurant, eigener Winzerei und Weinkeller.

Camp Rio, Tel. 671640, lzonjic@inet.hr; 2 Pers./Zelt ca. 10 Euro. Platz unter Zitrusbäumen, Platz für 1000 Besucher auf 40 000 qm, mit Laden und Bootsverleih.

Restaurant Teta Olga, etwas außerhalb in Rogotin, Mostina bb, Tel. 689005. Serviert werden Süß- und Meerwasserfische, von der Terrasse schöner Blick.

Opuzen ist bekannt für das Sportfischen, nach Genehmigung in der TZ fragen.

Ambulanz, Zagrebačka 3, Tel. 671148.

Metković

Die Stadt Metković, Verwaltungszentrum für die Bewohner des Neretva-Deltas, liegt direkt an der Grenze zu Bosnien und Herzegowina. Die Österreicher bauten die Neretva soweit aus, dass Schiffe in Metković anlegen konnten, und verbanden die Stadt durch eine Eisenbahnlinie mit Sarajevo.

Im Juni 1914 wurden die Bewohner der Stadt zu Zeugen weltgeschichtlicher Ereignisse. Auf dem Weg nach Sarajevo reiste der österreichische Erzherzog Franz Ferdinand mit seiner Ehefrau Sofia von

Chotek im Juni über Metković an. Beide hatten in der Küstenstadt Rijeka die k.u.k.-Jacht ›Dalmat‹ bestiegen und gingen in Metković an Land. Die Bewohner bereiteten dem Paar einen begeisterten Empfang. Der Erzherzog und seine Frau blieben über Nacht und bestiegen am nächsten Morgen die Hofeisenbahn nach Sarajevo. Dort wurde das Ehepaar am 20. Juni 1914 von dem serbischen Attentäter Gavrilo Princip im offenen Wagen erschossen.

Die Särge wurden über den gleichen Weg nach Wien zurückexpediert. Und so sahen die Metkovićer nur die sterblichen Überreste des erzherzöglichen Ehepaars auf ihrem Rückweg wieder durch ihren Bahnhof fahren. Zwei Stunden dauerte es, bis die Särge unter Beteiligung der ganzen Stadt auf die Jacht des Herrscherhauses umgeladen waren. Dann fuhr das Schiff zur Flussmündung, wo sie das Kriegsschiff ›Viribus Unitis‹ übernahm. Zwar hatte Franz Ferdinand auf seine Thronfolge verzichtet, aber seine Ermordung löste wegen einer komplizierten Bündnispolitik den Ersten Weltkrieg aus.

Noch vor Dubrovnik war Metković das Verbindungsstück für das bosnische Hinterland mit den Märkten der Welt. Bereits hellenisierte Illyrer, Daorsi, nutzten die Mündung der Neretva als Umschlagsplatz für Waren. Insbesondere als Griechen auf den dalmatinischen Inseln siedelten, fanden sich neue Absatzmärkte und weitere Handelsmöglichkeiten. Als die Römer die Macht übernahmen, setzten sie die Traditionen fort und konnten sich reich verzierte Tempelanlagen leisten (zum Beispiel in Vid, → S. 328). Im 10. Jahrhundert setzten sich die Piraten im Delta fest und machten Metković zu ihrem Zentrum. Mit der Einnahme von Metković durch die Türken verlor der Ort seine Bedeutung. Erst als 1895 die Eisenbahn durch das Tal gebaut wurde, kam wieder wirtschaftliches Leben in den Ort.

In Metković erinnern die verschmutzten Fassaden noch entfernt an den k.u.k.-Glanz. Im Zweiten Weltkrieg wurden zahlreiche Häuser beschädigt. In jugoslawischer Zeit profitierte Metković wie das übrige Delta von seiner Position als Umschlagplatz für Rohstoffe und Lebensmittel. Dadurch, dass nach dem letzten Krieg viele Industrien weggebrochen sind, die sich mit dem Güterbahnhof in den 60er Jahren entwickelt hatten, sind zahlreiche alte Häuser verlassen und verfallen.

In der ulica Stjepana Radića 1 befindet sich die nach eigenen Angaben drittgrößte **ornithologische Sammlung** Europas. Dort stehen 310 ausgestopfte Vögel in Vitrinen und auf Regalen, die meisten der Arten leben oder lebten im Neretva-Delta.

Metković

Vorwahl: +385/20.
Postleitzahl: 20350.
Turistička zajednica Dubrovačko Neretvanske Županije, Cvijete Zuzorić 1/2, 20000 Dubrovnik, Tel. 324999, www.visitdubrovnik.hr.
Post, Dr. Ante Starčevića 9.
Croatia banka, Stjepana Radića 8.
Zagrebačka banka, Splitska 1

Hotel-Restaurant MB, Matice hrvatske 6, Tel. 681812, www.hotelmb.com; DZ 65 Euro.
Hotel Narona, Trg kralja Tomislava 1, Tel. 681444, www.hotelmb.com; DZ 65 Euro. Besitzer wie MB, einfach und sauber.
Hotel Metković, Splitska 55, Tel. 684396, www.hotel-metkovic.com; DZ 55–70 Euro. Schlicht, in ruhiger Lage, schöner Garten.

Hotel-Restaurant Villa Neretva, Krvavac II., Tel. 672200, www.hotel-villa-neretva.com; DZ 55 Euro. Bieten auch Lađa-Bootstouren an.

Konoba Lanterna, Splitska 21, Tel. 683222, Spezialität: Aal-Gerichte, man kann auch Eintopf vom Frosch probieren oder bei Gegrilltem von Lamm oder Kalb bleiben.

Restaurants der Hotels MB und Narona. Dalmatinische Hausmannskost.

Ambulanz, Ante Starčevića 12, Tel. 680188.

Vid

Das verschlafene Dorf nordöstlich von Metković haben Archäologen zu einer internationalen Berühmtheit gemacht. Über Jahrzehnte gruben sie Teile der antiken Stadt Narona aus, auf die Vid gebaut ist. Narona war bereits im 4. Jahrhundert vor Christus ein griechisches Handelszentrum, das die Römer übernahmen. Es hatte alles, was die Herrscher angenehm fanden: Heiligtümer, Thermen und ein Theater. 1951 wurde erstmals ein römisches Mosaik gefunden. 1980 gruben Archäologen eine frühchristliche Basilika aus, deren Grundmauern am Eingang der Stadt zu sehen sind. 1996 kam dann die jüngste Attraktion zum Vorschein: ein Augustustempel mit 16 Statuen, die noch an ihrem Platz lagen. Damit gelang ein seltener Fund, der die Anordnung von Götterfiguren überlieferte.

Seit 2007 ist das Heiligtum in einem hochmodernen **Museum** rekonstruiert worden, die Statuen sind an ihrem ursprünglichen Platz zu sehen. In Vitrinen werden die gefundenen Gold und Keramikschätze gezeigt.

Vid

Restaurant-Pension Đuđa i Mate, 20352 Vid, Krvavac II, Tel. 687500, www.djudjaimate.hr; 40–50 Euro. Gut geführt. Hier kann man auch Lađa-Boote ausleihen.

▲ *Im Archäologischen Museum Vid*

Neum

Neum liegt auf einem schmalen Streifen Küste, der zu Bosnien und Herzegowina gehört und den Südteil der dalmatinischen Küste abtrennt. Bereits nach dem Zweiten Weltkrieg begann in Neum der Massentourismus, heute tobt sich in den Betonburgen die gesamte bosnische Reiselust aus. Entstanden ist dieser bosnische Korridor zum Meer im Friedensvertrag von Karlowitz 1699. Damit sollte eine Pufferzone zwischen Venedig und Dubrovnik entstehen, sie wurde von den Osmanen besetzt. Seither hat sie sich auf allen Landkarten gehalten, bis zum Friedensabkommen von Dayton 1995.

Blick auf das bosnische Neum

Ein Jahrzehnt nach dem Krieg war die Stadt wegen des geringeren Mehrwertsteuersatzes das Einkaufsparadies für Kroaten. Doch seit die bosnische Regierung die Steuer drastisch angehoben hat, ist dieser Handel deutlich abgekühlt.

Nach heftigen Konflikten und Protesten hat Kroatien im Jahr 2007 angefangen, eine 2,3 Kilometer lange Brücke nach Pelješac zu bauen, um die beiden Landesteile zu verbinden, ohne über das Gebiet des östlichen Nachbarn zu müssen. Der Bau, der an seinem höchsten Punkt 55 Meter über dem Meer ragen soll, ist mit 1,9 Milliarden Euro veranschlagt worden. Nachdem die Finanzkrise für einen ersten Stopp der Bautätigkeiten gesorgt hatte, hatte die Regierung unter Ministerpräsident Milanović (SDP) den Bau ganz zurückgestellt. Er war ein politisches Projekt der HDZ, um Kroatien von den anderen Balkanländern abschotten zu können. Deshalb hatte die neue Regierung eine Autobahn auf einer Trasse nördlich um Neum angekündigt, von der auch ein Anschluss nach Belgrad abgehen sollte. Bosnien fürchtet vor allem, dass die Meerdurchfahrt beeinträchtigt würde. Doch nun soll mit EU-Fördergeldern weitergebaut werden. Es wird erwartet, dass die Anträge, die derzeit in Brüssel laufen, positiv beschieden werden.

Der Grenzübertritt, um an die südliche Küste von Dalmatien zu gelangen, ist reine Formsache. Allerdings sollten Reisepass und grüne Versicherungskarte bereitliegen.

Neum

Die Durchreise durch Bosnien und Herzegowina ist mit dem Reisepass, dem Personalausweis und dem vorläufigen Personalausweis möglich.

Das Auswärtige Amt berichtet von Problemen mit Kinderpässen. Öfter wurden diese Dokumente ohne Lichtbild zurückgewiesen.

Für das Auto muss eine grüne Versicherungskarte an Bord sein, eine zusätzliche Versicherung lässt sich möglicherweise aber auch an der Grenze abschließen.

Wer auf der Durchreise durch Bosnien und Herzegowina Probleme hat, kann ab Ploče die Fähre nehmen und auf die Halbinsel Pelješac (Trpanj) übersetzen (tägl. 6–7x). Über die Halbinsel fährt man man auf die Magistrale Richtung Dubrovnik.

Halbinsel Pelješac

Pelješac ist der Inbegriff für guten Wein in Kroatien. Weine von Pelješac werden auch auf den Speisekarten kroatischer Restaurants in Deutschland als Spezialität angeboten. Für viele ist die 70 Kilometer lange und 350 Quadratkilometer große Halbinsel weniger touristisches Ziel als vielmehr eine Durchgangsstation, meist auf dem Weg ins Museumsstädtchen Korčula. Daher gibt es viele unberührte Ecken. Hauptsehenswürdigkeit ist die sogenannte ›Chinesische Mauer Europas‹ bei Ston, die längste Stadtbefestigung auf dem Kontinent.

Geschichte

Über 500 Jahre gehörte Pelješac zu Dubrovnik und bildete so etwas wie dessen Hinterland, das als wichtiges Wirtschaftszentrum eine große Rolle spielte: Bei Ston wurde Salz gewonnen, im Inneren Wein gekeltert und Olivenöl gepresst. Orebić wurde später zu einem Umschlaghafen, der Dubrovnik zusätzliche Handelserlöse einbrachte.

Entsprechend bildeten das kaufmännisch orientierte Orebić und das landwirtschaftlich geprägte Ston zwei höchst unterschiedliche Zentren. Dabei beäugen sich die Bewohner gegenseitig etwas distanziert. In der Mitte leben Landbewohner, auf die als Bauern noch heute gern herabgeblickt wird, vor allem von den stolzen Orebićern.

Fast scheint es so zu sein, dass es sogar in der Frühgeschichte zwei Zentren gegeben hat. In zwei Höhlen, der Gudnja-Höhle bei Ston und in der Nakovana-Höhle fast an der nordwestlichen Spitze von Pelješac, wurden jeweils Spuren unterschiedlicher steinzeitlicher Kulturen gefunden. In Gudnja wurden Reste einer eigenständig entwickelten Keramikkultur aus dem 6. Jahrtausend vor Christus ausgegraben, so dass man von der Gudnja-Kultur spricht. Dagegen werden die Nakovana-Funde auf 8000 vor Christus datiert. 1180 kam Pelješac unter die Herrschaft serbischer Fürsten, die die Halbinsel der orthodoxen Kirche unterstellten. Bei einem Streit zwischen dem serbischen König Stefan Dušan und dem bosnischen Ban Stjepan II. Kotromanić um die Halbinsel vermittelte Dubrovnik und konnte durch einen geschickten Schachzug Pelješac 1333 selbst gegen

▲ *Die Mauer von Ston*

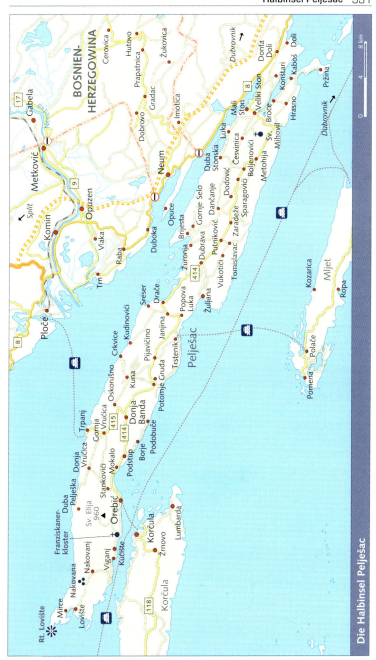

Salinen bei Ston

eine Zahlung in Besitz nehmen. Die Stadt hielt seine Erwerbung bis 1808.
Die neuen Herrscher schotteten die Halbinsel nicht nur mit einer fünf Kilometer langen Mauer vom Festland ab, sondern rekatholisierte die orthodox geprägte Halbinsel gewaltsam und teilten die Güter neu auf. Die verarmte ehemalige Oberschicht begann, sich der Schiffahrt zuzuwenden und begründete die reiche Seefahrertradition im Südwesten der Insel. Im Krieg zwischen 1991 und 1995 lagen die Serben vor Ston und versuchten, Pelješac zu erobern, wobei sich die Kroaten hinter der Mauer von Ston verschanzten. Versorgt wurde die Bevölkerung vom Meer her, dabei spielte die ›Jadrolinija‹, die in kroatischer Hand war, eine wichtige Rolle. Die wehrfähigen Männer der Halbinsel kämpften vier Tage bei Ston, an den restlichen drei bestellten sie ihre Felder. Dabei wurde Ston stark in Mitleidenschaft gezogen.

1996 erschütterte ein heftiges Erdbeben die Halbinsel. Es hatte sein Epizentrum bei Ston. Zwar stürzten nur wenige Häuser ein, aber viele wurden so stark geschädigt, dass sich die Bewohner neue Häuser in der Umgebung bauten.

Trpanj

Wer von Ploče mit der Fähre in Trpanj landet, ist in einem historischen Piratendorf gelandet. Bereits von weitem blinkt einem die überlebensgroße weiße Madonnenstatue auf dem Felsvorsprung im Hafen entgegen, die sogenannte **Meeresmadonna**. Von den Einheimischen ›Sea Star‹ genannt, wurde sie 1938 von einer reichen Frau errichtet, deren Kind aus schwerer Krankheit gerettet wurde. Oberhalb des Hafens versteckt befinden sich die Reste einer alten Burg. Möglicherweise gehörte sie der Adelsfamilie Gundulić, die hier nach der Machtübernahme von Dubrovnik herrschte. Aus dem Geschlecht stammte der Dichter Ivo Frane Gundulić (1589–1638).

Trpanj

Vorwahl: +385/20, **Postleitzahl**: 20240.
Turistička zajednica, Žalo 7, am Hafen, Tel. 743433, www.tzo-trpanj.hr; nur in der Saison geöffnet.

Drei Möglichkeiten für die Auto-Anreise: Von Norden kommend in Ploče mit der **Autofähre nach Trpanj** übersetzen 6x tägl. (Nebensaison) 7x tägl. (Hauptsaison), über die **Landbrücke bei Ston** oder **von Süden über Korčula** mit der Fähre nach Orebić.
INA-Tankstelle, am Hafen.

Hotel Faraon, Put Vila 1, am westlichen Teil des Strandes, Tel. 743408, www.hotelfaraon-adriatiq.com; DZ 50–100 Euro. All-Inclusive-Hotel, einfacher Standard, mit Restaurant.

Es gibt außer im Hotel ›Faraon‹ kein Restaurant mit Meerblick.
Restaurant Dubrovnik und **Restaurant Trpanj**, beide in der Hauptstraße.
Restoran Škoreja. Fisch vom Grill.

Karte S. 331

Vrila, Don Nedjeljka 33, 20240 Trpanj, Tel. 743700, mobil 098/225675. Zelten unter Olivenbäumen, mit Zugang zum Meer.
Autocamp Luka, Tel. 411532; 2 Pers/Auto/Zelt: 11–15 Euro. Auch hier: Zelten unter Olivenbäumen; durchschnittliche Sanitäranlagen.

Es gibt außer im Hotel ›Faraon‹ kein Restaurant mit Meerblick.
Restaurant Dubrovnik und **Restaurant Trpanj**, beide in der Hauptstraße.
Restoran Škoreja. Fisch vom Grill.

Beachbar Plavi, nahe dem Hotel ›Faraon‹.

Die Südküste

Auf dem Weg von Trpanj nach Orebić überwindet man die wildromantische Hügelkette bei Donja Banda. Auf dem Pass erhebt sich ein großes Denkmal für die gefallenen Partisanen der Halbinsel. Orebić ist das Zentrum einer Reihe von Orten, die sich entlang der Küste bis Viganj hinaufziehen. Sie haben eine gemeinsame Geschichte.

■ Geschichte

Orebić und weitere kleine Orte an der Südküste von Pelješac erlebte seine Blüte vom 16. bis Anfang des 19. Jahrhunderts, als die Schifffahrt boomte. Schmucke palazzoähnliche Häuser entstanden bis hinauf nach Viganj. Je reicher und bedeutungsvoller, desto weiter oben im Berg residierte man, so dass die einfachen Seeleute in der Nähe des Meeres siedeln und die Überfälle der Seeräuber und Venezianer abwehren mussten. Sogar Kaiser Franz Joseph I. besuchte Orebić. Man soll, so heißt es, für ihn den ganzen Weg vom Hafen bis zum Rathaus mit Perserteppichen ausgelegt haben.
Heute sind von der Pracht nur noch Ruinen sichtbar, die die Durchgangstraße oberhalb der Stadt begleiten.
Mit der einsetzenden Dampfschifffahrt im 19. Jahrhundert begann der Niedergang der Region. Die Reblausplage nach dem Ersten Weltkrieg trieb die Menschen in die Immigration bis nach Neuseeland, wo sie angeblich den Weinbau einführten. Österreichische und deutsche Studenten entdeckten als erste die klimatisch angenehme Lage von Orebić und kamen Ende des 19. Jahrhunderts zur Erholung, erste Hotels wurden gegründet. Einer der frühen berühmten Touristen war Ernst Jünger, der 1932 mit seinem Bruder Friedrich Georg auf Insektenjagd ging und dafür auch den Sv. Elija bestieg. Auf dem höchsten Berg der Insel soll er Schakale gehört haben – auch heute noch sollen Schakale auf Pelješac leben. Wegen der Schlangen nannten die Italiener den Berg auch den Monte Vipera.

Windsufer vor Orebić

Südküste

Vorwahl: +385/20.
Turistička zajednica Orebić, Zrinsko-frankopanska 2, Tel. 713718. www.visitpeljesac.hr.

Wandertour zum Sv. Elija: ca. 8 Std. dauert Auf- und Abstieg, Beginn beim Franziskanerkloster, Informationen in der TZ Orebić. Drei verschiedene Routen möglich. Unterhalb der Spitze befindet sich eine Hütte zum Übernachten. Die Schlangengefahr ist gering, aber vorhanden, deshalb ist festes Schuhwerk nötig.
Auch schön ist die Wanderung zur **Höhle von Nakovana**. Allerdings lässt sie nicht besichtigen, da noch Grabungen stattfinden.

Orebić

Orebić ist ein entspannter Touristenort mit dem Ambiente einer einst reichen Renaissancesiedlung. Seinen Namen erhielt der Ort von der gleichnamigen Familie, die 1586 an dem bis dahin bestehenden kleinen Hafen ein Kaštel errichtete. Das Dorf drumherum hieß bis dahin Trstenica.

Oberhalb von Orebić ist das **Franziskanerkloster** wie ein Ansitz in den Berg über der Küste gebaut. Zwischen 1470 und 1480 wurde es dort von der Republik Dubrovnik errichtet, damit die Mönche das Treiben der Venezianer auf Korčula im Auge behielten. Ihre Order lautete: Wenn die Venezianer Anstalten machen sollten, überzusetzen, dann hatte ein Mönch sofort Richtung Ston loszureiten, um Meldung zu geben.

In der barockisierten Klosterkirche sind bedeutende Reliefs italienischer Meister zu sehen, unter anderem ›Die Mutterschaft‹ von Nikola Firentinac. Beeindruckend ist auch das Kruzifix des leidenden Christus, dessen Darstellung der Wunden an Werke von Matthias Grünewald erinnern.

Das Kloster, in dem heute nur noch zwei Priester leben, hat einen wundervollen und stillen Kreuzgang, an den sich im früheren Kapitelsaal ein kleines Museum

Alte Palazzi in der Stadt zeugen von den reichen Tagen der Stadt

anschließt. Es zeigt weitere Meisterwerke aus italienischen Schulen.

Der ehemalige Reichtum der Gegend ist auch an einigen prachtvollen Mausoleen auf dem Klosterfriedhof abzulesen. Beachtenswert ist das **Mausoleum der Familie Mimbelli** mit der dahinfließenden Figur unter dem Baldachin. Nicht nur weil sie von dem großen kroatischen Bildhauer Ivan Rendić ist, sondern auch, weil sich eine wahre Romeo-und-Julia-Geschichte um sie rankt: Demnach machte die Orebićer Familie Mimbelli ihren Reichtum in Russland, wo sich Baldo, der Sohn der Familie, in die Tochter der russischen Gouvernante verliebte. Doch eine derart unstandesgemäße Verbindung unterbanden die Eltern des Baldo. Baldo schwor, niemals in seinem Leben zu heiraten und hielt seinen Schwur. Zu Lebzeiten beauftragte er Ivan Rendić mit dem Bau des Mausoleums. Das Dach des Mausoleums, ein russischer Zwiebelturm,

Figur im Mausoleum der Familie Mimbelli

war mit purem Gold bedeckt und sollte über das Meer seinen Schmerz leuchten lassen. Der umgedrehte Wasserkrug, aus dem ein letzter Tropfen läuft, ist das Symbol für das Ende der Dynastie.

Orebić

Vorwahl: +385/20.
Turistička zajednica, Zrinsko Frankopanska 2, Tel. 713718, www.tz-orebic.hr.
Post, Obala Pomoraca 32.
OTP banka, Bana Jelačića 78.
Splitska banka, Šet. kneza Domagoja BB.

Verbindungen gibt es nach Zagreb, Sarajevo, Dubrovnik, Trpanj, Lovište, allerdings nicht sehr häufig, vorher nach den Abfahrtszeiten fragen.

Autofähre Orebić–Korčula; mehrmals täglich, auch abends.

Hotel Adriatic, Mokalo, Tel. 713420, www.adriatic-mikulic.hr; Studio 50–130 Euro, Appartement 95–170 Euro. Kleines Hotel mit großem Angebot, Zeltplatz, Restaurant und Tauchzentrum.

HTP Orebić, Obala Pomoraca 36, Tel. 713193, www.orebic-htp.hr. Hotelgruppe, zu der das Hotel Orsan (DZ 60–110 Euro), das Bellevue und die Apartmentsiedlung Bellevue gehören.
Hotel Villa Meridiana, Put Podvlaštice 43, Tel. 714302, www.villameridiana.com; DZ 50–72 Euro Appartements (2 Pers.) 65–110 Euro. Schöne Lage.

Zahlreiche Plätze vor allem in östlicher Richtung direkt am Meer: **Camp Vala**, Mokalo 28 (im Dorf Mokalo), Tel. 678147, mobil 098/1843631, www.vala-matkovic.com; 2 Pers./Auto/Zelt 16–22 Euro. 3 km östlich von Orebić, auf 1,1 ha unter Pinienbäumen, in Strandnähe.

Karako. Sitzen auf schöner Terrasse, gute dalmatinische Küche.
Amfora, Kneza Domagoja 6. Einfache Fischgerichte, Pizza.

Babylon. Kleines, nettes Restaurant an der Kirche, Pizza und Tintenfisch sind gut.
Posejdon, auf der Hauptstraße.

Weingut Mokalo von Niko Bura i Marija Mrgudić, Zrinsko-Frankopanska 19, im kleinen Dorf Mokalo, Tel. 714020. Das Weingut wird von einem Geschwisterpaar geleitet; Probieren ist ohne Voranmeldung möglich. Empfehlenswert sind der Dingač und der Postup, am besten ist der Plavac. Gutes Preis-Leistungsverhältnis.
Korta Katarina, Bana J. Jelačića 3, Orebić, Tel. 713817. Schon optisch eines der schönsten Weingüter in Kroatien. Das Winzerehepaar ist amerikanischer Abstammung, der überwiegende Teil der Produktion wird in die USA exportiert. Der Pošip gehört zu den Spitzenweinen in Kroatien, aber auch der Plavac erreicht hohes Niveau. Zur Weinprobe sollte man sich anmelden: visit@kortakatarina.com.

Nakovanj, Kučište, Viganj

Die drei Orte Nakovanj, Kučište, Viganj scheinen inzwischen ineinander überzugehen. Sie alle haben ähnliche Reize: einen flachen Strand mit guten Bade- und Windsurfmöglichkeiten und eine Seefahrertradition.
Eine Legende erzählt von der Namensgebung der Orte: Drei Söhne eines Schmieds mussten sich nach dem Tod des Vaters das Erbe teilen. Einer der Söhne nahm den Amboss (kovački nakovanj) und gründete Nakovanj oberhalb der Küste, einer nahm den Blasebalg (kovački viganj) und baute Viganj auf, und der dritte blieb zu Hause (kod kuće) in Kučište.
Der Ortskern von **Kučište** macht wegen seiner alten Reederhäuser rund um den Komplex der Reederfamilie Lazarović aus dem 18. Jahrhundert einen mondänen Eindruck. Die Küste bietet ein Windsurfparadies, das sich bis

Pfingstmontag; traditionelle Prozession der Franziskaner.
Im Sommer gibt es zahlreiche Folklore-veranstaltungen und Konzerte, u.a. in der Franziskanerkirche, Informationen in der Turistička zajednica.

Liegeplätze an der Innenseite des Wellenbrechers. Am 1. Augustwochenende Segelregatta von Orebić über Korčula und Mljet nach Dubrovnik.
E Scuba Diving Centar, Mokalo 6, Tel. 714328, www.adriatic-mikulic.hr. Östlich im Dorf Mokalo, gehört zum Hotel Adriatic.

Ambulanz, kralja Tomislava 2, Tel. 713694.
Apotheke Orebić, Ban Jelačića bb, Tel. 713019.

Viganj zieht. Weil zwischen Pelješac und Korčula Wind wie durch einen Kanal geht, finden Windsurfer hier oft ideale Bedingungen. Für die Badegäste wird es an der Küste nie zu heiß.
Viganj ist ebenfalls ein langgezogenes Straßendorf mit barocken **Palazzi**. Im Ort befindet sich das **Dominikanerkloster**, das das Holzrelief einer thronenden Mutter Gottes aus dem 15. Jahrhundert beherbergt. Im Ort hält sich der Mythos von der Sultanin von Viganj: 1820 geboren, sei sie bald ausgewandert und habe sogar verkleidet als Mann auf Piratenschiffen angeheuert, wenn nicht sogar die Schiffe selbst befehligt. Sie habe in New Orleans geheiratet und sei mit ihrem Mann, ebenfalls einem Kroaten, durch eine erfolgreiche Austernzucht reich geworden. Im Alter soll sie nach Viganj zurückgekehrt sein und sich ein Haus gekauft haben, das Ortkundige heute noch zeigen können.

Viganj

Nakovanj, Kućište, Viganj

Vorwahl: +385/20.
Turistička zajednica, Zrinsko Frankopanska 2, Orebić, Tel. 713718, www.tz-orebic.hr. **Lokales Büro in Viganj**, Viganj bb, Tel. 719059; 15. Juni–15. Sept.
Lovište, Lovište bb, Tel. 718051, http://visitloviste.com.

Pension Vrgorac, Perna 24, Kućište, Tel. 719152, www.villa-vrgorac.com; DZ (nur mit HP) 75–95 Euro. Schlicht, aber gemütlich.

Kamp Palme, Kućište 45, Tel. 719164; www.kamp-palme.com, 2 Pers./Auto/Zelt 16–25 Euro. Schlichte Waschräume, direkt am Meer, mit Internet.

Maestral-Camping, Viganj 37, www.maestral-camping.hr; 2 Pers./Auto/ Zelt 20–24 Euro. Einfache Anlage, bei Surfern beliebt, mit Unterstand für Surfausrüstung. Weitere Plätze reihen sich entlang der Küste, leicht zu finden.

Konoba Montun, Viganj, http://nakovana.com. Trinken und speisen bei einem echten Kapitän: Eigentümer Ivan Pamič ist im Sommer Konobar, im Winter geht er auf große Fahrt.

Windsurfen in Viganj ist möglich beim **Windsurfing Center Viganj** (Nähe Kapelle Sv. Liberan), im Sommer finden Regatten statt. Mehr unter www.windsurfing-kitesurfing-viganj.com.

Nakovana

Nakovana ist Mittelpunkt eines **archäologischen Schutzgebietes**, das vor einigen Jahren auf dem Meer zugewandten Seite der Halbinsel eingerichtet wurde. Aus dem Gebiet darf nichts entnommen werden. Nach dem Dorf ist auch die **Höhle** oberhalb am Rücken des Berges Grad benannt, in der bis heute Fundstücke einer 8000 Jahre alten Kultur ausgegraben werden. 1999 eher zufällig bei einer Begehung entdeckt, kam im hinteren

Donja Nakovana

seit 2000 Jahren verschütteten Teil eine Kultstätte für einen Fruchtbarkeitsgott ans Tageslicht, dort fand man Anfang 2012 auch Teile eines der ältesten bekannten Tierkreiszeichens aus Elfenbein mit Einritzungen in griechisch-römischen Stil. Es wird auf ein Alter von 2200 Jahren geschätzt. Leider gibt es noch kein Museum für die Funde. Damit könnte die Höhle ein Heiligtum der Illyrer gewesen sein, das diese zwischen dem 4. und 1. Jahrhundert vor Christus aufgesucht haben.

Auf dem 350 Meter hohen Berg **Grad** existierte einst eine mächtige Siedlung der Illyrer. Seine seitlich steil abfallenden Felsen machen ihn zu einem strategischen Ort, von dem aus die Landschaft gut überblickt werden konnte, der aber auch Schutz bot. Von Nakovana aus führt ein bezeichneter Weg zur Höhle und zur Bergspitze. Die Höhle selbst darf weiterhin nicht betreten werden.

Nakovana ist auch der Geburtsort von Ivan Lupis Vukić, der als Offizier der österreichisch-ungarischen Marine als erster die Idee zur Entwicklung von Torpedos hatte. Der unter italienischem Namen Giovanni Luppis bekannte Offizier stellte sein erstes Modell 1860 in Rijeka vor. Den noch schwachen Antrieb verbesserte Robert Whitehead, der mit der ersten einsatzfähigen Unterwasserwaffe ein Vermögen verdiente. Vukićs Geburtshaus ist heute noch in Donja Nakovana zu sehen.

Wie am Ende der Welt fühlt man sich im äußersten Südwesten der Insel, in **Lovište**; dort gibt es zahlreiche einsame Badestrände und in **Mirce** eine Konoba.

Kuna

Der Ort, dessen Name sich wie die Landeswährung von dem Wort für ›Marder‹ herleitet, liegt abgeschieden und malerisch in den Bergen.

Hier haben einige Dubrovniker Bürger 1681 der Madonna von Loreto eine monumentale **Kirche** bauen lassen, nachdem sogar eine Papstbulle diesen Bau gefodert hatte. Die Kirche soll die größte auf dem früheren Herrschaftsgebiets Dubrovnik außerhalb der Stadt sein. Später wurde dann ein Franziskanerkloster angebaut. Darin leben heute noch drei Mönche.

Kuna ist der Geburtsort des Malers und Franziskanerpaters Celestin Mato Medović (1857–1920). Im deutschsprachigen Raum kaum bekannt, gilt er in Kroatien als einer der ganz großen bildenden Künstler. Er trat dem Franziskanerorden in Dubrovnik bei. Dort erkannte man das sein Talent und schickte ihn zur Ausbildung nach Rom. Nach einer weiteren Station in Florenz setzte er seine Studien in München fort, wo er Mitglied der Münchener Schule wurde, die ihn sehr prägte. Währenddessen bekam er bereits Aufträge, diverse Kirchen auszumalen (Križevci, Požega, Nova Ggradiška). Nach seiner Rückkehr trat er aus dem Kloster aus und wurde Mitglied in der Künstlergruppe um Vlaho Bukovac. Dann wandte er sich in Wien dem Sezessionismus zu, während er europaweit zu zahlreichen Ausstellungen eingeladen wurde. Medović war kein Neuerer, aber wie Bukovac brachte er neue Strömungen nach Kroatien. Erst in den letzten Lebensjahren wagte er auch Schritte in Richtung Impressionismus. Seine akademischen Bilder sind von einer leichten Melancholie durchbrochen, besonders beeindruckend sind die Porträts, in denen seine Fähigkeit zum Ausdruck kommt, den besonderen emotionalen Augenblick festzuhalten. Auch Ivan Meštrović verehrte den Maler Medović und bildete ihn in einer fast lebensgroßen Statue ab, die heute vor der Kirche steht.

Einige seiner Bilder sind im **Museum des Klosters** ausgestellt. Dort lässt sich auch die Begabung von Ambroz Testen entdecken, einem Franziskaner, der ursprünglich als Koch im Kloster arbeitete und nebenbei kunstvolle Aquarelle schuf. Kuna entwickelt sich immer mehr zum Künstlerdorf, wobei auch viele Dorfbewohner ihrer künstlerischen Ader nach-

Portrait des Zagreber Bürgermeisters Adolf Mošinski von Celestin Medović

gehen. Und so sind im Museum noch einige interessante Werke unbekannter Urheber zu sehen, neben wertvollen liturgischen Geräten und alten Inkunabeln. Wenn man ganz durch das Dorf auf die nördliche Seite fährt, kann man in Serpentinen den Berg runterschlängeln bis zu einer schönen Badebucht, bei bestem Blick über das Meer.

Kuna

Eselhof, Josip Antunović, in Kuna (ist ausgeschildert), Tel. 742035, mobil 098/555870, 098/9131370 (engl.), mil jenko.antunovic@du.t-com.hr. Urlaub auf dem Land nach vorheriger Anmeldung, mit Restaurant und Rakija-Spezialitäten.

Potomje

Potomje ist das alte neue Weinzentrum, das den Ruf Pelješacs als Weinanbaugebiet begründet hat. Bereits im alten Jugoslawien etablierte sich hier eine Weinbaugenossenschaft, die heute noch tätig ist. Der Dingač erhielt als erster Wein 1961 das Prädikat, aus kontrollierter Erzeugung zu stammen.

Weinfässer auf Pelješac

Außerdem werden Postup und Plavac mali‹gekeltert. Seit Generationen züchten die Bauern nur die Weintrauben und verkaufen diese dann an die Winzereien zum bestmöglichen Preis. 1975 wurde für sie in Potomje ein Tunnel gegraben, so dass sie die Südseite der Insel erreichen können. Dort wachsen die Reben an steilen Hängen mit bis zu 60 Prozent Neigung. Bereits bei den Römern in Salona und auch später, im österreichisch-ungarischen Kaiserreich, hatte der Wein aus Pelješac einen guten Ruf.

Heute haben sich im Ort einige private Winzer niedergelassen, die das Geschäft auch für den Export betreiben, allen voran die **Vinarija Matuško**, die sich früh nach dem Krieg selbständig gemacht hat und heute als deutsch-kroatischer Familienbetrieb zur zweitgrößten Kelterei des Ortes aufgestiegen ist, aber auch die Weingüter **Miličić**, **Skaramuća** und **Bartuilović** (bietet auch Einkehr- und Übernachtungsmöglichkeiten an).

Potomje

Vinarija Matuško. Die Winzerei ist bereits von der Straße zum Weintunnel sichtbar, mit Weinproben und Restaurant.
Vinarija Postup, Potomje, Putniković. Auf 750 Quadratmetern dokumentiert ein Weinmuseum die tradionelle Herstellung des Rebsaftes.

Auf dem Weg nach Ston

Auf der einst von Napoleon errichteten Straße nach Ston laden immer wieder malerische, manchmal halbverlassene kleine Orte zum Verweilen ein, insbesondere an den Stichstraßen zur Küste können ruhige Buchten mit lauschigen Ortschaften gefunden werden. Zum Beispiel **Trstenik**: Das Fischerdorf, das zu den ältesten auf Pelješac gehört, liegt in einer schönen Bucht und war früher einmal Fähranleger für die Schiffe nach Mljet. Der Fährhafen wurde nach Prapatno verlegt. Oberhalb von Trstenik haben auf dem Berg **Cućin** Mufflons und Wildschweine ihr Revier gefunden. Wer gern auf die Jagd geht, kann hier möglicherweise einen Schuss loswerden.

Eine verfallende Schönheit ist der kleine Ort **Janjina** mitten auf der Halbinsel. Hier hatten einst Kapitäne ihre Ruhesitze und bauten Wein an. Oberhalb auf dem Berg sind Reste einer illyrischen Wallburg zu sehen.

Von Dubrava geht es hinab an die Südküste zum Ort **Žuljana**, der sich durch eine Süßwasserquelle auszeichnet. Auch in diesem Ort siedelten bereits die Römer, die eine Wasserfüllstation einrichteten. Auf sie geht möglicherweise auch der Name zurück: Sv. Juljana. Im 12. Jahrhundert wurde er erstmals erwähnt, im 15. Jahrhundert wütete die Pest, so dass die Bewohner ihren eigenen Ort niederbrannten.

Ston

Sie ist schon von weitem zu erkennen und windet sich seitlich über den Hügel: die Mauer von Ston. Sie ist die die Hauptattraktion des Ortes und wird scherzhaft auch als ›Chinesische Mauer Europas‹ bezeichnet. Auf einer Länge von fünf Kilometern verbindet sie die beiden Teile des Renaissance-Ortes Ston: Veliki Ston im Süden mit Mali Ston im Norden (veliki=groß; mali=klein). Das ist nur ein Bruchteil der chinesischen Mauer, aber sie ist die längste existierende Verteidigungsmauer Europas. Weitere spannende Sehenswürdigkeiten sind die Salinen und die Funde aus der Gudnja-Höhle. Auch ein Austernessen in Mali Ston sollte man sich nicht entgehen lassen.

■ Geschichte

Langsam entwickeln sich die beiden Orte Ston zu einer besonderen Touris-

Halbinsel Pelješac

Die Mauer von Ston

tenattraktion mit steigenden Übernachtungen. Die Bewohner waren besonders vom Krieg 1991 betroffen, bei dem Ston im direkten Beschuss der Serben lag. Hinzu kam ein Erdbeben 1996, kurz nach dem Krieg, das manche Aufbaubemühung erneut zunichte machte. Heute leben wieder 2400 Menschen in beiden Teilen, 2008 hatten nur 350 ihren Wohnsitz in Veliki Ston.

Veliki Ston, der südliche und, wie der Name sagt, größere Teil der Doppelstadt, wurde an der Spitze der Bucht Stonski-Kanal gebaut. Vor Ston liegen die großen Salinen mit ihrer Salzverarbeitungsanlage. Bereits die Illyrer sollen an diesem flachen Meeresausläufer Salz gewonnen haben. Später siedelten im Tal die Römer, die wahrscheinlich den Namen prägten und den Ort Stagnum nannten. Auf dem Berg Starigrad sind die Rundmauern eines römischen Castrums erhalten. Viel spricht dafür, dass dort auch schon Illyrer siedelten.

Gegenüber von Veliki Ston lebten bereits 5700 Jahre vor Christus an den Hängen der Zagorje-Berge, die sich knapp 700 Meter hoch auftürmen, Steinzeitmenschen in der Gudnja-Höhle. In den 1980er Jahren gruben Archäologen dort Keramikscherben aus, die von einer eigenständigen Kulturleistung zeugen. Deswegen spricht man auch von der Gudnja-Kultur.

Veliki Ston wurde 1333 auf dem Reißbrett entworfen und hat einen schachbrettartigen Grundriss. Bereits 1581 wurden Wasser- und Abwasserleitungen verlegt. Trotz der zahlreichen Kriege hat sich das Renaissanceambiente erhalten, so sind der Rektorenpalast mit seinem hübschen Brunnen davor und der Bischofspalast in der Nähe sehenswert.

■ **Stadtrundgang**

Veliki Ston ist von einer starken **Stadtmauer** umgeben, die wie nirgendwo in Europa in einem Fünfeck um die Stadt führt. An der Südwestecke steht mit dem **Veliki kaštio** die stärkste Bastion. Von den beiden Nordecken gehen zwei weitere Mauern aus, die über den Berg führen. Die östliche trifft später auf die westliche, während die westliche sich bis nach Mali Ston durchzieht. Von 1333 bis 1506, 173 Jahre lang, arbeiteten alle großen Baumeister an der Mauer, die auch in Dubrovnik an der Stadtbefestigung beschäftigt waren, Michelozzo Michelozzi, Bernhardin von Parma, Juraj Dalmatinac und viele andere. Die 40 Wehrtürme und fünf Festungen entlang der Doppelmauer sind in den letzten Jahren zum großen Teil renoviert worden.

Inzwischen können Touristen auf der Mauer auf zwei Wegen entlangwandern. So lässt sich einmal rund um die Stadt gehen und dann noch ein Abstecher Richtung Mali Ston nehmen. Das ist nicht unanstrengend, weil der Weg überwiegend aus Treppen besteht. Man sollte genügend zu trinken mitnehmen.

Der Grund für den Befestigungsaufwand liegt vor der Stadt: die **Salzfelder**. Um sie wurden im Mittelalter Kriege geführt. Unter der Ägide des Stadtstaates Dubrovnik erwähnt ein Dokument von 1381, dass 50 Arbeiter dort beschäftigt gewesen seien. Noch heute werden hier jährlich 200 der kleinen Salzgwaggons geerntet. Die Technologie hat sich kaum verändert. Die Salzwiesen werden geflutet, das Wasser verdunstet und mit der Schaufel muss dann das Salz in die Waggons geschippt werden. Die Saline kann gegen kleines Eintrittsgeld besichtigt werden. Nach vorheriger Anmeldung kann man dort auch mal einen Tag mitarbeiten.

In der Stadt ist der **Fürstenpalast** am Hauptplatz gegenüber der Post zu sehen. Er beherbergt heute die Ausgrabungsfunde aus der Gudnja-Höhle. Zu sehen sind zahlreiche mit archaichen Mustern bemalte Tonscherben, unter anderem ein Sieb und Fragmente einer Fruchtbarkeitsgöttin. Die Höhle selbst ist zwar zugänglich, aber es führt kein bezeichneter Weg dorthin.

Im Westen dehnt sich ein **Franziskaner-Nonnenkloster** aus, das mit einem wunderschönen gotischen Kreuzgang und einer Kreuzesdarstellung von Blaž Jurjev Trogiranin in der Kirche aus dem 14. Jahrhundert aufwartet. Es wurde im Krieg stark zerstört, die Nonnen wurden aber mit dem Wiederaufbau allein gelassen. Derzeit sind vier Nonnen im Kloster. Die Kirche kann nur zu bestimmten Zeiten besichtigt werden.

Im nahen Pfarramt wird auch der Schlüssel für die kleine Kapelle **Sv. Mihovil** aus dem 10. Jahrhundert verwahrt. Sie liegt außerhalb von Ston auf einem Hügel im Tal, zu dem eine kleine beschilderte Straße von den Salinen führt und auf den ein halbstündiger Fußweg hinaufführt. Der Aufstieg lohnt sich: Die renovierten Fresken in der Kapelle gelten als das besterhaltene Denkmal frühmittelalterlicher Wandmalerei in Dalmatien. Gleich links vom Eingang befindet sich eine der wenigen

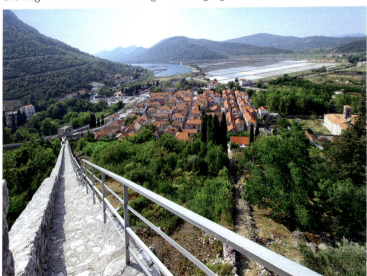

Blick von der Mauer auf Veliki Ston und die Salinen im Hintergrund

Das Franziskanerinnenkloster von Veliki Ston

Darstellungen eines kroatischen Königs. Die bärtige Gestalt mit einer fränkischen, also westlichen Krone hat nationale Symbolkraft und stellt wahrscheinlich König Mihovil I. (1077–1081) als Kirchenstifter dar; darauf weist das Modell einer Kirche in seiner Hand hin.

■ Mali Ston

Mali Ston ist ebenfalls ein kleiner am Hang gelegener Ort, der von starken Wällen mit nur schmalen Einlasstoren umgeben ist. Viele Häuser sind seit dem Erdbeben 1996 beschädigt und werden nach und nach renoviert. Oberhalb liegt die kleine Festung **Koruna**, die mit ihren fünf Wehrtürmen zum Festland schaut und Teil des Abwehrsystems ist.

Mali Ston lebt seit Jahrhunderten von der Austernzucht, die bereits im 17. Jahrhundert erwähnt werden. Seit dem 19. Jahrhundert werden sie in einem der größten künstlich angelegten Parks Kroatiens vor der Küste gezüchtet. Ende der 1980er Jahre wurden 2000 bis 3000 Tonnen Meeresfrüchte und 1,5 Millionen Austern produziert. Heute werden sie in modernen Kühlzentren sofort tiefgefroren und auf den Markt gebracht. Da gehört es dazu, in diesem Ort die Delikatesse einmal frisch probiert zu haben.

Ston

Vorwahl: +385/20. **Postleitzahl**: 20230
Turistička zajednica, Pelješki Put 1, Tel. 754452, www.ston.hr.

Hotel Ostrea, Mali Ston, Tel./Fax 754555, www.ostrea.hr; DZ 100–125 Euro. Traditionshaus, inklusive Restaurant mit Austerngerichten.
Villa Koruna, Mali Ston, www.vila-koruna.hr; DZ 90 Euro. Schlicht und sauber. Dem Eigentümer kann man alle Fragen zur Geschichte des Ortes stellen.

Fischrestaurant Bakus, Veliki Ston, Angeli Radovani Branko 5, Tel. 754270. Bietet unter anderem Austern an.
Kapetanova kuća, Mali Ston, Tel. 754264. Sehr gutes Restaurant, in dem man auch Austern bekommt, aber in Verbindung mit einer modernen mediterranen Küche, gutes Preis-Leistungsverhältnis.
Fischrestaurant Sorgo, Veliki Ston.
Pizzeria Stagnum, Veliki Ston. Schönes Ambiente unter einer Weinlaube.
Villa Koruna, Mali Ston, am Meer. Fischspezialitäten, inklusive Austerngerichte.
Taverne Bota Šare, Mali Ston. Viele Fischgerichte, Austern und traditionelle Gerichte.
Gastro Mare Kobaš, Kobaš 1a, Veliki Ston. Günstig bekommt man hier Fisch und alles, was aus dem Meer kommt, nach saisonaler Verfügbarkeit.

Camp Prapatno, 3 km westlich von Ston. Unter Olivenbäumen in eigener Bucht, mit Gastronomie.

Miloš, Vinifera, Ponikve 15, Tel. 753098. Versucht eigene kreative Geschmacksrichtungen herauszukitzeln, am besten ist der Plavac, vor allem nach längerer Lagerung.

Mitarbeit in der Saline; Juli–Sept. Wird entsprechend mit guter Verpflegung begleitet. Mehr Infos in der Saline unter Tel. 754027 oder in der TZ.
Besichtigung der Muschelfarmen, Infos in der TZ.

Strand am Ende einer Makadam-Straße Richtung Norden, etwas felsig, aber einsam.

Ordinacija Ston, Put Braće Mihanovića 7, Tel. 754004.

Insel Korčula

Die Insel Korčula wird meist mit der gleichnamigen romantischen Stadt Korčula auf der vorgelagerten Insel gleichgesetzt. Hier soll die Wiege des großen Asienreisenden von Marco Polo gestanden haben, auch wenn der letzte Beweis nicht geführt werden kann.
Nach dem Krieg bewirkt die Schönheit der Stadt heute wieder einen touristischen Andrang, den die Stadt kaum bewältigen kann. Ansonsten ist der übrige Teil der 276 Quadratkilometer großen Insel kaum frequentiert, lockt aber mit unberührter Natur und vielfältiger Flora, einsamen Badestränden und verschwiegenen Dörfern.

Geschichte

Überlieferungen der griechischen Antike nannten die Insel wegen ihrer dunklen Nadelbäume Korkyra Melaina, schwarze Insel, woraus sich später die Bezeichnung Korčula gebildet hat. Dieser legendäre Baumreichtum, der immer wieder aufgeforstet wurde, ließ bereits früh Werften auf der Insel entstehen, die im Mittelalter die Schiffe für Dubrovnik und Venedig bauten. Heute besteht nur noch ein Schiffbauunternehmen, das sich mühsam im internationalen Wettbewerb hält und eher für andere große, auch deutsche Werften vorproduzierte Teile liefert.

Die Griechen kolonisierten im 5. Jahrhundert vor Christus diese Insel, wovon der Volksbeschluss von Lumbarda zeugt, das älteste steinerne Dokument, das im gleichnamigen Dorf gefunden wurde. Wie in einem Grundbuch zählt es Griechen aus Unteritalien und Sizilien ebenso als Landeigentümer auf wie zugewanderte Illyrer. Zwischen den Griechen und den Illyrern, die in Vela Luka siedelten, kam es immer wieder zu Konflikten.
Mit seinem Namen hat Korčula die gleiche Wurzel wie die Insel Korfu und so überschneiden sich auch die Mythen, wonach Poseidon, der Gott des Meeres, Kerkyra, der Tochter des Asopos, auf Korčula ein Zuhause geschaffen haben soll.
Besiedelt war die Insel bereits seit der Steinzeit. In einer Höhle oberhalb von Vela Luka, der Vela špilja, sind 20 000 Jahre alte Funde einer Steinzeitkultur gemacht worden.
1571 verwüsteten die Türken die Insel, konnten die Stadt Korčula jedoch trotz ihrer Übermacht nicht einnehmen. Ein plötzlich aufkommender Sturm zerschlug die Flotte. Und weil dies am 15. August geschah, am Tag der Auferstehung Mariens, wurde der glückliche Sieg der Mutter Gottes zugeschrieben.

Insel Korčula

Die Inseln Korčula und Lastovo

Doch der Handel wurde jedoch durch die Zerstörungen zurückgeworfen, er verlagerte sich auf die Halbinsel Pelješac. Der Sieg über die Osmanen wird heute noch im säbelrasselnden Moreška-Tanz gefeiert, der in der Stadt Korčula aufgeführt wird.

1943 eroberten deutsche Truppen die Insel nach heftigen Schlachten. Anfang 1944 drangen, unterstützt von alliierten Lufteinheiten, über den westlichen Teil der Insel Partisanen ein, die schließlich im April die Insel vollständig übernehmen konnten.

Während des Krieges zwischen 1991 und 1995 war die Stadt zwar ständig durch Kriegsschiffe bedroht, tatsächlich kam es nur zu einem Raketenangriff auf die nicht mehr in Betrieb befindliche Radiostation ›Zrnovo‹ bei Pupnat. Dabei wurden zwei Menschen verletzt. Viele Männer aus Korčula kämpften in Ston. Die Versorgung Dubrovniks und der Insel Mljet wurde über Korčula organisiert.

■ **Wein auf Korčula**

Auf Korčula wird eine große Vielfalt an Trauben angebaut. Dabei ist der Anteil der Weißweine besonders hoch. Das beginnt mit dem Grk, der auch mit sandigen Böden in Lumbarda vorliebnimmt. Der eher schwere Weißwein, den griechische Kolonisten bereits im 5. Jahrhundert vor Christus mitgebracht haben, ist inzwischen ein Markenzeichen des Ortes. In Pupnat wird an Weißweinen der eher leichtere Rukatac und der volle tiefgelbe Pošip angebaut. Bei den Rotweinen ist das der vergleichbar tieffarbene und tanninreiche Plavac mali.

›Pošip‹ wird auch in Smokvice gekeltert, hier hat der Wein erstmals ein Qualitätssiegel eines regionalen Verbandes erhalten. Im Ort Blato ist Plavac, Rukatac, Pošip und Korkyra zu haben.

Lumbarda: Milina Frano Bire, Lumbarda br. 585, Tel. 712208. Otok Korčula, Stjepan **Cebalo**, Lumbarda 101, Tel. 712131. Beide bauen Grk an.

Pupnat: Familie Farac, unweit der Kirche. Mit drei verschiedenen Weinsorten, u.a. Plavac mali, füllen vor Ort in Glasflaschen ab.

Smokvica: **Vinarija Toreta**, Frano Baničević, Brna 496, Tel. 832100. Kleines Weinmuseum, angebaut werden Pošip und Rukatac. **Blato**: **Vinarja Blato 1902 d.d.**, ulica 31 BR. 2/1, Tel. 851234. Größte und traditionsreichste Kellerei mit zahlreichen Rebsorten. **Brna**: **Vinarija Milina**. Weine aus Trauben Plavac und Rukatac, Übernachtung möglich

■ **Tänze auf Korčula**

Die Moreška ist einer von vielen seit dem späten Mittelalter beliebten Säbeltänzen. Der Tanz kam einst aus Spanien und hat sich, obwohl er im ganzen Mittelmeerraum aufgeführt wurde, nur in Korčula erhalten. Als ›Morisco‹ entstanden, entlehnt vom Wort für ›Mauren‹, verarbeitet er den Kampf mit den Osmanen. Gegenstand des Männertanzes ist eine Braut, die von einem Schwarzen, einem Mauren, entführt und zur Hochzeit gezwungen werden soll. Also kommen die Roten, und in sieben Tanzformationen, die immer komplizierter werden, erobern sie die Frau zurück. Ein junger Korčulaner Komponist hat eine passende neue Musik dazu komponiert. In Blato, dem zweitgrößten Städtchen der Insel, wird die Kumpanija aufgeführt, ein Rittertanz in 18 Figuren. In Žrnovo und Pupnat wird die Moštra dargeboten, ein von Trommel und Dudelsack begleiteter Tanz in zehn Figuren, bei dem ursprünglich am Ende der Kopf eines lebenden Ochsen mit einem Streich abgeschlagen

Moreška-Aufführung

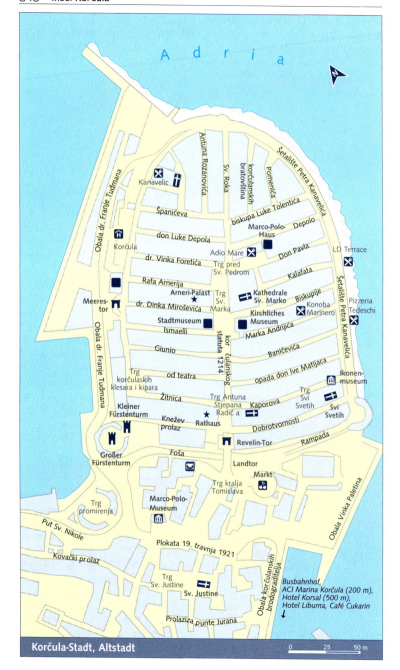

werden musste. Doch seit dies einmal vor laufenden Kameras einer Liveübertragung im kroatischen Fernsehen nicht ›auf Anhieb‹ gelang und der Ochse zu lange leiden musste, wird eine Attrappe verwendet.

Korčula-Stadt

Die Stadt auf der vorgelagerten Halbinsel, die von oben wirkt, als wolle sie wie ein Schiff gerade ablegen, ist ein einziges Freilichtkunstwerk. In den engen Gässchen lassen sich an den Renaissancefassaden verborgene Skulpturen, verzierte Fenster und repräsentative Hauseingänge entdecken.

Zu den größten Attraktionen gehört das Haus, in dem Marco Polo geboren worden sein soll, die Kirche Sv. Marko mit ihrem renovierten Altarbild von Tintoretto und die kleinen Museen am Kirchplatz. Ein besonderes abendliches Erlebnis ist der Moreška-Tanz.

■ Geschichte

Wenn Korčulaner die Schönheit oder sogar die Magie ihrer Stadt beschreiben sollen, erzählen sie gern diese Geschichte: Im Zweiten Weltkrieg sollte ein deutscher Flieger einen Bombenteppich über der Stadt Korčula abwerfen. Doch er fand die Stadt beim Anflug so schön, dass er beschlossen habe, die ganze tödliche Ladung im Meer davor niedergehen zu lassen. Eine ähnliche Rettung hatte die Stadt schon einmal erlebt, als der algerische Befehlshaber Ulaz Ali, Vize-König aus Algerien in türkischen Diensten, 1571 nur durch einen Sturm davon abgebracht wurde, die Stadt nicht wie bereits die übrige Insel zu zerstören. Laut einer Inschrift am Stadttor soll die Inselstadt von dem Griechen Antenor gegründet worden sein, andere antike Quellen schreiben den ersten Spatenstich sogar Äneas zu.

Blick auf Korčula-Stadt

Im 13. Jahrhundert wurde der Grundriss der Stadt nach römischen Vorbild noch einmal völlig neu am Reißbrett geplant. Seitdem gehen von einer Nord-Süd-Achse Seitenstraßen wie Fischgräten nach Ost und West ab. Das hat den Vorteil, dass die Sonne nur morgens und abends in die Stadt scheint und die die Häuser in der Mittagshitze im gegenseitigen Schatten stehen.

Bereits 1214 hat sich Korčula als selbständige Stadt eine Gemeindeverfassung gegeben, die als die fortschrittlichste in Europa galt: Sie verbot unter anderem die Sklavenhaltung und regelte eine frühe Form der Demokratie mit Wahlen der Stadtoberhäupter. Eine alte Abstimmungsurne ist noch im Ikonenmuseum zu sehen.

Korčula wurde erst am 13. Juni 1986 an die allgemeine Trinkwasserversorgung des Festlandes angeschlossen und bezieht seitdem das süße Naß aus dem Neretva-Tal.

Während des letzten Krieges gab es keine Schäden in Korčula. Allerdings wurde über Korčula per Schiff die Versorgung der Stadt Dubrovnik organisiert, soweit das ging.

Das Große Revelin-Tor

■ Trg Antuna i Stjepana

Die meisten betreten die Stadt über die mondäne Freitreppe, die zum Tor im Veliki Revelin-Turanj, dem **Großen Revelin-Tor**, führt. Zuvor war die Stadt an dieser Stelle durch einen Graben getrennt, über den einst eine Hängebrücke führte.

Gleich hinter dem Turm liegt der kleine Platz Trg Antuna i Stjepana Radića. Auf deren Westseite macht eine schöne Loggia aus der frühen Renaissance mit einem venezianischen Löwen auf sich aufmerksam. Sie gehört zum Rathaus, das an dieser Stelle im 16. Jahrhundert gebaut wurde.

Gegenüber vom Tor beginnt die ulica Korčulanskog Statuta 1214, die Nord-Süd-Achse der Stadt, von der kleine Gassen links und rechts abgehen. Am Eckhaus zur ulica od Teatra sollte man die vorragenden Balkonstützen beachten, auf denen heute kein Balkon mehr ruht. Sie sind mit romanischen Figuren verziert, die an archaischer Lebensfreude keinen Wunsch offenlassen.

■ Markuskathedrale

Der Trg Sv. Marka genannte Platz ist nach der Markuskathedrale benannt, die an seiner Ostseite steht. Die zwischen Anfang des 15. und Mitte des 16. Jahrhunderts gebaute dreischiffige Kathedrale ist die Bischofskirche des genau im Jahr 1300 gegründeten Bistums Korčula.

Die Kathedrale besteht aus einer einzigartigen Stilmischung. Noch Anfang des 15. Jahrhunderts, als in Venedig bereits die Renaissance aufkam, gestaltete Bonino da Milano den Eingang noch in gotisch-romanischer Form. Marko Andrijić, der bekannteste Korčulaner Baumeister, vollendete den Bau Anfang des 16. Jahrhunderts mit der Rosette und dem Turm, indem er gotische Spitzbögen und verspielte Elemente aus der Renaissance miteinander verband.

Nach dem Betreten der insgesamt dunklen Kirche wird der Blick sofort auf das **Altargemälde des heiligen Markus** am Altar gelenkt. Es ist ein Frühwerk von Jacopo Tintoretto (1518–1594) und wurde 2007 restauriert. Dabei wurde durch eine Röntgenaufnahme festgestellt, dass Tintoretto die zentrale Figur des Markus zweimal gemalt hat. Die darunterliegende Schicht zeigt ihn als Evangelisten, doch die Korčulaner verehren ihn als Bischof. Deswegen musste Tintoretto erneut zum Pinsel greifen und ihn zum Bischof ummalen. Dargestellt ist der Heilige im Mantel des Bischofs von Alexandria, flankiert wird Markus von Sv. Bartul und Sv. Jeronim, letzterer ist einer der Schutzheiligen Dalmatiens. Gleich zwei Löwen unten auf dem Bild sind als Attribute des Evangelisten zu sehen, der Löwe ist auch das Wappentier Venedigs.

Vor dem Bild wird der Altar von einem **Ziborium** überwölbt, das Marko Andrijić geschaffen hat. Im rechten Seitenschiff befindet sich noch unrestauriert ein weiteres Gemälde, das Tintoretto zugeschrieben wird. Es stellt eine Verkündigungsszene dar, gemalt auf einer Doppelplatte, die ursprünglich als Türflügel für die Orgel gedacht war.

Rechts neben dem Bild hängt eine Reihe von Waffen an der Südwand der Kirche. Dies sind Beutestücke aus der Belagerung von 1571 durch Heerführer Uluz Ali mit seiner algerischen Flotte.

Auf der gegenüberliegenden Seite der Kirche befindet sich als Anbau und viertes Schiff der Kirche die 1525 begonnene **Rochuskapelle** zu Ehren des Pestheiligen. Unter dem Turm steht das Taufbecken, eine schöne Steinmetzarbeit aus der Renaissance mit Tierdarstellungen, darüber eine schlichte, moderne, aber ausdrucksstarke Jesusfigur aus Bronze von Frano Kršinić.

■ Kirchliches Museum

Neben der Kirche zeigt das vollgestopfte kirchliche Museum im ehemaligen Bischofspalast Sammlungen aller Art. Zu sehen sind sowohl ein Polyptichon von Blaž Jurjev Trogiranin als auch zahlreiche weitere Gemälde aus italienischen Schulen: eine Geburt Christi aus der Tizianschule und zwei Zeichnungen von Leonardo da Vinci.

■ Stadtmuseum

Gegenüber am Platz befindet sich im ehemaligen Palast der Familie Gabrielli das Stadtmuseum. Es stellt vor allem zahlreiche griechische und römische Steinmetzarbeiten aus, aber auch steinzeitliche Funde, wie die Steinmesser von der Insel Badija, die etwa 7000 Jahre alt sein dürften, außerdem Werke neuerer Bildhauer aus Lumbarda.

Turm an der Ruine des Marco-Polo-Hauses

Insel Korčula

■ Marco-Polo-Haus

Folgt man der ulica Sv. Roka Richtung Norden, ist bald das Schild in die Straße rechts zum Marco-Polo-Haus nicht zu übersehen. In der ulica Depolo soll der Asienreisende geboren worden sein, sind die Korčulaner überzeugt. Beweise gibt es dafür nicht, wohl aber ist sicher, dass in diesem Haus eine Familie Depolo gelebt hat. Das Haus mit dem Turm, von dem aus die Handelsreisenden der Polos bereits den Kanal vor Pelješac im Blick hatten, ist heute eine Ruine und das Beispiel eines ehemaligen schönen gotischen Palasts. Er war in Privatbesitz, bis die Stadt Korčula 2004 ihn aus der Hand von zwei Schwestern für die Rekordsumme von 500 000 Euro gekauft hat. Nun entsteht darin ein Museum und ein Begegnungszentrum. Bereits jetzt sind im unteren Geschoss einige Ausstellungsstücke aus dem Leben des Asienreisenden zu sehen. Der Turm lässt sich besteigen, von ihm ergibt sich ein schöner Blick über die Dächer der Stadt und auf den Kanal von Pelješac.

■ Kirche Svi Svetih

Die ulica Depolo hinunter kommt man zur Šetalište Petra Kanavelića, der Promenade am Wasser, die rund um die Stadt führt. In südöstlicher Richtung liegt die Kirche Svi Svetih (Alle Heiligen) mit dem dazugehörigen **Ikonenmuseum**. In den Räume lebte einst die Bruderschaft der Allerheiligen. Während im Museum neun Ikonen aus dem 14. bis 16. Jahrhundert ausgestellt sind, die Korčulaner Soldaten zusammen mit einem Holzkreuz aus dem Kretischen Krieg (1645–1669) als Beute mitgebracht hatten, sind in der Kirche venezianische Malerei und Plastik zu bewundern, Holzschnitzereien von Antonio Corradini, ein Polyptichon von Blaž Jurjev Trogiranin von 1438/39 und vieles mehr.

ℹ️ Korčula-Stadt

Vorwahl: +385/20.
Postleitzahl: 20260.
Turistička zajednica Korčula, Obala dr. Franje Tuđmana 4, Tel. 715867, www.visitkorcula.net, www.korcula.net, weitere Seite mit Infos: www.korculainfo.com (private Website, auch Deutsch) oder www.korcula.net.
Post, Trg kralja Tomislava 24, Ulica 57 2.
Splitska banka, Plokata 19.
Privredna banka, Trg kralja Tomislava 2.

Tankstelle beim Fähranleger Dominče.

Busbahnhof, Obala korčulanskih brodograditelja, Tel. 711216.

Fähren stündlich ab Orebić nach Korčula landen im Hafen **Dominče**, 5 km außerhalb der Stadt, Busverbindung in die Stadt Korčula.

Die meisten der großen Hotels gehören zur ›HTP Korčula d.d.‹, Šetalište F. Kršinića 102, www.korcula-hotels.com:
Hotel Korsal, Šetalište Frana Kršinića 80, Tel. 715722, www.hotel-korsal.com; DZ 145–180 Euro. Edles, familiengeführtes Hotel mit Blick aufs Meer, nah an der Altstadt, ruhig.
Hotel Liburna, Put Od Luke 17, Tel. 726006, 726026; DZ mit HP 120–175 Euro. An der Ostküste, von der Terrasse schöner Blick auf die Stadt.
Korčula, Obala dr. Franje Tuđmana 5, Tel. 711078, 711732; DZ 120–160 Euro. 20-Zimmer-Hotel in einem alten Haus direkt in der nördlichen Altstadt, mit Blick auf das Meer.
Kostengünstigere **Apartments** in großer Auswahl auf der Website der TZ.

Zeltplätze vor allem westlich der Altstadt (Zrnovska Banja) und auch in Lumbarda.
Camp Oskorušica, Žrnovo, Vlaho Brčić, Tel. 710897 (spricht auch Deutsch), www.oskorusica.com. Schlicht, mit nur 30 Plätzen. 2 Pers./Auto/Zelt: 15–20 Euro.
Vrbovica, Bucht Vrbovica, Žrnovo, Ankica Curać, Tel. 721311, 721323, www.kamp-vrbovica.hr; 50 Plätze, 2 Pers./Auto/Zelt 21 Euro.
Kalac, auf der Insel Badija, HTP Korčula d.d., Tel. 711182; 2 Pers./Zelt 9–21 Euro. Schlichte Anlage für geringe Ansprüche, Platz für 600 Personen.

Restaurant Kanavelic, Sveta Barbara 12, Tel. 711800. Garantiert für Fisch aus einheimischen Gewässern.
Konoba Marinero, Marka Andrijica 13. Geführt von zwei Fischern, die frischen Fisch servieren.
Adio Mare, Marka Pola 2, Tel. 711253. Hübsche kleine Konoba, in der noch viel von Hand gemacht wird, mit wundervoller Weinkarte.
Konoba Stupe, Bernardo Bernardi 15, Tel. +385/98/9337611. Traditionelle, einfache Konoba im mittleren Preisbereich. Auf der kleinen Insel Veliki Stupe im Škoji-Archipel.
LD Terrace, Don Pavla Poše 1-6, 601726. Sehr schöne Terrasse mit Blick aufs Meer, einheimische Produkte in moderne Gerichte gegossen, hochpreisig.
Pizzeria Tedeschi, Šetalište Petra Kanavelica, Tel. 711586. Wenn es mal Pizza sein soll, diese hier ist nicht von Deutschen, sondern von Daniela Tedeschi und sehr gut.

Cukarin, Hrvatske Bratske Zajednice bb. www.cukarin.hr. Köstliche hausgemachte Kuchenspezialitäten.

Termine für die Volkstänze:
Stadt Korčula: Moreška, seit 30 Jahren jeden Donnerstag, im Juli und August zusätzlich am Montag, Beginn jeweils um 21 Uhr auf dem Platz neben dem Revelin-Tor.
Blato: Kumpanija, 2x pro Monat und am Volksfesttag, am 28. April.
Vela Luka und **Pupnat**: Kumpanija, im Sommer 2x im Monat.
Zrnovo: Moštra, am 15. August, dem Tag des Volksfestes.

Marco-Polo-Museum, Plokata 19 Travnja 1921 br 33. Sieben Räume mit nachgestellten Szenen aus dem Leben von Marco Polo, man sollte aber die Geschichte kennen, die man dann den Kindern erzählen kann.

ACI Korčula, Autobusni Kolodvor bb, 20260 Korčula (otok Korčula), Tel. 711661, m.korcula@aci-club.hr, direkt östlich der Altstadt, Tankstelle eine halbe Seemeile östlich.

Strände sind eher außerhalb von Korčula-Stadt zu finden, bei den großen Hotels. In **Luka Korculanska**, vor Ort auch Porto Pedoci genannt, gibt es sogar einen Sandstrand.
Strände gibt es auch auf den vorgelagerten Inseln, zum Beispiel auf **Planjak** oder den etwas entfernteren Inseln **Mala** und **Velika Stupe**, die per Taxi-Boot zu erreichen sind. Oder nach Lumbarda bei der villa rustica.
Rebekkas Empfehlung: Wer mit dem Auto unterwegs ist, sollte lieber die Strände an der Südseite der Insel aufsuchen. Die wohl lauschigste Badebucht der Insel ist **Pupnatska Luka**.

Ambulanz, Put Sv. Nikole bb, Tel. 716166 oder 711193.

Marco Polo

Es ist kaum auseinanderzuhalten, was an der Lebensgeschichte des großen Asienreisenden Marco Polo Wahrheit und Legende ist. So wenig wie sicher ist, ob er in Korčula geboren wurde, so stark wird bezweifelt, ob er überhaupt in China war. Wahrscheinlich ist: Marco Polo wurde 1254 geboren. Sicher ist: Er kam in der Familie des Kaufmannes Niccolo Polo zur Welt, der zusammen mit seinem Bruder Maffeo einen florierenden Handel mit Seide aus China zwischen Konstantinopel und Venedig betrieb.

Marco Polo nahm 1298 als Kommandant eines venezianischen Schiffes in der großen Schlacht der Serenissima gegen Genua teil, die vor Korčula stattfand. Nach dem Sieg der Genuesen wurde Polo von seinen Gegnern gefangengenommen. In der Gefängniszelle diktierte er seinen Bericht über die Chinareise einem Mithäftling in die Feder. ›Das Buch von den Wundern der Welt‹ wurde zu seiner Zeit das meistkopierte, -übersetzte und -gelesene Buch nach der Bibel.

Doch bereits kurz nach Veröffentlichung wurden erste Zweifel laut. Sie beschäftigen bis heute die Wissenschaft. So sind im Reich der Mitte nie Dokumente aufgetaucht, die belegen, dass Marco Polo je im Dienst des Kaisers von China gestanden habe. Dinge, die ihm in China hätte auffallen müssen, wie das Schießpulver und die chinesische Mauer, werden von Polo nicht erwähnt. Er könnte dort gewesen sein oder aber auch nicht. Ähnlich unklar ist auch sein Geburtsort: Es gibt Indizien, dass Polo in Korčula geboren ist. Einheimische Forscher führen an, dass keine weiteren Depolos außerhalb von Korčula nachweisbar sind. Dafür ist ein Haus, das die Familie Depolo bewohnt hat, sicher in Korčula zu lokalisieren. Marco selbst gab an, venezianischer Kaufmann zu sein. Doch weil Korčula zu Polos Zeit Teil Venedigs war, ist diese Angabe kein eindeutiger Beleg. Es existiert auch keine Tauf- oder Geburtseintragung in der Stadt Venedig. Dann gibt es da noch ein späteres Dokument aus dem 14. Jahrhundert, das im Nebensatz sagt: »Polo, dieser Mann kam ursprünglich aus Dalmatien ...«. Schon bei seiner Geburt beginnt die Frage, was ist echt, Seemannsgarn oder mystische Verbrämung? Seine Geschichte zeigt vor allem dies: Von chinesischen Märkten versprach sich bereits die Kaufmannswelt im 14. Jahrhundert gute Umsätze.

Tipp: Unterhalb des Revelin-Tores, in der Straße Plokata 19. Travnja 1921, befindet sich eine weitere Marco-Polo-Ausstellung. Darin werden mit Figuren Szenen aus seinem Leben an verschiedenen Stationen, von der Gefängniszelle bis hin zum Leben am chinesischen Hof dargestellt.

Marco Polo: In Korčula geboren oder nur eine gut verkäufliche Legende?

Insel Badija

Die Insel Badija ist die größte im Archipel um Korčula. Pinienwald bedeckt die knapp einen Quadratkilometer große Insel. Sie war bereits von den Römern besiedelt. Im 15. Jahrhundert gründeten die Franziskaner auf Badija ein **Kloster**, das der Insel ihren Namen (abbatia = Abtei) gab. Der im Süden der Insel gelegene Klosterkomplex ist im Mischstil zwischen Gotik und Renaissance errichtet. Charakteristisch sind der eigene Hafen und das Arsenal, in das kleine Schiffe hineinfahren konnten. Im spätgotischen Kreuzgang mit seinen sehr hohen Gängen zeigen die Kapitelle bereits verspielte Motive der Renaissance.

In den 50er Jahren drehte Regisseur Toma Janjić den überwiegenden Teil seines Films ›Crni Biseri‹ (Schwarze Perlen) auf der Insel. Hin und wieder wird der Film in Korčula gezeigt. Heute gehört das Kloster wieder den Franziskanern. Beliebt ist die Insel wegen der einsamen **Strände**, die mit kleinen Taxibooten von Korčula aus erreichbar sind.

Insel Vrnik

Auf der kleinen Insel mit ihrem verschlafenen Dorf wurde seit römischer Zeit über Jahrhunderte hochwertiger und weißer Kalkstein abgebaut. Zahlreiche kleine familiäre Steinmetzbetriebe arbeiteten in bis zu 29 Steinbrüchen auf der Insel. Der Stein soll in der Hagia Sophia und zusammen mit Stein aus Brač im Weißen Haus verbaut sein soll. 1966 wurde der Steinbruch aufgegeben. Zahlreiche Arbeiterhäuser stehen noch, und auch ein frisch renovierter Sommerpalazzo der Familie Gabrieli-Ismael aus dem 15. Jahrhundert auf der Ostseite der Insel ist zu sehen. Heute ist die Insel ein beliebtes Ausflugsziel Auf ihr leben nur wenige Familien und einige Künstler. Auch Vrnik ist nur per Taxiboot zu erreichen.

Statue von Frano Kršinić in Lumbarda

Lumbarda

Lumbarda liegt an einer sich dahinschlängelnden Küstenlinie, die seit alters her von Sommerhäusern bestanden ist. Dem entspannten 1200-Einwohner-Ort ist seine Gründung in der Antike durch die Griechen im 5. Jahrhundert vor Christus, von der der sogenannte Volksbeschluss von Lumbarda zeugt, heute nicht mehr anzusehen. Immerhin hat eine Weinsorte überlebt, die an die Zeit der Griechen erinnert: der Grk, heute das Markenzeichen des Ortes.

Immerhin wurde hier das älteste schriftliche Dokument aus dem 3. Jahrhundert gefunden. Es dokumentiert die Landaufteilung zwischen den Illyrern und den Kolonisten und war sozusagen in Stein gemeißelt. Das Dokument befindet sich heute im Archäologischen Museum in Zagreb, eine Kopie kann im Stadtmuseum in Korcula betrachtet werden.

An der Hauptstraße des Ortes befindet sich ein **Denkmal des einheimischen Bildhauers Frano Kršinić**, der für seine expressiven Frauenakte berühmt ist. Es erinnert an die Gefallenen im Partisanenkampf. Östlich hinter dem Dorf links an der Kapelle Sv. Križ vorbei steht noch ein **Turm aus römischer Zeit**. Er gehört zu einer Villa rustica, deren Ruinen unterhalb von ihm am Meer liegen. Das Anwesen, das noch lange in Funktion war, ist heute ein beliebtes Ausflugsziel mit Badestelle. Der Zutritt zur östlichen Spitze der Insel ist für Ausländer verboten. Sie war als militärisches Sperrgebiet bereits seit jugoslawischer Zeit abgetrennt. An der Ostspitze befindet sich eine vollständige unterirdische Infrastruktur für die Armee, die die wichtige Durchgangsstraße zwischen Split und Dubrovnik im Auge behalten soll.

Lumbarda
Vorwahl: +385/20, **Postleitzahl:** 20263.
Turistička zajednica, Prvi žal bb, Tel. 712005, www.tz-lumbarda.hr, tz-lumbarda@du.t-com.hr.
Post, Lumbarda 546.

Tankstelle in Korčula beim Fährhafen Dominče.

Hotel Borik, Tel. 712215, www.hotelborik.hr; 60–150 Euro. Freundlich geschmackvoll und in Meeresnähe.

Konoba Zure. Teil eines Bauernhof-Tourismusangebots. Hausmannskost und Fischgerichte, sehr persönlich mit vielen hauseigenen Spezialitäten, ist seinen Preis wert.
Konoba Lovrić, Tel. 712052. Küche einer Fischerfamilie mit zum Teil eigenen Produkten.
Pizzeria Poladin. Schöne Terrasse mit Meerblick.

Camp Vela Postrana, im Zentrum, Tel. 712067; 80 Plätze. 100 Meter vom Meer.
Camp Jurjević, Račišće-Bucht, Tel. 20712440; 30 Plätze, 12–14 Euro für 2 Personen mit Zelt. 500 Meter vom Zentrum. Camp Mala Glavica, Mala Glavica bb, Tel. 712342.

In der ganzen Bucht Bademöglichkeiten, empfehlenswert ist die Bucht **Pržina** mit flachem Sandstrand, für Kinder geeignet.
Tatinja, gegenüber der Insel Vrnik, mit Sprunggelegenheit vom Stein Parapet.
Bilin žal, bei der Villa Rustica. Schöner natürlicher Kieselstrand.

Marina Lučica-Lumbarda, Lumbarda 495, Tel. 712489, lucica-lumbarda@du.htnet.hr.

Snorkelling Adventure Sokol, Capt. Zoran, Tel. mobil 098/344182.

Smokvica

Auf dem Weg in den Westteil kann man dem Tourismustrubel in Korčula über eine zentrale Straße über die Insel entfliehen. Unter anderem kommt man durch das Dorf **Čara** mit einer langen Weinbautradition, die sie sich mit Smokvice teilt. Die kleine Kirche Sv. Peter stammt aus dem 15. Jahrhundert, nur der Glockenturm ist neueren Datums. In der Kirche befindet sich ein Bild des Renaissancemalers Jacopo Bassano (1510–1592), möglicherweise ein Spätwerk. Die Zypresse auf dem Platz davor ist einige hundert Jahre alt, wie Bewohner versichern, ohne aber eine genaue Jahreszahl zu kennen.

Das klassische Weinbaudorf Smokvica liegt an einem Berghang und strahlt die Tristesse verfallener Schönheit aus. An die Vergangenheit, als die Weinproduktion noch reich machte, erinnert lediglich der Kirchplatz, an dessen westlicher Seite man eine **Loggia** restauriert hat. Sie diente einmal der öffentlichen Rechtsprechung.
Die **Kirche** an der Loggia entstand Ende des 16. Jahrhunderts.

Gegründet wurde das Dorf mit seinen heute 1000 Einwohnern im 15. Jahrhundert von Flüchtlingen vor den Osmanen. Unterhalb etwas westlich vom Kirchplatz befindet sich das Omladinska Dom, das Jugendhaus. Darin haben am 26. November 1942, eineinhalb Jahre bevor die deutschen Besatzer von der Insel vertrieben wurden, die ersten jugoslawischen Kommunisten ihre lokale Parteizelle gegründet. Unterhalb von Smokvice liegt der Hafen Brna in der gleichnamigen Bucht. Früher wurde von hier aus einst der Wein verschifft, seit den 70er Jahren befindet sich hier eine Feriensiedlung.

Smokvica ist die Heimat der Weißweintraube Pošip auf Korčula. Zahlreiche kleine Winzereien bieten sie an.

Loggia in Smokvica

Vorwahl: +385/20.
Turistička zajednica, Brna bb, Tel. 832255, www.brna.hr.

Hotel Feral, 20272 Smokvica-Brna, Tel. +385/52/858600, www.hotel-feral.hr, DZ 80–148. Direkt am Wasser, schönes Ambiente.
Privatunterkünfte auf www.brna.hr oder in der TZ erfragen.

Krajančić, Zavalatica 313, Tel. 813695, in dem kleinen östlich gelegenen Ort Čara. Das Weingut lässt sich besuchen, sehr frischer Wein mit trotzdem kräftigen Aromen.
Pošip Čara, Tel. 833006. Weinbaugenossenschaft, ebenfalls im östlichen Čara gelegen, spezialisiert auf die gleichnamige Traube mit sehr schönen Ergebnissen.
Toreta, Smokvica 165, 20272 Smokvica, Tel. 832100.

Blato

Das 4000-Einwohner-Dorf Blato liegt in einem schönen langgestreckten grünen Tal. Die Fruchtbarkeit rührt von eigenen Wasserquellen her, die bereits Illyrern und später Römern ideale Siedlungsbedingungen boten. Noch heute versorgen diese Quellen die Küstenstadt Vela Luka mit Wasser.

Wein und Olivenanbau brachten den Bewohnern über Jahrhunderte Arbeit und Reichtum. Doch der Einfall der Reblaus Anfang des 20. Jahrhunderts beendete das gute Auskommen. 1925 wanderten 1300 Bewohner auf zwei Schiffen gemeinsam nach Australien aus. Heute leben in Sidney mehr Nachfahren aus Blato als in Blato selbst.

Derzeit kann sich ein Zulieferbetrieb für den Schiffbau halten und Arbeitsplätze sichern. Vom Tourismus bekommt Blato etwas durch das kleine Hafendorf **Prižba** ab. Auf dem Dorfplatz im alten Zentrum von Blato erinnern die Kirche **Svi Sveti** und eine **Loggia**, in der Gericht gehalten wurde, an Zeiten des Wohlstands. Die Kirche wurde im 14. Jahrhundert in gotischem Stil errichtet und später erweitert: zunächst um den Chor, dann um das Mausoleum, das die Reliquien der heiligen Vincentia beherbergt. Die Heilige wird im Dorf am 28. April mit einem Volksfest gefeiert.

Das Altarbild mit der Madonna und dem Kind, umgeben von allen Heiligen, ist von Girolamo da Santacroce aus dem Jahr 1540. Der linke Seitenaltar zeigt eine kleine, in Silber gekleidete Marienfigur. Unter dem silbernen Mantel befindet sich eine hölzerne Statue, die der Legende nach in einer Höhle gefunden und später zum Schutz in das Edelmetall eingefasst wurde.

An der Westseite des Platzes steht das Haus der reichsten Winzerfamilie des Ortes, der Familie Petković-Kovač. Ihr gehörte ein Siebtel der Insel, und sie beschäftigte in den besten Zeiten Ende des 19. Jahrhunderts etwa 750 Arbeiter in den Weinbergen und Olivenhainen.

Aus dieser Familie stammte die spätere Nonne Marija Petković (1892–1966), die erste Kroatin, die je seliggesprochen wurde. Zunächst kümmerte sie sich um die Bildung der Kinder im Dorf, nach dem Einfall der Reblaus sorgte sie für die verarmende Bevölkerung und wendete dafür das Erbe der Familie auf. 2002 wurde die 1966 verstorbenen Ordensgründerin von Papst Johannes Paul II. seliggesprochen. Ausschlaggebend dafür war die Rettung eines U-Bootes, das ein Bild von ihr mit sich führte.

1920 gründete Marija Petković den Orden der Töchter der Barmherzigkeit. Hinter dem Chor der Kirche die Gasse hinauf befindet sich das modern ausgestattete **Kloster** der Schwestern, von dem nur die Kapelle im Eingangsbereich zugänglich ist.

Blato und Prižba

Vorwahl: +385/20. **Postleitzahl**: 20271.
Turistička zajednica, Trg Dr. Franje Tuđmana 4, Tel. 851850, www.tzo-blato.hr. Büro im Zentrum von Prižba.
Blato Tours, Hauptstraße, oder Turistička zajednica, im Zentrum von Prižba, www.blato-croatia.com (engl.).

Die Durchgangsstraße zwischen Vele Luka und Korčula wird in größeren Abständen von Bussen frequentiert.

Hotel Alfir, Prižba, Tel. 861151. Das einfach ausgestattete Hotel liegt an der Südküste von Korčula.
Apartment-Hotel Priščapac, Prižba, Tel. 861178, Reservierung Tel. 2882279; DZ 72–114 Euro.

Camp Grščica, bei der gleichnamigen Höhle, Tel. 861224; nur 12 Plätze.
Autocamp Potirna, Jasenka Šimunović, Tel. 852056; 30 Stellplätze. 9 km südlich von Blato, unterhalb der Kirche Sv. Jure. 400 Meter vom Strand.

Čerin, Prižba. Terrasse mit Blick auf die vorgelagerten Inseln.
Riva1, Prižba. An der Hafenstraße.

Ethnologisches Haus Barilo: Im Haus gibt es eine Sammlung mit Alltagsgegenständen, zusammengestellt von den Privatleuten Velimir und Dita Škrablin: von Möbeln über Küchenutensilien bis hin zum Kräutergarten – und hausgemachte Liköre werden zum Kauf angeboten.

Die **Kumpanija** in Blato wird in Erinnerung der Schlacht von Giča aufgeführt. Auf einem Feld zwischen Blato und Prižba kam es 1571 der Überlieferung nach zu einer Auseinandersetzung mit Osmanen, nachdem die Türken bereits den Ort geplündert und Frauen und Kinder mitgenommen hatten. Die Männer von Blato holten die Türken ein und entrissen ihnen die Beute.

Fahrradverleih in Prižba, Infos bei der Turistička zajednica. Rund um Blato gibt es 140 Kilometer markierte Fahrradwege, 6 Touren zwischen 14,5 und 30 Kilometer sind ausgezeichnet.

Baden am Strand unterhalb des Ortes in den Bucht Gršćica und Prižba oder an der Nordseite bei Prigradica.

40 Kilometer auf 6 beschilderten Wanderwegen führen auf die schöne Südseite der Insel, aber auch an der Nordseite rund um Prigradica.

Ärztehaus Dr. Ante Franulović, Ulica 32 Nr. 11, Tel. 852731.
Apotheke, Ulica 85, Tel. 851039 od. 852642.

Vela Luka

Die verzweigte Bucht von Vela Luka ist weiträumig mit Neubauten zersiedelt. Damit ist der 5000-Einwohner-Ort der flächenmäßig größte auf der Insel. Bereits vor 20 000 Jahren lebten in der Höhle **Vela špilja**, die nördlich des Ortes am Berghang zu finden ist, die ersten Menschen.

Die Höhle ist nicht nur wegen ihrer Funde beachtenswert, sondern vor allem wegen ihres Eingangs mit den großen Löchern in der Wölbung imposant. Seinen Aufschwung zur heutigen Größe nahm der Ort aber erst im 18. und 19. Jahrhundert. Es entstanden eine Werft, eine Fabrik für Fischverarbeitung und andere kleine Industrie- und Verarbeitungsbetriebe.

Das **Renaissance-Kastell** der Familie Ismaeli an der Uferpromenade ist heute das älteste Gebäude. Es beherbergt ein Kulturzentrum mit einem **Museum**, das einige Funde aus der Höhle Vela špilja zeigt, sowie eine Sammlung moderner Kunst, die zahlreiche Künstler dem Ort gestiftet haben; so ist von der einheimischen Künstlerin Anka Prizmić-Šega eine ganze Sammlung zu sehen.

Partisanendenkmal an der Uferpromenade von Vela Luka

Vela Luka

Vorwahl: +385/20.
Postleitzahl: 20270.
Turistička zajednica, ulica 41 br. 11, Tel. 813619, www.tzvelaluka.hr. Etwas versteckt bei einem Park.
Post, Obala 2/1.
Zagrebačka Banka und **Splitska Banka**.

Regelmäßige Verbindung nach Korčula-Stadt.

Autofähre zw. Vela Luka und Split, je nach Strecke 3x pro Tag, außerdem ein Personenschnellboot 1x am Tag (allerdings sehr früh), jeweils mit Zwischenstopp in Hvar.

Die Kette HUM betreibt vier Hotels, Reservierung Tel. 812064, www.humhotels.hr:
Hotel Dalmacija, ulica 62, br. 2; DZ 60 Euro. Einfaches Haus im Zentrum, mit Gastronomie und Sitzmöglichkeiten auf der Terrasse.
Pansion Jadran, Obala 4, br. 20; 50 Zimmer, DZ 44–58 Euro. Im Zentrum, schlicht.
Adria, Plitvine bb, 2,5 km außerhalb von Vela Luka; DZ 110–140 Euro. Größere Anlage in der Nähe einer ruhigen Bucht mit Pool und anderen Annehmlichkeiten.
Posejdon, Obala 2 br. 1, Tel. 812246, 812064; 2 Pers. 40–60 Euro. Bungalow-Anlage nahe dem Zentrum.
Privatunterkünfte nennt die TZ, buchen muss man über eine Agentur.

Camp Mindel, Stani 192, 813600, mobil 098/1636409, www.mindel.hr; 2 Pers./Zelt/Auto 14 Euro (Nebensaison 10% Abzug). Unter Olivenbäumen, gut ausgestattet, mit Laden, etwas außerhalb von Vela Luka, nicht direkt am Wasser.

Konoba Lučica. Am Hafen, sitzen im schönen Garten bei gutem Fisch und Hausmannskost.
Restoran Bata, Tel. 812457. Traditionelle Fischgerichte, Reservierung empfohlen.

Insel Prozid: Der Strand auf der nördlich von Vela Luka gelegenen Insel war 2007 ›Strand des Jahres‹, eine vom Tourismusministerium vergebene Auszeichnung. Erreichbar mit dem Taxiboot.

Schöne Wanderungen sind auf der nördlichen und südlichen Seite der Bucht möglich, Informationen zu den Strecken gibt es in der Turistička zajednica.

Liegeplätze am Kai der Stadt.

Tauchbasis am Hotel Posejdon, Tel. 813508, www.croatiadivers.com.

Ambulanz, Ulica 11, Tel. 812760.

Insel Lastovo

Mit seiner schroff ins Meer abfallenden Küstenlinie hat die Ex-Pirateninsel Lastovo einen eher herben Charme. Die 47 Quadratkilometer große Insel liegt im Zentrum eines Archipels, das aus 46 Inseln und Riffen besteht. Sie ist zu zwei Dritteln grün und mit Aleppokiefern bewachsen. Die karge Macchia dehnt sich lediglich auf der Südseite aus. Die Inselwelt zeichnet sich durch weitgehend unberührte Landschaft und fischreiche Gewässer aus.

■ Geschichte

Als Vorposten in der Adria hatte Lastovo immer eine strategische Bedeutung. Wie Vis war die Insel bis 1996 militärisches Schutzgebiet und durfte von Ausländern nicht betreten werden. In Fels gehauene

Der Hauptort Lastovo

Unterstände für Schiffe sind noch auf der Nebeninsel Prežba zu sehen. Auf diese Weise hat sich keine touristische Infrastruktur entwickelt. Um die Unberührtheit zu erhalten, wurde die ganze Inselgruppe 2006 zu einem Naturschutzgebiet erklärt.

Im Namen ist die ursprünglich illyrische Ortsbezeichnung ›Ladesta‹ erhalten geblieben, die im 6. Jahrhundert Stephanus von Byzanz erstmals erwähnt, der sich auf ein griechisches Dokument aus dem 4. Jahrhundert vor Christus bezog. Doch Funde in der Rača-Höhle weisen auf eine Besiedelung im Neolithikum (ab 4500 v. Chr.) hin.

Die Römer nannten die Insel ›Augusta Insula‹ und siedelten überwiegend im heutigen Fährhafen Ubli, bevor sie im 7. Jahrhundert kroatisch wurde. Im Verlauf des Mittelalters lebten die Menschen vom Freibeutertum, wahrscheinlich im Zusammenspiel mit der Piratenrepublik Neretva, und sicherten sich weitgehende Autonomie.

Ein Dokument aus dem Jahr 1000 beschreibt, dass ›die Venizianer, die in diesem Bereich zur See fuhren, sehr oft nackt und ohne ihre Habe fliehen mussten.‹ Dabei waren die Inselbewohner wohl auf ihrer Festung, die heute noch über dem Hauptort Lastovo zu sehen ist, nahezu unangreifbar. Der venezianische Doge Pietro Orselo II. machte dem 998 ein Ende. Auf Grund ihrer Lage stritten sich Dubrovnik und Venedig um die Insel, und je nach Nutzen stellen sich die Insulaner unter den Schutz des jeweils anderen.

1252 erkennen die Insulaner die Oberherrschaft Dubrovniks an. In diesem Zuge entstand am 30. Januar 1310 ein Statut, auf das die Bewohner bis heute stolz sind. Es besagt, dass Dubrovnik alle alten Rechte der Einwohner garantiert. Gleichzeitig legt es in 30 Regeln das Zusammenleben der Bewohner untereinander fest. Ein Rat aus 20 Mitgliedern regierte die Insel. Das war die Grundlage dafür, dass Dubrovnik die Insel weitgehend autonom gewähren ließ.

Bis zur Eroberung Napoleons probten die Piratennachfahren allerdings mehrfach den Aufstand, wobei sie sich zwischen 1602 und 1606 die längste Zeit von der Stadtrepublik loslösen konnten. Spätere Legenden berichten, dass Lastovo einmal von türkischen Piraten aus

Die Bucht Skrivena Luka

Katalonien überfallen werden sollte. Die Bewohner flehten den heiligen Georg um Hilfe an. Darauf zerstörte ein Gewitter die Schiffe der Angreifer. Berichtet wird, dass die Lastovaner den feindlichen Boten ergriffen, ihn zum Spott auf einem Esel durch das Dorf führten und ihn schließlich verbrannten. Seitdem wird alljährlich in der Karnevalsprozession des heiligen Georg gedacht.

Mit dem Vertrag von Rapallo 1920 gehörte die Insel zu Italien, doch nachdem die Partisanen Mussolinis Regierungsvertreter auf der Insel ermordet hatten, wurde sie ohne völkerrechtliche Verträge in die sozialistische Republik Jugoslawien eingegliedert und später dann in das heutige Kroatien überführt.

■ **Ubli und Lastovo**

Der Besucher landet im westlich gelegenen Fährort **Ubli** an, das archäologischen Funden zufolge bereits in der Frühzeit besiedelt war. Am Ortsrand sind mit den **Grundmauern von Sv. Petar** Zeugnisse frühchristlicher Spuren aus dem 5. oder 6. Jahrhundert zu sehen.

Wenige Kilometer im Inneren, an der Nordseite der Insel, liegt das Inselzentrum **Lastovo**. Wie Ränge eines Amphitheaters ziehen sich die Häuser an einem 96 Meter hohen Berg hinauf, auf dessen Spitze die Festung liegt. Der Ort ist von 20 Renaissancehäusern aus dem 15./16. Jahrhundert geprägt. Charakteristisch sind die großen Terrassen und die zylindrischen Schornsteine.

Im Zentrum befindet sich die 1473 erbaute Kirche **Sv. Cosmas i Damian**. In der zweiten Hälfte des 15. Jahrhunderts wurde sie das erste Mal erweitert. Ihre dreigliedrige Fassade erhielt sie dann Anfang des 17. Jahrhunderts.

Wichtigster Sohn des Ortes ist der 1454 geborene Dobrić Dobričević. Unter dem Namen Boninus de Ragusia machte er als Drucker eine internationale Karriere und erregte mit seinen Klassiker-Ausgaben von Catull, Vergil, Plutarch und Dantes ›Göttlicher Komödie‹ in Europa großes Aufsehen. Unter anderem arbeitete er in Venedig, Verona, Brescia und Lyon, bevor er 1528 in Treviso starb.

Das kleine Kirchlein **Unsere Jungfrau in Grža** wurde 1442 von dem Priester Marin Vlahanović erbaut und hat einige erstaunliche Gemälde aus dem 16. Jahrhundert aus Dubrovnik als Spenden eingesammelt.

Über der Stadt thronte seit dem Mittelalter eine Festung, von der nichts mehr erhalten ist. Zu sehen sind heute nur noch Reste eines Kastells, das die Franzosen 1808 wieder aufbauten. Nach dem Aufstand von 1606 war das mittelalterliche Bauwerk von den Dubrovnikern zerstört worden. Heute dient die Bergspitze als Wetterstation.

Schöne Buchten sind **Passadur** im Westen der Insel und das auf der Südseite gelegene **Skrivena Luka** (Versteckter Hafen), in dem einer der ältesten Leuchttürme Kroatiens aus dem Jahr 1839 steht. Mit einer Brücke verbunden ist die Insel **Prežba**.

Ubli und Lastovo
Vorwahl: +385/20.
Postleitzahl: 20290.
Turistička zajednica, Pjavor 7, Tel. 801018, http://tz-lastovo.hr, sehr informativ: www.lastovo.org/en/home
Post, Prijevor 9.
Verschiedene **Bankinstitute** in der Lastovska.

Einzige Tankstelle am Fährhafen in Ubli.

Anreise von Split über Vela Luka (Korčula) mit der Autofähre nach Ubli, 2x tägl (zurück 3x tägl.), kurzer Tagesausflug ist möglich.

Hotel Solitudo, Pasadur, Tel. 802100; DZ 60–110 Euro. Bei der Brücke auf die Insel Prežba, direkt am Wasser, Meerblick, große Zimmer, sehr geschmackvoll und sauber.

Bademöglichkeiten bestehen in der **Zaklopatica-Bucht**, **Skrivena-Luka** (Portorus), **Velo** und **Malo-Lago-Bucht**.
Wer Zeit hat, sollte sich auf die Insel **Saplun** bringen lassen, wo einsame Strände warten.

Diving Centar Ronilačkiraj, Tel. 805179, www.diving-lastovo.com.

Insel Mljet

Mit ihren ausgedehnten Pinienwäldern ist die 37 Kilometer lange und durchschnittlich drei Kilometer breite Insel eine der grünsten in der Adria. Denn bereits ab 1345 gebot ein Gesetz, regelmäßig neue Bäume zu pflanzen. Bewahrt wird das Naturidyll besonders im **Nationalpark** an der Nordwestseite der Insel. Darin bildet die verschlungene Küstenlinie zwei Salzseen, in dem auf einer kleinen Insel idyllisch das Benediktinerkloster **Sv. Marija** liegt.
Doch auch der Süden mit seinen steilen Küsten und einsamen Dörfern ist eine Entdeckung.

Geschichte

Mljet, heißt es, soll die sagenhafte Insel Ogygia der Nymphe Kalypso aus der Odyssee sein. Diese habe in einer Höhle den listenreichen Odysseus auf seiner Irrfahrt sieben Jahre lang umgarnt und festgehalten. Verbürgt ist, dass die Griechen die Insel ›Melitá nesos‹, Honiginsel, nannten. Eine Siedlung der Hellenen fand man auf der Insel nie, dafür zahlreiche gesunkene Schiffe mit Ladung in den Häfen Okuklje, Sobra und Polače. Odysseus ist nicht der einzige historische Promi, der an die Küsten dieses Eilandes gespült wurde: Nach einem Sturm soll Paulus auf der Insel ›Melitá‹ gestrandet sein, wie es in der Apostelgeschichte heißt. Allerdings hieß auch Malta zu damaliger Zeit so. Während die Theologie heute davon ausgeht, dass Paulus vor Malta Schiffbruch erlitt, war Porphyrogennetos im 10. Jahrhundert überzeugt, dass auf seinem Weg nach Rom Mljet die von Naturgewalten erzwungene Station für den Apostel gewesen sei.
Im Mittelalter machten deshalb viele Kreuzfahrer auf Mljet Station, um den biblischen Briefeschreiber zu ehren. Bis heute gilt Paulus für die orthodoxe Kirche deshalb als erster Missionar der kroatischen Küste.
35 vor Christus eroberte Kaiser Augustus die Insel und unterwarf ihre illyrischen Bewohner. Damit setzte er einen Schlusspunkt unter eine jahrhundertelange Auseinandersetzung: Denn obwohl

364 Insel Mljet

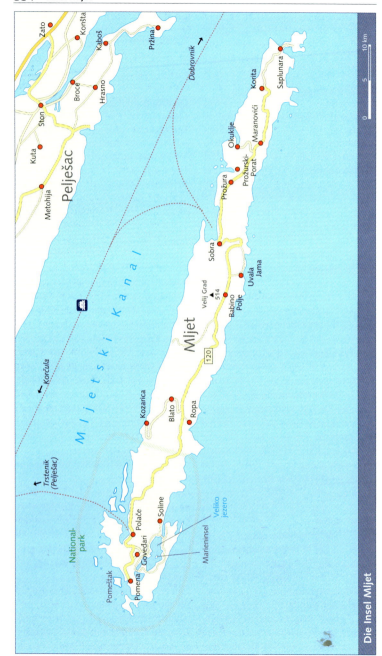

Die Insel Mljet

die Römer bereits 167 vor Christus den illyrischen Herrscher Genthios besiegt hatten, machten die Illyrer den Kanal von Mljet weiterhin mit Überfällen auf Handelsschiffe unsicher, schreibt Appian in seinem Bericht über die endgültige Eroberung.

Im 3. Jahrhundert entstand dann in Polače ein römischer Palast, der deutlich über eine villa rustica hinausging und wie kaum ein anderer in Dalmatien bekannt ist. Ab dem 6. Jahrhundert gehörte die Insel dem byzantinischem Reich an und wurde im 10. Jahrhundert in der Liste der Besitztümer bei Porphyrogennetos erwähnt.

Doch das Piratentum war damit nicht beendet. Im Mittelalter siedelten sich Piraten aus dem Neretva-Delta auf der Insel an, gründeten das Dorf Vrhmljeće und setzten die alten Kaper-Traditionen fort. Dabei ließen sie sich auch nicht stören, als der Obergespan Zahumlje im 12. Jahrhundert den Benediktinern aus der Abtei Pulsano (Apulien) einen Großteil von Mljet schenkte. Die Mönche bauten auf der Marieninsel ihr Kloster, das sie bis Anfang des 19. Jahrhunderts bewohnten, als Napoleon Orden und Klöster auflöste. 1345 kam die Insel zu Dubrovnik.

Die Stadtrepublik führte die berühmten Statuten von Mljet ein, mit denen aus den Piraten von Mljet artige Inselbewohner werden sollten. Unter Strafe gestellt wurde unter anderem, sich Jungfrauen ohne Heiratsabsichten zu nähern und ebenso, sich im Streit die Bärte auszureißen. Viehdiebstahl wurde mit Verbannung geahndet, und das Einschlagen von Holz war nur mit Genehmigung und bei gleichzeitigem Aufforsten gestattet. Dubrovnik teilte die Insel: Der Teil des heutigen Nationalparks gehörte den Mönchen, der Rest der Insel den Bewohnern, die von der Fronpflicht gegenüber den Mönchen befreit waren.

Von 1813 bis 1918 kam die Insel dann unter die Herrschaft Österreichs. Der österreichische Baron Schilling, der für die Forstverwaltung in Dalmatien zuständig war, siedelte auf Mljet (aber auch auf anderen Inseln wie zum Beispiel Korčula) Mungos aus Indien an, um die Insel von Schlangen zu befreien.

Inzwischen haben die Mungos sich so stark vermehrt, dass sie zu einer Plage für Bauern geworden sind und auch andere Kleintiere und Vögel zu vernichten drohen, insbesondere insektenfressende Tiere, so dass sich die Insekten ungestört vermehren können.

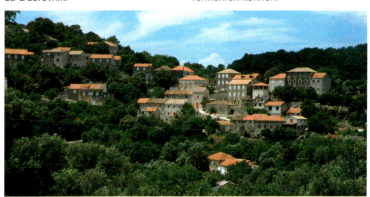

Govedari mutierte einst vom Wohnort der Viehhirten zum Wohnort der Reichen

Babino Polje

Nach dem Hafen von Sobra, an dem die Fähre landet und in dem sich die einzige Tankstelle der Insel befindet, ist das Inselzentrum Babino Polje der nächstgelegene Ort Richtung Nordwesten.

Übersetzt lautet der Name des Ortes ›Großmutters Feld‹, er entstammt einer Legende: Als Fürst Deša die Insel erobern wollte, traf er beim Gegner auf erheblichen Widerstand. Die Handlungen gerieten ins Stocken; da traf Deša eine alte Oma, und die gab ihm den Tipp, wie er dem Gegner die Wasserzufuhr abdrehen konnte. Schon bald wurde der Widersacher vom Durst aus seinen Stellungen getrieben und konnte besiegt werden. Zum Dank schenkte der Gewinner dem Großmütterchen ein Stück Land: Babino Polje.

Babino Polje gilt als das älteste Dorf auf der Insel und wurde wahrscheinlich von den eintreffenden Slawen im 7. Jahrhundert gegründet. 1222 wurde es erstmals in einem Dokument erwähnt. Heute ist Babino polje das Verwaltungszentrum für Mljet.

Die gotische Kirche des Ortes, **Sv. Đurđ** aus dem 12. Jahrhundert, wurde auf dem Grundriss einer älteren Kirche erbaut. 1493 errichtete die Stadt Dubrovnik den **Fürstenpalast**. Der Turm daneben entstand zur gleichen Zeit. Die Südküste unterhalb des Dorfes bietet einige schöne Badebuchten.

Im Hafen von **Uvala Jame** landen die Fischer von Babino Polje an. In der Bucht befindet sich auch die legendäre Höhle **Odisijeva špilja** (30 Minuten Fußweg), in der Odysseus von der Meeresnymphe Kalypso festgehalten worden sein soll. Sie ist die einzige Höhle in Kroatien, die sowohl von der Land- als auch von der Seeseite zugänglich ist.

Babino Polje

Vorwahl: +385/20.
Postleitzahl: 20225.
Turistička zajednica, Zabrježe 2, neben der Pfarrkirche, Tel. 746025, www.mljet.hr.

Einzige Tankstelle beim Fähranleger in Sobra.

Privatunterkünfte finden sich auf der ganzen Insel, Angebote auf der Homepage der TZ.

Autocamp Mljet, unterhalb der Inselmagistrale, Tel. 745300.
Autocamp Marina, Ropa 11, Tel. 745071, mobil 098/9155676.
Autocamp Lovor, Kozarica, Tel. mobil 098/702200, http://autocamp-mljet.com; 2 Pers./Auto/Zelt 13–17 Euro. In dem Dorf Kozarica an der Küste. Der Platz liegt sehr ursprünglich unter Olivenbäumen auf wenig bearbeitetem Boden, nah am Wasser.

Einkaufsladen im Ort.

Wandermöglichkeiten gibt es von Babino Polje auf den 514 Meter hohen Berg **Velijgrad**, die Tour sollte aber mit guter Ausrüstung unternommen werden. Der Weg führt an Höhlen vorbei, wie der 100 Meter langen **Movrica-Höhle** mit Tropfsteinformationen.

Wandern lässt sich auch entlang der **südlichen Küste**, wo sich auch Badestellen zum Abkühlen finden, Informationen in der Turistička zajednica.

Ambulanz, Zabrježe 97, Tel. 745005.
Apotheke, Zabrježe 94, Tel. 745158.

Polače

Auf dem Weg zum Nationalpark führt die Straße mitten durch einen **römischen Palast**, der dem Ort seinen Namen gab: Polače. An der Bucht zeugen noch bis zu 15 Meter hohe Mauern von ihm. Erbaut wurde er im 3. oder 4. Jahrhundert von Agesilaos aus Anazarbos in Kilikien. Er war zusammen mit seinem Sohn Oppian von Kaiser Septimus Severus nach Mljet verbannt worden. Oppian fasste die Schönheit der Insel in zahlreiche Verse, so dass der Kaiser die Verbannung aufhob. Der Palast diente mehrere Jahrhunderte zur Verwaltung der Insel. Dahinter befinden sich Reste einer Basilika von ersten Christen aus römischer Zeit. Links vom Chor ist sogar noch das Taufbecken im Boden des Baptisteriums zu sehen. Der Ort verfiel, weil die Benediktiner eine Bebauung verhinderten. Erst ab dem 15. Jahrhundert kam wieder Leben an den Ort. Wie schon in Römerzeiten ist der Hafen ein beliebter Anlaufpunkt, zum Beispiel für die Yachten russischer Oligarchen und so mancher amerikanischer Filmstars, wie die Bewohner zu berichten wissen.

Einige Kilometer weiter folgt der Ort **Goveđari**, dessen Name sich von ›Govedar‹, Rinderhirt, herleitet. Zunächst war dies eine Siedlung der beim Benediktinerkloster angestellten Fronarbeiter, die sich um das Vieh kümmern sollten. Ab 1793 ließen sich Kolonisten hier nieder und bauten schöne palazzoähnliche Häuser.

Nationalpark Mljet

Zwischen Babino Polje und Polače beginnt der 54 Qudratkilometer große und 1960 gegründete Nationalpark mit seinen beiden Salzseen. Mit seinen 5400 Hektar ist er das erste Meeresschutzgebiet in Kroatien.

Vor 10 000 Jahren waren diese beiden Becken noch mit Süßwasser gefüllt. Erst um 600 nach Christus stieg der Meeresspiegel, so dass sie mit Salzwasser geflutet wurden. Messungen zufolge steigt mit der Tiefe der Salzgehalt, was auf eine unterirdische Verbindung zum Meer hindeutet. Die Durchfahrt vom Meer hatte bis zum Jahr 1960 lediglich eine Tiefe von etwas mehr als einem halben Meter. Danach wurde sie dann auf 2,50 Meter ausgehoben.

Der Eingang zum Nationalpark liegt eine halbe Stunde Fußmarsch oberhalb der Seen, dort wird ein Eintrittsgeld verlangt, das auch eine Fahrt auf die Marieninsel einschließt. Das Befahren mit dem Auto ist nur Einheimischen erlaubt; ein Bus fährt in unregelmäßigen Abständen.

■ Marieninsel

Das Besondere am Park ist eine 120 mal 200 Meter große Insel im **Veliko jezero**, die seit der Römerzeit alle Träume vom abgeschiedenen Leben erfüllt, wie Funde zeigen. 1151 schenkte der serbische Fürst Deša von Zahumlje den Benediktinern diese Insel. Sie errichteten darauf eine romanische Klosteranlage, die in der Renaissance behutsam überbaut wurde. Gegründet wurde das Kloster von Mönchen aus Pulsano auf dem Monte Gargano im heute italienischen Apulien. Sie gehörten einem intern umstrittenen Sonderzweig der Benediktiner an, dessen Mitglieder als Eremiten leben wollten, obwohl die Regeln ein Leben in Gemeinschaft vorschreiben. Besiedelt wurde das Kloster von der Insel Lokrum aus. Das Kloster entwickelte sich vom 15. bis zum 18. Jahrhundert zum führenden Kloster im Raum Dubrovnik, in ihm blühten Kunst und Literatur, einzelne Äbte waren als große Dichter ihrer Zeit anerkannnt.

Von 1869 bis 1941 befand sich die Forstverwaltung der Insel Mljet in dem Komplex. 1960 wurde unter Tito im Kloster

Die Marieninsel

das Hotel ›Melita‹ eingerichtet, es diente als Erholungsort für Arbeiter einer Staatsfirma aus Belgrad. Seit 1995 gehört es wieder den Benediktinern, doch ein Versuch von Ordensmitgliedern, ein mönchisches Leben aufzubauen, ist 2007 an bürokratischen Hürden gescheitert. Die zukünftige Nutzung ist ungewiss.
Zugänglich ist vor allem die beeindruckende romanische **Kirche**, deren Architektur sich an der Bauweise apulischer Gotteshäuser orientiert. Der Bau gilt als Bindeglied zur serbischen Architektur, denn die Kirche wurde vom serbischen Herrscher Stephan dem Erstgekrönten (1165–1227) gestiftet. Im 16. Jahrhundert entstand der Vorbau mit seinen schönen Renaissanceornamenten. Zu sehen ist noch das Wappen der Familie Gundulić, die diesen Bau finanziert hat. Nur von außen erkennbar ist ein **Wachturm** über dem Chor, der früher auch einmal einen Umgang hatte.

■ Pomena

Pomena ist der Ferienort, um im Naturpark unterzukommen. An der nordwestlichen Spitze Mljets mit den vorgelagerten Inseln kann man einen erholsamen Urlaub verbringen. Von hier aus lassen sich viele naturnahe Aktivitäten angehen: Baden, Mountainbiken, Tauchen.

> **ℹ Nationalpark Mljet**
>
> **Vorwahl:** +385/20.
> **Nationalpark Mljet**, Pristanište 2, 20226 Govedari, Tel. 744041, www.np-mljet.hr; Eintritt 90 Kuna.

An den Seen gibt es einige private Unterkünfte zu mieten. Diverse Pensionen in der Umgebung.
Hotel Odisej, Pomena, Tel. 744022, www.alh.hr; DZ 80–200 Euro. Gehört zur Gruppe ›Adriatic Luxury‹. Direkt am Meer gelegen, Klimaanlage, freier Eintritt zum Wellnessbereich. Mit Restaurant und eigenem Strand.

Im Hafen von Pomena gibt es zahlreiche Restaurants mit Fischspezialitäten.

Baden am **nordöstlichen Ende der Promenade** möglich.
Mit dem Wagen auf die **westliche Halbinsel** fahren (felsig) oder auf den **vorgelagerten Inseln** baden, zu denen man sich mit dem Taxiboot bringen lassen kann.
Pomeštak ist eine FKK-Insel.

Liegeplätze am Pier des Hotels ›Odisej‹ in Pomena, mit Strom und Wasser.

Karte S. 364

Prožura

Auf dem Weg in den eher einsamen südöstlichen Teil der Insel liegt rechts der Magistrale, versteckt in einer Talsenke, das verschlafene Dorf Prožura. Im Zentrum befindet sich die kleine Renaissancekirche **Sveta Trojica**, die von Benediktinern erbaut wurde. Der Orden unterhielt am Platz auch eine kleine Gemeinschaft. Das vielfach beschriebene wertvolle gotische Kruzifix aus Bronze wurde nach Dubrovnik gebracht. Die Bewohner sprechen dabei hinter vorgehaltener Hand von staatlichem Kunstraub.

Blick von der Friedhofskapelle

Oberhalb auf der nördlichen Seite des Dorfes steht ein **Wehrturm** aus dem 17. Jahrhundert, der heute als Heuschober dient. Auf der Spitze des Hügels befindet sich das **Friedhofskirchlein**, von dem sich ein wunderschöner Blick von der Friedhofskapelle über die Inselwelt und über die Dächer des Dorfes bietet.

Unterhalb von Prožura liegt der Ort **Okuklje** in einer stillen Bucht. Das von Dubrovnik aus gegründete Dorf wurde 1669 von Piraten dem Erdboden gleichgemacht, heute wird die Bucht als Geheimtipp wiederentdeckt.

Saplunara

Die meisten steuern Saplunara an der südöstlichen Spitze der Insel wegen seiner sandigen und ruhigen Badebucht an. Die Straße dorthin eröffnet einen grandiosen Blick auf das Meer, und man kommt an zwei kleinen bemerkenswerten Dörfern vorbei. Versteckt am südlichen Hang liegt **Maranovići**. Die Gründerfamilie Maranović betrieb an diesem Berg Oliven- und Weinanbau. Später siedelten sich sephardische Juden aus Spanien in diesem Ort an. Maranovići war über mehrere Jahrhunderte hinweg der einzige Ort mit einer eigenen Ölmühle. Die Romantik eines verlassenen Dorfes strahlt **Korita** aus. Nur noch 20 alte Bewohner leben hier, ihre Kinder wohnen in Paris und anderen Metropolen. Über die Dächer ragt ein alter Wehrturm, der privat als Geräteschuppen genutzt wird. Trotz der wenigen Einwohner hat der Ort drei kleine Kirchlein: Sv. Vid, Sv. Velika Gospa und auf dem Hügel Sv. Mihovil, zu der an besonderen Feiertagen Prozessionen führen.

Die **Bucht von Saplunara** wirkt noch sehr natürlich, weil die touristische Infrastruktur eher bescheiden ist. Am Ende der Straße führt ein schöner Pfad an der südöstlichen Spitze der Insel entlang. Dort eröffnet sich eine weitere Bucht, die kreisrund in die Insel gespült wurde. Sie hat einen wunderbaren Sandstrand.

Die Bucht von Saplunara

Saplunara

Pension Baldo Kralj, an der Einfahrt zur Bucht.
Villa Mirosa. Mit Restaurant.
Außerdem zahlreiche **Privatapartments**.

Reisetipps von A bis Z

Alkohol

Grundsätzlich ist es kein Problem, Alkohol in der Öffentlichkeit zu trinken. Allerdings wird er gemeinsam sitzend eingenommen; mit der Bierflasche durch die Stadt zu laufen, wirkt befremdlich. Einladungen auf ein Glas Wein oder Schnaps darf man ruhig annehmen. Am Steuer allerdings gilt in Kroatien die 0,5-Promille-Grenze. Kontrolliert wird eher gelegentlich, dann aber mit allen Konsequenzen.

Anreise mit dem Auto

Aus Deutschland: Die direkte Anreise empfiehlt sich auf der E55 über München und Salzburg entlang der Tauernautobahn nach Villach. Von dort Transit durch Slowenien durch den Karawankentunnel nach Ljubljana, dann nach Zagreb und über die neue Autobahn E71 und A1 nördlich nach Zadar. Sie führt weiter an Šibenik vorbei nach Split und endet bei Metković. Nach Dubrovnik muss dann der alte Autoput an der Küste genutzt werden.

Schöner ist die Strecke an der Küstenstraße entlang, sie dauert aber einen Tag länger. Es geht über Postojna nach Lubljana zum kroatischen Grenzübergang Rupa weiter nach Rijeka und dann immer entlang der Adria-Magistrale E65 Richtung Süden.

Der Weg über Italien ist möglich, aber nicht zeitsparend.

Aus der Schweiz: Die Straße über die Gotthardt oder Bernardino-Route vorbei an Chiasso und über die A4 (E64/70) nach Triest, dann über die E61 und E63 nach Rijeka und über die A6 und A1 weiter nach Zadar (längere Strecke, aber schneller) oder ab Rijeka auf der Küstenstraße nach Zadar.

Straßenbenutzungsgebühren: Vignettenpflicht in Österreich (2015: 10-Tagesvignette 8,70 Euro für PKW, 5 Euro für Motorrad) und in Slowenien (2015: 15 Euro pro 7 Tage, 30 Euro pro Monat für PKW, je nach Höhe und bis 3,5 Tonnen, 7,50 Euro für Motorrad, 30 Euro für 6 Monate). Mehr Infos und vorbestellen unter www.tolltickets.com möglich.

In Kroatien werden Gebühren an den Autobahnen erhoben, sie bemessen sich nach der Länge der benutzten Strecke, siehe auch www.hac.hr (engl., leider schwer navigierbar).

Dokumente: Pflicht sind Führerschein und Fahrzeugschein. Wer nach Dubrovnik will, muss ein Stück durch Bosnien und Herzegowina, dort wird zusätzlich die grüne Versicherungskarte verlangt.

Die **Tankstellendichte** ist ausreichend, bezahlt werden kann überwiegend auch per EC-Karte. Achtung: Auf den Inseln gibt es nur vereinzelt Tankstellen.

Unterwegs nach Dalmatien auf der Tauernautobahn

Anreise mit dem Bus

Knapp 50 Zielorte in Kroatien werden durch Europabusse von deutschen Städten angesteuert. Buchung über das örtliche Reisebüro oder Eurolines in Deutschland, www.eurolines.de, Eurolines Austria in Österreich, www.eurolines.at, oder Eurolines Eggman-Frey in der Schweiz, www.eurolines.ch. Verbindungen in Kroatien unter www.autobusni-kolodvor.com.

Anreise mit der Bahn

Über Zagreb und dann weiter nach Zadar oder Split. Hamburg–Zadar mindestens 30 Std. (Sa 34 Std.); München–Zadar 24 Std.; Hamburg–Split: 29 Std.; München–Split: 22 Std.

Anreise per Flugzeug

Folgende Flughäfen können angesteuert werden: Rijeka (auf der Insel Krk gelegen), Zadar (etwa 25 km außerhalb), Split (nahe Trogir), Brač (bei Bol), Dubrovnik (bei Cavtat). Die Flughäfen liegen alle weiter außerhalb, deshalb sollte man von den Flughäfen in die Stadt mindestens 30 Minuten Fahrzeit einplanen. Inzwischen wird Dalmatien von allen wichtigen Flughäfen angesteuert, auch einige Billigflieger landen hier: Lufthansa, www.lufthansa.com, TUIfly, www.tuifly.com, Germanwings, www.germanwings.com, Ryanair, www.ryanair.com, Easyjet, www.easyjet.com und Austrian Airlines, www.austrian.com.
Die einheimische Fluglinie ist Croatia Airlines, www.croatiaairlines.hr, Tel. 0800/7777.

Ärztliche Versorgung

Ein dichtes Netz von Krankenhäusern, Ambulanzen und Ärzten bietet einen hohen Standard an medizinischer Hilfe. Meist sprechen die Ärzte gut Englisch oder sogar Deutsch.
Der **Rettungsdienst** hat die Nummer 987, vom deutschen Handy muss die Vorwahl 1 gewählt werden, also +385/1/987. Einheitlicher Notruf: 112.
Mit der Europäischen Krankenversicherungskarte bekommt man in allen EU-Ländern medizinische Notfallhilfe. Sie gilt aber nicht für private medizinische Hilfe. Sollten Sie sich in Kroatien für eine Behandlung entscheiden, die auch zu Hause vorgenommen werden könnte (Zahnbehandlungen), muss vorher die Genehmigung der Krankenkasse eingeholt werden.
Empfehlenswert ist eine **Auslandskrankenversicherung**, die auch den Rücktransport im Notfall einschließt.
Apotheken finden sich in jeder kleinen und mittleren Stadt. Öffnungszeiten sind meist von 7 bis 20 Uhr.

Automobilclub/Pannenhilfe

Hilfe gibt es beim **Kroatischen Automobil Club** (HAK): Tel. 987, mobil +385/1/987 (ADAC-Schutzbriefschecks werden akzeptiert). Für ADAC-Mitglieder: ADAC-Notruf für Kroatien in Zagreb: Tel. +385/1/6611999 (ganzjährig).
ADAC-Notrufzentrale München: Tel. +49/89/222222 (rund um die Uhr), ADAC-Ambulanzdienst München: Tel. +49/89/767677 (rund um die Uhr).
Für ÖAMTC-Mitglieder: Österreichischer Automobil Motorrad und Touring Club, ÖAMTC Schutzbrief-Nothilfe: Tel. +43/1/2512000.
Touring Club Schweiz, TCS Zentrale Hilfsstelle: Tel. 0800/140140.
Alle **Verkehrsunfälle** müssen der Polizei gemeldet werden. Um Probleme bei der Ausreise zu vermeiden, sollte man sich bei größeren Schäden stets das Protokoll (*potvrda*) geben lassen.

Autoverleih

In größeren Orten und vor allem an Flughäfen gibt es Autovermietungen. Ein Preisvergleich lohnt sich. Am günstigsten ist, das Auto per Internet vorzubestellen, vor Ort kostet es bis zu 20 Prozent mehr.
Die Regeln für das Anmieten sind: Mindesalter 25 Jahre, ein Jahr Führerscheinbesitz, als Sicherheit gilt der Abzug von der Kreditkarte oder eine Kaution. Die Preise sind so hoch wie in westeuropäischen Ländern.

Badebucht auf der Insel Olib

Baden

Die dalmatinische Küste besteht überwiegend aus Stein, Kiesel-, selten auch Sandstränden. Für das Baden gibt es an öffentlichen Stränden kaum Einschränkungen, außer bei FKK, das nur an bestimmten Abschnitten erlaubt ist. **Badeschuhe** sind gegen Seeigel hilfreich.

Auch wenn die kroatische Adria in punkto Wasserklarheit regelmäßig gute Noten erhält, sollte man in der Nähe von Städten und Dörfern eher einen abseits gelegenen Strand aufsuchen, weil die Abwässer vielfach ungeklärt entsorgt werden.

Banken und Wechselstuben

Geldtausch darf nur noch in Banken und Wechselstuben erfolgen, nicht mehr in Geschäften. Alles, was über die Kasse geht, darf nicht in Euro angenommen werden, denn über die Kasse wird online direkt die Mehrwertsteuer eingezogen.

Kurs: 1 Euro liegt etwa bei 7,60 Kuna (April 2015), 1 Kuna entspricht 0,13 Euro.

Botschaften und diplomatische Vertretungen

Deutsche Botschaft
Grada Vukovara 64
10000 Zagreb
Tel. +385/1/6300100
Fax +385/1/6155536
www.zagreb.diplo.de

Deutsches Honorarkonsulat
Biserova 16
21000 Split
Tel./Fax +385/21/394690

Österreichische Botschaft
Radnička cesta 80, 9. Stock
10000 Zagreb
Tel. +385/1/4881050
Fax +385/1/4834461

Honorargeneralkonsulat Split
Marin Mrklić
Klaiceva poljana 1
21000 Split
Tel. +385/21/322535
Fax +385/21/362308
Reisepässe, Personalausweise, Kinderpässe, Notpässe und Visa.

Schweizer Botschaft
Bogovičeva 3
10000 Zagreb
Tel. +385/1/4878800
Fax +385/1/4810890
Konsularische Angelegenheiten werden seit Oktober 2011 von Wien aus betreut:

Regionales Konsularcenter Wien
c/o Schweizerische Botschaft in Wien
Kärntner Ring 12
1010 Wien/Österreich
Tel. +43/1/79505
Fax +43/1/7950521

Busverbindungen

Orte bis zu einer bestimmten Größe können mit dem Bus erreicht werden, manche Inseln haben gar keinen Busverkehr. Daher ist es ratsam, sich am Busbahnhof zu informieren und die Karten vorher zu kaufen. Allerdings gibt es keinen Ticketverkauf im Internet. Fahrplanauskunft: www.autobusnikolodvor.com. Eine weitere Adresse ist: www.buscroatia.com.

Elektrizität

Jeder EU-Stecker passt in kroatische Steckdosen, die Netzspannung beträgt 220 Volt und 50 Hertz.

Fähren

Es gibt Autofähren, **Trajekt** genannt, und **Brzobrodske** (Schnellboote), Personenfähren, die von der Jadrolinija betrieben werden. Sie fahren meist überpünktlich ab. In Zeiten mit starkem Verkehrsaufkommen fahren die Schiffe, sobald sie voll sind und erhöhen den Takt. Pünktliches Erscheinen am Hafen lohnt sich.

Jadrolinija Rijeka
Tel. Zentrale +385/51/666111
Fahrpläne: www.jadrolinija.hr

Feiertage und Ferien
(landesweite Feiertage, Schulferien)

1. Januar, Neujahrstag
6. Januar, Heilige Drei Könige
Ostermontag
1. Mai, Tag der Arbeit
Fronleichnam, wechselndes Datum
22. Juni, Tag des antifaschistischen Widerstandes
25. Juni, Staatsfeiertag
5. August, Tag des Sieges im Heimatkrieg
15. August, Mariä Himmelfahrt
8. Oktober, Unabhängigkeitstag
1. November, Allerheiligen
25./26. Dezember, Weihnachtsfeiertage

Brandbekämpfung in Dalmatien

Feuer

Die Brandgefahr ist gerade im Sommer sehr hoch. Grillen sollte man im Freien mit aller Vorsicht, es kann auch verboten sein, am besten vorher informieren.
Werfen Sie keine brennenden oder brennbaren Gegenstände weg! Wenn Sie ein Feuer bemerken, benachrichtigen Sie bitte die anderen Personen in Ihrer Umgebung; rufen Sie sofort die Tel.-Nr. 93 oder 112 an. Versuchen Sie, das Feuer bis zum Eintreffen der Feuerwehr zu löschen, aber ohne sich oder andere zu gefährden.

Filmen und Fotografieren

Es gibt grundsätzlich kaum Beschränkungen für den Einsatz von Kameras aller Art, abgesehen von militärischen Sperrgebieten, das kann allerdings harsche und vor allem langwierige bürokratische Konsequenzen haben.

FKK

Der sogenannte Nudismus hat bereits seit den 1930er Jahren Tradition. Das Sonnen ohne Bikinioberteil ist an fast allen Stränden akzeptiert, FKK dagegen ist nur an den bezeichneten Stränden erlaubt. Allerdings, wo es einsam ist und sowieso keiner guckt, ist auch kein Richter.

Gesundheit

Impfungen zur Einreise sind nicht vorgeschrieben, empfohlen werden Impfungen gegen Tetanus, Diphtherie und Hepatitis A. Neuerdings wird vor Zeckenbissen und möglicherweise folgender Meningitis gewarnt.
Vorsicht beim **Trinkwasser**, aus manchen Leitungen kommt Zisternenwasser.

Haustiere

Hunde, Katzen und Marder dürfen einreisen, aber müssen mit einem Mikrochip gekennzeichnet sein. Für die Tiere ist ein vom amtlich befugten Tierarzt ausgestellter Reisepass oder Zertifikat mitzuführen. Und die Tiere müssen gegen Tollwut geimpft sein.

Internet

Es gibt zahlreiche Internetcafés, die oft nur kurzlebig sind. Aber auch in den Hotels wird die Versorgung mit Internetzugängen immer besser. Die Leitungen sind oft sehr gut und schnell, das mobile Internet weist dagegen immer wieder Lücken auf.

Kriminalität

Im Großen und Ganzen ist Kroatien ein sehr sicheres Reiseland. Dennoch heißt das nicht, dass man alles offen liegenlassen kann. Offenen Diebstahl gibt es selten, und Ehrlichkeit wird großgeschrieben, was nicht heißt, dass nicht manchmal geschummelt wird, zum Beispiel beim Abwiegen auf dem Markt oder beim Handeln. Früchte sollte man selbst aussuchen.

Mehrwertsteuervergütung

Der Regelsatz für die Mehrwertsteuer beträgt 25 Prozent, für Zeitungen und Nahrungsmittel gibt es einen ermäßigten Mehrwertsteuersatz von 5/13 Prozent.

Für Waren mit 25 Prozent Mehrwertsteuer kann es sich für größere Anschaffungen lohnen, die **Rückzahlung** zu beantragen. Dafür gibt es folgende Bedingungen: Der Warenwert einer Rechnung beträgt über 500 Kuna, der Verkäufer hat ein ausgefülltes PDV-P Formular ausgestellt, die gekaufte Ware wurde dem Zollamt, das das PDV-P-Formular beglaubigt und das Datum des Grenzüberganges einträgt, zur Einsicht übergeben. Den Antrag auf Steuerrückzahlung muss der ausländische Staatsbürger innerhalb von drei Monaten ab Ausstellungsdatum der Rechnung abgeben. An der Grenze kann dann die Rückerstattung erfolgen.

Minen

Obwohl viele Minen geräumt wurden, warnen die Außenministerien weiterhin vor im Boden deponierten Sprengkörper. Die kroatische Behörde für die Minenräumung weist noch 530,2 Quadratkilometer vermintes Gelände aus. Erhöhte Gefahr besteht nicht nur an der Grenze zu Bosnien, sondern besonders entlang der Grenze der früheren Krajina, am östlichen Stadtrand von Zadar und im Hinterland der Küste zwischen Senj und Split, in der Nähe von Ston am Übergang zur Insel Pelješac, in den Bergen südöstlich von Dubrovnik und auch auf der Insel Vis, die einst militärisches Sperrgebiet war.

Nähere Informationen stehen auf der Homepage des kroatischen Minenräumzentrums Hrvatski centar za Razminiranje (www.hcr.hr) auch in englischer Sprache zur Verfügung.

Straßen und Wege sollten in diesen Gebieten nicht verlassen werden, Minen wurden oft dicht am Straßenrand verlegt. Minenfelder sind meist durch Schilder oder Pfähle mit Plastikstreifen gekennzeichnet (Schild mit umgedrehtem roten Dreieck und Totenkopf, Aufschrift ›NE PRILAZITE‹). Trümmergrundstücke und leerstehende Gebäude sollten ohne Begleitung durch Einheimische oder die Eigentümer gemieden werden.

Öffnungszeiten

Öffnungszeiten sind generell frei und werden auch sehr frei angewandt. Als Faustregel gilt: Je kleiner der Ort, desto früher schließen die Geschäfte. In der Regel sind Geschäfte von 7 bis 20 Uhr geöffnet, in kleineren Orten gibt es oft eine Unterbrechung zwischen 13 und 16/18 Uhr. In größeren Orten kann man auch bis 22 Uhr einkaufen.

Post

Das Netz der Postämter ist dicht. Sie sind an einem Horn und der Abkürzung ›HPT‹ zu erkennen.

Radfahren

Ein Radwegnetz gibt es nicht, meist muss man am Rand der Straße fahren. Daran gewöhnen sich die Autofahrer, aber ein **Helm** wird deshalb empfohlen; für Kinder bis 14 Jahre ist er ohnehin Pflicht.

Fürs **Mountainbiken** gibt es in immer mehr Regionen eigene Karten bei den Touristenbüros.

Radio und Presse
Während der Sommersaison gibt es auf HR2 Informationen in Englisch und Deutsch (Nordwestkroatien und Küstengebiet Dubrovnik: 98,5 MHz, Istrien: 105,3 MHz, Split: 96,1 MHz, Küstengebiet Makarska: 98,9 MHz, Gorski Kotar: 93,3 MHz).
In Touristenbüros liegt das deutschsprachige Magazin **Adria** aus, mit Terminen und Nachrichten aus der Region.

Rafting/Kanuting
Die Tradition des Kanufahrens auf den Flüssen Kroatiens ist jahrhundertealt. Kanu- und Kajakfahren unterliegt keinen Beschränkungen. Für Rafting muss man die Lizenz der International Rafting Federation (IRF) haben. Angebote für Tages- und Mehrtagestouren in ganz Dalmatien hat zum Beispiel der Anbieter **Huck Finn Adventure Travel** im Programm, www.huckfinncroatia.com.

Rauchen
Seit April 2010 wird das 2008 beschlossene Nichtraucherschutzgesetz umgesetzt, das heißt, es darf in einem Großteil der Gastronomie nicht mehr geraucht werden. Ausgenommen sind 156 Lokale, deren Fläche kleiner als 50 Quadratmeter ist. Die Strafe kann für den Raucher und für den Kellner, der nicht darauf hingewiesen hat, bis zu 1000 Kuna betragen. Der Lokalbesitzer muss zwischen 5000 und 15 000 Kuna zahlen. Wer im Lokal rauchen will, sollte also unbedingt erst fragen.

Reisedokumente
Kroatien ist zwar in der EU, aber noch nicht Mitglied des Schengener Abkommens, deshalb gilt an der Grenze auch für EU-Bürger Ausweispflicht.
Für die Einreise nach Kroatien ist für Deutsche, Österreicher und Schweizer ein gültiger **Reisepass** oder ein gültiger **Personalausweis** erforderlich. Der **österreichische Reisepass** darf bis zu fünf Jahre abgelaufen sein. Allerdings wird zunehmend von Problemen berichtet. Bei Deutschen wird auch ein vorläufiger Reisepass und ein vorläufiger Personalausweis anerkannt. Ein einmal zur Fahndung ausgeschriebener Pass oder Ausweis sollte nicht benutzt werden. Führerschein oder Geburtsurkunde der Kinder wird nicht anerkannt.
Der deutsche **Kinderausweis** wird an manchen Stellen (Flughafen) nur mit Lichtbild anerkannt. Für alle deutschsprachigen Länder gilt: Jedes Kind benötigt ein eigenes Ausweiskokument. Alleinreisende Minderjährige benötigen eine Einverständniserklärung des/der Erziehungsberechtigten.
Für Aufenthalte bis zu 90 Tagen besteht keine Visumspflicht (sofern keine Erwerbstätigkeit ausgeübt wird).
Für die Einfuhr von **Jagd- oder Sportgewehren** besteht für Reisende aller deutschsprachigen Länder eine Anmeldepflicht (erfolgt durch Eintragung in das Reisedokument).

Reiseveranstalter
Maestral Putnicka Agencija
R. Boškovića 13/15, Kaleta 2
HR-21000 Split
Tel. +385/21/470944
www.travel.maestral.hr
Umfangreiches Angebot an Kultur-, Aktiv- und Spezialreisen in Kroatien.
DNV-Touristik
Heubergstraße 21
70806 Kornwestheim
Tel. 07154/13183-0
www.dnv-tours.de
Boot&Bike in Süddalmatien.
Erlebnisreisen weltweit
Dorfstr. 19
87616 Marktoberdorf
Tel. 08342/919337
www.erlebnisreisen-weltweit.de
Wander-, Natur- und Kulturreisen.
Ikarus Tours
Am Kaltenborn 49–51
61462 Königstein
Tel. 06174/29020
www.ikarus.com
Kroatien-Rundreisen, auch in Kombination mit Bosnien und Serbien.

Intercontact
In der Wässerscheid 49
53424 Remagen
Tel. 02642/20090
www.ic-gruppenreisen.de
Städtereisen Dubrovnik, Rundreisen Kroatien.

Lupe Reisen
Weilbergstr. 12a
53844 Troisdorf
Tel. 0228/654555
www.lupereisen.com
Wander- und Wanderstudienreisen.

Paradeast
Schillerstr. 11
92637 Weiden
Tel. 0961/6344168
www.paradeast.com
Diverse Kroatien- und Balkanreisen.

Phoenix Reisen
Pfälzer Str. 14
53111 Bonn
www.phoenixreisen.com
Tel. 0228/92600
Kreuzfahrten im Mittelmeer.

Radurlaub ZeitReisen
Maybachstr. 8
78467 Konstanz
Tel. 07531/361860
www.inselhuepfen.de
Verschiedene Rad- und Schiffsreisen, auch kombiniert.

ReNatour
Brunner Hauptstr. 2a
90475 Nürnberg
Tel. 0911/890704
www.renatour.de
Individualreisen, z.B. Lastovo, Agrotourismus.

Studiosus Reisen
Riesstraße 25
80992 München
Tel. 089/500600
www.studiosus.com
Wander- und Studienreisen Kroatien.

Reiten
Der Pferdesport wird immer beliebter, vor allem im Hinterland. Berühmt für seine Reiterspiele ist Sinj, der Sinska Alka, Infos bei der Turistička zajednica, Tel. +385/21/826352. Genauere Informationen für einen Reiterurlaub hat der Tourismusverband in Frankfurt.

Segeln
Die Adria wird mit ihren über 1000 Inseln und Inselchen zu einem immer beliebteren Segelrevier. Dabei gibt es aber einiges zu beachten. Der Schiffskapitän, der auf dem Seeweg einreist, muss auf dem kürzesten Weg den nächstliegenden für den internationalen Verkehr geöffneten Hafen zur Grenzkontrolle anzulaufen, Entgelte für das Schiff entrichten (sehr detailliert nach Größe, Gebührenrechner unter: www.seahelp.eu/de/Gebuhrenrechner). sowie im Hafenamt oder dessen Zweigstelle die CrewListe vorzulegen. Die ist dann nicht nötig, wenn man über Land einreist oder wenn das Boot ständig in Kroatien liegt. Zusätzlich müssen seit dem 1. April 2014 Entgelte für die Schifffahrtssicherheit und den Schutz gegen Umweltverschmutzung entrichtet werden (einmalige Zahlung für ein Jahr ungeachtet der Aufenthaltslänge). Außerdem werden benötigt: eine Besatzungsliste, ein Nachweis über die Seetüchtigkeit des Schiffes, ein Nachweis über die Befähigung, ein Wasserfahrzeug zu füh-

Die Kornaten sind ein beliebtes Segelrevier

Auf manchem Markt findet man einheimische Produkte als schöne Souvenirs

ren (bestimmend ist das Land, unter dessen Flagge das Schiff fährt), ein Nachweis über die Haftpflichtversicherung, ein Eigentumsnachweis und eine informative Seekarte.

Ganzjährig geöffnete Seegrenzübergänge: Umag (nicht ACI-Marina), Poreč, Rovinj, Pula, Raša/Bršica, Rijeka, Mali Lošinj, Zadar, Šibenik, Split, Ploče, Korčula, Dubrovnik, Vela Luka und Ubli.

Saisonweise geöffnete Seegrenzübergänge: Novigrad, Primošten, Hvar, Stari Grad (Hvar), Vis, Komiža und Cavtat.

Neu ist, dass für **Bojenfelder** in zahlreichen Buchten Gebühren erhoben werden dürfen. Für das Einfahren in **Nationalparks** (Kronati, Mljet) ist ebenfalls eine Gebühr fällig.

Es ist auch möglich, im Land Jachten zu chartern. Dazu geben der Deutsche Seglerverband Auskunft, www.dsv.org, Tel. 040/6320090 oder der kroatische Adriatic Croatic International Club (ACI, www.aci-club.hr). Eine große Chartergesellschaft ist die ›Blue Magic Yachtcharter Croatia‹, www.magicyachting.com.

Souvenirs

Als Souvenirs eignen sich am besten Spezialitäten aus dem Sortiment ›Essen und Trinken‹, zum Beispiel **Wein** und **Hochprozentiges** (Orahovica, Orangen- und Mandarinenschnaps u.a.). Seit dem Beitritt zur EU ist die Einfuhr fast unbegrenzt, sie darf aber nicht den Anschein erwecken, dass man mit den Waren handelt.

Ansonsten lässt sich der einheimische **Käse** wie Paški Sir oder Dalmacija oder **Geräuchertes** wie Kulen und Prošut (Schinken) gut transportieren. Überall, auch in den Supermärkten, kann man sich Stücke zum Probieren geben lassen.

Auch **Honig** und **Olivenöl** sind schöne Andenken. Dabei sollte man darauf achten, sie dort zu kaufen, wo auch Einheimische kaufen, auf den Märkten in den zentralen Städten und Orten zum Beispiel. An den Straßenständen ist die Ware qualitativ nicht immer hochwertig. Bei Honig wurde ein Standard eingeführt, deshalb ist bei Gläsern ohne Etikett immer eine Geschmacksprobe ratsam, um zu prüfen, ob Wasser oder Zucker beigemischt wurde. Außerdem eignen sich **Lavendelprodukte**, vor allem von der Insel Hvar.

In den Städten bieten ältere Frauen oft kunstvolle **Handarbeiten** an, Klöppeleien und Spitzendecken, in Pag gibt es die berühmten Pager Spitzen. Künstler verdienen sich mit dem Verkauf von Bildern an der Straße etwas dazu.

Tauchen

Die Zahl der registrierten und lizenzierten Tauchzentren wächst ständig. Es gibt auch viel zu sehen: Unterwasserwände und -riffe, eine reiche Flora und Fauna, Höhlen sowie Schiffs- und Flugzeugwracks.

Für das **Wracktauchen** sind vor allem Gebiete interessant, die an den Handelsrouten liegen, wie vor Dubrovnik, Cavtat, Mljet, Kročula, Hvar, Vis, Split, Solin, Trogir, Rogoznica, die Ankerplätze im Gebiet der Kornat-Inseln (Žirje, Lavsa, Murter), aber auch vor der Insel Olib und im Kanal bei Pelješac.

Bei den **Tauchbestimmungen** ändert sich ständig etwas. Bisher gilt: Man muss im Besitz eines gültigen Tauchbrevets sein, außerdem muss ein Taucherausweis gekauft werden, für selbständiges Tauchen muss man eine Genehmigung haben (2400 Kuna = ca. 320 Euro), das gilt nicht für Tauchgänge, die über Tauchzentren organisiert werden. Bußgelder können hoch sein.

Tauchplätze sind durch Bojen oder Flaggen zu markieren. Tauchguides brauchen eine 3-Stern-Tauchqualifikation und müssen eine umfangreiche Zusatzausrüstung mitnehmen (Tauchtagebuch, Sauerstoff, Funk oder Handy, Notfallnummern etc.). Allgemeine maximale Tauchtiefe ist 40 Meter.

Telefonnummern

Internationale Vorwahl für Kroatien: +385 (00385).

Die allgemeine Notrufnummer bei Unfällen, benötigter medizinischer Hilfe, Brand(-gefahr) und Bergnot lautet 112, der Anruf wird auch auf deutsch und englisch entgegengenommen und ist kostenlos.

Pannenhilfe: 987 (mit dem ausländischen Handy +385/1/987).
Such- und Seenotrettungsdienst: 9155.
Allgemeine Auskunft: 981
Inlandsauskunft: 11888
Auslandsauskunft: 11802
Wettervorhersage und Verkehrsservice: 18166 oder 060/520520
Automobilclub Kroatien: Tel. (0)72/777777 od. +385/1/1987 oder 0800/9987, www.hak.hr (auch dt.)

Tourismusverbände

Kroatische Zentrale für Tourismus Deutschland
Stephanstr. 13
60313 Frankfurt/Main
Tel. 069/2385350
info@visitkroatien.de
http://de.croatia.hr
Mo–Do 9–18, Fr 9–17 Uhr
Zweigstelle in München
Rumfordstr. 7
80469 München
Tel. 089/223344

Schöne Tauchreviere gibt es reichlich

Tourismusverbände

Kroatische Zentrale für Tourismus Österreich
Liechtensteinstr. 22a, 1/1/7
1090 Wien
Tel. 01/5853884
office@kroatien.at
http://at.kroatien.at
Mo-Fr 9-17 Uhr

Kroatische Zentrale für Tourismus Schweiz
Seestr. 160
8002 Zürich
Tel. 043/336203-0
info@visitkroatien.ch
http://ch.croatia.hr
Mo-Fr 9-12 und 13-17 Uhr

Croatian National Tourist Board
Iblerov Trg 10/IV
HR-10000 Zagreb
Tel. 01/4699333
www.htz.hr

Ministry of Tourism
Prisavlje 14
HR-10000 Zagreb
Tel. +385/1/6169111
glasnogovornica@mmtpr.hr
www.mmtpr.hr

Trinkgeld
Wie im deutschsprachigem Raum: Zehn Prozent sind üblich, aber mehr als zwei bis drei Euro werden nicht erwartet.

Unterkunft
Hotels: An den einzelnen Orten finden Sie in diesem Buch Tipps zur Unterkunft in Hotels. Die meisten Hotels in Kroatien haben drei Sterne, aber das Niveau steigt. Preislich liegen sie zwischen 70 und 120 Euro pro Doppelzimmer. Wer frühzeitig bis Mitte März bucht, kann oft Rabatte zwischen 10 und 20 Prozent bekommen. Lassen Sie sich die Zimmer zeigen.

Privatunterkunft: Deutlich günstiger als Hotels sind Privatunterkünfte, allerdings steigen hier die Preise je nach Standard. In jedem noch so kleinen Ort vermieten Einheimische Zimmer und Apartments. Auf vielen Internetseiten der Tourismusbüros (Turistička zajednica) werden diese vermittelt, oft lässt sich auch spontan etwas finden (auch hier nach Frühbucherrabatten fragen). Schilder mit der Aufschrift ›Sobe‹ oder ›Apartman‹ weisen darauf hin. Das Preis-Leistungsverhältnis sollte man sich genau ansehen und eher mal ein Angebot ablehnen. Die meisten Privatleute sind enorm gastfreundlich und versuchen nach Möglichkeit, alles zur Zufriedenheit des Gastes beizutragen, und vermeiden den Anschein, nur den schnellen Euro zu machen. Eine Privatunterkunft mit mittlerem Standard kostet zwischen 40 und 60 Euro pro Zimmer und Tag, Apartments können je nach Größe und Einrichtungsstandards bis zu 120 Euro pro Tag kosten. Auch wenn keine Hinweisschilder zu finden sind: Gehen Sie freundlich auf die Menschen im jeweiligen Ort zu und fragen Sie nach Unterkunftsmöglichkeiten. Irgendjemand kennt immer jemanden, der Sie unterbringt; nehmen Sie das als Abenteuer.

Jugendherbergen: Gibt es nicht flächendeckend, aber in allen größeren Städten, Infos unter www.hfhs.hr.

Camping: Bis heute ist Campen in Kroatien beliebt, allerdings sind die Preise laut ADAC auf die dritthöchsten Europas geklettert, so dass eine Privatunterkunft sogar billiger sein kann. Fast an der ganzen Küste sind Campingplätze zu finden. Viele Plätze haben nur von Mai bis September geöffnet, nur wenige sind ganzjährig offen. Platzsuche auf der Website der Croatian Camping Union, www.camping.hr. Wildes Zelten ist streng verboten!

Veranstaltungen
Die kroatische Gesellschaft ist einerseits stolz auf ihre Tradition, andererseits stürzt sie sich auf alles Westliche und Moderne. Es gibt Volksfeste, die meist eng mit kirchlichen Festen verbunden sind. Außerdem gibt es an der östlichen Adria in jeder größeren Stadt Sommerkulturveranstaltungen, aber auch Veranstaltungen zur Touristenunterhaltung. Programme gibt es

in den örtlichen Touristenbüros (Turistička zajednica).

Traditionelle Feiern beginnen alljährlich auf vielen Inseln und in Städten mit dem Karneval, der sich am venezianischen Karneval orientiert, zahlreiche kirchliche Prozessionen folgen am Gründonnerstag (Jelsa/Insel Hvar) und Karfreitag.

Die **Gospa**, die Muttergottes, wird im Marienmonat Mai gefeiert und dann noch einmal zu Mariä Himmelfahrt am 15. August. Dann finden zahlreiche Prozessionen statt. Im Herbst gibt es lokale Wein- und Erntefeste.

Auch **Volkstänze** sind an einzelnen Orten zu sehen. **Volkstheaterstücke** gibt es in Pag und vor allem in Korčula, wo in der Stadt der Säbeltanz Moreška und in den Dörfern die Kumpanija aufgeführt wird, Stücke, die einst in ganz Dalmatien zu sehen waren. In Sinj findet das berühmte Reiterspiel Sinjska Alka statt.

Eine Institution ist das **Internationale Sommerfestival** in Dubrovnik, das bereits seit 1950 stattfindet und renommierte Klassikkonzerte bietet. Ebenso renommiert ist das **Internationale Kinderfestival** in Šibenik. Dort gibt es auch ein alljährliches Internationales **Orgelfestival**. Meist im Spätherbst startet in Split das **Internationale Comicfestival** (www.crsfestival.com) und davor im September das **Internationale Festival des neuen Films** (www.splitfilmfestival.hr). Ein junges Filmfestival, das im Oktober stattfindet, etabliert sich derzeit in Dubrovnik. In Salona findet Ende Juli die **Ethnoambient** statt, ein Festival der Welt- und Volksmusik. Ein **Festival für Klapachöre**, traditionelle Volksmusik, wird regelmäßig in Omiš organisiert.

Partytreffs gibt es in Novalja, Vodice, Makarska, auf den Inseln Pag, Murter und Hvar.

Verkehrsregeln

Die **Geschwindigkeitsbegrenzungen** betragen innerorts 50 km/h, für Pkw auf Landstraßen 90 km/h, Schnellstraßen 110 km/h, auf der Autobahn 130 km/h, mit Anhänger außerorts überall 80 km/h. Wohnmobile ab 3,5 Tonnen dürfen auf Land- und Schnellstraßen 80 km/h und auf Autobahnen 90 km/h fahren.

Auch tagsüber besteht die Pflicht, stets mit **Licht** zu fahren. Es besteht **Gurtpflicht**. **Kinder** unter 12 Jahren müssen hinten sitzen, Kinder bis 5 Jahre brauchen einen Kindersitz, danach reicht ein Sitzkissen.

Beim **Überholen** muss während des gesamten Vorgangs geblinkt werden. Eine **Unfallweste** an Bord des PKW ist in Österreich und auch in Kroatien Pflicht. Haltende **Schulbusse** dürfen nicht passiert werden. Das **Telefonieren** mit dem Handy beim Fahren ist verboten.

Verhaltensregeln

Kroaten wirken nach außen etwas rau im Umgang und halten sich nicht mit umständlichen Höflichkeitsfloskeln auf, sind aber grundsätzlich herzlich und gastfreundlich. ›Danke‹, ›Bitte‹ und ›Entschuldigung‹ gehören aber immer dazu. Gefragt wird immer direkt: ›Ich will ...‹ (hoću), ›Ich möchte ...‹ (želim), ›Geben Sie mir bitte ...‹ (daijte mi molim), Wenn Sie höflich eine Frage nach Information einleiten wollen, sagen Sie ›Molim vas‹.

Kroaten werden dann umständlich, wenn der Stolz droht, verletzt zu werden, denn das kann heftige Reaktionen hervorrufen. Es gilt: Direktes Ansprechen von Problemen immer im Scherz und lächelnd oder mit ein bisschen Ironie oder über einen Umweg. **Begrüßen und Verabschieden**: wie im deutschsprachigen Raum: Beim Betreten eines geschlossenen Raumes oder bei unverbindlichen Begegnungen reicht ein kräftiges ›Dobar dan‹, bei Jüngeren ›Bog‹. Ansonsten gibt man sich gern bei jeder Gelegenheit fest die Hand: beim Vorstellen, Begrüßen und beim Verabschieden. Kennt man sich besser, ist auch dreifaches Küsschen beliebt, allerdings weniger unter Männern. Umarmt wird auch unter Männern eher selten, Schulterklopfen dagegen durchaus. **Kirchen oder andere öffentliche Gebäude** dürfen Männer und Frauen nur mit bedeckten Schultern betreten, und Hosen und Kleider müssen über die Knie reichen. Meist wird insbesondere vor Kirchen darauf gesondert darauf hingewiesen.

Einladungen zu einem Schnäpschen oder einer Weinprobe sind überwiegend freundlich gemeint, kann man gern annehmen, aber auch ein ›Nein‹ ist kein Problem. Sagen Sie dann, Sie hätten keine Zeit oder gesundheitliche Probleme. Die Gesellschaft ist sehr kommunikativ. Fragen zu stellen, ist kein Problem, erzählen Sie von Ihrem Leben. Wenn man sich ein paar Tage kennt, kann es sogar passieren, dass Sie nach ihrem Gehalt gefragt werden, das ist für Kroaten nichts Ungewöhnliches. Manchmal hofft der Einladende auf einen Verkauf, aber auch wenn man nichts kauft, gibt es selten beleidigte Gesichter oder massive Versuche zur Umstimmung. Eine gute Entschuldigung für eine Ablehnung ist, gesundheitliche Probleme anzugeben, wenn es um etwas zu trinken oder zu essen geht.

Währung

Offizielle Landeswährung ist die **Kuna**. Es lohnt sich, nur kleinere Mengen von Deutschland mitzunehmen (ca. 50 Euro) und ansonsten im Land zu tauschen. Beim Geldtausch in Wechselstuben können die Gebühren unterschiedlich ausfallen. Vorher fragen lohnt. Wechselkurs: 1 Euro=7,55 Kuna, 1 Kuna= 0,13 Euro (Juni 2015).

Mit der **EC-Maestro-Card** kann man inzwischen in den meisten Geschäften und allen Tankstellen (PIN nicht vergessen) zahlen, ebenso mit deutschen Kreditkarten.

Bargeldabhebungen sind an den meisten Bankautomaten (allerdings zu unterschiedlichen Gebühren) mit der deutschen EC-Maestro-Card oder der Kreditkarte möglich. Wegen der Gebühren lohnt es aber, Bargeld mitzunehmen.

Zeitzonen

In Kroatien gilt ebenso wie in Deutschland die Mitteleuropäische Zeit (MEZ) und im Sommer die Mitteleuropäische Sommerzeit (MESZ), dabei wird die Uhr eine Stunde vorgestellt. Sie beginnt am letzten Sonntag im März und endet am letzten Sonntag im September.

Zoll

Einreise nach Kroatien: Eine Zollkontrolle bei der Einreise gibt es seit dem Beitritt zur EU nicht mehr. Aber mobile Zollwächter dürfen Autos im grenznahen Gebiet kontrollieren. Nach Vorschrift müssen alle Dinge, die 300 Euro (bei Flugreisen 450 Euro) überschreiten, angemeldet werden, auch wenn sie wieder ausgeführt werden. Das gilt zum Beispiel auch für Laptops. Dabei reicht eine mündliche Anmeldung (wer sich aber daran erinnern soll, ist allerdings fraglich). Geldsummen ab 10 000 Euro sowie Schuss- und Jagdwaffen und Haustiere (→ S. 373) müssen gemeldet werden, siehe auch www.carina.hr.

In die EU: Da Kroatien zur EU gehört, dürfen zum privaten Gebrauch alle Waren, auch Spirituosen, in unbegrenzter Menge eingeführt werden. Es darf allerdings nicht gewerbsmäßig aussehen, sonst gelten Steuerregeln. Einschränkungen bestehen bei Arzneimitteln, Feuerwerkskörper, Kulturgütern, Bargeld, jugendgefährdenden Schriften und Waffen.

Abhängen auf dem Balkon in Jelsa

Sprachführer

Buchstaben	Aussprache
c	wie tz in ›Tatze‹
č	wie tsch in ›watschen‹
ć	wie tch in ›kitchen‹
đ	wie dsch in ›Ingenieur‹
h	wie ch in ›Woche‹
š	wie sch in ›wischen‹
z	stimmhaftes s wie in ›seelig‹
ž	stimmhaftes sch wie in ›Garage‹

Begrüßung/wichtige Worte

deutsch	kroatisch
Guten Morgen!	Dobro jutro!
Guten Tag!	Dobar dan!
Guten Abend!	Dobra večer!
Auf Wiedersehen!	Doviđenja!
Gute Nacht!	Laku noć!
Ja!	Da!
Nein!	Ne!
Danke!	Hvala!
Bitte! (auch nach ›Danke‹)	Molim!
Nichts zu danken!	Nema na čemu!
Entschuldigung!	Oprostite!
Verzeihung!	Pardon! oder oder Ispričavam se!
Sprechen Sie Englisch?	Govorite li engleski?
Sprechen Sie Deutsch?	Govorite li njemački?
Ich spreche kein Kroatisch.	Ne govorim hrvatski.
Ich verstehe./ich verstehe Sie nicht.	Razumijem./Ne razumijem.
Wo ist .../wo gibt es ...?	Gdje je ...?

Small talk

Wie geht es Ihnen?	Kako ste?
Heute ist schönes/schlechtes Wetter.	Danas je lijepo/loše vrijeme.
Wie heißt du/heißen Sie?	Kako se zoveš/zovete?

deutsch	kroatisch
Mein Name ist .../Ich heiße ...	Zovem se .../Moje ime je ...
Freut mich/angenehm.	Drago mi je.
Woher kommst Du/kommen Sie?	Odakle si ti/ste vi?
Und du/Sie?	A ti/vi?
Ich komme aus ...	Ja sam iz ...
Wie alt bist du/sind Sie?	Koliko imaš/imate godina?
Ich bin müde, gute Nacht.	Ja sam umoran(m)/umorna (f) sam, la kunoć.

Zahlen/Zeit

0	nula
1	jedan
2	dva
3	tri
4	četiri
5	pet
6	šest
7	sedam
8	osam
9	devet
10	deset
11	jedanaest
12	dvanaest
13	trinaest
14	četrnaest
15	petnaest
16	šestnaest
17	sedamnaest
18	osamnaest
19	devetnaest
20	dvadeset
21	dvadesetjedan
22	dvadesetdva
30	trideset
40	četrdeset

deutsch	kroatisch
50	pedeset
60	šezdeset
70	sedamdeset
80	osamdeset
90	devedeset
100	sto
1000	tisuća
1000000	milijun
Montag	ponedjeljak
Dienstag	utorak
Mittwoch	srijeda
Donnerstag	četvrtak
Freitag	petak
Samstag	subota
Sonntag	nedjelja
Januar	siječanj
Februar	veljača
März	ožujak
April	travanj
Mai	svibanj
Juni	lipanj
Juli	srpanj
August	kolovoz
September	rujan
Oktober	listopad
November	studeni
Dezember	prosinac
Wie spät ist es?	Koliko je sati?
Jetzt ist es neun Uhr.	Sada je devet sati.
halb vier	...pola četiri
viertel nach sieben	...sedam i petnaest
fünf vor eins	pet do jedan
zwanzig nach fünf	pet i dvadeset

deutsch	kroatisch
Mittag	podne
Mitternacht	ponoć
heute	danas
morgen	sutra
gestern	jučer
Stunde	sat
Tag	dan
Woche	tjedan
Wochenende	vikend
Monat	mjesec
Jahr	godina
Unterwegs	
Eingang	ulaz
Ausgang	izlaz
offen	otvoreno
geschlossen	zatvoreno
Information	informacije
Bahnhof	kolodvor
Busbahnhof	autobusni kolodvor
Flughafen	zračna luka
Autofähre	trajekt
Bus	autobus
Zug	vlak
Fahrkarte	vozna karta
Fahrkarte hin und zurück	povratna karta
Fahrkartenschalter	blagajna
Ankunft	dolazak
Abfahrt	odlazak
Tankstelle	benzinska stanica
Werkstatt	radionica
Rauchen verboten	zabranjeno pušenje
Nichtraucher	za nepušače
Erste Klasse	prvi razred

deutsch	kroatisch
Zweite Klasse	drugi razred
Entschuldigung, wie komme ich nach …?	Oprostite, kamo se ide u …?
Wann fährt der Zug nach Split ab?	U koliko sati polazi vlak za Split?
Von welchem Bahnsteig?	S kojega perona?
Wo kann ich eine Fahrkarte für den Zug kaufen?	Gdje se može kupiti kartu za vlak?
Was kostet die Fahrkarte einfach?	Koliko košta jedna smijerna do …?
Wie lang ist die Reise nach Split?	Koliko traje putovanje do Splita?
Wann kommen wir in Split an?	Kada dolazimo u Split?
Entschuldigen Sie, ist der Platz frei?	Je li ovo mjesto slobodno?
Wo ist die Toilette?	Gdje je WC?
Ist die nächste Haltestelle Split?	Je li Split slijedeća stanica?
Post und Bank	
Geld	novac
Bank	banka
Wechselstube	mjenjačnica
Wechselkurs	tečaj
Postamt	pošta
Brief	pismo
Postkarte	karta
Briefmarke	poštanska marka
Ich würde gern 100 Euro wechseln.	Želio bih promijeniti sto eura.
Eine Briefmarke für Deutschland/Österreich/Schweiz, bitte.	Molim jednu poštansku markicu za Njemačku/Austriju/Švicarsku.
Übernachten	
Hotel	hotel
Unterkunft	smještaj
Aufzug	lift
Stockwerk	kat
Balkon	balkon
Dusche	tuš
Swimming-Pool	bazen
Sonnendeck	sunčalište
Strand	plaža
Ich habe reserviert für …	Imam rezervaciju za…

deutsch	kroatisch
Haben Sie noch ein Zimmer frei?	Imate li slobodnih soba?
Ich hätte gern … ein Einzelzimmer/ Doppelzimmer.	Trebao(/la) bih …jednokrevetnu sobu/… dvokrevetnu sobu.
Was kostet das Zimmer für eine Nacht?	Koliko košta soba za jednu noć?
Was kostet das Zimmer für eine Person?	Koliko košta soba po osobi?
Ist das Frühstück inbegriffen?	Je li doručak uključen?
Hat das Hotel eine Klimaanlage?	Je li hotel klimatiziran?
Ich nehme das Zimmer für eine Nacht.	Uzet ću sobu za jednu noć.
Um wie viel Uhr ist das Frühstück?	U koliko sati je doručak?
Wie weit ist es bis zum Strand?	Koliko je udaljena plaža?
Fünf Minuten zu gehen.	Pet minuta hoda.
Ist der Strand sandig oder steinig?	Je li plaža pješčana ili šljunkovita?
Wie weit ist es zur Innenstadt?	Koliko je udaljen centar grada?
Ich würde gern zahlen.	Želio bih platiti račun./Molim platiti.
Kann ich mit Kreditkarte zahlen?	Mogu li platiti kreditnom karticom?
Akzeptieren Sie die Mastercard?	Primate li Visa ili Mastercard karticu?

Stadtrundgang

Straße	ulica
Brücke	most
Platz	trg
Kathedrale	katedrala
Kirche	crkva
Denkmal	spomenik
Museum	muzej
Galerie	galerija
Park	park
Straße	ulica
Überlandstraße	cesta
Touristenbüro	turistički ured
Touristenverband	Turistička zajednica
Entschuldigung, wo ist die Gundulićeva-Straße?	Oprostite, gdje je Gundulićeva ulica?
Wo ist der Supermarkt?	Gdje je supermarket?
Gibt es hier ein Internetcafé?	Ima li ovdje Internet café?
Wo ist das Hotel ›Neptune‹?	Gdje se nalazi Hotel ›Neptune‹?

deutsch	kroatisch
Gehen Sie geradeaus und dann nach rechts und dann nach links.	Idete ravno i druga ulica na desno i onda lijevo.
Welcher Bus führt zum Hauptplatz?	Koji broj autobusa vozi do glavnog trga?

Markt

Früchte	voće
Äpfel	jabuke
Trauben	grožđe
Feigen	smokve
Pfirsiche	breskve
Wassermelone	lubenica
Was kostet ...?	Koliko košta ...?
Wo ist der Markt?	Gdje je tržnica?
Ein Kilo Trauben, bitte	Molim vas kilogram grožđa.
Eine halbe Melone, bitte.	Pola lubenice, molim.
Ist das Gemüse aus eigenem Anbau?	Je li to domaće povrće?
Was ist das für eine Fischart?	Koja je to vrsta ribe?
Kann ich mal davon probieren?	Mogu li molim malo kušati?

Restaurant

Restaurant	restoran
Frühstück	doručak
Tee mit Zitrone	čaj s limunom
Kaffee	kava
Milch	mlijeko
Milch für Kaffee	vrhnje za kavu
Espresso	espresso
Cappuccino	kapučino
Zucker	šećer
Brötchen	pecivo
Butter	maslac
Marmelade	marmelada
Honig	med
Eier	jaje
Mittagessen	ručak

deutsch	kroatisch
Abendessen	večera
Speise	jelo
Brot	kruh
Suppe	juha
Fleisch	meso
Rindfleisch	govedina
Schweinefleisch	svinjetina
Lamm	janjetina
Fisch	riba
Stockfisch/Kabeljau	bakalar
Karpfen	šaran
Lachs	losos
Forelle	pastrva
Hummer/Languste	jastog
Tintenfische	lignje
Huhn	piletina
Kartoffel	krumpir
Bohnen	grah
Grüne Bohnen	mahune
Erbsen	grašak
Kohl	kupus
Pilze	šampinjoni
Zwiebel	luk
Knoblauch	češnjak oder bijeli luk
Tomaten	rajčica/paradajz
Gurke	krastavac
(Grüner) Salat	(zelena) salata
Pasta	tjestenina
Reis	riža
Kuchen	kolač
Weißwein/Rotwein	bijelo vino/crno vino
Fruchtsaft	voćni sok
Apfelsaft	Sok od jabuke

deutsch	kroatisch
Salz	sol
Pfeffer	papar
Öl	ulje
Olivenöl	maslinovo ulje
Essig	ocat
Paprikasauce/scharf/mild	ajvar/ljuti/blagi
gekocht/gegrilt/gebraten	kuhano/na žaru/pečeno
Eiscreme, mit Vanille/mit Schokolade	sladoled, od vanilije/od čokolade
Gibt es etwas Vegetarisches?	Imate li nešto za vegetarijance?
Was möchten sie trinken?	Što želite popiti?
Wein/Wasser/Bier, bitte.	vino/vodu/pivo, molim.
Ich hätte gern einen Kaffee mit/ohne Milch und Zucker.	Želio/Željela bih kavu s mlijekom/bez mlijeka i šećerom/bez šećera

Ausgehen

Kaffeehaus	kavana
Kellerkneipe	konoba
Bierkeller	pivnica
Traubenschnaps	rakija
Slivovitz/Pflaumenschnaps	šljivovica
Starker Schnaps	travarica
Likör	liker
Cognac	konjak
Nachtclub	noćni klub (bar)
Konzert	koncert
Kino	kino
Film	film
Theater	kazalište
Filmfestival	filmski festival
Was wird im Kino/Theater gespielt?	Što igra kazalištu?
Was kostet der Eintritt?	Koliko je ulaznica?
Wie teuer ist die Karte?	Koliko je karta?
Wo kann ich eine Eintrittskarte kaufen?	Gdje mogu kupiti karte?

deutsch	kroatisch
Gesundheit	
Arzt	doktor
Krankenhaus	bolnica
Apotheke	ljekarna
Zahnarzt	zubar
Krankenwagen	hitna pomoć
Ich habe hier Schmerzen.	Boli me ovdje.
Ich habe Kopfschmerzen.	Boli me glava.
Kopfschmerztablette	tableta za glavobolju
Wichtigste Begriffe im Reisealltag	
Turistička Zajednica	Touristische Vereinigung (offizielle Tourismusbüros)
Turističke agencije	(private) private Turistenagentur
hitna pomoć	Erste Hilfe
ljekarna	Apotheke
ulica (Abk. ul.)	Straße
šetalište	Flanierstraße
put	Weg od. allg. Straße
makadam	Schmutzstraße
cestarina	Mautstation
carina	Zoll
benzinska pumpa/stanica	Tankstelle
sobe	Zimmer
konoba	Keller
sveti, -a (Abk. sv.)	heilig
smještaj	Unterkunft
osobe	Erwachsener
novac	Geld
crkva	Kirche
selo	Dorf
polje	Feld
jezero	See
luka	Hafen
odmorište	Raststätte

Glossar

Apsis Altarnische am Ende des Chorraums.
Baptisterium Eigener Raum in der Kirche oder sogar eigenes Gebäude, in dem das Taufbecken stand, meist neben dem Chorraum. Im Mittelalter durften Ungetaufte die Kirche nicht betreten.
Bogomilen Religiöse Gemeinschaft, die auf dem südlichen Balkan vor allem in Bosnien ihr Zentrum hatte. Sie sind letzte Überlieferer eines gnostischen, stark dualistischen Glaubens. Darin spielen Gegensätze wie Gut und Böse, Himmel und Erde und Geist und Fleisch eine große Rolle.
Cippus Eigentlich ein Fachterminus für etruskische Grabsteine. Wegen ihrer verschiedenen pfahlartigen, zylindrischen oder kugeligen Form auch auf in Dalmatien gefundene Grabstelen angewandt.
Ciborium Ein auf meist vier Säulen ruhender Baldachin über dem Altar, von ihm herab hing ein Gefäß mit geweihtem Brot, an den Seiten waren Vorhänge befestigt.
Doline Trichter im Kalkstein, der durch Ausschwemmung oder Einbruch eines Hohlraumes entsteht.
Eparchie Verwaltungsbezirk eines orthodoxen Bischofs.
Flechtwerkornamentik In Stein gearbeitete Verzierungsform aus vorromanischer Zeit. In Form eines Reliefs entsteht der Eindruck zweier oder mehrerer geflochtener Bänder, meist auf Steinstürzen oder auch Kapitellen. Die Flechtwerkornamentik ist ein nationales Symbol, weil die Kroaten annehmen, diese Art der Verzierung sei ein in ihrem Land entwickelter Stil, was aber in der Wissenschaft inzwischen bezweifelt wird. Die Flechtwerkornamentik findet aber in Kroatien die ausgeprägteste Verwendung.
Guardian (lat.: Wächter), Leiter eines Franziskaner oder Kapuzinerklosters entspricht dem Abt, Stellvertreter ist der ›Vikar‹.
Ikonostase In der orthodoxen Kirche Wand mit Ikonen, die den Altarraum vom Gebetsraum der Gläubigen als das Allerheiligste abgrenzt.

Inkunabeln Wiegendrucke, die bis zum Jahr 1500 nach dem Verfahren von Johannes Gutenberg hergestellt wurden, heute sind etwa 30000 Buchtitel bekannt.
Koncha/Konche (griech: Muschelschale) Halbkugel der Apsis bei vorromanischen Kirchen, meist dreioder fünfkonchig.
Konoba Keller.
Krypta Unter dem Chor befindlicher Raum als Grabstätte oder Aufbewahrungsort für Reliquien.
Lapidarium Außen angebrachte Sammlung beziehungsweise Ausstellung von Steindenkmälern aller Art.
Laterankonzil Bischofsversammlungen im Lateran (Sitz des Papstes) in Rom.
Lünette (frz.: kleiner Mond) In der Architektur der Halbkreis über einer Tür oder einem Fenster.
Megalitische Funde Funde aus der Jungsteinoder Bronzezeit, die aus großen unbehauenen Steinblöcken bestehen.
Neolithikum Jungsteinzeit.
Paläolithikum Altsteinzeit.
Peristyl (griech.) Von Säulen umgebener Hof, römisch Atrium.
Polyptichon Altar mit mehr als zwei Flügeln, auch für Altar mit mehreren Feldern (Heiligendarstellungen) gebraucht. Sakristei Vom Chor einer Kirche abgehender Raum, der als Umkleideraum für Priester und zur Aufbewahrung von Kultgegenständen dient.
Serenissima (ital.: durchlauchtigst) Synonym für Venedig, dessen Doge und seine Räte so bezeichnet wurden.
Stećci Grabsteine der Bogumilen, die erstmals im 12. Jahrhundert vor allem in Bosnien auftauchten. Sie haben keine Inschriften, sondern Symbole, die wie Strichzeichnungen wirken.
Trockenmauern Mauern, deren Steine nicht mit Wasser und Mörtel verbunden, sondern ›trocken‹ aufeinandergeschichtet sind.
Vierung Der Punkt, an dem sich in Kirchen Lang- und Querhaus kreuzen.
Villa rustica Römisches Landgut.

Literaturhinweise

Reisepraktische Literatur
Berner, Dieter, Törnführer Kroatien und Montenegro, Delius Klasing.
Delius Klasing-Sportbootkarten, Adria 2013/2014, mit CD-ROM. Kartensatz für Nautiker.
Schönfelder, Peter und Ingrid, Was blüht am Mittelmeer? Kosmos.

Sachbuch/Geschichte
Steindorff, Ludwig, Kroatien. Verlag Pustet (2007). Gut geschriebener Überblick über die kroatische Geschichte.
Matuz, Josef, Das Osmanische Reich. Primus.
Hösch, Edgar, Geschichte des Balkans. C.H. Beck.
Drakulić, Slavenka, Café Paradies oder die Sehnsucht nach Europa. Aufbau.
Drakulić, Slavenka, Wie wir den Kommunismus überstanden. Aufbau.

Anthologien
Pavlović, Mirko, Lesereise Kroatien, Picus.
Strutz, Johann (Hg.), Dalmatien erlesen. Wieser, auch als Hör-CD.
Artl, Inge (Hg.), Dubrovnik erlesen. Wieser.
Swartz, Eichard, Der Andere nebenan. S. Fischer.
Bremer, Alida/Hinzmann, Silvija/Schruf, Dagmar (Hg.), Südliche Luft. 20 Liebeserklärungen an Kroatien. List Taschenbuchverlag (antiquarisch).
Fabula Rasa oder: Zagreb liegt am Meer. Die kroatische Literatur der letzten 25 Jahre. Verlag die horen.

Romane und Lyrik
Andrić, Ivo, Die Brücke über die Drina, neu übersetzt bei Zsolnay.
Bremer, Alida, Olivas Garten, eicchborn 2013
Dragnić, Natasa, Immer wieder das Meer (Roman), DVA 2013
Dragnić, Natasa, Jeden Tag, jede Stunde (Roman, auch als Hörbuch), btb 2014
Krleža, Miroslav, Zadars Gold und Silber. Wieser.
Krleža, Miroslav, Die Rückkehr des Phillip Latinovicz. Wieser.
Kovać, Mirko, Die Stadt im Spiegel. DuMont. Dubrovnikroman.
Bodrožić, Marica, Mein weißer Frieden, Suhrkamp
Bodrožić, Marica, Der Windsammler. Suhrkamp.
Marinić, Jagoda, Russische Bücher. Suhrkamp.
Jergović, Miljenko, Buick Rivera. Heyne Taschenbuch.
Jergović, Miljenko, Freelander. Heyne Taschenbuch.
Popović, Edo, Ausfahrt Zagreb Ost. Voland & Quist (mit Hör-CD).
Popović, Edo, Die Spieler. Voland & Quist.
Simić, Roman, In was wir uns verlieben. Voland & Quist (mit Hör-CD).
Škunca, Andriana/Jacob, Matthias (Übers.), Lichtschrift von Novalja. Daedalus. Gedichte.

Dalmatien im Internet

www.htz.hr
www.croatia.hr
Offizielle Seite der Turistička zajednica, der Tourismuszentrale in Kroatien (dt.).
www.dalmacija.net
Reiseportal mit vielen Unterkunftsangeboten (engl.).
www.privaturlaub-kroatien.de
Unterkünfte aller Art, privater Anbieter.
www.faszination-kroatien.de
Privatseite mit Links und Forum.
www.forum-kroatien.de
Forum zum Erfahrungsaustausch und für Nachfragen
http://info-kroatien.de
Private Kroatienseite.
www.crodict.com
Deutsch-kroatisches Wörterbuch.

Für Nautiker
www.jadroagent.hr
Hafendienstleister.
www.skippertipps.de
Auch für Slowenien und Montenegro (dt.)
www.aci-marinas.com
Adriatic Croatic Int. (ACI), Infos zu Marinas in Dalmatien (dt.).
www.taucher.net
Infos, Taucherberichte.
www.yachtico.com
Yachtcharter.

Gastronomie
www.gastronaut.hr
Viele Restaurantkritiken und -tipps, leider nur auf kroatisch und nicht immer frisch.
www.dobri-restorani.hr
Von einer einheimischen Redaktion getestete Restaurants.

Über den Autor

Matthias Koeffler, geb. 1964, hat evangelische Theologie studiert und hat lange als freier Journalist unter anderem für große Tageszeitungen geschrieben, als Redakteur beim Branchenmagazin ›BuchMarkt‹ gearbeitet und betreibt jetzt selbständig das Buchbranchenportal www.langendorfsdienst.de. Er lebt zusammen mit seiner kroatischen Ehefrau in Krefeld und vermietet Ferienwohnungen auf der Insel Krk (www.villa-mentha.de).

Rebekka Koeffler ist 2001 geboren und geht derzeit in die 7. Klasse. Sie bereist Kroatien mit ihren Eltern seit ihrer Geburt und hat schon viele Strände gesehen. In diesem Reiseführer hat sie Empfehlungen für besondere Badestellen zusammengestellt, die sie für gut befunden hat.

Danksagung

Zuerst danke ich meiner Frau Marija Koeffler, die mir zusammen mit ihrer Familie täglich Einblick in die kroatische Seele gewährt, viele Kontakte vor Ort ermöglicht hat, praktische Informationen, auch vor Ort, zusammengesammelt und mir den Rücken freigehalten hat. Zudem für die Geduld unserer Tochter Rebekka auf den Recherchereisen, aber auch für ihre tollen Strandtipps.

Außerdem Dank an Matthias Jacob, Slavistikdozent an der Universität Tübingen, für seine unermüdliche Hilfe bei der Recherche und beim Übersetzen; von ihm stammen auch einige Textteile zur Sprache. Die Kroatistin und Historikerin Sr. Lidija Turić hat den Sprachführer noch einmal lektoriert und neueste Sprachentwicklungen eingepflegt. Außerdem Dank an Josip Predovan, Historiker und Fotograf aus Zadar, der so einige Bilder beisteuerte.

Ferner danke ich Bürgermeistern, vielen Pfarrern und lokalen Touristenbüros, die durch lange Interviews zahlreiche neue Quellen eröffnet haben, hervorzuheben sind: Familie Mirko Galić in Split für großzügige Gastfreundschaft und viele Tipps, Sr. Fortunata der Benediktinerinnen in Šibenik, die Familie Mladenka Baričević in Zadar für ihre kulinariche Versorgung und andere Unterstützung, Dr. Wilhelm Grovermann aus Iž, der uns freundlicherweise die Abschlussarbeit von Eva Fancuz über Iž vermittelte, die uns zahlreiche neue Kenntnisse brachte, Marin Jurić in Silba, Ana vom Touristenbüro in Olib für ihre vielen Hintergrundinformationen, Manda auf der Insel Hvar, deren verstorbener Mann als Pilot noch Broz Tito geflogen hat, Familie Koscak in Hilden und Tisno; Tonči Lalić, Leiter des Tourismusbüros in Makarska; Frau Matuško vom gleichnamigen Weingut auf Pelješac; Neda Farac, Stadtführerin in Korčula; Marinko Petrič, Historiker und Autor auf der Insel Hvar; der Familie Radinković in Banići bei Dubrovnik für viele Tipps, Alida Bremer für zahlreiche Hintergrundgespräche und nicht zuletzt Johannes Galić für manch kontroverse Diskussionen.

Schließlich ist dem Team des Trescher Verlags für die geduldige Betreuung und tolle Bildbearbeitung, insbesondere Lektorin Corinna Grulich für Organisation und Textsicherheit zu danken.

Register

A
Agatharchid 72, 248
Agesilaos 367
Albaner 43
Aleksandar I. 39
Aleši, Andrija 57, 170, 237, 238
Alexander, Harold 41
Alexander III., Papst 253
Ali, Ulaz 349
Alkohol 370
Altstadt 348, 397
Amselfeld 35
Andrić, Andrija 243
Andrijić, Marko 350, 351
Andrijić, Petar 309
Anica (Levrnaka, Kornaten) 197
Anreise 15, 370
Antunjević., Frane 272
Appian 365
Araber 303
Arauzona 189
Arbanija (Čiovo) 244
Arbeitslosenquote 54
Architektur 59
Ärztliche Versorgung 371
Asphalatos (Split) 210
Asseria 59, 156
Aufstand von Konvali 304
Augustiner 178, 288, 298
Augustus, Kaiser 319
Austern 344
Auswanderung 38
Automobilclub/Pannenhilfe 371
Autoverleih 371
Awaren 27, 79, 93, 178, 210, 302

B
Babe (Pag) 114
Babino Polje (Mljet) 366
Bačvice 221
Baden 372
Badija, Insel 353, 355
Bahr, Hermann 18
Bajamonti, Antonio 211, 216
Balistrilić, Dujam 246
Balkankrieg 44, 79, 212, 305, 332, 342, 346
Balzac, Honoré de 78
Bandić, Milan 51
Banj 174
Banken und Wechselstuben 372
Baričević, Miša 63
Bartolomeo, Michelozzo di 307
Bašić, Nikola 89
Baška Voda 292
Bassano, Jacopo 356
Bassano, Leandro 279
Becić, Vladimir 217
Befreiungskampf 40
Bela IV., König von Ungarn 164, 211, 243
Belgrad 41
Bellini, G. 239
Benediktiner 82, 93, 108, 117, 123, 137, 161, 168, 202, 229, 240, 254, 260, 272, 365, 367, 369
Benetović, Martin 279
Benja, Simon 118
Benkovac 155
Benković-Familie 155
Benković, Frederiko 217
Berčastac (Dugi Otok) 146
Berislavić, Petar 239
Berman, Manko 296

Betina 191, 192
Bewick, Thomas 23
Bibinje 158
Bildhauer 61
Biograd na Moru 158
Biokovo-Gebirge 21, 295
Biranj 232
Biševo, Insel 255
Blaca, Kloster (Brač) 69, 270
Blato (Korčula) 357
Blaue Grotte (Biševo) 255
Blaue Kathedrale (Premuda) 133
Bobovišća (Brač) 264
Bogišić, Baltazar 320
Bol (Brač) 258, 266
Bonino da Milano 59, 169, 235, 309
Boninus de Ragusia (Dobrić Dobričević) 362
Bora 21
Borik (Zadar) 91
Bosančica 263, 272, 287, 298
Bosnien 34, 45, 225, 330
Bosnien und Herzegowina 329
Botschaften und diplomatische Vertretungen 372
Botteri, Josip 63, 219, 267, 268
Božava (Dugi Otok) 141
Braccera 264
Brač, Insel 69, 255–274
Brajkov, Mihoje 309
Branimir 31
Branimir, König 95
Brauchtum und Tradition 63

Brbinj (Dugi Otok) 140
Bregović, Goran 71
Brela 292
Bremer, lida 67
Brešan, Vinko 65
Brgulje (Molat) 138
Brguljski Zalev (Molat) 138
Bribir Glavica 32, 59, 176, 180
Brist 299
Brown, Ronald 313
Bršanj (Iž) 148
Brusje (Hvar) 281, 282
Bruttoinlandprodukt 54
Buffalini, Andea 313
Bukovac, Vlaho 63, 261, 311, 313, 320, 321, 323, 339
Buktenica, Eugen 63, 245
Bulić, Don Frane 222
Burnum 176, 181
Busverbindungen 372
Buvina, Andrija 61, 214
Byzanz 31, 53, 79, 302

C
Caesar, römischer Kaiser 222, 318
Čakavica 68
Candiano, Pietro 291, 293, 325
Capogrosso-Cavagnin-Familie 218
Čara (Korčula) 356
Časka (Pag) 102, 111
Cava, Onofrio Giodano della 309, 312
Čavnovka 183
Cavtat 319
Čelinjak (Ugljan) 116
Cerenić-Familie 264
Cerovac 154
Česminova (Brač) 261
Cetina-Fluss 289

Cetinagebiet 225, 226
Cetinjanin, Jure 131
Četnici 40
Chotek, Sofia von 326
Churchill, Winston 41
Čigrada (Murter) 194
Čikola-Fluss 182, 183
Čiovo, Insel 243
Čipiko, Koriolan 230, 238
Čipiko, Pavlo Antun 231
Cippi 156
Cissa (Pag) 102, 111
Clambetae 154
Corradini, Antonio 352
Ćosić, Krešimir 118
Cranach der Jüngere, Lukas 320
Ćućin (Pelješac) 341
Čuh-Region (Dugi Otok) 146
Čuskijaš 153

D
Dacci, Francesco 179
Đjakovo 152
Dalmater 29, 176, 181
Dalmatinac, Juraj 57, 61, 62, 102, 106, 169, 170, 213, 215, 230, 307, 342
Daorsi 327
Dayton-Abkommen 46
Degenfeld, Martin 164
Delfin 138
Delphine 26
Diklo 92
Dinarisches Gebirge 20
Diokletian, Kaiser 30, 86, 210, 222, 257
Dionysios 30
Dionysios der Ältere 249
Dobričević, Dobrić (Boninus de Ragusia) 362

Dobričević, Lovrin 321
Dominče 352
Domnius 30, 222
Donatello 57
Donatus, Bischof 81
Donja Banda (Pelješac) 333
Donje Čelo (Koločep) 317
Donji Humac (Brač) 265
Dračevica (Brač) 258
Drachenhöhle (Brač) 271
Draganić-Vrančić-Familie 189
Draga (Silba) 130
Dragnić, Nataša 67
Dragodir (Vis) 255
Dragojević, Oliver 71
Dragove (Dugi Otok) 142
Dragovoda (Brač) 258
Drakanović, Ivan 244
Drakulić, Slavenka 66
Dražice 160
Dražine (Ugljan) 121
Drniš 182
Drvenik 298
Držislav, König 27, 221
Duboković, Niko 285
Dubrava 172
Dubrovnik 32, 34, 35, 40, 44, 57, 302–317, 330, 365
Dubrovniker Schule 311, 313
Dugi Otok, Insel 139
Duknović, Ivan 57, 237, 238, 244
Dulčić, Ivo 311
Dumbočica (Sestrunj) 136
Durazzo, Karl von 152
Dvar (Bosnien) 41

E

Edward VIII., König von Großbritannien 136
Einreise 14
Ekavica 68
Elaphitische Inseln 317
Elektrizität 373
Elisabeth und Ludwig von Anjou 151, 152
Elisabeth von Österreich-Ungarn 168
Epidaurum (Cavtat) 319
Erster Weltkrieg 38
Esperanto 203

F

Fähren 373
Falkuša 254
Fauna 22
Federativna Narodna Republika Jugoslavije (FNRJ) 42
Feiertage und Ferien 373
Ferić, Zoran 67
Festung Asseria 156
Feuer 373
Figurica (Pag) 113
Filippi-Familie 131, 132
Film 64
Firentinac, Nikola 57, 168, 237, 238, 239, 241, 266, 279, 334
FKK 373
Flechtwerkornamentik 61
Flora 22
Fortis, Alberto 292
Foscolo, Leonardo 223
Fotografieren und Filmen 373
Franz Ferdinand, Erzherzog 38, 326
Franziskaner 85, 109, 116, 117, 118, 124, 128, 142, 153, 217, 219, 225, 226, 243, 251, 273, 278, 279, 288, 289, 293, 294, 296, 298, 299, 309, 317, 321, 334, 338, 339, 343, 355
Franz Joseph I. von Österreich 37, **168**, 237, 333
Freilichtmuseum Pakovo Selo 172
Friedensabkommen von Dayton 329
Friedensvertrag von Karlowitz 329
Friedhofsinsel (Dugi Otok) 142

G

Gabrielli-Familie 351
Gaj, Ljudevit 56
Galešnjak, Insel 125
Galevac, Insel 117
Garcia, Gaetano 313
Gata 292
Geld 15
Gelpi, Familie 191
Genscher, Hans-Dietrich 45
Genthios 365
Gesundheit 373
Glagolica 69, 270
Gliederung 49
Godežav, Gespan 97
Goethe, Johann Wolfgang von 297
Goli Otok, Insel 42
Gornje Čelo (Koločep) 317
Gornje Selo (Šolta) 248
Gornji Brela 292
Gornji Humac (Brač) 265
Gornji Okrug (Čiovo) 244
Gospodskoj pećini 186
Goten 182
Gotovina, Ante 46, 79, 157, 197
Goveđari (Mljet) 367
Grabar-Kitarovic, Kolinda 48
Grabovac 292
Gračac 154
Gradac 183
Gradina (Žirije) 192, 202
Grad (Pelješac) 338
Grapčeva špilja (Hvar) 286
Grgur, Bischof 94
Griechen 29, 136, 228, 319, 328, 345, 355
Grisogono, Familien 229
Grlić, Ivan 255
Grohote (Šolta) 245
Gudnja-Höhle (Pelješac) 330, 342
Gudnja-Kultur 29, 330, 342
Gujak (Kornaten) 197
Gundulić, Ivo Frane 66, 300, 309, 332
Gusić-Kurjaković-Familie 151
Gustijerna (Žirije) 202

H

Habsburger 35
Hadžić, Goran 47, 157
Hajduk Split 218
Halbinsel Lun (Pag) 114
Hangar 188
Han Jusufa Maškovića 161
Haustiere 373
Hektorović, Petar 66, 246, 283
Hieronymus 69
Höhlen von Cerovac 154

Hoste, William 249
Hrvati 27
Hrvatin (Sestrunj) 136
Humac (Hvar) 286
Humin 21
Hum (Vis) 255
Hvar, Insel 274–298
Hvar-Stadt 55, 276–281
Hylli 203
Hypo Group Alpe Adria 48, 51

I
Ijekavica 68
Illyrer 28, 137, 195, 249, 257, 291, 318, 327, 338, 355, 365
Illyrismus 29, 37
Imotski 295
Innozenz IV., Papst 69
Internationaler Gerichtshof 46
Internet 373
Ionius 249
Isabella, Königin von Spanien 310
Ismaeli-Familie 359
Issa (Vis) 30, 72, 249
Ist, Insel 134
Italien 362
Ivan Dolac (Hvar) 281
Ivanić, Matija 284
Ivanišević, Goran 58
Ivinj 190
Iž, Insel 148

J
Jackson, T. G. 83
Jadrija 174
Jajce (Bosnien) 41
Jakinska (Molat) 136
Jakšić, Familie 265
Janitscharen 35
Janjić, Toma 355
Janjina (Pelješac) 341

Jasenovac 40
Jazi (Molat) 138
Jeans-Prosa 66
Jeger, Rujana 67
Jelačić, Josip 54
Jelena, Königin 221
Jelenica (Ugljan) 121
Jelsa (Hvar) 55, 285
Jergović, Miljenko 67
Jesenice 288
Jezera 191, 192
Ježić, Robert 48
Job, Ignjat 217
Johannes Paul II., Papst 118, 222, 358
Johannes VIII., Papst 95
Jordanić, Petar 123
Josipović, Ivo 47, 48
Jović, Borislav 44
Joyce, James 72, 248
Juden 211, 310, 369
Jugendstil 61
Jugo 21
Jugoslawien 42, 43
Jünger, Ernst 333
Justinian, Kaiser 202
Južna Luka (Ugljan) 121

K
Kablin (Sestrunj) 136
Kačić-Miošić, Andrija 273, 293, 298, 299
Kaiser Franz I. (Franz II. des Heiligen Römischen Reichs Deutscher Nation) 211
Kajakfahren 153
Kali (Ugljan) 119
Kaprije, Insel 202
Karinsko More 153
Karl der Große 28, 31
Karl-May-Filme 64, 151, 177, 233
Karneval 63, 109
Karst 21

Kasić, Bartul 108
Kaštel 55
Kaštela 228
Kaštelet 221
Kaštel Gomilica 229
Kaštel Kambelovac 229
Kaštel Lukšić 229
Kaštel Novi 231
Kaštel Štafilić 231
Kaštel Stari 230
Kaštel Sućurac 229, 232
Kašuni-Strand 221
Kathedrale von Šibenik 57, 169
katholische Kirche 52
Katina, Insel 146
Kavanjin, Jerolim 263
Kažotić, Marko 230
Kičer (Sestrunj) 135
Kinder 16
Klapa 64
Klepac (Zlarin) 202
Klima 21
Klimawandel 26
Klis 35, 211, 223
Ključ 183
Ključicá 183
Knin 27, 46, 157, 185–186
Kohl, Helmut 45
Kokolja, Tripo 268
Kolacio, Zdenko 171
Kolan (Pag) 109
Količep, Insel (Elaphitische Inseln) 317
Koloman IV., König von Ungarn 164
Koloman, König 158
Komaji 322
Komiža (Vis) 253
Kommunisten 40
Königreich der Serben, Kroaten und Slowenen (SHS) 38
Konopljikova (Brač) 263

Konstantin 30
Konstantinopel 33, 79, 302
Konzentrationslager 39, 137
Korallen 200
Korčula, Insel 24, 30, 64, 345–360
Korčula-Stadt 349–353
Kordić, Dario 52
Korita (Mljet) 369
Kornaten 26, 195–199
Kornat, Insel 198
Koromašna (Kornaten) 198
Korruption 51
Košenjak (Dugi Otok) 146
Kosor, Jadranka 48
Kosovo 43
Kostanj (Ugljan) 121
Kotišina 295
Kotromanić, Königin Elisabeth 87
Kovačić, Kužma 278
Kožino 92
Kozjak-Gebirge 228, 232
Krajina 36, 44, 157
Kraj (Pašman) 124
Krapanj, Insel 202
Kravljačica (Kornaten) 197
Krbavski-Familie 154
Kretischer Krieg 352
Kreuzritter 33
Krijal (Premuda) 134
Kriminalität 374
Križna Luka (Hvar) 281
Krka-Kloster 180
Krka-Nationalpark 176
Krk, Insel 65, 69
Krleža, Miroslav 66
Kroatischer Frühling 43
Krševan 86
Kršinić, Frano 351, 355

Kršnjavi, Tomislav 293
Krupa-Kloster 154
Krušica (Brač) 266
Kružić, Petar 223
Küche 71
Kučište (Pelješac) 336
Kukljica (Ugljan) 119
Kula Atlagića 156
Kumpanija 64, 347, 358
Kuna (Pelješac) 338
Kuranj (Ugljan) 116
Kusturica, Emir 64, 71
Kyrill und Method 68, 69

L
Lađa 324
Ladislaus von Neapel 33, 34, 79, 83, 86
Lalic 190
Lamjana (Pašman) 125
Landwirtschaft 54
Lastovo, Insel 360
Lastovo, Ort 362
Lavendel 275
Lavsa (Kornaten) 197, 198
Lazarović-Familie 336
Leni, Antonio 171
Leonardo da Vinci 351
Levrnaka, Insel 197
Liburnen 291
Liburner 29, 93, 102, 109, 111, 116, 126, 176, 178, 181, 245
Lippeo-Familie 229
Literatur 65
Lokrum, Insel 317
Lopud (Elaphitische Inseln) 317
Lovište (Pelješac) 338
Lovrečina (Brač) 261
Ložišća (Brač) 263
Lozovac 173, 176
Lučica (Kornaten) 197

Lučić, Hanibal 279
Ludwig von Anjou, König 79, 151
Luka Korculanska (Korčula) 353
Luka Lukoran (Ugljan) 121
Luka Telašćica (Dugi Otok) 145
Lumbarda (Korčula) 30, 345, 346, 355
Lun (Pag) 115
Lupeška (Kornaten) 197
Luppis, Giovanni (Ivan Lupis Vukić) 338

M
Macanović, Ignacije 186
Maestral 21
Magazinova skrila (Kornat) 198
Makarska 292–295
Mala Proversa (Dugi Otok) 148
Mala Stupe, Insel 353
Maler 61
Mali Alan 154
Mali Iž (Iž) 148
Mali Ston (Pelješac) 344
Mana (Kornaten) 199
Mandić, Leopold 292
Mandre (Pag) 109
Maranovići (Mljet) 369
Marco Polo 351, 354
Maria Theresia 157
Marieninsel (Mljet) 365, 367
Marinić, Petar 127
Marjanović, Vlado 169
Marmont, Auguste-Frédéric-Louis Viesse de 212, 264
Martić, Milan 157

Marulić, Marko 66, 217, 246
Marun, Lujo 186
Mašković, Jusuf 161
Maslenica-Brücke 44
Maslinica (Šolta) 247
Matačić, Lovro von 70
Matanić, Dalibor 65
Matej, Bischof 156
Matulić, Mate 124
Maury, E. 208
Maximilian von Habsburg 317
Mazedonien 303
Medien 56
Medović–Familie 116
Medović, Celestin Mato 69, 124, 313, 339
Medulić, Andrija 57, 217, 320
Medwedwew, Dimitrij 318
Mehmet Paša 226
Mehrwertsteuervergütung 374
Meister Nikola 241
Meister Radovan 61, 237
Menčetić-Familie 307
Mesić, Stipe 44, 47
Meštrović, Ivan 62, 96, 172, 182, 183, 184, 215, 216, **218**, 226, 239, 259, 271, **280**, 298, 299, 306, 312, 321, 339
Metković 38, 324, 326
Metlina (Kornat) 198
Micheli, Domenico 159
Michelozzi, Michelozzo 342
Mihajlo Krešimir, König 221
Mihajlović, Dragoljub Draža 40
Mihalić, Slavko 66

Mihanović, Antun 66
Milanović, Zoran 48, 329
Miletin-Fluss 226
Miličević, Don Niko 270
Miličević, Paskoje 306
Miljevački-Plateau 178
Milna (Brač) 264
Milna (Hvar) 280
Milošević, Slobodan 43, 44, 47
Mimbelli-Familie 335
Minderheiten 49
Minen 374
Minenfelder 46
Mitchell, Cameron 199
Mitrofanović, Georgije 154
Mlini (Dubrovnik) 316, 317
Mljet, Insel 24, 363–369
Mokalo (Pelješac) 335, 336
Molat, Insel 40, 136
Moreška 64, 347
Morlachen 157
Morozon, Matteo 84
Morsini-Familie 127
Moslems 314
Moštra 347
Mudri Dolac (Hvar) 285, 287
Muline (Ugljan) 118
Muncimir 27
Mungos 365
Muravak (Dugi Otok) 146
Murna (Žirije) 202
Murter, Insel 191
Murter, Ort 191, 192
Murvica (Brač) 271
Museumsdorf Krka-Nationalpark 176
Musik 70

N
Nadin 156
Nakovana-Höhle (Pelješac) 330, 337
Nakovana (Pelješac) 337
Nakovanj (Pelješac) 336
Napoleon Bonaparte, Kaiser 36, 211, 257, 292, 304, 310, 317, 365
Narona (Vid) 325, 328
Nationalpark Mljet 367
Nationalparks 25
Nazor, Vladimir 66, 257, 260, 264
Neandertaler 155
Nečujam (Šolta) 246
Nedelja (Hvar) 282
Nelipići-Familie 183
Nelipić, Ivan 225
Neretva-Delta 26, 291, 324, 365
Neretva-Tal 38
Nerežišća (Brač) 265
Neum 329
Neviđane (Pašman) 125
Nijemo Kolo 64
Nin 31, 32, 35, 59, 69, 93–100
Normannen 303
Novalja (Pag) 102, 111
Novigrad 151
Novigradsko More 151
Novo Selo (Brač) 272

O
Obrovac Paklenica 154
Obrsvje (Brač) 258
Obručar (Sestrunj) 135
Octavian 30
Odisijeva špilja (Mljet) 366
Öffnungszeiten 374
Oključna (Vis) 254
Okućani 157

Okuklje (Mljet) 363, 369
Olib, Insel 36, 130
Olib-Ort 132
Omiš 69, 289
Opatija 54
Opat (Kornaten) 197
Operation Blijesak 45
Operation Oluja 46, 79, 154, 157, 164
Oppian 367
Opuzen 325
Orebić (Pelješac) 36, 55, 330, 334
Orjen 21
Osibova (Brač) 265
Ošljak, Inseln 117
Osmanisches Reich 34, 152, 154, 157, 159, 161, 164, 178, 211, 225, 304, 325, 327, 346
Österreich-Ungarn 36, 157, 304
Ostojić, Arsen 65
Otavice 183, 184

P

Pager Spitzen 64, 105
Pag, Insel 59, 63, 64, 102–115
Pag, Stadt 32, 57, 61, 102, 106–109
Pakleni Otoci 281
Pakovo Selo 172
Palanka 153
Palma der Ältere 317
Palma der Jüngere 237, 241, 243, 261, 279
Panitula, Insel (Kornaten) 199
Pannonier 181
Pantan 242
Papranica (Silba) 130
Parma, Bernhardin von 342
Parteien 49
Partisanen 40, 197, 234, 272, 288
Paška Čipka 105
Paški Sir 105
Pašman, Insel 122–125
Pašman-Ort 124
Passadur (Lastovo) 362
Paulus, Apostel 363
Pavelić, Ante 39, 41, 52, 154, 212
Pavle, Prinz 39
Plečka, Mladen 124
Peka 72
Pelješac, Halbinsel 33, 73, 330–345
Pernastica (Silba) 130
Petar Krešimir IV. 27, 31, 100, 102, 111, 123, 166
Petković-Kovać, Familie 358
Petković, Marija 118, 358
Petrčane 92
Petrinović, Familie 259
Petrović, Dražen 58
Petrovo Polje 182
Pflanzen 22
Pharos (Hvar) 30, 274
Pietro Orselo II., Doge 361
Piraten 32
Piraten → Seeräuber
Pirovac 189
Piškera (Kornaten) 197, 198
Plančić, Juraj 217
Planjak, Insel 353
Plava Plaza 188
Plinius der Ältere 102
Ploče 299, 325
Pocumarak (Silba) 126
Podbižanj (Kornaten) 198
Podgarbe (Molat) 138
Podgrađe 156
Podšpilje (Vis) 253
Polače (Mljet) 363, 365, 367
Politika, Đuro 63
Poljica 292
Pomena (Mljet) 368
Pomeštak, Insel 368
Pompejus 222, 291, 318
Pončun, Matija 244, 280
Ponzoni-Pončun, Matej 166
Popović, Edo 67
Porat (Molat) 139
Poripišće (Zverinac) 138
Porphyrogennetos 122, 130, 363
Postira (Brač) 260
Potomje (Pelješac) 339
Povaljski, Ivan 272
Povlja (Brač) 272
Prapatno (Pelješac) 341
Praznica (Brač) 258
Preko (Ugljan) 116
Premuda, Insel 133
Prežba, Insel 361, 362
Pridraga 153
Primošten 203
Princip, Gavrilo 38
Privlaka 92
Prižba (Korčula) 357
Prizidnica (Čiovo) 244
Prizmić-Šega, Anka 359
Prosika 109
Proversa (Dugi Otok) 146
Provinz Illyricum 29
Prozid, Insel 360
Prožura (Mljet) 369
Pršo, Dado 58
Prvić, Insel 200
Prvić Luka (Prvić) 200
Pržina (Korčula) 356
Pseudoscyllax 245

Pučišca (Brač) 258
Pučišća (Brač) 261
Pukanić, Ivo 51
Pulitika, Đuro 313
Pulja-Kap 158
Puntamika 92
Pupnat (Korčula) 347
Pupnatska Luka (Korčula) 353
Pustograd 123
Putalj 232

R
Rača-Höhle 361
Račan, Ivan 43
Račić-Familie 321
Račišće-Bucht (Korčula) 356
Radfahren 374
Radio und Presse 375
Radovani, Kosta Angeli 171
Rafting/Kanuting 375
Rajter, Dunja 71
Raostica (Brač) 274
Rapallo-Vertrag 38
Raštević 155
Rauchen 375
Ravnik, Insel 252
Ravni Kotar 151
Ravni Žakan (Kornaten) 197
Ravno (Kornaten) 197
Reblaus 38, 72, 333, 357
Reisedokumente 375
Reisen im Land 15
Reiseveranstalter 375
Religion 49
Renaissance 61
Rendić, Ivan 62, 113, 155, 258, 263, 264, 285, 296, 335
Republik Krajina 157, 185
Resnik 228

Rezalište 174
Ribar, Cata Dujšin 237
Rijeka 63
Rivanj, Insel 135
Rodin, Auguste 184
Rodriga, Danijel 211
Rogač (Šolta) 245
Rogotin 326
Rogova 158
Rogoznica 205
romanische Architektur 59
Römer 29, 59, 78, 93, 102, 109, 111, 113, 158, 176, 178, 181, 318, 319, 328, 342, 361, 367
Rosalli, Matteo 279
Rosandić, Toma 259
Roški Slap 177
Rt. Barjaci (Vis) 255
Rt. Križ (Sestrunj) 135
Rt. Poljišinac (Iž) 150
Rugovača-Bucht 178
Rukovac (Vis) 252
Rušinić, Miljenko 230

S
Sabor 52
Sabunike 98, 100
Sabuša (Pašman) 125
Sabuša (Ugljan) 121
Sakarun (Dugi Otok) 142
Sali (Dugi Otok) 142
Salona 28, 30, 59, 210, 222
Salz 102, 330, 342
Salzsee Mir (Dugi Otok) 145
Sammilo, Königs 303
Samograd, Insel (Kornaten) 195
Sanader, Ivo 48, 51
Sandstein 257

Sanmicheli, Giangirolamo 80
Sanmicheli, Michele 81, 88
Santacroce, Francesco da 203, 279, 284
Santacroce, Girolamo da 219, 358
Sapavac (Vir) 100
Saplunara (Mljet) 369
Sarajevo (Bosnien) 38
Šareno jezero 186
Sargo, Ivan Bonačić 264
Savar (Dugi Otok) 142
Scarpa, Higinio von 54
Šćedro, Insel 286
Schell, Maria 199
Schiavone, Andrija Medulić 62
Schilling, Baron 24, 365
Schlauf, Adolf 271
Schwämme 200
Seeräuber 29, 30, 223, 245, 289, 291, 325, 327, 365, 369
Seeschlacht von Lissa 250
Segeln 376
Šegotino vrelo 186
Selca (Brač) 258, 271
Senj 69
Sepharden 211, 310, 369
Septimus Severus 367
Šepurine (Prvić) 200
Serben 44, 330, 332
serbisches Reich 33
serbisch-orthodoxe Kirche 53, 84, 168, 180, 314
Serenissima → Venedig 33
Sestrunj, Insel 135
Shaw, George Bernard 89

Šibenčanin, Nikola Vladanov 172
Šibenčanin, Robert Visiani 169
Šibenik 32, 35, 36, 57, 164–174
Sigismund, König von Ungarn 34
Sikavica-Brüder 292
Sikirica, Stipe 226
Silba, Insel 126–130
Silba-Ort 127
Simeon, heiliger 87
Simpson, Wallis 136
Sinčić, Ivan Vilibor 48
Sinj 225
Šipan (Elaphitische Inseln) 318
Šipanska Luka (Šipan) 318
Šipnate (Kornaten) 197
Širok 186
Šižgorić, Juraj 162, 170
Škoji-Archipel 353
Škopalj (Pag) 113
Skradin 178
Skradinski buk 176
Škrda, Insel 110
Skrivena Luka (Lastovo) 362
Slanica (Murter) 194
Slatine (Čiovo) 244
Slatinica (Olib) 133
Slawen 27, 302
Slowenien 43
Smokica (Kornaten) 197
Smokvica (Korčula) 356
Smrdeća (Silba) 130
Sobra (Mljet) 363, 366
Solin 221
Soline (Pašman) 125
Šolta, Insel 245
Sotorisce (Silba) 130
Souvenirs 377
Sovinje (Pašman) 125

Speranza, Mihovil 84
Split 32, 41, 44, 59, 61, 65, 210–221
Spliter Synode 69
Sprache 67
Srb 40
Srđ 302
Srebreno 316
Srima 187
Staatshaushalt 54
Stafileo, Stjepan 231
Stagnum (Ston) 342
Stalin, Josef 42
Stanići 290
Stari Grad (Hvar) 282
Stari Grad (Pag) 30, 102, 109
Statival (Kornaten) 197
Stećci 296
Stefan Dušan, König 33, 330
Stefan Nemanja 33
Steinzeit 28
Stefan der Erstgekrönte 368
Stephanus von Byzanz 361
Stepinac, Alojze 52
Stijić, Ivan 85
Stiniva (Kornat) 197, 198
Stipanska (Hvar) 281
Stjepan II. Kotromanić 33, 34, 330
Štokavica 68
Stomorska (Šolta) 247
Ston (Pelješac) 29, 32, 59, 61, 330, 341
Strabon 222
Stražisće (Kornat) 198
Strižnja (Kornaten) 197
Strossmayer, Josip 323
Studin, Marin 231, 232
Subić-Familie 291
Šubić-Familie 32, 34, 180, 291

Šubić, Jelena 180
Šubić, Pavao 179
Sućuraj (Hvar) 287
Suha punta 197
Sukošan 158
Sulejman, osmanischer Sultan 137
Sumartin (Brač) 273
Supetar (Brač) 258
Supilo, Frano 321
Suppé, Franz von 57, 70
Sušica (Ugljan) 120
Sustipanac, Insel 189
Sutivan (Brač) 263
Sutlija (Šipan) 318
Sutomišcica (Ugljan) 120
Svačić, Petar 178
Sv.-Ante-Kanal 174
Sv. Donat (Zadar) 59, 81
Sv. Duh (Nin) 59
Sv. Elija (Pelješac) 333, 334
Sveti Ante (Silba) 130
Sveti Duh (Pag) 109
Svetislav, König 27
Sveti Vid (Pag) 110
Sv. Filip i Jakov 158
Svilčić, Ognjen 65
Sv. Juraj (Berg) 295
Sv. Jure 21
Sv. Križ (Nin) 96
Sv. Mihovil (Ston) 59, 61
Sv. Nikola (bei Nin) 93

T
Tafel von Baška 65
Tänze 64, 347
Tartaglie, Marina 221
Tataren 243
Tatinja (Korčula) 356
Tauchen 378
Taufbecken von Nin 61

Register 405

Tegethoff, Wilhelm von 250
Teklija, Pascha 164
Telašćica-Naturpark (Dugi Otok) 145
Telefonnummern 378
Tesla, Nikola 164, 177
Teuta, Königin 30, 245, 249
Theodosius I. 31
Thraker 29
Tiere 23
Tintoretto, Jacopo 57, 62, 268, 283, 350, 351
Tisno 191
Tito-Höhle (Vis) 253
Tito, Josip Broz 40, 43, 137, 249
Tizian 57, 311, 313
Tkon (Pašman) 69, 122
Tomasovac 197
Tomislav I. 31
Tomislav, König 93
Torovi (Vir) 100
Tourismus 54
Tourismusverbände 378
Tragurion 30
Tratica (Silba) 130
Trenker, Louis 202
Tribunj 189
Trifunić, Ivan 85
Trinkgeld 379
Tripuljak (Dugi Otok) 148
Trogir 30, 32, 35, 57, 59, 61, 233–242
Trogiranin, Blaž Jurjev 62, **83**, 172, 217, 239, 241, 343, 351, 352
Trpanj (Pelješac) 332
Trpimir, Fürst 27, 31, 223
Trpimirovići 31
Trstena (Brač) 261

Trstenik (Pelješac) 341
Tuđman, Franjo 27, 44, 46, 47, 185
Tulove Grede 154
Tumburku, Ivan Boguvić 205
Turanj 158

U

Ubli (Lastovo) 361, 362
Ugljan, Insel 116
Ugljan, Ort 118
Ugrešić, Dubravka 67
Ujević, Marija 166
Ujevič, Marija 128
Ujević, Tin 296
Uluz Ali 351
Umljanovići 183
Umweltschutz 25
Unabhängigkeit 44
UNESCO-Welterbe 12, 64, 105, 164, 204, 225, 233, 281, 305, 316
Ungarn 32
UNO-Kriegsverbrechertribunal 157
Unterkunft 15, 379
Uskoken 32, 223
Ustaša 39, 53, 154
Utješinović, Grgur 178
Uvala Banjve (Olib) 132
Uvala Jame (Mljet) 366

V

Vajda, Stephan 76
Vance-Plan 45
Varh (Silba) 126
Vela Glavica (Kaprije) 202
Vela Luka (Korčula) 359
Vela Panitula (Kornaten) 197
Vela Smokova Luka (Vis) 252

Vela špilja (Korčula) 345, 359
Vela Stina 232
Velebit-Gebirge 21
Vele Stene (Silba) 130
Veli Iž (Iž) 149
Velij Vrh (Šipan) 318
Velika Alba, Insel (Kornaten) 195
Velika Mrdakovica 189
Velika Stupe, Insel 353
Veliki Ston (Pelješac) 342
Veliko jezero (Mljet) 367
Veli Rat (Dugi Otok) 141
Venedig 32, 79, 94, 178, 211, 303
Veranstaltungen 379
Verhaltensregeln 380
Verkehrsregeln 380
Vertrag von Rapallo 79, 362
Vertretungen 372
Veselje (Brač) 261
Vespasian, römischer Kaiser 181
Veža, Mladen 299
Vičja Luka (Brač) 264
Vid 324, 328
Vidova Gora (Brač) 266
Viganj (Pelješac) 336
Villa Angiolina (Opatija) 54
Vir, Insel 100
Vis 30, 41, 72
Višeslav, Knez 97
Vis, Insel 248
Visovac-Kloster 177
Vis-Stadt 250
Vitturi, Dobrila 230
Vitturi, Luksi 229
Vlachen 157
Vlahanović, Marin 362

Vlakno, Höhle (Dugi Otok) 139
Vlaška mala (Pag) 114
Vodice 187
Vodomarka (Molat) 139
Volksbeschluss von Lumbarda 345, 355
Vrana 161
Vrana-See 160
Vrančić, Faust 57, 200
Vranjanin, Lucijano 57
Vrboska (Hvar) 284
Vrbovica (Korčula) 353
Vrgada, Insel 125
Vrgorac 296
Vrh Gore (Ist) 135
Vrhmljeće (Mljet) 365
Vrisnik (Hvar) 287
Vrlić, Stjepan 289
Vrlika 64
Vrnik, Insel 355
Vrpolje 184
Vrsi 100
Vrulje (Kornat) 153, 197, 198
Vučetić, Ivan 280
Vukić, Ivan Lupis (Giovanni Luppis) 338
Vukovar 45
Vušković, Dujam 214

W
Währung 381
Wein 72, 346
Whitehead, Robert 338
Wichtige Telefonnummern 14
Wiener Sezession 61
Winde 21
Wirtschaft 54

Z
Zadar 32, 33, 35, 36, 59, 63, 78–92
Zaglav (Dugi Otok) 142
Zagora 21
Zagorec, Vladimir 51
Zagorje-Berge (Pelješac) 342
Zagračina (Dugi Otok) 142
Zahumlje, Fürst Deša von 365, 367
Žakan (Kornaten) 197
Zaostrog 298
Zapuntel (Molat) 138
Zaton 92, 98
Zavala (Hvar) 286, 287
Zdeslav, Fürst 95
Zeitzonen 381
Zelena špilja (Vis) 252
Zeljoviće 288
Žena glava (Vis) 253
Zerfall Jugoslawiens 304
Žirije, Insel 202
Zlarin, Insel 200
Zlatni Rt (Brač) 266
Zmajevo oko 206
Zoll 381
Žrce (Pag) 111
Zrmanja-Fluss 151, 154
Žrnovo (Korčula) 347, 353
Žukve 100
Žuljana (Pelješac) 341
Župa Dubrovačka 316
Žut, Insel 199
Zverinac, Insel 138
Zvonimir, König 27, 32, 158, 229
Zweiter Weltkrieg 39, 197, 234

Zeichenlegende

- Vorwahl, Touristeninformation
- Anreise mit dem Auto, Tankstellen
- Busbahnhof, Busverbindungen
- Bahnhof, Bahnverbindungen
- Flughafen, Flugverbindungen
- Fähren
- Taxiruf
- Unterkünfte
- Campingplätze
- Restaurants
- Bars, Nachtleben
- Weinkellereien, Weinproben
- Veranstaltungen
- Strände
- Marinas
- Radverleih, Vorschläge für Touren
- Tauchclubs
- Angelclubs, Angeltouren, Jagdmöglichkeiten
- Sportliche Aktivitäten, Ausflüge, Kartenmaterial
- Tipps für Kinder
- Einkaufsmöglichkeiten
- Kliniken, Apotheken

Bildnachweis

Alle Bilder von Matthias Koeffler, außer:
Bundesregierung der Vereinigten Staaten:
S. 48
Volker Hagemann: S. 216o., 217
Matthias Jacob: S. 184
Ulla Nickl: S. 24, 204, 213, 373, 378
Christian Nowak, transit Bildarchiv: S. 126, 318
Josip Predovan: S. 151, 154, 177o., 179
Shutterstock/Michal Dziedziak: S. 253
Shutterstock/LianeM: S. 222
Shutterstock/xbrchx: S. 101, 161
Shutterstock_118388314.jpg

Turistčka zajednica Bol: S. 266
Turistčka zajednica Knin: S. 185
Turistčka zajednica Croatia, Ivo Pervan: S. 195
U.S. Air Force: S. 45
Wikimedia/Peter1936F: S. 297
Wikimedia/Carole Raddato: S. 328
Wikimedia/ModriDirkac: S. 338
Wikimedia/August Dominus: S. 361, 362
Titelbild: Altstadt von Dubrovnik
Klappe vorne: Uhrturm und Loggia in Trogir
Klappe hinten: Steilküste im Naturpark Telašćica auf Dugi Otok

Anzeige

Meer als Urlaub - Inselhüpfen in Kroatien mit Rad & Schiff

Yachtkreuzfahrt und Aktivurlaub in einem:

Gehen Sie auf einwöchige Entdeckungsreise und erleben Sie Kroatiens Naturwunder und Inselwelten hautnah!

- Erlebniskreuzfahrten für Familien
- Rad- und E-Bikekreuzfahrten
- Mountainbikekreuzfahrten

Seien Sie dabei, wenn es wieder heißt „Leinen los!"

Weitere Informationen:

Radurlaub ZeitReisen GmbH
Maybachstraße 8, D-78467 Konstanz
Tel. +49 (0)7531- 36186-0
Fax +49 (0)7531- 36186-11
E-Mail: info@inselhuepfen.de.

Einfache Buchung unter:
www.inselhuepfen.de

Inselhüpfen gibt es auch bei:
Facebook, Google+ und Youtube

Kartenlegende

- Autofähre
- Bahnhof
- Bank
- Bar
- Brunnen
- Burg/Festung
- Busbahnhof
- Campingplatz
- Denkmal
- Dorfkirche
- Fähre
- Flughafen
- Hafen
- Höhle
- Hotel
- Internetcafé
- Kirche
- Kloster
- Leuchtturm
- Moschee
- Museum
- Post

- Restaurant
- Ruine/Ausgrabungsstätte
- Synagoge
- Sehenswürdigkeit
- Theater
- Tor
- Touristeninformation
- Turm

- Autobahn
- Autobahn im Bau
- sonstige Straßen
- 243 Straßennummern
- Eisenbahn
- Grenzübergang
- Staatsgrenze
- Hauptstadt
- Stadt/Ortschaft

Kartenregister

Übersichts- und historische Karten
Archipel vor Šibenik 201
Elaphitische Inseln 318
Gebiet der Krka 175
Halbinsel Pelješac 331
Hinterland von Split 224
Hinterland von Zadar 152
Insel Brač 256
Insel Hvar 275
Insel Mljet 364
Insel Murter und die Kornaten 193
Inseln Korčula und Lastovo 346
Inseln vor Zadar 103
Insel Šolta 246
Insel Vis 249

Jugoslawien nach 1945 42
Österreich-Ungarn 1910 36

Stadtpläne
Dubrovnik 305
Hvar-Stadt 278
Korčula-Stadt, Altstadt 348
Šibenik 167
Split, Altstadt 214
Trogir, Altstadt 235
Zadar 80